21世纪高职高专规划教材
经济管理基础系列

现代管理沟通实务与案例

张岩松　侯晓霞　主　编
李　健　刘思坚　张　铭　副主编

清华大学出版社
北　京

内 容 简 介

本书以企业管理沟通实践中的实际工作和职业能力确定教材内容,设计了管理与管理沟通、人际沟通、组织沟通、有声语言沟通、非语言沟通、倾听、面谈与面试、会议沟通、网络沟通、危机沟通和冲突管理11项教学任务。每项任务下设"任务目标"、"沟通故事导入"、鲜活生动的管理沟通案例以及"实训项目"、"拓展阅读"和"课后练习"等项内容,让学生做中学、学中做,学做结合,强化管理沟通各项技能,不断提高管理沟通能力。

本书可作为高职高专财经管理类专业沟通课程的教材以及高职高专各专业公共基础课教材,还可作为企业管理人员提高沟通能力的自我训练手册,它也是各类企业进行相关岗位培训的创新型教材。

图书在版编目(CIP)数据

现代管理沟通实务与案例/张岩松,侯晓霞主编.--北京:清华大学出版社,2013(2019.9重印)

21世纪高职高专规划教材.经济管理基础系列

ISBN 978-7-302-31949-8

Ⅰ.①现…　Ⅱ.①张…②侯…　Ⅲ.①企业管理－公共关系学－高等职业教育－教材　Ⅳ.①F272.9

中国版本图书馆CIP数据核字(2013)第078126号

责任编辑:张龙卿
封面设计:徐日强
责任校对:袁　芳
责任印制:丛怀宇

出版发行:清华大学出版社
　　　　网　　　址:http://www.tup.com.cn,http://www.wqbook.com
　　　　地　　　址:北京清华大学学研大厦A座　　　　　　邮　　编:100084
　　　　社 总 机:010-62770175　　　　　　　　　　　邮　　购:010-62786544
　　　　投稿与读者服务:010-62776969,c-service@tup.tsinghua.edu.cn
　　　　质量反馈:010-62772015,zhiliang@tup.tsinghua.edu.cn
　　　　课件下载:http://www.tup.com.cn,010-62795764
印 装 者:三河市铭诚印务有限公司
经　　销:全国新华书店
开　　本:185mm×260mm　　　印　张:20　　　字　数:457千字
版　　次:2013年6月第1版　　　　　　　　　　印　次:2019年9月第3次印刷
定　　价:49.00元

产品编号:049249-02

前　言

美国著名学府普林斯顿大学曾对一万份人事档案进行分析,结果发现:"智慧"、"专业技术"和"经验"只占成功因素的25%,其余75%取决于良好的人际沟通。

管理活动的实践也表明:管理者70%左右的时间用于沟通,管理中70%左右的问题是由于沟通障碍引起的。

这些足以表明沟通的价值!

因而松下幸之助说:"企业管理过去是沟通,现在是沟通,未来还是沟通。"

韦尔奇说:"管理就是沟通,沟通,再沟通。"

德鲁克说:"沟通是管理的基础。从一定意义上讲,管理过程就是沟通过程。"

鉴于管理沟通如此重要,国内外许多著名企业都将沟通能力作为衡量人才素质的一项重要指标。为了满足高职学生学习、掌握和运用沟通策略和技巧,提升沟通能力和水平的需要,我们编写了这本《现代管理沟通实务与案例》。本教材作为反映高职教育教学改革最新理念的新型实用教材,是任务驱动型高职教材开发的一次有益尝试。

本书根据企业管理沟通实践中的实际工作和职业能力确定教材内容,设计了管理与管理沟通、人际沟通、组织沟通、有声语言沟通、非语言沟通、倾听、面谈与面试、会议沟通、网络沟通、危机沟通和冲突管理11项任务。每项任务首先引入"任务目标"、"沟通故事导入",在此基础上本着理论够用为度的原则,先总体阐述完成任务的基本过程和方法等"基本知识",这样便于学生在教师的指导下掌握基本的管理沟通策略和技巧,为下一步操作训练做准备。此后附以若干个鲜活生动的管理沟通案例以及"实训项目"、"拓展阅读"和"课后练习"等项内容。每项任务下都提供了精选的典型管理沟通案例,便于教师在教学中分析选用,有针对性地开展案例教学,提高授课效果。"实训项目"是教师课堂教学的主要内容,通过教学情境设计、案例分析讨论、角色模拟扮演、沟通能力测试、沟通游戏开展等方式、方法,让学生做中学、学中做,学做结合,强化管理沟通各项技能,不断提高沟通能力;"拓展阅读"提供管理沟通的典型范例,旨在拓展学生视野,启迪其思维。"课后练习"题型丰富,方便实用,目的是让学生课后进一步强化管理沟通的各项技能。

　　本书可作为高职高专财经管理类专业沟通课程的教材以及高职高专各专业沟通公共基础课教材,还可作为企业管理人员提高沟通能力的自我训练手册,它也是各类企业进行相关岗位培训的创新型教材。

　　本教材由大连职业技术学院的张岩松、侯晓霞任主编,李健、刘思坚、张铭任副主编,具体分工如下:张岩松确定全书体系框架并编写任务4和任务10;侯晓霞编写任务2和任务5;李健编写任务1和任务11;刘思坚编写任务3、任务6和任务9;张铭编写任务7和任务8。此外,董丽萍、吴华、任治、刘荣启、贝凤岩参加了部分内容的编写。王芳、于威完成了资料检索、搜集工作。许峰、刘晓燕、蔡颖颖、付强、董岩、于凯、潘丽、高琳、穆秀英、阚丽、祁玉红、王琳、郭沁荣、王艳洁、包红军、马蕾、刘桂华、王洪亮、唐成人、王海、王海鉴进行了文字录入工作。全书由刘思坚统稿。

　　本书在编写过程中,参考了大量书籍、报刊文献和网络资料,吸收了国内学者最新的研究成果,在此向各位专家、学者表示衷心的感谢。

　　本书是尝试之作,对书中的疏漏之处,敬请读者不吝赐教。

作　者
2013 年 1 月

目　录

沟通是人类存在的最好证明和唯一方式。

——［俄］托尔斯泰

言不顺,则事不成。

——孔子

任务目标

- 深刻理解沟通的概念及信息沟通的重要性;
- 了解信息沟通的分类,掌握信息沟通的过程模式,能够分析和克服各种沟通障碍;
- 能够正确选择和综合运用沟通方式开展有效的信息沟通;
- 掌握管理沟通的含义,明确管理沟通的作用;
- 深刻理解管理与沟通的关系,了解管理沟通的内容。

沟通故事导入

土著人的最高礼节

有一天,哈佛商学院的一位教授接到非洲土著用电烙刻出的请柬,邀请他到非洲讲授部落的竞争力战略。

教授为了表示对土著人的尊敬,于是准备了好几套西服上路。土著人为了表示对文明国度知名教授的尊敬,准备按照部落至高礼节欢迎。

讲课的第一天,教授西装革履地出现在土著人面前,讲了一整天,一直在冒汗。为什么呢?原来土著人以最高礼仪在听课——男女全部都一丝不挂,只戴着项圈,凡私处也只遮盖着树叶,在下面黑压压地站成一片。

第二天,教授的讲课同样也是一个冒汗的过程。为了入乡随俗,教授也脱得一丝不挂,只戴了个项圈,私处也只遮盖着树叶;但是土著人为了照顾教授的感情,吸取了头一天的教训,于是全部西装革履。

直到第三天,双方做了很好的沟通,台上台下全穿西装,竞争力战略才顺利地传授下去。

(资料来源:邹国良,安东.管理感悟——改变管理思维的 128 句箴言.北京:中国发展出版社,2005)

一、沟通

1. 沟通的内涵

沟通是各种技能中最富有人性化的一种技能。社会就是由人互相沟通所形成的网络。沟通渗透于人们的一切活动之中，人们已经习惯于生活在沟通的汪洋大海中，很难设想，要是没有沟通，人们该怎样生活。美国相关机构曾经对 25 名优秀的管理人员进行调查，发现他们有 76% 的工作时间是用于非正式接触的。在现代信息社会，管理人员对信息的搜索、加工和处理能力已经成为决定其职场竞争力的关键因素。要成为一个优秀的管理人员，必须具备良好的沟通能力。

所谓沟通，就是发送者与接收者之间为了一定目的运用一定的符号，所进行的信息传递与交流的过程。沟通过程涉及沟通主体（发送者和接收者）和沟通客体（信息）的关系以及信息发送者为影响接收者而使用的语言或非语言的行为。在沟通过程中，信息以怎样的方式被传送，又如何传递给接收者，接收者如何解读信息，信息最终以怎样的方式被理解，这都与沟通过程中主体的语言行为息息相关。具体来说，要正确理解沟通的含义，可以从下述几点来把握。

（1）有效的沟通既要传递事实，又要传递发送者的价值观及个人态度。

（2）有效的沟通，意味着信息不仅被传递，而且还要被理解。

（3）有效的沟通在于双方能准确理解彼此的意图。

（4）沟通是一个双向动态的反馈过程。这种反馈并非一定要通过语言表现出来，接收者也可以通过其表情或目光、身体姿势等形式将信息反馈给传递者，从而使发送者得知接收者是否接收与理解其所发出的信息，并了解接收者的感受。

2. 沟通的种类

（1）按照沟通的方法划分，沟通可划分为口头沟通、书面沟通、非语言沟通、电子媒介沟通等。各种沟通方式比较如下表 1-1 所示。

表 1-1　各种沟通方式比较表

沟通方式	举　　例	优　　点	缺　　点
口头	交谈、讲座、讨论会、电话	快速传递、快速反馈、信息量很大	传递层次越多，信息失真越严重，核实越困难
书面	报告、备忘录、信件、文件、内部期刊、布告	持久、有形，可以核实	效率低、缺乏反馈
非语言	声、光信号、体态、语调	信息意义十分明确，内涵丰富，含义隐含灵活	传递距离有限，界限模糊，只能意会，不能言传
电子媒介	传真、闭路电视、计算机网络、电子邮件（E-mail）	快速传递，信息容量大，一份信息可同时传递给多人，廉价	单向传递，电子邮件可以交流，但看不见表情

（2）按照组织系统划分，沟通可分为正式沟通和非正式沟通。

① 正式沟通。正式沟通方式如图 1-1 所示。

链式沟通。在链式沟通中，其中居于两端的人只能与邻近的一个成员联系，居中的人

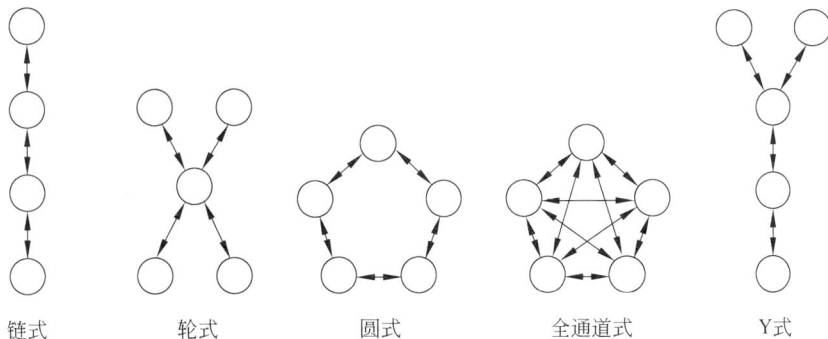

图 1-1　正式沟通方式

则可分别与两人沟通信息。

轮式沟通。轮式沟通网络在组织中代表一个主管直接管理部属的权威系统。

圆式沟通。圆式沟通可以看成是链式形态的一个封闭式控制结构,表示 5 个人之间依次联络和沟通。其中,每个人都可同时与两侧的人沟通信息。

全通道式沟通。全通道式沟通是一个开放式的网络系统,其中每个成员之间都有一定的联系,彼此可随时沟通情况。此方式集中化程度很低。

Y 式沟通。Y 式沟通中只有一个成员位于沟通内的中心,成为沟通的媒介。在组织中,这一网络大体相当于组织领导、秘书班子再到下级主管人员或一般成员之间的纵向关系。

各种正式沟通方式比较如表 1-2 所示。

表 1-2　各种正式沟通方式比较

沟通特点	链式	轮式	圆式	全通道式	Y 式
解决问题速度	稍快	快	慢	快	中
正确性	高	高	低	中	高
领导者的突出	相当显著	非常显著	不显著	无	中
士气	低	非常低	高	高	中

② 非正式沟通

单线式。单线式的传递方式是通过一连串的人,把信息传播给最终的接收者。

集中式。集中式的传播方式是把信息有选择地告诉自己的朋友或有关的人,这是一种藤式的沟通传递。

偶然式。偶然式的传播方式是按偶然的机会来传播信息,有些人未接收到信息,与个人的交际面有关。

流言式。流言式的传播方式是一个人主动将信息传播给所有与他接触交往的人。

非正式沟通网络如图 1-2 所示。

(3) 按照信息传递的方向划分,沟通可分为下行、上行、平行和斜向沟通。

(4) 按照是否进行反馈划分,沟通可分为单向沟通和双向沟通。单向沟通和双向沟通的比较如表 1-3 所示。

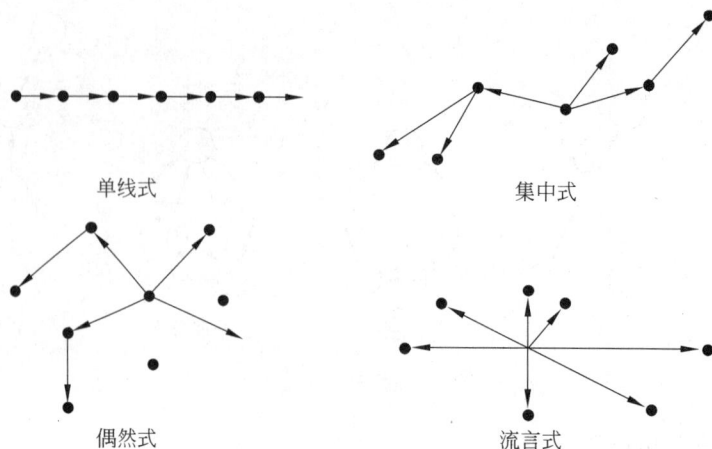

单线式　　　集中式

偶然式　　　流言式

图 1-2　非正式沟通网络

表 1-3　单向沟通和双向沟通的比较

项　目	速度	准确性	传递者	接收者	干扰	条理性	反馈
单向沟通	快	低	压力小	无信心	小	有条理	无
双向沟通	慢	高	压力大	有信心	大	无条理	有

3. 沟通的准备与过程

（1）沟通的准备。沟通双方需要交换信息，发送信息的时候要准备好发送的方式、发送的内容和发送地点。为了提高沟通的效率，需做如下准备工作。

① 明确沟通目的。"凡事预则立，不预则废。"在与别人沟通之前，心理一定要有一个明确的目的，如想得到客户的约见、想在客户心目中留下印象、想使客户对公司的产品感兴趣等。毫无目的的沟通只能算作闲聊天或侃大山，闲聊天或侃大山当然也是沟通，也有目的，比如休闲、娱乐等，但这不是有效的工作沟通。

② 制订沟通计划。明确了沟通的目的就要有较为详细的计划，怎样与别人沟通，先说什么，后说什么。如果情况允许，最好列一个表格，把与沟通有关的诸如要达到的目的、沟通的主题、方式、时间、地点、对象和一些注意事项等都列举出来。实践证明，计划制订得越充分，沟通的效果就越好。

③ 预测可能遇到的异议和争执。俗话说，"世界上没有两片完全相同的树叶"，自然也不可能存在两个观点信念完全相同的人。心心相印的至亲好友之间都会产生大大小小的分歧，何况在工作中接触的都是同事甚至是陌生人。所以，对于可能出现的异议和争执，首先要有充分的心理准备，还要根据具体情况对其可能性进行尽可能准确的预测，可以根据所掌握的沟通内容和沟通对象的具体情况自己作出预测，这也是对沟通的必要准备，有利于提升沟通的效果，著名的 SWOT 分析法从一定程度上明确了沟通所需确认的基本分析要素，这些要素包括：S——strength（优势）、W——weakness（劣势）、O——opportunity（机会）、T——threat（威胁）。通过对这些要素的分析，最终较为准确地把握双方的优势、劣势，设定一个更合理的目标，或者说沟通各方都能够接受的目标。

沟通的主要目标归类情况如表 1-4 所示。

表 1-4　沟通的主要目标归类

功　能	取　向	目　标	理论及研究焦点
表达感情	感情	增加组织角色的接受程度	满足、冲突、紧张、角色
激励士气	影响	致力于组织目标的达成程度	权力、顺从、期望、行为改变、学习
信息传递	技术	供给决策所需资料的程度	决策、信息处理、决策理论
任务控制	结构	澄清任务及责任明确程度	组织设计

（2）沟通过程。沟通过程是指发送者将信息通过一定的渠道传递给接收者的过程。沟通过程模式如图 1-3 所示。沟通的具体步骤如下。

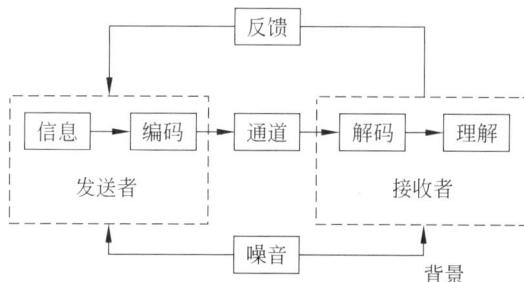

图 1-3　沟通过程模式

第一步，发送者获得某些观点或事实（即信息），并且有传送出去的意向。

第二步，发送者将其观点、事实以言辞来描述或以行动来表示（即编码），力求不使信息失真。

第三步，信息通过某种通道传递。

第四步，接收者由通道接收到信息符号。

第五步，接收者将获得的信息解码，转化为其主观理解的意思。

第六步，接收者根据他理解的意思加以判断，以采取不同的反应行为。

由此可见，一个看起来简单的沟通过程事实上包含着许多环节，这些环节都有可能产生沟通的障碍，从而影响沟通目的的实现。现在可以理解，为什么每天我们都有可能遇到一些因沟通而出现的误解、尴尬甚至是矛盾和冲突。

（3）沟通过程中的要素。要想取得沟通的最佳效果，必须首先把握沟通过程中的要素，这主要包括如下几方面。

① 发送者与接收者。沟通的主体是人，任何形式的信息交流都需要有两个或两个以上的人参加。由于人与人之间的信息交流是一种双向的互动过程，所以，把一个人定义为发送者而把另一人定义为接收者，这只是相对而言，这两种身份可能发生转换。在信息交流过程中，发送者的功能是产生、提供用于交流的信息，是沟通的初始者，处于主动地位；而接收者则被告知事实、观点或被迫改变自己的立场、行为等，所以处于被动地位。发送者和接收者这种地位对比的特点对于信息交流的过程有着重要影响。

② 编码与解码。编码是发送者将信息转换成可以传输的信号的过程。解码就是接

收者将获得的信号翻译、还原为原来的含义。编码和解码的两个过程是沟通成败的关键。最理想的沟通,应该是经过编码与解码两个过程后接收者形成的信息与发送者发送的信息完全吻合,也就是说,编码与解码完全"对称"。"对称"的前提条件是双方拥有类似的知识、经验、态度、情绪和感情等。如果双方对信息符号及信息内容缺乏共同经验,则容易缺乏共同的语言,那么就无法达到共鸣,从而使编码、解码过程不可避免地出现误差和障碍。

③ 信息。在沟通过程中,人们只有通过"符号—信息"的联系才能理解信息的真正含义,由于不同的人往往有着不同的"符号—信息"系统,因而接收者的理解有可能与发送者的意图存在偏差。

④ 通道。通道是发送者把信息传递到接收者那里所借助的媒介物。口头交流的通道是声波,书面交流的通道是纸张,网上交流的通道是互联网,面对面交流的通道是口头语言与身体语言的共同表现。在各种通道中影响力最大的仍是面对面的原始沟通方式。因为它可以最直接地发出及感受到彼此对信息的态度与情感,因而,即使是在通信技术高度发达的美国,总统竞选时候选人也总是不辞辛苦地四处奔波去选民面前演讲。

⑤ 背景。背景就是指沟通所面临的总体环境,任何形式的沟通都必然受到各种环境因素的影响。沟通的背景通常包括以下几个方面。

心理背景。心理背景即沟通双方的情绪和态度。它包括两方面内容:一是沟通者的心情和情绪。或兴奋,或激动,或悲伤,或焦虑,不同的心情和情绪会影响沟通的效果。二是沟通双方的态度。如果沟通双方彼此敌视或关系淡漠,则其沟通常常会由于偏见而出现误差,双方都较难准确理解对方的意思。

社会背景。社会背景即沟通双方的社会角色及其相互关系。不同的社会角色关系有着不同的沟通模式。上级可以拍拍你的肩头,告诉你要勤奋、敬业,但你绝不能拍拍他的肩头,告诉他要乐于奉献。因为对应于每一种社会角色关系,无论是上下级关系,还是朋友关系,人们都有一种特定的沟通方式,只有采取与社会角色关系相适应的沟通方式,才能得到人们的认可。

文化背景。文化背景即沟通者的价值取向、思维模式、心理结构的总和。通常人们体会不到文化背景对沟通的影响。实际上,文化背景影响着每一个人的沟通过程,影响着沟通的每一个环节。当不同文化发生碰撞、交融时,人们往往能较明显地发现这种影响。例如,由于文化背景的不同,东西方在沟通方式上存在着较大的差异:东方重礼仪、多委婉;西方重独立、多坦率;东方多自我交流、重心领神会;西方少自我交流、重言谈沟通;东方认为和谐重于说服,西方认为说服重于和谐。这种文化差异使得不同文化背景下的管理人员在沟通时遇到不少困难。

物理背景。物理背景即沟通发生的场所。特定的物理背景往往造成特定的沟通气氛。如在能容纳千人的大礼堂进行演讲与在自己的办公室高谈阔论,其气氛和沟通过程是大相径庭的。而在嘈杂的市场听到一则小道消息与接到一个电话特意告知你一则小道消息,给你的感受也是截然不同的,前者显示出的是随意性,而后者体现的却是神秘性。

⑥ 噪声。噪声就是妨碍信息沟通的任何因素,噪声存在于沟通过程的各个环节。典型的噪声包括以下几个方面的因素。

一是影响信息发送的噪声:表达能力不佳、词不达意;逻辑混乱、艰深晦涩;知识经验的不足，使解码造成局限；发送者不守信用，形象不佳等。

　　二是影响信息传递的噪声：信息遗失、外界噪声干扰、缺乏现代化的通信工具进行沟通、沟通媒介选择不合理等。

　　三是影响信息接受和理解的噪声：知觉的选择性，使人们习惯于对某一部分信息敏感，而对另一部分信息"麻木不仁"、"充耳不闻"；接受者的选择性理解，他们往往根据自己的理解和需要对信息进行"过滤"，造成信息传递的差异；信息量过于巨大，过犹不及，使接受者无法分清主次，对信息的解码处于抑制状态等。

　　⑦ 反馈。即将信息返回给发送者，并对信息是否被接受和理解进行核实，它是沟通过程的最后一个环节。通过反馈，信息交流变成一种双向的动态过程，双方才能真正把握沟通的有效性。如果反馈显示接收者接收到并理解了信息的内容，这种反馈称为正反馈；反之则称为负反馈。反馈可以检验信息传递的程度、速度和质量。获得反馈的方式有很多种，直接向接收者提问，或者观察接收者的面部表情，都可获得其对传递信息的反馈。但只借助观察来获得反馈还不能确保沟通的效果，将观察接收者与直接提问法相结合能够获得更为可靠、完整的反馈信息。

4. 有效沟通的条件

　　(1) 高情商是有效沟通的先决条件。长久以来，智商一直被视为事业和生活方面成功的先决条件，后来人们发现仅凭高智商是远远不够的，事业的发展和生活的幸福，情商在其中扮演重要的角色。在美国，曾有人追踪过哈佛大学一些学生在中年的成就，从薪水、生产力、社会地位等诸多方面的考察来看，发现在校考试成绩高的不见得社会成就高。就一个 40 岁左右的中年人来说，智商与其当时的社会地位有一定的关系，但影响更大的是处理挫折、控制情绪、与人相处的能力。在社会中生存，每个人都必须面对各种纷繁复杂的关系网，情商高低决定了人一生的去向，与外界沟通的程度取决于人的情商。社会交际能力较差，不大"会来事"的人，常常感到活得很累，他们活没少干，力没少费，辛苦没少搭，却有时事与愿违，得不偿失。纵使他们获得了足够的成功机会，最后也可能因不会交际而错失机会，功败垂成。因此，沟通能力的优劣可以决定一个人的成功与否，情商又决定沟通能力的优劣。要提高沟通能力，首先要提高情商。

　　(2) 良好的文化素养是有效沟通的前提。沟通的信息是包罗万象的。在沟通中，我们不仅传递信息，而且还在表达情感，提出意见，要想有效与人沟通，就必须具备一定的文化素养。沟通手段的运用，社交礼仪的展现，言语表达的技巧，处理问题在"度"上的把握，都是一个人综合素质的体现。美国著名汉学家约翰·塞维斯在一篇刊登在《洛杉矶时报》的纪念文章中这样描写周恩来总理给人的印象："凡是见过周恩来的人，没有谁会忘记他。他精神饱满，富于魅力，长相漂亮，这是原因之一。他给人的第一印象是他的眼睛。浓密的黑眉毛下边有一双炯炯有神的眼睛，在凝神看着你。你会感觉到他在全神贯注地看你，会记住你和他说过的话。这是一种使人立即感到亲切的罕见的天赋。1941 年在重庆第一次会见他时，我的感觉就是这样。在重庆和延安的那些日子里，同他谈话，每次都是思想智慧的交锋，愉快得很。他文雅、和蔼、机警而不紧张，不会使人提心吊胆，幽默而不挖苦人或说话带刺，他能非常迅速地领会你的想法，但从来不在你表达遇到困难时表示不耐烦，他自己思维敏捷而不要花招，他言行如行云流水而不夸夸其谈，他总是愿意开门见山地谈问题,而又总设法寻找共同的见解。他在设法使我们趋向赞同他对中国和世界事务的看法,他自己对这些看法是深信不疑的。但是他这样做,靠的是冷静的说理、清晰温和的措辞、广博的历史知识和对世界的了解及深入掌握的事实和细节。"文化素质修养决定着一个人的行为方式,决定着一个人的沟通能力的高低。

(3) 语言表达能力是有效沟通的重要基础。人际沟通主要是通过语言,语言表达能力和技巧直接影响着人际沟通的效果。提高语言表达能力首先要培养自己的语感。语感是指人对语言的感知和反应能力,也叫语言的触发功夫。语感强的人具有很强的语言感知能力和语言感应能力,前者是指当一连串的线性结构的语流通过听觉或视觉传入自己大脑的时候,能否迅速而准确地领会其含义和情味;后者是指当某种事物或事变呈现在眼前,或某种意念产生于脑海时,能快捷地找到准确而生动的词语,并进行语言的编码,将其连贯有序地表达出来。清末的梁启超有一次到武昌讲学,拜访当时的湖广总督张之洞。张之洞自恃位厚爵显、才高学富,想难为他一番,便出了个上联,让他答对:"四水江第一,四时夏第二,先生居江夏,谁是第一? 谁是第二?"这个问题很难回答:江淮河汉四水,长江排第一;春夏秋冬四季,夏天为第二。你梁启超来到我坐镇江夏的张总督管辖的地盘里来了,谁居首位呢? 梁启超自然听出了对方的倨傲之势,却又不好说自己居于对方之上。该怎么说呢? 他稍加思索,便对出了下联:"三教儒在先,三才人在后,小子本儒人,何敢在前? 何敢居后?"如今人们日常沟通交谈,很少是出题作诗对对联了,但这种对于语言的感知和反应如此之迅捷、精当和简练的智慧,确实是一个人十分重要而又广泛实用的本领。

提高语言表达能力还要注意语言表达的简洁精炼,这是说话的基本功,它体现出说话人分析问题的快捷和深刻,是其认识能力和思维能力的高超表现。它能使听者在较短时间内获得较多的有用信息,有助于博得对方的好感,也是说话人果断性格的表现。要做到这一点,头脑里必须储存一定量的材料,并且临场交流时能选用恰当的词语表达思想,思路清晰,层次分明。

提高语言表达能力还要注意语言表达的生动形象。生动形象是语言魅力的基本因素,能增强语言的感染力,吸引听众的注意力。要善于运用各种修辞方法,把深刻的道理寓于具体事实中,使之通俗易懂。语言的幽默风趣能使你到处受欢迎,幽默也是一种智慧,是人的内在气质在语言运用中的外显。在人际沟通时能活跃气氛,化解尴尬。

此外,委婉含蓄这一语言技巧在交际中的作用是很大的,是人际交往的缓冲术。在自我表露时,可绕过一些难于直言的内容,在拒绝对方的要求、表达与对方不同的意见或批评对方时,可以维护对方的自尊,留以面子。

5. 沟通的基本原则

人们在社会生活中进行沟通和交往,不仅要有良好的、正当的动机,遵循普遍的社会道德规范,而且还需要采取正确的方法并遵循一定的原则。

(1) 尊重原则。人人都有自尊心,都有受人尊重的需要,都期望得到别人的认可、注意和欣赏。这种需要的满足会增强人的自信心和上进心;反之则会使人失去自信,产生自卑,甚至影响其人际交往。因此,在沟通中首先要遵循相互尊重的原则。尊重性原则要求沟通者讲究言行举止的礼貌,尊重对方的人格和自尊心,尊重对方的思想感情和言行方式。这里既包括要善于运用相应的礼貌用语,如称呼语、迎候语、致谢语、致歉语、告别语、介绍语等;也包括遣词造句的谦恭得体、恰如其分,如多用委婉征询的语气;还包括平易近人、亲切自然的态度。当然,对对方的尊重不仅仅表现在沟通形式上,更表现在沟通中所交流的信息和思想观念上,即要把对方放在平等的地位上,以诚相待,摒弃偏见,讲真话。

📖 沟通小故事

尊重是不分对象的,学会善待每一个人,有时你会得到意外的收获。福斯米德先生受命为公司新落成的办公楼采购 320 台空调机。他下决心要把这件事办好,一定要让领导满意。经过充分考虑,他决定在确定供货商之前,进行一次充分的调查。除了考察价格和质量之处,他认为还应该考虑供货方的售后服务情况。因为售后服务在成交之前只能靠对方的承诺来判断,可是仅凭承诺不足以规避风险。他要寻找一家真正关心顾客利益的销售商。对于那些只做一锤子买卖、对顾客的利益漠不关心的销售商,坚决不与他们合作。

福斯米德先生开始走访那些空调专卖店和综合电器商场。他隐瞒了自己的身份。闭口不提购买空调机的事情。他一家一家地推开那些商家的店门,当那些满脸笑容的店员问他是否要购买空调机的时候,他就立即告诉他们说:"不,我只是想为家里那台空调机配一个空调罩。不知你们是否能够卖给我一个?"

在听到他的话之后,几乎所有的人都立即将脸上的笑容冷却下来,他们对这种小买卖没有丝毫的兴趣,福斯米德对他们的态度变化,早有心理准备。

后来,他只好扩大自己的走访范围。他在一家规模稍小的空调商店受到了自始至终的欢迎。那家商店的店员并没有表现出不耐烦,他们很热情地向他推荐了各种款式的空调罩,供他选择。几天之后,福斯米德把一笔巨额订单交给了那家愿意卖给他空调罩的商店,并允许商店在两个月之内把 320 台空调机分三批送到他们公司。对于那家商店,他们仅仅是因为对一位只是想购买一只空调罩的顾客热情相待,而意外地获得了一个巨额订单。

尊重每一个来访的人,是这家商店赢得福斯米德先生信任的秘诀。这是一个再简单不过的秘诀,但是世界上百分之九十的时间里,却忽视了其中的道理。

(资料来源:张韬,施春华,尹凤芝.沟通与演讲.北京:清华大学出版社,2005)

(2)简洁原则。宝洁公司对简洁原则作了具体规定,交高级经理审阅的文件每份不得超过两页。良好的人际沟通是追求简洁的,主张用最少的文字传递大量的信息。无论对谁,沟通简洁都是一个基本点。每一个人的时间和精力都是有价值的,没有人喜欢不必要的烦琐交谈、没完没了又毫无结果的会议。

(3)理解原则。理解性原则就是要求沟通者要善于换位思考,要站在对方的处境上设身处地考虑,体会对方的心理状态与感受,这样才能产生与对方趋向一致的共同语言。同时还要耐心、仔细地倾听对方的意见,准确领会对方的观点、依据、意图和要求,这既可以表现出对对方的尊重和重视,也可更加深入地理解对方。

正如《圣经·箴言》中写道:"掌握理解的人是幸福的;善于理解的人,卖掉的是银子,得到的是比金子还珍贵的东西;理解比宝石还要宝贵;上帝用智慧构成了大地的基础、以理解奠定天柱。"沟通不仅是信息的传递,更是对信息的理解和把握,准确地理解信息的意义才是良好的沟通。理解又是人际沟通的润滑剂,凡事一被理解就顺畅了。我们说"理解万岁",懂得理解的人,他的沟通能力一定很强,会受到普遍欢迎。

📖 沟通小故事

一家电梯公司与某酒店订有维修合同。酒店经理不愿让电梯一次停两个小时以上,因为这样将会给客人造成不便,但这次维修起码需要8小时。电梯公司的代表给酒店总经理打了电话,不过他并没有开口在时间上讨价还价,而是说:"我知道你们酒店生意很好。不愿让电梯停太长时间,这样会给客人带来不方便,我理解你的忧虑,我们一定尽力使你满意。可是我们检查后发现需要大修理,否则将会带来更大的损坏,那样电梯可能得停更长时间了。我想你更不愿给客人造成几天的不便吧。"最后经理同意停8个小时,这较停几天更可取一些。正因为对经理方便客人的立场表示理解,才能够说服经理接受他的主张,还没有引起他的不悦。

(资料来源:张韬,施春华,尹凤芝.沟通与演讲.北京:清华大学出版社,2005)

(4)宽容原则。人际沟通的双方要心胸开阔、宽宏大量,把原则性和灵活性结合起来,只要不是原则性的重大问题,应力求以谦恭容忍、豁达超然的风度来对待各种分歧、误会和矛盾,以诙谐幽默、委婉劝导等与人为善的方式,来缓解紧张气氛、消除隔阂。事实证明,沟通中心胸开阔、态度宽容、谦让得体、诱导得法,会使沟通更加顺畅并赢得对方的配合与尊重。

📖 沟通小故事

贝聿铭是著名的华裔建筑设计师。在一次正式的宴会中,他遇到过这样一件事:当时的宴会嘉宾云集,在他邻桌坐着一位美国百万富翁。在宴会中这个百万富翁一直在喋喋不休地抱怨:"现在建筑师不行,都是蒙钱的,他们老骗我,根本没有水准。我要建一个正方形的房子,很简单嘛,可是他们做不出来,他们不能满足我的要求,都是骗钱的。"贝聿铭听到后,他的风度非常好,没有直接地反驳这位百万富翁,他问:"那你提出的是什么要求呢?"百万富翁回答:"我要求这个房子是正方形的,房子的四面墙全朝南!"贝聿铭面带微笑地说:"我就是一个建筑设计师,你提出的这个要求我可以满足,但是我建出来这个房子你一定不敢住。"这个百万富翁说:"不可能,你只要能建出来,我肯定住。"贝聿铭说:"好,那我告诉你我的建筑方案,是建在北极。在北极的极点上建这座房子,因为在极点上,所以各个方向都是朝南的。"

(资料来源:space.goiee.com/html/36/2436-77427.html)

(5)准确原则。良好的人际沟通是以准确为基础的。所谓准确,是指沟通所用的符号和传递方式能被接收者正确理解。在沟通中典型的不准确信息有:数据不足,资料解释错误,对关键因素无知,存在没有意识到的偏见,以及对信息的夸张等。如果传递的信息不准确、不真实,不仅会给沟通造成极大的障碍,而且还会失去对方的信任和理解。因此，为了保证沟通的准确性，在信息收集过程中应注意选择可靠的信息来源，用准确的语言或精确的数字客观地记录原始信息；在信息加工过程中，应采用科学的方法，尽可能排除人为因素（如加工者的主观偏见、智力或技术水平的不足）对信息内容及其价值的客观性的干扰。

（6）及时原则。坚持沟通的及时性原则，就是要求在信息传递和交流过程中一定要注意信息的时效性，既要注重传递信息的主要内容，又要注意传递信息产生与发生作用的时间、范围及条件，做到信息及时传递及时反馈，这样才能使信息不因时间问题而失真。

（7）坦诚原则。坦诚就是以诚相待。"精诚所至，金石为开。""诚"的核心是为人处世讲究忠诚老实、光明磊落。力求做到说话办事要实事求是，襟怀要坦荡，不隐瞒自己的思想观点，有什么讲什么，是非分明，在与人相处中敢于坚持真理，伸张正义，主持公正，言而有信，遵守诺言，实现诺言，说到做到。

沟通小故事

日本企业之神、著名国际化电器企业松下电器公司的创始人松下幸之助有句名言："伟大的事业需要一颗真诚的心与人沟通。"松下幸之助正是凭借这种真诚的人际沟通艺术，驾轻就熟于各种职业、身份、地位的客户之中，赢得了他人的信赖、尊重和敬仰，使松下电器成为全球电器行业的巨人。

有人做过一个统计，从描述人品的词语中选出你认为最重要的几个，真诚被排在了第一位。崇尚真诚是时代的主旋律。真诚既然是人心所向，在沟通中我们就应该坚持它。沟通最基本的心理保证是安全感，没有安全感的沟通交往是难以发展的，只有抱着真诚的态度与人沟通，会得到意想不到的效果，一个人尽管不善言辞，但有真诚就足够了，没有什么比真诚更能打动人。

记得在西方经济萧条时期，有个女孩子好不容易找了份工作，在一家首饰店做销售员。一天早晨清扫时，她不小心打翻了首饰盒，六枚戒指只找回了五枚。这时她发现有位男青年匆匆向门口走去，女孩凭直觉断定准是他捡走了，因为早晨商店里人很少。女孩子赶上去叫住了他，很真诚地说道："你知道现在工作很难找，这是我的第一份工作，家里还有母亲等我赡养。"男青年顿了一会儿，跟她握了一下手（戒指在手里），说："祝你好运！"女孩子用真诚打动了他。

（资料来源：张韬，施春华，尹凤芝. 沟通与演讲. 北京：清华大学出版社，2005）

（8）谦虚原则。谦虚是我国的传统美德，也是搞好人际关系的一条重要法则。在与人沟通交往时，切不可自以为是，认为自己比别人强，摆出一副高高在上、盛气凌人的面孔；否则，不仅得不到别人的好感，还很难与他人合作共事。

（9）灵活多变原则。人际关系是一个复杂的系统，沟通和交往的形式和方法也要以变应变，即对不同的人和事要采取不同的对待方法。为人处世无定法，不能信守教条，要具体问题具体分析，灵活多变，讲究策略。

（10）渐进原则。人际交往一般都有一个逐步发展的过程，即初交、常交和深交三个阶段。在三个不同的交往阶段里，应该把握不同的交往尺度。在初交阶段，常常有些拘谨、别扭等不自然的感觉,此时要注意消除不安、紧张和胆怯情绪,也要注意不能无休止地说个没完没了,防止初次交往就给人留下不好的印象。进入常交阶段后,随着交往的增多和友谊的增长,应注意观察和了解对方的情况,特别是性格、兴趣和爱好方面的情况,寻找和发现双方的共同点、共鸣点,加固友谊的基础。到了深交阶段,双方感情在长期接触中深化发展了,双方有了深厚的友谊。一旦有了这种友谊,应该倍加珍惜。

(11) 互动原则。沟通是互动的,不是一方的事,需要双方共同参与。有传递有反馈,有说有听,才有双方意见的交流,在来来回回互动中达成共识。那么,如何实现互动呢?共享说话权利是互动的前提。在与人交谈时口齿伶俐固然是件好事,但是用之过度,独自一人滔滔不绝地大发议论,可就不识趣了。谈话不该一个人唱独角戏,每个人都有表现的本能欲望。所以共同支配时间对沟通尤为重要。尽可能要长话短说,言简意赅。给别人时间,听听他人的高见,既是对对方的尊重,也会让你有所收获。克林顿就说过,他在倾听别人时能学到很多东西。还有在交流时,别尽谈论你自己,更不可自我吹嘘,这种炫耀会影响你的形象,必要的神秘感反倒会增加你的魅力。

沟通从"你"开始。不要只谈论自己,尤其在众人聚会的场合里,最糟的莫过于将所有话题集中在自己身上。只要场合及语法恰当,尽可能用"你(您)"做每个句子的开头,这样会立刻抓住听者的注意力,同时能得到他人正面的回应。

要想得到对方的反馈,需要有一定策略。罗斯福的方式很简单,就是在与人接触的前一个晚上,花点时间研究一下客人的背景。等到见面时,共同的话题就源源不断,谈话自然让对方兴趣盎然。在这种氛围中,沟通就能更顺畅。

将自己的愿望变成对方的,就能达到双赢。威森为一家画室推销草图,他经常去拜访一位著名的服装设计师,设计师从不拒绝接见,但也从来不买他的东西。威森一次次失败后,改变了思路。他把未完成的草图,带到买主的办公室。"如果您愿意的话,希望您帮我一个小忙,"他说,"这是一些尚未完成的草图,能否请您告诉我,我们应该如何把它们完成才能对你有所帮助?"

这位买主默默看了那些草图一会儿,然后说:"把这些草图留在我这儿几天,然后再回来见我。"三天以后威森又去了,获得了他的某些建议,取了草图回到画室,按照买主的意思把它们修饰完成。结果呢?全部被接受了。

6. 沟通的障碍

沟通的过程也就是人与人之间的信息沟通、思想感情交流和行为互动的过程。在现代社会中,沟通范围的不断扩大,沟通的频率不断增加,沟通的水准不断提高,因而沟通的障碍因素也比以往更复杂。分析和研究沟通的障碍因素,对于调节人们的沟通行为,搬掉沟通过程中的"绊脚石",克服障碍,具有重要意义。

(1) 心理障碍。人际沟通中有很多因素会成为人际沟通的障碍。在这些障碍中,表现最为突出的是人际间的心理障碍。人的兴趣、态度、情绪、思想、性格、价值等因人而异,这些差异使人们在沟通中很容易带上主观成分,自觉不自觉地用自己的观点对信息加以"过滤",从而有意无意地使信息发生歪曲,给人际沟通造成不同程度的危害。

① 知觉障碍。人际沟通中,我们认知对象时,经常会出现不同的心理障碍,最常见的有第一印象、晕轮效应和刻板印象。

A. 第一印象。心理学家做过这样一个试验,让被试者看两种性格类型。

性格 a:聪明——勤奋——易冲动——爱批评——顽固——嫉妒心强。

性格 b:嫉妒心强——顽固——爱批评——易冲动——勤奋——聪明。

试验结果表明,人们对性格 a 有好印象。其实性格 a 和性格 b 的内容完全一样,只是顺序不同罢了。这表明:当不同信息结合在一起时,我们总是倾向于前面的信息,而忽视后面的信息;即使人们同样也注意后面的信息,但也会认为后面的信息是非"本质的","偶然的"。这就是第一印象作用。所谓第一印象,是指在人际沟通中,人们对第一次经历的事件,往往留下深刻的印象,成为一种心理定势而难以改变。

第一印象是有层次的。当人们在商店受到某个营业员的热情服务时,他所得到的不仅是对这个营业员的印象,还包括对整个商店的印象,当人们千挑万选地购回一台洗衣机,刚一使用就发现有毛病时,他对这台洗衣机、这一品牌、这一生产厂家的不良印象也许就再也无法挽回了。第一印象有层次性、广泛性、拖延性,因此难免以偏概全,妨碍人们准确地、全面地认识事物。当然,第一印象也不是不能改变的。随着人与人相互交往的加深,还可以修正第一印象,最后给予对方以客观的、公正的评价。

B. 晕轮效应。所谓晕轮效应,是指从对象的某种特征推及对象的总体特征,从而产生美化或丑化对象的印象这样一种心理定势。称为"晕轮效应",是因为它像月晕一样,会在真实的现象面前产生一个更大的假象:人们隔着云雾看月时,在月亮外面有时还能看到一个光环,这个光环是虚幻的,只是月亮的光通过云层中的冰晶所折射出的光现象,事实上并不存在这样一个真实的光环。晕轮效应也和第一印象一样普遍。人们走进礼品店,选购的往往是包装精美、价格偏高的礼品。因为精美的包装、偏高的价格往往使人产生晕轮效应,认为里面的东西会像精美的包装一样好,会和偏高的价格相一致。在公共关系人际关系中,名片越印越精致、花式品种越来越多,出现了所谓"名片效应",有些人甚至对它产生了迷信,这其实是晕轮效应的典型范例。

晕轮效应是一种以偏概全的主观心理臆测,其错误在于:第一,它容易抓住事物的个别特征,习惯以个别推及一般,就像盲人摸象一样,以一点代替全面;第二,它把并无内在联系的一些个性或外貌特征,联系在一起。断言这种特征必然会有另一种特例;第三,它说好就全面肯定,说坏就整体加以否定,这是一种受主观心理影响很大的认识障碍。

C. 刻板印象。所谓刻板印象,是指在人际沟通中,人们对某个群体或事物形成的一种概括而固定的看法。生活在同一地域和同一文化背景中的人们,常常表现出许多相似性,如同一个民族和国家的人有着大致相同的风俗习惯。职业、年龄、性别、党派一样的人,在思想、行为等方面也都较为接近。例如,商人大多是较为精明;知识分子一般文质彬彬;山东人直爽、乐于助人;而上海人灵活、善于应酬等。以上这些相似的特点被概括地反映到人们的认识当中,并被固定化,便产生了刻板印象。

刻板印象一旦形成,具有非常高的稳定性,很难被改变。即使碰到与其相反的事实出现,人们也倾向于坚持它,而非否定或"修改"事实。刻板印象具有一定的消极作用,它使人们的认识僵化和停滞,阻碍人们接近新事物、开拓新视野。持有刻板印象的人在判断他人时把群体所具有的特征都附加到他身上,也常常导致过度概括的错误。显然知识分子未必一个个都文质彬彬,上海人也不见得个个都善于应酬。

② 心理品质障碍。这包括:自卑心理、害羞心理、嫉妒心理等。

A. 自卑心理。自卑是指个人由于某些生理或心理缺陷及其他原因(如智力、记忆力、判断力、气质、性格、技能欠佳等等)而产生的轻视自己,认为自己在某个方面或几个方面不如他人的心理。具有自卑心理的人往往缺乏自信,自己看轻自己,在交往活动中想象成功的经验少,想象失败的体验多。这种情绪与权威、长者、名人交往时,表现更为突出。自卑是一种消极的心理状态,它在人与人交往中起着严重的阻碍作用,往往使沟通双方难于形成一种平等的对话,进而影响彼此真情实感的交流。严重者,会失去交往的愿望,成为一个孤独者。

自卑心理一般表现为一种自我否定的心理定势,包括对自身的否定和对社会组织的否定,认为样样比不过别人,自暴自弃,不能正确地评估、判定自己所代表的社会组织,对人际沟通的期望值很低,把需要沟通的对象限定在狭小的范围里,以与熟悉的人群交往为满足,而不想去开辟新的交往渠道,建立新的交往空间,扩充新的公众队伍。

自卑心理形成的原因是多方面的。从主观方面讲,有两个原因:一是自己的期望值不高,把自己的交往局限在小圈子里,行动上畏缩不前,当遇到新的交往情境时,总是害怕失败,担心遭到别人的耻笑和拒绝;二是某些生理上的短处容易导致自卑,如患有残疾、长相不佳等。从客观方面讲,也有两个原因:一是家庭背景因素;二是社会地位因素,这两方面情况较差也易导致自卑,四处碰壁,挫伤了积极性,而产生自卑心理。

怎样克服自卑心理呢? 一要正确认识、恰当评论自己和组织的优势,树立自己代表社会组织所特有的自豪感和自信心。要善于发现自己的长处,肯定自己的成绩,不要把别人看得十全十美,把自己看得一无是处,应认识到他人有不足;经常回忆那些经过努力做成功的事情,对一些做得不好的事情进行自我暗示,如"不要紧,别人也不见得就能做好,自己再努力一把也许会把事情做好"。另外,注意发现他人对自己好的评价。每个人总是以他人为镜子来认识自己,不是所有的人都会对自己做出较低的评价。赏识、理解、了解自己的人总是有的,关键是要自己去捕捉,将捕捉到的好的评价作为自我评价系数,以增强自信心,克服自卑。二要塑造自己坚强的性格。一个人被自卑心理所困扰,丧失进取心,通常与其性格怯懦、意志薄弱有关,而那些自信心强、勇于进取的人,往往性格比较开朗、大胆,意志坚强。对于已露出自卑苗头的人来说,要注意通过锻炼、自我教育等方法,培养自己坚强的性格,增强性格的独立性,摆脱人们尤其是权威人士对自己的成见,使自己在交往中日益成熟起来。三要积极诱发沟通对象给予必要的反馈信息,从反馈中体验成功。

B. 害羞心理。害羞是常见的心理障碍之一。虽然未必人人都像古诗中说的那样,"千呼万唤始出来,犹抱琵琶半遮面",但对初涉人际沟通领域的人来说,害羞是家常便饭。这种心理会产生腼腆的感觉,感到紧张不安,忸忸怩怩,丧失认识公众的良机。

为什么会害羞呢? 从心理学角度分析,有三个方面的原因:一是认识性害羞。这是由于人们认识自己时过分注重"自我",总是担心和怀疑自己的言行是否得到别人的承认,生怕自己的言行不对而被人耻笑。这种心理状态加上缺乏临场经验,就使得一些人在人际沟通中、特别是在自己不熟悉的环境中往往表现出害羞胆怯。二是挫折性害羞。有的人以前并不害羞,他们活泼、开朗、善于交际,但由于种种主客观原因,连遭挫折,结果变得害羞、胆怯、消极、被动。三是气质性害羞。害羞还与个人的气质类型有关。一般来说，属于内向性格和抑郁气质的人，较多地出现害羞。

怎样克服害羞心理呢？一要多一些自信心。一个人一旦失去了自信，他便在沟通中显得手足无措。因此，要克服害羞心理，就要找回丢掉的自信心。在沟通中，即使遇到比自己强的人，也不要缩手缩脚，不敢将自己的能量释放出来。尺有所短，寸有所长，你的长处可能正是别人的短处。如果你能对自己有一个全面客观的评价，提高自信心，你就会在公众面前落落大方、潇洒自如。二要锻炼解决复杂问题的能力。怕沟通，主要是怕缺乏处理棘手问题的能力。因此，不妨主动地寻求外部刺激，鼓起勇气，向自己提出挑战，敢说第一句话，敢于迈出第一步，在沟通实践中发展自己的交往技能，把可交的沟通对象视为自己的重要工作对象。当迈出第一步后，你就会感到，这道障碍不过如此，很容易超越。三要注意成功的积累。要善于从小事做起，总结成功的经验。哪怕是小小的成功，对克服自卑心理是十分有益的。为此，要不断分析、总结以往沟通工作的经验教训，挖掘出富有积极意义的正面材料，激发交往成功的愉快体验，从而强化自身的沟通意识，增强沟通的勇气和信心。四要做好沟通前的充分准备。由于自卑心理的作用，人在沟通过程中，自己说什么、做什么等社交行为没有构成简明清晰的印象，导致焦虑、恐慌随之产生。克服的根本办法是：准备充分，不断收集社会组织与公众两方面的信息；在沟通过程开始之前，将如何开场、如何发问、发问的具体内容、解决的核心问题、可能出现的障碍、解决的办法等一系列问题，在心里预演一遍，直至滚瓜烂熟、如数家珍；另外，与陌生人接触以前，可以阅读有关材料，听介绍，看影片、录像等，这样"知己知彼"，与公众交谈时就会踏实、自然、轻松自如、情绪稳定、侃侃而谈了。

C. 嫉妒心理。古人把嫉妒这一消极心理状态视若"灾星"。嫉妒古已有之，"既生瑜，何生亮"的故事就是突出的一则。三国时期，周瑜面对诸葛亮的足智多谋和超人的军事才能，没有把嫉妒之情化为自己奋起的雄心，而是将熊熊的烈火喷射出来，伤害他人，屡屡失策，终于在"既生瑜，何生亮"的悲鸣中倒下，断送了自己的宏伟业绩。简单地说，嫉妒心理就是当个人的愿望得不到满足时，对造成这种不满足的原因的一种怨恨行为。嫉妒心理是社交的大敌，它打击别人，贻误自己，腐蚀风气，以损人开始，以害己告终。由于嫉妒心理的作祟，一定范围内的人际关系可能因此而失去和谐，变得紧张起来。

在人际沟通过程中，嫉妒心理主要表现在三个方面：一是嫉妒他人利益上的满足；二是嫉妒他人各方面的进步；三是嫉妒他人的独创与改革。在嫉妒心理作用下，惟恐对方超过自己，因此，采用消极保守的方法对待对方，人为地阻止了相互间交往关系的发展。

怎样克服嫉妒心理呢？一要心胸开阔。加强个人道德品质的修养，驱除以自我为中心的团体主义和个人主义，努力使自己成为胸怀宽阔、心底无私的人，"大度能容天下难容之事"，显现出具有"大家风度"的社交风范，"以胸阔之海淹没嫉妒之舟"。二要端正认识。嫉妒心理的产生常常是因为一种错误的认识造成的，即：你取得了成绩，便是说明我没有成绩；你成功了便是对我的威胁、对我利益的侵占。要注意摒弃这一不良认识。三要学会比较。善于从比较中学习别人的长处，从而克服自己的短处，而不是以己之长比人之短。四要自我反省。嫉妒时常在我们不知不觉中产生，故时常反省一下，看看自己是否染上不良情绪，是大有好处的。如果你能够意识到自己在嫉妒，你就会控制或消除这种处于萌芽状态的情绪。

（2）文化障碍。文化障碍是人们由于言谈举止、风俗习惯等不同，在相互沟通时所产生的各种分歧和冲突。随着世界性市场的形成，人们在沟通中十分重视文化因素，正如美国的《公共关系手册》所指出的那样："对外关系的交恶，十有八九不是出于利益的冲突，而是语言文化、传统等方面的隔阂。"文化障碍包括如下几方面。

① 语言障碍。人与人之间的信息沟通主要是借助语言来进行的（包括口头语言和书面语言），而语言只是作为交流思想的工具，它并不是思想本身，它只是用以表达思想的符号系统。由于人们的语言修养不同、表达能力不同，对同一种思想观念或事物，有的表达得很清楚，有的表达得不清楚。同样，对同一组信息，有人听后马上理解了，有人听来听去不知其所以然；有人听后做这样的解释，有人听后又做那样的解释。用语言、特别是用各种不同的语言或者文字表达思想、表达事物，往往产生听不懂、曲解或断章取义的现象，形成语言障碍。例如，一位非洲国家的朋友来中国民航的一家宾馆，用法语要求住一个单间客房，并说"我是部长"。我们的服务员只懂几句常用的法语，对"我是部长"这一关键的词语不熟悉，因而闹得很不愉快。可见，不同国度、不同民族之间的沟通会遇到语言上的障碍。实际上，在同一国度里的同一民族，因地区的不同造成语音、语义的不同，也往往使人备尝语音、语言不通之苦。侯宝林的相声中有过这样的描述：外地人到上海理发店理发，理发师说要"打打头"（理发的意思），把顾客弄得莫名其妙，从而闹出笑话。

沟通小故事

第二次世界大战后期，日本的败局已定。1945 年 7 月 26 日《波茨坦公告》发表，日本当局一看盟方提出的投降条件比他们原先想象得要宽大得多，便高兴地决定把公告分发各报刊登载。7 月 28 日铃木首相接见新闻界人士，在会上公开表示他将"mokusatsu"同盟国的最后通牒。可惜这个词选得太不好了。首相原意是说他的内阁准备对最后通牒"予以考虑"，可是这个词还有一个意思，就是"置之不理"。事也凑巧，日本的对外广播机构恰恰选中了这个词的第二个意思并译成对应的英语词语"take no notice of"。此条消息一经播出，全世界都听到了日本已拒绝考虑最后通牒，而不是正在考虑接受。消息播出后，美方认为日本拒绝公告要求，便决定予以惩罚。

8 月 6 日，美军在广岛投下了威力巨大的原子弹。这真是一场灾难性差错——导致生灵涂炭！

要克服语言障碍，必须注意"三忌"：一忌夸夸其谈。不分对象、不分场合的夸夸其谈，极易造成语言障碍。二忌涉及敏感话题。对男士不问收入，对女士不问年龄。向公众提出敏感话题，极易造成对方的不快，甚至中止交谈。三忌一知半解。特别是外国语，日本前首相森喜朗的英语就说得不好，结果在接见来访美国前总统克林顿时闹出了笑话。森喜朗与克林顿相见，他马上向克林顿问好："How are you?"（你好！）结果由于他蹩脚的发音说成了"Who are you?"（你是谁?）克林顿不禁一愣，以为这是森喜朗的幽默，就也幽他一默说："I'm Hilary's husband."（我是希拉里的丈夫。）哪里知道森喜朗的英语听力也同样不行，他不假思索地回答道："Me too."（我也是。）真是南辕北辙，令人大跌眼镜。

有的人不懂得词语的背景和使用场合,随便拿来就用,造成误解。例如,法国巴黎某服装店在门口用英文写道"Have a fit"(请进来大发脾气),其实,他不过是想请顾客进店试穿一下,但由于他不懂英语短语的特殊用法,生造了"Have a fit"这样的词句,就变成"大发脾气"了。

② 观念障碍。观念属于思想范畴,由一定的经验和知识积累演化而成,是一定社会条件下人们接受、信奉并用以指导自己行动的理论和观点。不同年龄、不同阅历、不同社会背景的人,会有不同的观念,这种观念上的差异会成为他们之间沟通的障碍。例如,青年人认为老年人保守僵化,老年人认为青年人幼稚轻浮;售货员认为自己的职业是"伺候"顾客、低人三分,顾客认为拿钱买货理应被"伺候"。

怎样克服观念障碍呢? 一要了解他人的思想观念,正视分歧,然后再设法加强沟通,改变公众的思想观念;二要从自身角度消除一些消极的跟不上时代潮流的旧的思想观念,如封闭观念、极端观念等;三要克服思想僵化、固步自封的毛病,善于接纳进步的新观念;四要多站在沟通对象的立场上考虑问题,如要消除组织公共关系人员在与公众沟通时,报喜不报忧,夸大成绩,缩小缺点,维护组织利益的褊狭观念,就可开展"假如我是一名顾客(公众)"的活动,通过角色互换来消除双方的交往障碍。

③ 习俗障碍。习俗即风俗习惯,是在一定文化历史背景下形成的具有固定特别的调整人际关系的社会因素,如礼节方式、审美传统等。习俗世代相传,是经过长期重复出现而约定俗成的习惯法,虽然不具有法律的强制力,但对人们的行为和思想有相当大的约束和影响作用,不可忽视。

忽视习俗因素往往会造成误解,导致沟通失败,甚至会使沟通对象大受伤害,再也不愿发生往来。曾有这样一件事:一天,六位外国海员来北京某饭店用餐。海员们好胃口,豪饮之际,那一盘盘端上来的菜肴如风卷残云,被一扫而空。唯有那条大黄鱼,只吃了上面的一半,下面的一半却没动。笑盈盈的服务员小姐见此情景,便热情地拿起公筷,把鱼翻了过来。想不到这几位海员勃然大怒,把筷子一摔,离席而去,这位服务员小姐一片好心,为什么反而触怒了海员呢? 原来,海员长年在海上工作,最担心的是翻船,而把鱼翻个身,"翻"这个动作是他们最忌讳的。"忌讳"也是风俗习惯的一个部分。

怎样克服习俗障碍呢? 一要知俗。在与各类沟通对象尤其是同外国人打交道,推销产品时要注意了解他们的社会文化环境,了解其民情风俗、生活习惯、兴趣爱好、忌讳、节日等,掌握沟通对象的这些信息,使自己成为适应不同风俗的行家里手。二要随俗。当与沟通对象,特别是外地、外国人交往时,要尊重服从其特有的风俗习惯,做到入乡随俗,切不可把自己的习俗作为通行标准,强加于人。入乡随俗是对沟通对象的尊重,一定会赢得其好感的。

④ 文化程度障碍。沟通双方的受教育程度、经验水平、文化素质和文明程度差距过大,信息接收者对信息的内涵不理解或不接受,也会造成沟通障碍。

(3) 社会障碍。社会系统方面的沟通障碍因素很多,这里主要探讨一下空间距离和组织结构,因为它们在诸多社会系统方面交往障碍因素中是最主要的。

① 空间距离障碍。发送者与接收者空间距离过远、中间环节过多,就有可能使信息失真或被歪曲;传递工具不灵,通信设备落后,造成接收者不了解信息内容的思想观念;信

息在传递过程中还会受到自然界各种物理噪声的干扰,更加重了沟通障碍。

怎样消除空间距离障碍呢? 一要缩短距离。一方面,从缩短物理距离入手,尽可能地与沟通对象面对面地沟通,从而减少空间距离障碍;另一方面,从心理距离入手,运用各种媒介,表达情意,打动沟通对象,如有的企业公关人员每到新年到来或客户过生日时都寄贺卡,以示祝贺,这就缩短了双方的心理距离。二要改善信息交流工具,实现信息传递的现代化。随着社会的发展,人们会不断改善交流工具,开辟新的沟通渠道。如对讲机、声像电话、录音邮件、各种信息机构的建立以及航空、航海、铁路、公路交通事业的发展,为人们进行远距离交往提供了方便。

② 组织结构障碍。组织结构障碍主要表现在以下几个方面。

A. 传递层次过多造成信息失真。如果组织结构庞杂、内部层次过多,信息传递每经过一个层次,往往都会产生差异,使信息失真或流失,积累起来,便会对沟通效果带来很大影响。

沟通小故事

据说历史上某部队一次命令传递的过程是这样的。

少校对值班军官:今晚 8 点左右,哈雷彗星将可能在这个地区看见,这种彗星每隔 76 年才能看见一次。命令所有士兵穿野战服在操场上集合,我将向他们解释这一罕见的现象。如果下雨就在礼堂集合,我会给他们放一部关于彗星的影片。

值班军官对上尉:根据少校的命令,今晚 8 点,76 年出现一次的哈雷彗星将在操场上空出现。如果下雨,就让士兵穿着野战服列队前往礼堂,这一罕见现象将在那里出现。

上尉对中尉:根据少校的命令,今晚 8 点,非凡的哈雷彗星将身穿野战服在礼堂出现。如果操场上有雨,少校将下达另一个命令,这种命令每隔 76 年才出现一次。

中尉对上士:今晚 8 点,少校将带着哈雷彗星在礼堂出现,这是每隔 76 年才有的事。如果下雨,少校将命令彗星穿上野战服到操场上去。

上士对士兵:在今晚 8 点下雨的时候,著名的 76 岁的哈雷彗星将军将在少校的陪同下,身着野战服,开着他那"彗星"牌汽车,经过操场前往礼堂。

经过五次传递,少校的命令已经变得面目全非,信息失真率达到 90% 以上。

B. 沟通渠道单一造成信息量不足。这种沟通中的组织障碍主要是指信息的传递基本上是单向的——上情下达。组织结构的安排不大便于从下往上提建议、商讨问题,因而送到决策层的信息量明显不足。

C. 机构臃肿造成沟通缓慢。市场竞争要求组织迅速决策,迅速占领市场,而机构臃肿却造成组织与沟通对象沟通慢,极不适应市场经济的要求。

消除组织结构方面的沟通障碍,对于形成健康的社会舆论和风尚具有重要作用。我们应从自身做起,从每件小事做起,为消除组织结构方面的障碍做出脚踏实地的努力。

③ 社会角色障碍。这包括社会地位不同造成的障碍、社会角色不同造成的障碍、年龄差异造成的障碍和性别差异造成的障碍。

A. 社会地位不同造成的障碍。居高位、掌实权的人物如果官僚主义作风严重，下属就会敬而远之，由此便阻塞了上下沟通的渠道。克服社会地位障碍的有效方法是发扬民主，干群广泛接触，经常对话，相互听取意见。

B. 社会角色不同造成的障碍。在管理过程中，如果管理者不能以平等的态度对待下属和同事，总喜欢用教训人的口吻与下属和同事说话，那么他与下属和同事之间就会产生隔阂，导致管理沟通的障碍。解决的办法是管理者发扬民主作风，对下属和同事要尊重，有事一起商量，共同寻求解决问题的途径，这样才能达到有效沟通。

📖 沟通小故事

　　老板：这项工作到现在都还没有完成！

　　雇员：我一直都在想办法，只是……

　　老板：不要强调客观原因，耽误工作造成的损失，从你这月的薪水中扣除！

　　雇员：是，对不起，老板，我尽快吧。

这里老板借助他的社会地位优势在交流中貌似占据了有利地位，但实际上这次武断专横的交流，使得双方都失去了开诚布公地探讨工作中出现的问题障碍和寻求更佳解决方案的机会。老板最后以扣薪水作为威胁，从完工时效上可能会有一定的督导效果，但从人性化管理的角度看，却大大打击了雇员的积极性和忠诚度，很可能导致这项工作仓促敷衍了事，影响了工作的内在质量和实际效果。

（资料来源：莫林虎.商务交流.北京：中国人民大学出版社,2008）

C. 年龄差异造成的障碍。年龄是人阅历的体现和反映，是时代的年轮和缩影。由于不同年龄的人所处的时代不同、环境不同，这就决定了每个年龄段的人无不带着所处时代的烙印，因此其思想观点、行为习惯甚至世界观也有所差别，这正是人们所说的"代沟"。可以说，在不同的年龄阶段，代沟是人际沟通的主要障碍。

D. 性别差异造成的障碍。由于性别的差异，男性和女性有不同的语言表达方式和习惯。有研究表明：男性通过交谈来强调自己的身份，而女性通过交谈来改善人际关系。也就是说，男性的说和听是一种表达独立意识的行为，而女性的说和听是一种表示亲密的行为。因此，对于许多男性而言，交谈主要是保持个体独立和维持社会等级秩序与身份；而对于许多女性来说，交谈则是为了亲近而进行的活动，女性通过交谈寻求认同和支持。例如，男性经常会抱怨女性一遍又一遍地谈论她们的困难，女性则批评男性没有耐心听她们说。实际情况是，当男性听女性谈到问题和困难时，他们总是希望通过提供解决方案来表现他们的独立和对问题的控制。相反，女性则将谈论困难看做是拉近彼此距离的一种方法。女性谈到困难是为了获得支持和理解，而不是想听取男性的建议。

7. 沟通障碍的克服

尽管在人际沟通中会遇到各种各样的障碍，但只要人们树立正确的沟通理念，采用科学的沟通及渠道和方法，就能克服沟通中的障碍，实现有效沟通。具体来说，克服人际沟通障碍的总体策略与技巧主要有以下几种。

（1）明确沟通目的。沟通双方在沟通之前必须弄清楚沟通的真正目的是什么，动机是什么,要对方理解什么。确定沟通目标,沟通内容就容易理解和规划了。

(2) 保持积极的态度。态度对人的行为具有非常重要的影响。在人际沟通中要尽可能保持乐观、积极、向上的态度,避免消极、悲观的态度,在沟通中保持平和的心态,这样才能达到沟通的预期效果。

(3) 尊重别人的观点和意见。在沟通中,无论自己是否同意对方的意见和观点,都要学会尊重对方,给予对方说出意见的权利,同时将自己的观点更有效地与对方进行交换。

(4) 坚持实事求是,以理服人。在人际沟通过程中,不仅说话办事要实事求是,言论行为要符合社会规范,相处交往要体谅他人。与人交往发生矛盾时,最好的办法是避开对方最有力的攻击,寻找对方薄弱环节有理有力地进行反击,以理服人。如果与人交往中发现自己确实错了,切不可强词夺理,不妨主动认错,赔礼道歉,这样显得诚恳而又豁达,更易赢得别人的谅解、同情和赞许。

(5) 以情动人。在人际沟通中要善于驾驭自己的感情,根据不同的人、事以及环境、气氛,恰当地、情真意切地表达自己的喜怒哀乐,以打动对方。只有真正的感情才具有力量,才能够感染和打动人。

(6) 正确地运用语言。在人际沟通过程,语言是必不可少的工具。正确地运用语言,选词造句准确恰当,中心鲜明突出,逻辑思维严密,语言流畅,语气语调依人依事合理选择,恰到好处,就能够保证人际沟通获得更大的成功。

(7) 保持积极健康的心态,进行换位思考。在人际交往过程中,做到"己所不欲,勿施于人",经常进行心理换位思考。同时,还要保持良好的心态,积极主动与他人进行沟通,做到不卑不亢、平等真诚,这样才能避免自卑和自负造成的沟通障碍,赢得他人的尊重。

(8) 用非言语信息打动人。非言语信息往往比语言信息更能打动人。因此,如果你是发送者,你必须确保你发出的非语言信息能够强化语言的作用。如果你是接受者,你则要密切注意对方的非语言信息的提示,以便全面理解对方的意思、情感。

(9) 选择恰当的时间和地点进行沟通。一定要选择对方清醒的时间传递信息,并且传递信息时有张有弛,疏密得当,让接受信息的人感到轻松愉快;在地点上,要尽量减少干扰因素,使沟通双方感到轻松自然。

(10) 针对沟通对象进行沟通。发送者要根据接受者的心理特征、知识背景等状况,调整自己的谈话方式和措辞,要避免以自己的职务、地位、身份为基础去进行沟通。

二、管理沟通

1. 管理沟通的含义

管理沟通是管理活动不可缺少的组成部分,也是管理者最重要的职责之一。著名管理大师彼得·德鲁克就明确沟通是管理的一项基本职能。无论是计划的制订、工作的组织、人事的管理、部门间的协调,还是与外界的交流,都离不开沟通。可以说,良好的沟通是组织效率的保证。

组织是由许多不同的部门、成员所构成的一个整体,这一整体有其特定的目的和任务。为了达成组织的目标,各部门、成员间必须有密切的配合和协调,只有各部门、成员之间形成良好的沟通意识、机制和行为,各部门及成员间才能彼此了解、相互协作,进而促进团体意识的形成,增加组织目标的导向性和凝聚力,使整个组织体系能围绕终极目标而进行良性运作。

所谓管理沟通是指管理过程中为实现组织目标,而进行的组织内部和组织外部的知识、信息传递和交流活动的过程。管理沟通的本质仍是沟通。要理解整个概念,需要把握以下四点。

(1)管理沟通是一种有目的的活动。严格来说,任何沟通活动都有自己的目的,只不过管理沟通与其他沟通形式相比目的更为明确罢了。管理沟通的目的是实现组织目标,因此在管理沟通过程中必须依照组织目标进行沟通,不能为了沟通而沟通。

例如,中国平安股份有限公司是我国首家股份制保险公司。其为了积极推进"最好的机制在平安,最好的人才在平安,最好的管理在平安,最好的服务在平安"的战略目标,改善短期绩效,建立长期竞争优势,建设一流的国际化、规范化、商业化的综合金融服务集团,建立了一流的客户服务中心。目的是向全国的客户提供信息咨询、保险业务、投诉、监管、通知发布等服务。

(2)管理沟通是一个互动过程。多数情况下,管理沟通不是单向或单方面的,而是一个涉及思想、信息、情感、态度或印象交流的互动过程。这种互动不是仅仅发生在对谈话的认识、表述或逻辑层面,而是涉及一个较大范围的相互交流。在这个过程中,人们的态度和印象可能无法用语言表达,但这类沟通的互动性依然存在。

(3)管理沟通强调的是理解能力。从一定程度上说,管理的本质就是给出命令和指示;而管理沟通是传达信息,并且通过反馈来核实了解得正确与否。

(4)管理沟通是多层面的沟通。管理沟通是一个涉及个体、组织和外部社会多个层面的过程。在这个过程中,既存在个体与个体之间的沟通,也存在群体与群体之间的沟通,还存在个体与群体、组织内部与外部的沟通等。

从管理沟通的概念来看,没有信息在组织内的流动,整个组织就不能正常运行,沟通的过程贯穿组织运行的始终。尤其是现在,组织的许多活动都围绕信息和知识来运作,因此,作为信息和知识传播方式的沟通将发挥更为重要的作用。

在一般论著中,组织沟通与管理沟通交替出现,有时相互替代。这两个概念具有一定的差别:组织沟通作为沟通方式的一种,一般是与团队沟通、人际沟通等相比较而存在的,是从沟通的参与者来定义的,而管理沟通是指在一个组织的大范围内,围绕组织的管理运行而进行的沟通行为,管理沟通的目的是组织的有效运行。管理沟通的这个定义是从沟通的目的来定义的,而组织沟通、组织内的人际沟通、团队沟通等方式都是为组织的运行服务的,都是管理沟通的具体方式。

2. 管理沟通的作用

(1)沟通是实现管理目标的一种手段、方式、方法、途径。

首先,沟通是一种通过传递信息、知识等来实现组织目标的手段。现代企业和组织、人与人之间、部门与部门之间、上下级之间以及其他各个方面之间,特别需要彼此进行沟通、互相理解、互通信息。然而,在现实生活中,人与人之间却常常横隔着一道道无形的"墙",其妨碍着彼此的沟通。如果沟通的渠道长期堵塞、信息不交流、感情不融洽、关系不协调,就会影响工作。因此,领导者要不断加强企业内部的信息沟通,传递资料,交流感情,让员工清楚地知道公司的方针、政策和所处的形势,并且逐步建立起一套成熟、完善的沟通系统。

其次,沟通是一种管理方式。不同的管理者具有不同的管理风格,因而形成了各自不同的沟通方式;同样,不同的组织在长期的经营管理实践中也都形成了自己的沟通方式。以英特尔为例,在英特尔总部,专门设有一个"全球员工沟通部",以促进英特尔沟通体系与团队发展。其与员工沟通的方式主要包括:自上而下的沟通和自下而上的沟通。沟通方式包括:

① 网上直播,网上聊天。英特尔的高层管理人员会经常通过英特尔内部网络,向全球员工介绍公司最新的业务发展以及某个专门问题的情况。通过网上聊天,与员工进行互动,回答员工现场提出的各种问题。

② 季度业务报告会。这是一种一对多或多对多的沟通,是一种面对面的沟通。在季度业务报告会上,不单是公司向员工通报公司最新的业务发展情况,还现场对员工提出的问题进行回答,而员工通过现场提问直接、面对面地与公司管理层进行交流。

③ 员工问答。在英特尔季度业务报告会之前,为了了解员工所关注的问题与所顾虑的事情,各部门内部会通过员工问答的方法,预先了解员工的心声。

④ 员工简报。英特尔公司每个季度出版定期的员工简报,成为一种员工内部沟通的重要方式。在英特尔的工厂里,每个星期都会定期出版一期员工快报,让员工自由取阅,将公司及工厂里发生的最新的重要事情、消息,通过简报的形式告知员工。

⑤ 一对一面谈。一对一的面谈是自下而上的沟通中比较常用的重要方式,是指公司与每一名员工之间就工作期望与要求进行沟通。通常通过员工会议的形式进行,要求员工来制定会议的议程,由员工来决定在会议上想谈的内容,包括员工对自己职业发展的想法,对经理人员的看法和反馈等。

⑥ 定期的部门会议。英特尔各业务部门与职能部门会定期召开会议,经理人会定期和所有的下属进行及时沟通,听取员工的建议与想法,传达公司的政策与各项业务决策。

⑦ 全球员工关系调查。英特尔每年都进行一年一度的全球员工关系调查,英特尔总部会派人到全球各个国家与地区的分公司,对员工关系与沟通情况进行调查。

⑧ Open Door(开放式的沟通)。很多时候,员工的顾虑与意见不愿意直接与其上司面谈,基于此,英特尔的人力资源部专门设有一名员工关系顾问,员工可以与人力资源部的员工关系顾问进行面谈。员工关系顾问会对所了解的信息进行独立的调查,了解员工反映的情况,然后将调查结果通知公司有关部门,包括员工的经理。在这种沟通方式中,英特尔制定了一系列的规则来避免经理人员对员工采取一些不适当的方式,从而保护了员工的权利。

第三,沟通是一种科学与艺术方法。美国一家公司的总经理非常重视员工之间的相互沟通与交流,他曾有过一项"创举",即把公司餐厅里四人用的小圆桌全部换成长方形的大长桌。这是一项重大的改变,因为用小圆桌时。总是那四个互相熟悉的人坐在一起用餐,而改用大长桌情形就不同了,一些彼此陌生的人也有机会坐在一起闲谈了。如此一来,研究部门的职员就能遇到来自其他部门的行销人员或者生产制造工程师,他们在相互的接触中,可以互相交换意见,获取各自所需的信息,而且可以互相启发,碰撞出思想的火花。同时,沟通也是一种实现组织目标的重要途径。领导者根据组织发展的需要,采取各种途径达到目标的实现,如建立内部沟通渠道、外部沟通网络等,并通过制度建设确保沟通渠道畅通。

(2) 沟通是组织战略确立与实施的核心链环和纽带。组织战略的确立要求高层管理人员要根据组织的使命和目标,分析组织的外部环境,确定存在的机会和威胁,评估组织的内部条件,认清组织拥有的优势和劣势,并在此基础上,制订用以完成使命、达到目标的战略计划。根据战略计划的要求,管理人员应配置资源,调整组织结构和分配管理工作,并通过计划、预算和进程等形式实施既定的战略。在执行战略的过程中,管理人员还要对战略的实施成果和效益进行评价,同时,将战略实施中的各种信息及时反馈到战略管理系统中来,以确保对组织整体经营管理活动的有效控制,并且根据变化的情况修订原有的战略,或者制定新的战略,开始新的战略管理过程。由此可见,沟通贯穿于战略管理的全过程,战略的确立、实施、评价等不仅离不开沟通,而且完全依靠沟通作为纽带,实现战略目标。

(3) 沟通是组织文化确立与发展的黏合剂。企业管理的最高境界就是在企业经营管理中创造出一种企业独有的企业精神和企业文化,使企业管理的外在需求转化为企业员工自发的观念和自觉的行为模式,认同企业核心的价值观念和目标及使命。而企业精神与企业文化的培育与塑造,其实质是一种思想、观点、情感和灵魂的沟通,是管理沟通的最高形式和内容。没有沟通,就没有对企业精神和企业文化的理解与共识,更不可能认同企业的共同使命。

(4) 沟通是优化组织管理环境、改善干群关系、克服管理障碍的基础和保障。组织环境具有不确定性、复杂性及可变性等特点,作为管理人员如果不注意搜集信息、关注环境的变化、了解环境的影响因素,就不可避免地会产生矛盾和冲突。而如果不能及时沟通,采取有效措施,也难以解决矛盾和冲突。因此,与内外公众沟通信息和知识、交流思想和情感,有助于减少和消除冲突,有助于防止突发性事件的发生。

(5) 沟通是提高员工忠诚度、满意度、创造力以及组织效益的利器。员工中潜藏着巨大的能量,但要使员工心甘情愿地贡献自己的能量,其前提是员工必须对组织具有忠诚度、满意度,并在此基础上,运用激励机制使员工发挥主动性和创造力。沟通有利于领导者激励下属,建立良好的人际关系和组织氛围,提高员工的士气。除了技术性和协调性的信息外,企业员工还需要鼓励性的信息。它可以使领导者了解员工的需要,关心员工的疾苦,在决策中就会考虑员工的要求,以提高他们的工作热情,发挥其主动性和创造性。人一般都会要求对自己的工作能力有一个恰当的评价。如果领导的表扬、认可或者满意能够通过各种渠道及时传递给员工,就会形成某种工作激励。而且沟通能够产生凝聚力、向心力,更能创造价值,提高效率与效益。沟通渠道的建立和畅通,可以使领导和员工心心相印,统一思想和观念,"上下同欲者胜"。沟通减少了无谓的扯皮和矛盾,使员工各司其职、各负其责,有助于提高工作效率和效益。

3. 管理与沟通的关系

著名学者马克斯·韦伯曾经说过:现代社会越来越趋向于网状"金字塔"形结构,在这种社会结构中每一个阶层、社会组织和个人都处于管理与被管理之中,管理是现代社会的永恒话题。而沟通是管理最为重要的组成部分,可以说,管理者与被管理者之间的有效沟通是任何管理艺术的精髓。

关于管理与沟通之间的关系,人们的观点各异,主要有以下几种观点。

(1) 管理离不开沟通。亨利·法约尔(Henri Fayol)认为管理有五项职能:计划(planning)、组织(organizing)、协调(coordinating)、领导(commanding)、控制(controlling)。沟通是实现组织管理职能的主要方式、方法、手段和途径,这五项职能都需要通过沟通来实现。通用电气公司伊梅尔特在谈到怎样支配自己的有效工作时间时说:"我差不多有30%～40%的时间跟人打交道,进行交流、沟通,这是CEO非常重要的一项工作。"有关研究表明:企业的管理者70%的时间用在沟通上;而企业中70%的问题是由于沟通不畅所引起的。管理离不开沟通,沟通渗透于管理的各个方面。

例如,在企业各生产要素中,人是摆在首位的要素,因此,作为人力资源经理,必须构建好"三级沟通网络"。

一是与董事会沟通,争取人事决策的主动权。董事会一般拥有公司最高的经营决策权,如决定公司经营方针、投资方向、财政预算、任命重要岗位领导人及裁决企业内部纠纷等权力。通常,董事会一般按照少数服从多数的原则,实行集体决策。因此,人力资源经理要在会前就人事问题作出解释或说明,提出部门的意见,广泛了解董事们的立场和态度,交换意见,争取支持或修改方案。召开董事会时,人力资源经理应该根据议题将自己的想法、思路、依据积极地阐述出来。如果人力资源经理的工作非常细致、资料翔实、论据充分,不仅便于董事们讨论,而且董事们也会尊重人力资源部门的意见。

二是与直线经理沟通,形成人力资源管理的合力。各直线经理或各部门经理本身就是"准人力资源经理",其职能的相当一部分就是人力资源管理工作,公司的规章制度、绩效考评、招聘管理等工作都要通过部门经理得以贯彻执行。与直线经理沟通协调的关键,首先,在于明确直线经理的人力资源管理职责,如对于本部门内工作考评、新员工试用期限他们有决策权;而对于本部门员工的招聘、辞退、薪酬等他们有建议权;在行使权力时要按照一定的流程,填写相应的表格,这些就是操作权。这样,直线经理就知道自己该做什么、不该做什么了。由于直线经理对本部门员工有一定的人力资源管理权,所以也就不会再抱怨员工的素质如何。人力资源经理就可以将精力集中在公司整体的人力资源协调和安排上。其次,在让各直线经理行使他们人力资源管理权的初期,人力资源经理要经常与各部门进行沟通,讲解公司的人力资源政策,指导一些具体的人力资源管理的流程操作,例如,如何进行考评沟通、如何激励下属等。对于各直线经理上报的人事材料和表格,人力资源经理要认真地进行审查,发现问题要及时进行调研,并将其汇报给自己的上级。最后,对于部门与部门之间、不同部门员工之间、下级对上级的人力资源管理冲突要进行调节和处理。

三是与员工沟通,了解员工的满意度,及时发现问题,及时做出相应的对策。人力资源管理部门要定期或不定期地进行满意度调查,或利用各种沟通方式收集员工的意见或建议;了解并化解员工的不满和抱怨情绪,对疑问要给予认真、耐心的解答,要及时与员工进行平等沟通,然后采取有效措施,尽快加以解决;要掌握员工离职率的变化,了解员工离职的主要原因,向高层决策者报告情况并提出应对措施。

不仅人力资源管理部门如此,日常管理工作即业务管理、财务管理等,全部都需要借助于管理沟通才能得以顺利进行。企业需要在深入了解顾客和市场的基础上,向目标市场和目标顾客群提供适合其综合需要的服务和产品,与市场进行互动、交流;财务数据的及时获得以及整理、分析、汇总、分发、传送,都离不开沟通。其他各部门都需要在管理工作方面做到上情下达、下情上呈、内外沟通。如企业通过管理人员向员工下达绩效目标、任务和工作指令;公司的政策、管理思想、方针、目标等需要管理人员传递给员工;管理人员还要了解员工的工作反馈、意见、对公司的期望、个人职业目标;员工也要得到企业或上级的客观评价和鼓励,这些过程就是沟通的过程,即管理人员与员工进行信息交换的过程;工作管理过程就是与员工交流信息的过程,有效的信息交流是建立和保持企业与员工良好关系的必要手段。因此,管理处处皆沟通,而且沟通无止境。

(2) 管理就是沟通。松下幸之助关于管理有句名言:"企业管理过去是沟通,现在是沟通,未来还是沟通。"管理离不开沟通,沟通已渗透于管理的各个方面。正如人体内的血液循环一样,如果没有沟通,企业就会趋于死亡。

管理就是沟通、沟通、再沟通。——通用电气公司总裁杰克·韦尔奇

沟通是管理的浓缩。——沃尔玛公司总裁萨姆·沃尔顿

管理者的最基本能力:有效沟通。——英国管理学家 L. 威尔德

约翰·奈斯比特认为,未来竞争将是管理的竞争,竞争的焦点在于每个社会组织内部成员之间及其与外部组织的有效沟通之上。

瑞士咨询集团首席执行官托马斯·D. 兹韦费尔认为"管理就是沟通"。由于他担任多家跨国公司的咨询顾问,有机会亲历管理者的沟通困境。他在其所著的书中阐述了自己的观点:管理就是沟通,管理者通过改变说话和倾听的方式就可以使企业成就卓越。他认为"缺乏沟通是致命的"。书的开篇讲了一个令人震惊的故事。1999 年 3 月 23 日下午,普利司通(Bridgestone)公司东京分公司的经理野中雅治(Masaharu Nonaka)向公司总裁抱怨公司的人员重组计划。随着谈话进行得越来越激烈,野中先生,这位真诚、认真而且被视为"正常"的人,情绪也变得越来越暴躁。他突然解开自己的上衣,掏出一套刀具,大吼着要剖腹自尽。然后他气冲冲地走出会议室,用 35 厘米长的捕鱼刀猛地刺向自己的腹部。当天下午晚些时候,他就因此而丧命了。在事发的当天早上,野中先生向他所在公司的所有员工发送了他最后充满绝望的电子邮件,但是公司的管理人员在员工们还未阅读这封邮件之前,就将其删掉。野中先生可能是业界第一个因无法与同事沟通而剖腹自杀的经理人员。虽然这次事件本身具有一定的偶然性,但是事件所反映出的问题却并非个别现象。这是一个快速变化的时代,到处充满了商业并购、人员迅速重组的时代,加之网络经济泡沫的破灭等,所有这一切都造成了公司职员之间关系的高度紧张,而很多管理人员并没有意识到这种紧张关系到底意味着什么。

"沟通能够解决一切。"解决的途径是通过说和听来塑造世界,即要让讲话富有成效,要通过倾听来实现领导。从某种意义上讲,现代企业管理就是沟通,沟通是现代企业管理的核心、实质和灵魂。

(3) 管理职能与沟通。如前所述,管理与沟通密切相关。良好的沟通会促进有效的管理。成功的管理必定要依赖有序的沟通。

① 计划。为了完成计划,实现预设目标,必须依靠有效的管理沟通活动,尤其是与下属沟通。因此就计划职能而言,其中所发生的管理沟通基本上包括制订计划之前向下属收集信息、意见和想法,以及计划制订之后向员工传达和布置任务。

② 组织。组织是一个系统,组织中任何一个部分的变化都会对整个系统产生连带的影响。组织成员之间的协调互动过程本质上就是沟通过程。显然,管理沟通又一次为人员与工作的协调一致提供了帮助。事实上,组织中的成员之间不可能不进行沟通,即使是沉默,也会传达出一种态度。

③ 领导。越来越多的研究和实践表明,建立在职位基础上的权威对追随者行为所施加的影响极为有限,因敬畏而带来的服从是被动的,现代人更愿意追随那些能够满足大家需要、实现共同愿景的领导者。因此,管理者必须借助管理沟通来展示自身的人格魅力、知识才华和远见卓识,淡化地位与权威的作用,惟有如此,才能赢得追随与支持。许多事实表明,卓越的领导者同时必定是出色的管理沟通者。

④ 控制。从实质上,控制就是不断获得反馈,并根据反馈制定对策,确保计划得以实现的过程。毫无疑问,这个过程也有赖于管理沟通的正常开展。没有有效沟通提供的准确信息,就无法进行有效的监控和及时的纠错,从而导致不能如期实现预定的目标。

(4) 管理者角色与管理沟通。当代管理学界著名大师亨利·明茨伯格从管理者扮演的角色入手,考察了各项管理工作。他认为,管理者扮演了 10 种类型的管理角色,管理者在扮演不同管理角色时应该意识到,每种角色对如何进行管理沟通都提出了相应的要求。

① 挂名领袖。作为挂名领袖的管理者,常常需要出席许多法律性和社交性的活动或仪式。在扮演挂名领袖的角色时,管理者成为观众瞩目的焦点,其举手投足、一言一行代表着企业的形象,因此,这种角色对管理者的口头沟通能力和非语言沟通能力都有很高的要求。通常,挂名领导要通过微笑、颔首致意等肢体语言,以及铿锵有力的声音,言简意赅的表达来显示企业的自信和能力。

② 领导者。作为领导者的管理者,其主要负责率领和激励下属,为实现组织目标而工作。管理者要负责组织人员配备、培训等,并统筹和协调所有下属参与的活动。这个角色要求管理者擅长面谈等口头和非语言沟通形式。当然,领导者可以通过发布倡导书等书面指令等来影响和改变员工的行为,但仅有书面沟通的形式是不够的,优秀的领导者一定要通过口头和肢体语言来激励和鼓舞员工,因为面对面的口头沟通加上相应的肢体语言能够更快、更直接有效地传达管理者的意图。

③ 联络员。联络员通过召开跨部门的会议来分配和协调各部门的工作,通过与外部联络人洽谈等方式来协调企业与外部环境的沟通活动。显然,作为联络员的管理者必须具备优良的语言和非语言沟通能力,尤其善于主持会议、与人面谈等。

④ 监听者。监听者充当了组织内部、外部信息的神经中枢。这就要求管理者具备良好的书面沟通和口头沟通的技巧,特别是理解和倾听能力。

⑤ 传播者。将与员工工作相关或有助于员工更好工作的信息传递给有关人员,就是管理者作为传播者的职责。有些是有关事实的信息,有些则涉及对组织有影响的各种人的不同观点的解释和整合。管理者几乎可以采用所有的沟通形式传播信息,如通过面谈、

电话交谈、作报告、书面报告、备忘录、书面通知等形式将相关的信息传播给有关人员。正因为如此,管理者必须懂得如何通过多种途径完成沟通,或者针对信息内容选择恰当的沟通方式。

⑥ 发言人。发言人要通过董事会、新闻发布会等形式向外界发布有关组织的计划、政策、行动、结果等信息。这要求发言人掌握和运用正式沟通的技巧,包括书面沟通和口头沟通等。

⑦ 企业家。企业家要充当企业变革的发起者和设计者。这在一定程度上要求企业家具有良好的人际沟通能力,善于通过与他人沟通来获取信息,帮助决策,同时能与他人就新思想、新发展等观点进行交流。

⑧ 危机驾驭者。当组织面临重大危机时,这样的管理者负责开展危机公关,采取补救措施,并相应建立预警系统,防患于未然,消除出现混乱的可能性。其主要措施包括召开处理危机的协调会议及定期检查会议。因此,这样的管理者要具备娴熟的会议沟通技巧。

⑨ 资源配置者。管理者作为资源配置者,负责分配组织的各种资源,如人力、财力、信息和物质资源等,即这样的管理者要负责组织决策和组织实施,如编制预算、安排岗位等。在实施资源分配时,通常需要使用书面沟通形式,如批示、指令、授权书、委任状等。

⑩ 谈判者。在重要的谈判中,管理者常作为组织的代表参与谈判。例如,代表资方与劳方进行合同谈判,或者为采购设备、购买专利、引进生产线等与供应商洽谈。这都要求这样的管理者掌握谈判的沟通技巧。

上述 10 种管理者角色可以分为三大类,即人际关系角色(包括挂名领导、领导者、联络员)、信息传播者(包括监听者、传播者、发言人)和决策制定角色(包括企业家、危机驾驭者、资源配置者和谈判者)。这些角色各有特点,但又密切关联。由此可见,管理者无论履行什么管理职能,或者扮演什么管理者角色,都离不开管理沟通。

4. 管理沟通的内容

根据沟通的总体模型,管理沟通的内容是由沟通者发出的,以组织的运转和促进员工关系融洽为目的。根据组织运转的需要,管理沟通内容总体上包括信息、知识和情感 3 个方面。

(1) 信息沟通。这包括任务信息的沟通和数据信息的传递两个方面。

① 任务信息的沟通。这主要是指在组织运转过程中,各种工作任务协调中的职能型沟通。无论任何组织都有其自身的任务,只有能完成自身的任务才有存在价值,因此,任务沟通对于任何组织都是最重要的内容。

② 数据信息的传递。在组织信息传递中除任务信息传递外,也包括大量的数据化信息,如市场数据信息(如市场占有率、市场营销费用、顾客的信息等);财务数据信息(如财务状况、成本费用等);专业技术信息(如技术标准等专业知识)。

(2) 知识沟通。作为组织知识的内涵,德鲁克认为,知识是一种能够改变某些人或某些事物的信息,这包括使信息成为行动基础的方式,以及通过信息的使用使某个个体有能力改变或进行更为有效行为的方式。知识沟通的特点包括:沟通的频率较高,在企业日常的常规沟通中多围绕知识创新进行;沟通的层次多;正式沟通与非正式沟通共存。知识沟通的原则是要求层次简单、结构扁平、渠道畅通,以实现知识共享。

（3）情感沟通。情感是员工全面发展的需求，情感沟通具有动力支持和情绪调节作用，能提高组织的凝聚力，并且可以使管理者了解员工对组织政策的好恶程度，培养员工对组织的热情和忠诚感。

案例 1：杨瑞该怎么办

一、案例介绍

杨瑞是一个典型的北方姑娘，在她身上可以明显地感受到北方人的热情和直率，她喜欢坦诚，有什么说什么，总是愿意把自己的想法说出来和大家一起讨论。正是因为这个特点，她在上学期间很受老师和同学的欢迎。今年，杨瑞从西安某大学的人力资源管理专业毕业，她认为，经过四年的学习，自己不但掌握了扎实的人力资源管理专业知识，而且具备了较强的人际沟通技能，因此她对自己的未来期望很高。为了实现自己的梦想，她毅然只身去广州求职。

经过一个月的反复投简历和面试，在权衡了多种因素的情况下，杨瑞最终决定去东莞市的一家研究生产食品添加剂的公司。她之所以选择了这家公司是因为该公司规模适中、发展速度很快，最重要的是该公司人力资源管理工作还处于尝试阶段。如果杨瑞加入，她将是人力资源部的第一个人，因此她认为自己施展能力的空间很大，但是到公司实习一个星期后，杨瑞就陷入了困境中。

原来该公司是一个典型的小型家族企业，企业中的关键职位基本上都由老板的亲属担任，其中充满了各种裙带关系。尤其是管理者给杨瑞安排了他的大儿子做杨瑞的临时上级，而这个人主要负责公司的研发工作，根本没有管理理念，更不用说人力资源管理理念，在他的眼里，只有技术最重要，公司只要能赚钱，其他的一切都无所谓。但是杨瑞认为越是这样就越有自己发挥能力的空间，因此在到该公司的第五天杨瑞拿着自己的建议书走向了直接上级的办公室。

"王经理，我到公司已经快一个星期了，我有一些想法想和您谈谈，您有时间吗？"杨瑞走到经理办公桌前说。

"来来来，小杨，本来早就应该和你谈谈了，只是最近一直扎在实验室里就把这件事忘了。"

"王经理，对于一个企业尤其是处于上升阶段的企业来说，要持续企业的发展必须在管理上狠下工夫。我来公司已经快一个星期了，据我目前的了解，我认为公司主要的问题在于职责界定不清；雇员的自主权力太小致使员工觉得公司对他们缺乏信任；员工薪酬结构和水平的制定随意性较强，缺乏科学合理的基础，因此薪酬的公平性和激励性都较低。"杨瑞按照自己事先所列的提纲开始逐条向王经理叙述。

王经理微微皱了一下眉头说："你说的这些问题我们公司也确实存在，但是你必须承认一个事实——我们公司在盈利，这就说明我们公司目前实行的体制有它的合理性。"

"可是，眼前的发展并不等于将来也可以发展，许多家族企业都是败在管理上。"

"好了，那你有具体的方案吗？"

"目前还没有,这些还只是我的一点想法而已,但是如果得到您的支持,我想方案只是时间的问题。"

"那你先回去做方案,把你的材料放这儿,我先看看然后给你答复。"说完王经理的注意力又回到了研究报告上。

杨瑞此时真切地感受到了不被认可的失落,她似乎已经预测到了自己第一次提建议的结局。

果然,杨瑞的建议书石沉大海,王经理好像完全不记得建议书的事。杨瑞陷入了困惑之中,她不知道自己是应该继续和上级沟通还是干脆放弃这份工作,另找一个发展空间。

（资料来源：http://zhidao.baidu.com/question/31053804.html）

二、思考与讨论

1. 杨瑞沟通失败的原因是什么？
2. 杨瑞到底应该怎么办？请你帮她出出主意。

案例 2：一次难忘的订餐经历

一、案例介绍

2009 年 5 月 9 日,我们公司与当地房地产中介协会合作举办一次关于全国房地产中介发展的论坛,我受公司委派前往珠江大学。讲座计划是 10 日上午 9:00～11:40,在珠江大学科技楼讲学厅举行,讲座中间休息 20 分钟大家可以交流,供应茶点。在讲座结束后,我们会给听讲座的人每人供应一份麦当劳套餐。

按照计划在 9 日下午布置好了学院的讲学厅。晚上我与协会的工作人员外出采购讲座必需品,并去麦当劳餐厅商谈送餐事宜。讲学厅有 64 个座位,邀请了讲者和老师共 20 多位,但是学生的数量就不好估计了,我暂定订餐 70 份。考虑到送餐太早凉了不好吃,送晚了讲座已经结束会影响效果,觉得套餐应该在讲座结束前 10 分钟也就是 11:30 送到。

晚饭后我们去了市中心百欣广场,广场对面就有沃尔玛和麦当劳餐厅。这不是距离学校最近的麦当劳餐厅,考虑到送餐的便捷性,初始我并没有选择这家餐厅。现在刚好要在沃尔玛购物,我决定去这家餐厅看看。进入餐厅我直接找了餐厅的经理,一位年轻漂亮的女士接待了我。她身上似乎还有着学生的气息,这让我觉得她应该是个工作很细心的人。我直接表示：公司要筹办一次讲座,需要提供送餐业务,时间是明天上午,大约70 人。在听过我的简述后,这位漂亮的女经理也表示时间可以保证。关键的要素得到保证,我也轻松了很多,我认为自己可以进入下一个商谈环节了。

我说明了讲座的地点——珠江大学,讲学厅在学院科技楼三楼,女经理听我说完后,就表示自己已经清楚了。为了保险起见,我还是特意画了指示图。女经理看过后表示完全明白,并表示送餐员是搭的士送餐。我心想自己在此地出差,每次上了出租车,司机都很清楚珠江大学的位置。时间和地址这两个最重要的问题明确后,女经理开始追问我送餐的具体数量,我清楚当时是无法确定数量的,我表示先预订 70 份。但是我要先选择四种。按照预订数量我又向女经理争取了优惠,最后我们约定明天上午 10:00 前我打电话确定最后套餐的数量。在留了电话交付 200 元定金后,我满意地离开了。我对自己的谈判技巧很满意,知道什么因素对自己最重要,什么是可以让步的,哪些是一定要争取的,每个人所看重的都不同,所以沟通就显得很重要。

第二天早上讲座顺利开始,因为相同的主题讲座已经办了两场,合作方的主讲人也是个很有经验的专业人士。讲座受到了珠江大学师生的欢迎,在讲座开始 40 分钟我统计已经有 91 人了,还有不少学生是站着在夹道聆听的。9:55 的时候,照约定我给麦当劳餐厅打电话,女经理接的电话,我订了 100 份套餐。考虑到后面应该还有听众来,套餐是要多预留几份的。我还嘱咐可乐和汉堡要分开放,以免热汉堡和冰可乐在一起传热,也防止汉堡被溅出的可乐打湿。

时间一分分地过去,讲座的顺利进行让我很开心,就在这时合作方的另一位代表告诉我,讲座要结束了,套餐何时送来?我看表才 11:15,竟然比计划提早了 25 分钟。我首先想到的就是为什么会提前结束呢?但这毕竟是合作方代表的做法,我只能去调整了。我马上打电话到麦当劳,得到的答复是送餐的同事已经出来了,“应该最多十分钟就到了。”我心里计算着。我立刻又进入讲学厅想方法先稳住听众,和合作方的代表商议临时来个抽奖问答。有了奖品马上调动了大家的情绪,我心中想着又能应付个十来分钟了。

抽奖结束了,大家很开心,可是送餐依然没有到,这时我有些着急了,马上再次打电话给餐厅,得到的答复是已经出门十多分钟了。听到女经理这么说,我心里就比较生气,昨晚她漂亮的形象也开始一点点模糊了,出门打车十多分钟怎么还会没到?我直接询问送餐员的电话,可是女经理说还是她联系吧,我感觉有些受骗,可是又无能为力,只能让她赶紧联系再回头给我电话,相对昨晚而言,现在她的话让我不寒而栗。我又打了餐厅电话,回答是快到了,我真不知该说些什么,女经理的形象已开始在我心中变质了。时钟指向 11:40 了,看着有几位听众要离开了,我再三挽留并表示有套餐送,可是他们还是离开了。

没有办法,还是给餐厅打电话想直接联系到送餐员,经理没有给我电话只是说送餐员已经到了。我追问到哪里了,女经理只是说送餐员说到了,没有说到了哪里。听了真叫人生气,可是没空再与她争吵了,我说你不告诉我送餐员电话就叫他们联系我。女经理只是一个劲儿地道歉,我没有时间再听她的解释,她的话已经很难让我再相信了。我冲向科技楼下,没有看到送餐员的身影,也不知是不是真的到了,学院有几个大门也不知到了哪个门口。正在跑来跑去,电话响起,总算和送餐员有了直接的沟通。问清楚送餐员位置,我跑到了学院的西门,没有时间生气训斥了,大家一起抬套餐到了讲学厅。我看了看表,11:50,于是赶快给大家发餐。由于时间的延误,已经有 20 余人离开了,看着大家拿着套餐离开我才松了一口气。

事情还没有结束,套餐剩余了 25 份,留 5 份给自己,还多余 20 份,唯一的办法是退回餐厅。可是我也没有十分的把握,打电话给餐厅女经理,先表达了我的意见,因为怕餐厅拒绝退餐,我表示因为送餐迟到 20 分钟导致 20 份套餐没有送出,餐厅要因为自己的送餐延误而承担这一结果。我明白这些套餐退回去也不能再卖了,但是还要据理力争,经过一番协商,15 份套餐退回,还有 10 份只能我们自己吃了。平时也算喜爱的麦当劳汉堡此时让我有些讨厌了。

讲座是结束了,突发事件也处理完了,可是我心里还是对那位麦当劳女经理有意见。虽然事后送餐员解释是因为出租车司机找不到路延误了时间,可是我还是认为这是由于女经理做事不细致,协调不力导致的。而我事先没有和讲座主讲人沟通清楚也造成了后来的仓促。沟通是可以消除很多误会的,可是沟通也是最容易被我们疏忽的。

(资料来源:杜慕群.管理沟通.北京:清华大学出版社,2009)

二、思考与讨论

1. 你认为这次订餐造成延误的主要责任人是谁?

2. 你认为本案例中涉及的沟通障碍体现在哪里?

3. 如果你是麦当劳经理,在接受订餐和送餐的过程中会考虑哪些问题保证客户满意?

4. 如果你是本案例的主人,在订餐过程中会如何避免事件的发生?

案例 3:王宏应吸取怎样的教训

一、案例介绍

2004 年年底的一天,东海商业投资总公司的总经理室里弥漫着烟雾,宽大的写字台后坐着总经理王宏,看得出他已苦苦思考了很长时间。两周前他到市商业工作委员会汇报工作,在例会后,市商业工作委员会徐主任特意单独和他谈了一次话。徐主任对公司的发展还是肯定的,对公司为东海市商业发展所做的贡献是赞许的,并说市里对公司期望很大,明年可能有几个大项目给公司做。在谈话结束前,徐主任又语重心长地对王宏说:"王宏啊,你的公司今年搞得挺不错,只是你手下的那几个子公司听说有点问题,外面传言很多,说他们管理混乱,违规经营。希望你回去能认真调查一下,加强管理,别让他们拖了你的后腿。"

秘书的敲门声打断了王宏的思路:"王总,这几份是子公司申请拨款的报告,请您过目。"这几份子公司经理们递上来的报告都说,由于业务发展较快,希望总公司能追加投资。王宏看了几个项目,认为有些确实有发展前景,值得投资。只是现在首要的问题应该是对子公司的管理经营状况进行整顿,否则摊子越来越大,沟通的路径越来越长,也就越来越难管理了。

1. 东海商业投资公司背景

20 世纪 80 年代末 90 年代初,随着我国改革开放日益深入,外国投资额日益增长,要与市政府合作的领域和项目渐渐增多。政府为了更好地扶持与管理,纷纷成立了以政府为出资人的各行业投资公司,外界通常称之为"窗口"公司。东海商业投资公司就是在这样的背景下于 1992 年成立的,注册资本为 1 亿元。作为东海市商业工作委员会的"窗口"公司,它主要通过投资、参股、合资、合作等形式来发展东海市的商业,并实现国有资产增值保值。自 1992 年以来,它通过与外商合资,在东海市最热闹的商业街开设了东海市第一家中外合资大商厦,并引进外方全套先进的商厦管理模式,吸引了许多中外著名厂商进店设柜,提高了商厦的经营档次。成立至今,商厦的销售额年年增长,赢得了市民和舆论的好评。它打破了东海市百货业由国有企业独立经营的局面,把东海市的发展提高了一步。虽然有一段时间消费有点不景气,但是由于合资商厦的独树一帜,在众多的商厦中仍占有一席之地,也为东海市作为全国的商业中心增色不少。同时,公司作为主要发起人,联合市里其他几家企业与银行,通过股份制的形式,建造了一幢集展览、办公、娱乐多种功能于一体的智能化大楼——东海商务中心。东海商务中心造型新颖,功能齐全,地处东海市的黄金地段,被评为东海市十大新景观之一。大楼建成后,承办了数个国内外大型商品展览会和贸易会,提高了东海市在国际和国内的知名度,为东海市经济发展做出了不少贡献,也赢得了国内外广大投资者的赞扬。

公司不但在百货业和商业基础设施上进行直接投资,还参股数家股份制企业,为一些国有企业改制及时注入了资金,扶持企业走上了现代化企业发展之路,也使国有资产达到了增值保值的目的,取得了良好的经济效益和社会效益。这些成绩的取得与公司总经理王宏的努力是分不开的。

王宏,45 岁,作为东海市名牌大学东海大学经济学专业的高材生,毕业后就进入市政府商业工作委员会工作,从普通公务员做起,由于工作努力、学识渊博、具有良好的管理领导才能,因此被提拔为商业工作委员会下面某处的处长。1992 年商业工作委员会决定成立投资公司,委员会一致认为,王宏政治观念强,做事勤奋、踏实,同时又具有很强的开拓精神,很适合出任投资公司经理。王宏本人也认为,大学毕业进入机关一干就是十几年,虽说一帆风顺,但是自己所学的专业和所具有的才能并没有充分发挥。随着改革开放的日益深入和社会主义市场经济的正式确立,应抓住机遇,到真正的市场经济的海洋中去锻炼锻炼,摸索些经验,对将来也是有好处的。因此王宏本人也没有什么意见,欣然领命,只是他向领导提了个建议,希望调他的老同学沈文和下属林立一同前往。沈文一直从事商业基础设施和房地产开发,在这方面具有很多经验,投资公司这方面的业务对他来说是驾轻就熟,得心应手。林立也是东海大学的毕业生,只是比王宏小了几届,王宏认为林立办事果断,考虑问题的方式基本能和自己保持一致,但比自己更具有创新精神,甚至有点冒险精神。商业工作委员会的领导同意了王宏的建议,沈文和林立成了王宏的左膀右臂,沈文担任投资公司副总经理,林立则担任投资开发部经理。可以说,投资公司的成功离不开他们三人的共同努力。

2. 子公司的成立与发展

随着总公司投资项目的成功,公司的盈利逐年增加。此时沈文和林立提出,能否设立两个子公司,扩大公司的经营范围,把公司业务扩大至房地产、国内外贸易等领域,使公司的规模更上一个台阶。王宏考虑到当时国内经济发展较好,公司也有意向其他领域发展,把规模搞上去,就同意设立两个全资子公司。一家从事房地产开发,由沈文担任总经理,注册资本 2000 万元;另一家从事实业投资、国内外贸易等,由林立出任总经理,注册资本也是 2000 万元。

沈文出任房地产开发公司总经理时,正值中国处于房地产开发的鼎盛时期,国内外房地产开发商云集东海市,投资房地产获利丰厚,热钱滚滚而来,房价居高不下。在这种情况下,沈文并没有考虑很多,立即筹资开发了一幢 18 层的高级商住楼,并联合其他开发商投资建造了一个高档别墅区。投资开发初期，由于正值房地产鼎盛时期，也出售了一部分房产，取得了较好的回报，但是随着宏观政策的变化，房地产市场泡沫成分的挤干，房地产市场景气度下滑，最终还是造成了大部分房产的积压。沈文想方设法售房，但是效果不佳。随着国家房地产政策渐渐完善，房价也渐渐降了下来，到 1998 年年底有些楼宇的价格还不到 1994 年鼎盛时期的一半，因此公司房地产投资这部分肯定是亏损了。但沈文由于背靠东海商业投资总公司，具有较好的口碑，要求与沈文合资组建公司的企业也挺多。鉴于当时的经济情况，沈文没有考虑管理及资金等问题，又认为自己和王宏是同学，没有打报告就又组建了几个子公司，事后才和王宏提起，王宏也无异议。这些子公司的业务扩展到贸易、实业等领域，与林立的公司业务有重叠。

林立任实业投资公司总经理后，也分别组建了几个子公司，与外商共同投资了几个厂，领域涉及贸易、家电、教材等行业。由于组建的子公司规模都不大，且涉及的领域太广，大多数未能在行业中形成气候，因此，投入大于产出，效益也不好。当然也有成功的，林立预见到电脑业将是我国发展较快的行业之一，于是积极联系国外知名电脑厂商，代理它们的产品，并聘请了一位留学归国的博士出任电脑公司总经理，在代理国外产品的同时，也自行开发一系列软件产品，在国内已小有名气。而其他一些子公司由于宏观形势的变化，都不同程度地出现了一点危机。更严重的是，有家子公司擅自从银行贷款投资期货市场，造成了损失，以致公司陷入了瘫痪，林立的公司也因担保受到银行追债。这些"孙子"公司的违规经营还破坏了东海商业投资总公司的声誉。林立本人也感到了下面的子公司太多，难于管理，在公司例会上不得不将情况向王宏汇报。

3. 问题

王宏下决心，2003 年的头等大事就是先整顿子公司的问题，该兼并的兼并，该关门的关门，不能任由管理混乱的状况继续下去，子公司一旦做出有损总公司的事，他将无法向领导交代。现在要去整顿子公司的业务，派谁去最合适呢？本来这种情况发生的原因，一是由于自己没有时间去了解下面的经营管理状况；二是两个子公司经理不能及时将情况汇报上来。现在如果自己亲自去抓，那当然最好，只是精力有限，总公司投资方面就有一大堆事情，再挤出时间去处理子公司的业务恐怕比较困难；让子公司自己去负责，他们会将情况上报吗？由于这次整顿要彻底，自己查自己，效果不一定好，说不定清理了半天还是没有整顿好。如果为了迎合上级，将一些虚假情况报上去，又违背了自己的本意，况且两个子公司各自清查，有些业务重叠的子公司仍不能合并。王宏想了半天，仍不能想出一个比较完美的计划。

秘书又敲门进来提醒王宏，公司的汇报例会时间快到了，沈文和林立他们都已在会议室了。王宏把烟灭掉，站起身，"也好，去听听他们自己的意见"，他边想边快步走向会议室。

（资料来源：冯光明. 管理沟通. 北京：经济管理出版社，2012）

二、思考与讨论

1. 本案例涉及的是怎样的沟通问题？

2. 与林立、沈文的老同学关系是否影响王宏的决策水平及沟通风格？

3. 子公司最终出现的管理混乱状况是否与王宏有关？为什么？

4. 在此案例中，王宏应吸取怎样的教训？

案例4：多头指挥听谁的

一、案例介绍

2008年10月15日，康凯珠光材料有限公司上海分公司经理朱杰收到了张先荣工程师的辞职信。短短的两个月，这已经是颜料部第二个提出辞职的人了，朱杰双眉紧锁。眼前的辞职信再一次表明了一个不争的事实：自从颜料部来了新的营销经理陆伟，这个部门就像中了邪一样，不仅业务员牢骚满腹，而且原来的业务部经理的积极性也似乎降低不少。难道自己做出的任命新经理的决定真的错了吗？新经理的到来，非但没有加强颜料部的营销力量，反而使原本还算稳定的颜料部的员工队伍变得军心不稳。已经损失了两名骨干员工的颜料部如何才能走出困境？

望着窗外飞驰的车流，朱杰的思绪变得越来越纷乱：如何应对眼前的困境？看来应该立即召开一次紧急会议和大家一起磋商……

1. 康凯珠光材料有限公司简介

康凯珠光材料有限公司是专门从事珠光颜料和纳米材料的研究、生产和经营的高新技术企业。公司地处温州经济技术开发区滨海园区，厂区面积36 000平方米，总投资5000万元。公司具有雄厚的技术力量，先进的生产设备，完善的质量控制体系及高素质的员工，保证了珠光颜料和纳米材料的卓越品质。

康凯珠光材料有限公司历来将产品开发能力视为公司的核心竞争力，现已具备独立研发能力，并首创晶格重整技术。已经开发出钛晶珠光颜料系列、晶钻珠光颜料系列等新产品，还开创性地研发出了导电、导磁、吸收电磁波等功能化产品，标志着康凯的研发已从单一的追求装饰效果向功能开发的方向转变。利用表面金属化技术制成的导电珠光粉，不但具有较高的电导率，还保持了原有的光学特性。公司既有黑色的导电珠光粉，也有白色和彩色的导电珠光粉，可用于要求抗静电和导电的场合。钛晶珠光颜料系列产品具有较强的金属光泽和高饱和度色彩，色相独特，色谱齐全，在某些场合可完全取代金属颜料，并克服了后者易氧化、变色、易燃、易爆等缺陷。

随着企业的发展，康凯珠光材料有限公司已经拥有4个生产基地以及1个研究所，并在上海、广州以及西安设有办事处。

2. 珠光颜料的用途

人工合成的珠光颜料是根据天然珍珠的结构原理制成的，会产生如珍珠一般的柔和珠光效果。它以低折射率的云母晶片为核心，其外层包裹着具有高折射率的金属氧化物，如二氧化钛、氧化铁等，与天然珍珠由碳酸钙及蛋白质层交替裹覆着一个核心的结构相似，光线通过这些层面产生穿透，经过反射和折射，可以产生类似彩虹的颜色和干扰色。最常见的珠光颜料为银白色，其颜色效果与白珍珠十分接近。通过控制云母晶片上二氧化钛的包覆层的厚度可以获得干扰色的珠光颜料。云母晶片被其他金属氧化物包覆，如三氧化二铬、三氧化二铁等，可以产生金属色泽及其他含有珠光效果的色泽。它是一种无机颜料，可以根据云母片的大小而产生由弱到强的不同珠光效果。它具有良好的加工性能，无毒、耐热，操作简便，附加值高。

珠光颜料几乎可以适应所有天然和合成树脂，能与这些树脂配制成溶剂型、水平基型和粉末型的珠光漆，生产出幻彩珠光颜料，使用幻彩珠光颜料还可以制成装饰性极强的幻彩系列涂料。幻彩系列涂料主要用于高级家具，室内墙面或墙板的装饰，也可用于轻工产品的装潢。不论是何种涂料配方，都必须依据不同的原理来产生幻彩花纹。例如，加入某种表面活性剂，降低涂层的表面张力，使涂布时产生花纹；利用溶剂挥发速度的差异，使涂层的不同区域产生表面张力的差异，以产生花纹；利用溶剂型涂料和水基型涂料二者的极性不同以及溶解性不同而产生花纹等。由于珠光颜料具有极高的光折射率、珠光效应和视角闪色效应，因此为涂料工艺设计人员创造新的色彩和装饰效果提供了广阔的空间。银白珠光颜料不仅可以赋予涂膜以明亮的白色珍珠光泽，而且还可以利用底涂层来创造装饰效果。底涂层颜色越深，越能显示更多的金属光泽；涂料颜料基比越低，底涂层的颜料色越能透过稀薄的珠光面涂层显露出来。珠光颜料能单独提供全新的、有趣的色彩和色调，这种具有光干涉色的幻彩珠光颜料既可以单独与树脂配制成珠光清面漆，也可以与常规透明漆混合使用而配制成珠光颜料色面漆。云母钛珠光颜料的底涂层颜色在装饰性涂料中的作用和地位也已牢固地树立起来。

珠光颜料的应用范围极其广泛，包括化妆品、汽车、印刷制品及油墨、塑料制品、玩具、纺织品、皮革制品、陶瓷、壁纸、人造珠宝等。它能再现自然中珍珠、贝壳、飞禽羽毛、鱼虫鳞片等奇特光泽，塑造产品的高格调形象，因而受到人们的广泛喜爱。

3. 颜料部的风波

康凯珠光材料有限公司上海代表处下属的颜料部主要负责珠光颜料的研究开发及销售。近年来，颜料部的业务发展迅速，珠光颜料的销售量以每年35%的速度递增。

朱杰40岁出头，于2002年8月进入康凯珠光材料有限公司，任化学试剂产品经理。2005年5月，当康凯珠光材料有限公司在上海设立代表处时，朱杰便被委派到上海主持工作。2006年6月，朱杰在上海成立珠光颜料部应用实验室。2006年年底，朱杰由于工作出色，被提升为康凯珠光材料有限公司副总经理，主要分管华东地区所有业务的发展和规划。

随着业务的不断发展和朱杰职责范围的不断扩大，要他具体地管理各个部门已不太可能。珠光颜料部应用实验室成立后，他按照事先的构想将颜料部分成销售和市场两个部门。不久，新的部门经理陆伟走马上任了。陆伟与原来的李文经理共同管理颜料部，但这个安排却埋下了隐患。颜料部有4个业务员，2个实验员，由于突然"空降"了一位新领导，使他们受到双重领导，一时间气氛陡然紧张。俗话说"新官上任三把火"，陆伟急于做出一些成绩，在没有征得李文的同意和对珠光颜料还不十分熟悉的情况下，决定开拓塑钢市场，并指派赵春独立开发这一市场。然而，赵春已由李文经理另行安排。由于珠光颜料并不适用于塑钢市场，因此赵春并没有把精力全部投入这个市场。半个月内，陆伟频频给赵春施加压力，这不仅引起了李文的不满，更招致赵春的辞职。然而，朱杰并没有对此事做出任何表示。在这种情况下，陆伟将矛头指向了另一位业务员张先荣。张先荣本来主要负责珠光颜料在印刷领域的应用和技术服务,然而由于颜料本身的特殊性,珠光颜料在目前最常见的印刷方式——胶印中无法得以应用,陆伟却认为这是一个良机。于是,张先荣又被委以重任开发这一市场。但是,业务的拓展不可能一蹴而就。一个月后,张先荣无法忍受陆伟和李文同时向他发出不同的指令,愤而提出了辞职。

这一次,骨干员工的辞职信引起了朱杰的重视。

桌上的电话铃声将朱杰的思绪拉回了现实,看来是到了要好好考虑如何走出这一困境的时候了……

（资料来源:康清.管理沟通.北京:中国人民大学出版社,2008)

二、思考与讨论

1. 朱杰遇到了什么烦心的问题?

2. 颜料部的两位领导李文与陆伟之间的沟通状况如何?对于后来部门出现的一系列矛盾有什么影响?

3. 你认为颜料部来的新领导陆伟的沟通意识如何?是否应该改进?如何改进?

4. 在多头指挥不知所措的情况下,赵春和张先荣除了辞职还有其他选择吗?请谈谈他们在沟通方面可以做的努力。

5. 当技术人员赵春辞职后,作为公司经理的朱杰却并没有对此做出任何表示,是否合适?你有什么建议?

实 训 项 目

1. 管理沟通能力测试

(1) 在和别人沟通前,你认为比较重要的是应该了解对方的(　　)。

　　A. 经济状况、社会地位　　　　　B. 个人修养、能力水平

　　C. 个人习惯、家庭背景　　　　　D. 价值观念、心理特征

(2) 参加老同学的婚礼回来,你很高兴,而你的朋友对婚礼的情况很感兴趣,这时你会(　　)。

　　A. 详细叙说从你进门到离开时所看到和感觉到的以及相关细节

　　B. 说些自己认为重要的

　　C. 朋友问什么就答什么

　　D. 感觉很累了,没什么好说的

(3) 你正在主持一个重要的会议,而你的一个下属却在玩弄他的手机并发出声音干扰会议现场,这时你会(　　)。

　　A. 幽默地劝告下属不要玩手机　　B. 严厉地叫下属不要玩手机

　　C. 装着没看见,任其发展　　　　D. 给那位下属难堪,让其下不了台

(4) 你正在向经理汇报工作情况时,你的助理急匆匆跑过来说你有一个重要客户的长途电话,这时你会(　　)。

　　A. 说你在开会,稍后再回电话过去　　B. 向老板请示后,去接电话

C. 说你不在,叫助理问对方有什么事　D. 不向老板请示,直接跑去接电话

(5) 当去见一个重要的公司客户时,你会(　　)。

A. 像平时一样随便穿着　　　　　B. 只要穿得不太糟就可以了

C. 换一件自己认为很合适的衣服　D. 精心打扮一下

(6) 你的一位下属已经连续请了三个上午的假,第四天上午上班的时候,他又说下午要请假,这时你会(　　)。

A. 详细询问对方因何要请假,视原因而定

B. 告诉他今天下午有一个重要的会议,不能请假

C. 你很生气,什么都没说就批准了他的请假

D. 你很生气,不理会他,不批假

(7) 你刚就任一家公司的副总编辑,上班不久,你了解到本来公司中有几个同事想就任你的职位,经理不同意才招的你。对这几位同事你会(　　)。

A. 主动认识他们,了解他们的长处,争取成为朋友

B. 不理会这个问题,努力做好自己的工作

C. 暗中打听他们,了解他们是否具有与你进行竞争的实力

D. 暗中打听他们,并找机会为难他们

(8) 与不同身份的人讲话,你会(　　)。

A. 对身份低的人说话,你总是漫不经心

B. 对身份高的人说话,你总是有点紧张

C. 在不同的场合,你会用不同的态度与之讲话

D. 不管是什么场合,你都是一样的态度与之讲话

(9) 听别人讲话时,你总是会(　　)。

A. 对别人的讲话表示兴趣,记住所讲的要点

B. 请对方说出问题的重点

C. 对方老是讲些没必要的话时,你会立即打断他

D. 对方不知所云时,你就很烦躁,就去想或做别的事

(10) 当你在发表自己的看法时,别人却不想听你说,你会(　　)。

A. 马上气愤地走开

B. 于是你也就不说完了,但你可能会很生气

C. 等等看还有没有说的机会

D. 仔细分析对方不听和自己的原因,找机会换一个方式去说

评分方法:

题号为1、5、8、10者,选A得1分、B得2分、C得3分、D得4分;其余题号选A得4分、B得3分、C得2分、D得1分。

你的总分为_____。

结果分析:

(1) 如果你的总分为10～20分

你的沟通能力欠佳,因不能很好地表达自己的思想,所以也经常不被别人所了解;许

多事情由于你采取了不适合的方式,有时把事情弄得越来越糟;但是,只要你学会控制好自己的情绪、改掉一些不良的习惯,你随时可能获得他人理解和支持。

（2）如果你的总分为 21～30 分

你的沟通能力一般,你懂得一些沟通技巧,尊重他人;你能较好地表达自己,并能实现一定的沟通效果;但是,你缺乏高超的沟通技巧和积极的主动性,许多事件只要你继续努力一点,你就可大功告成。

（3）如果你的总分为 31～40 分

你的沟通能力很好,你能不动声色地表达自己,有很高的沟通技巧和人际交往能力;只要你能明确意识到自己性格的不足,并努力优化之,定能取得更好的成绩。

（资料来源:宋剑涛,罗德友.管理沟通.成都:西南财经大学出版社,2011）

2. 问题解决与沟通

目的:体会沟通的方法有很多,当环境及条件受到限制时,你是怎样去改变自己,用什么方法来解决问题。

形式:将全体学员分成 14～16 人一组。

类型:问题解决方法及沟通。

时间:30 分钟。

材料:摄像机、眼罩及小贴纸。

场地:教室。

操作程序:

（1）让每位学员戴上眼罩;

（2）给他们每人一个号,但这个号只有本人知道;

（3）让小组根据每人的号数,按从小到大的顺序排列出一条直线;

（4）全过程不能说话,只要有人说话或摘下眼罩,游戏结束;

（5）全过程录像,并在点评之前放给学员看。

相关讨论:

（1）你是用什么方法来通知小组你的位置和号数?

（2）沟通中都遇到了什么问题? 你是怎么解决这些问题的?

（3）你觉得还有什么更好的方法?

（资料来源:惠亚爱.沟通技巧.北京:人民邮电出版社,2008）

拓展阅读:管理沟通的常用方法与有效策略

1. 管理沟通的常用方法

沟通方法是指在沟通过程中所采取的具体方式与手段。管理沟通的方法多种多样,既有外部沟通的方法,如广告、谈判、公关等,也有内部沟通的方法,如批示、汇报、会议与个别访谈等。在管理过程中最经常使用的管理沟通方法主要包括下述七种。

（1）发布指示。指示具有强制性与权威性,是上级对下级指导工作时常用的管理沟通方法,它可以使一项活动开始,也可以使一项活动的内容、方式变更或中止。指示明确规定了上下级之间的关系以及各自的职责，它由上级发布，由下级服从并执行。如果上级不能正确地向下级下达命令、发布指示，则会导致下级无所适从，上级的权威也将难以树立；如果下级不服从指示或不恰当地执行了指示，那么上级的指示会失去作用，下级的职位也将难以维持。为了避免这种情况的出现，就要求上级在发布指示之前必须进行调查研究，征求各方面的意见，并对下级进行必要的训导，这样才能保证上级的指示正确并使下级能够贯彻执行。

在管理过程中，上级应根据不同的情况采取相应的指示方法。常用的有以下三类。

① 一般指示或具体指示。一项指示是一般的还是具体的，取决于管理人员对周围环境的预见能力以及下级的响应程度。对情况熟悉的管理人员应采用具体指示，而在对周围环境情况不可能悉数预见时，大多采用一般指示。

② 书面指示或口头指示。在决定指示是书面的还是口头的，应考虑上下级之间关系的持久性、双方的信任程度，以及指示的重复性等。如果上下级之间关系持久，信任程度较高，则可用口头指示。如果是为了防止命令的重复和司法上的争执，或者是对所有人员宣布一项特定的任务，则书面指示大为必要。

③ 正式指示或非正式指示。对每一个下级准确地选择正式指示或非正式指示是一种艺术。一般而言，当上级启发下级时适宜采用非正式的指示，当上级命令下级时则适宜采用正式的指示。

（2）请示汇报。请示是下级向上级表达要求的一种常用的沟通方法，它可采用书面与口头两种方式。如果要求上级给予支持的事项较为复杂，且涉及的部门较多，可采用书面请示形式；如果要求上级给予支持的事项较为简单，且不需经繁杂与严谨的手续和程序就可以解决的，则可采用口头请示的形式。

汇报是下级在执行上级指示及工作任务的过程中，将其所遇到的困难与问题、工作的进展等情况向上级反映并提出设想的一种沟通方式。汇报通常也可以分为书面汇报与口头汇报两种。若所碰到的问题需要经过上级批示或需要两个以上部门的协调才能加以解决的，一般采用书面汇报的形式；只向上级反映工作进度的，可采用口头汇报的形式；带有总结性质及规划意向的，为显示其严肃性与权威性，通常采用书面汇报与口头汇报相结合的沟通方式，如年度工作总结及工作计划，经常采用的就是书面汇报与口头汇报相结合的沟通方法。

（3）召开会议。人与人之间的沟通是人们思想、情感的交流，开会就是给人与人的沟通提供交流的场所和机会。会议的种类很多，包括汇报会、研讨会、论证会、总结会、表彰会、座谈会等。必须强调的是，虽然会议是管理沟通的重要方法，但绝不能完全依赖这种方法。尤其是在信息技术相当发达的今天，随着人们生活节奏的加快、竞争的加剧以及人们效率意识的不断提高，企业内部相当数量的会议完全可以利用计算机网络来进行。用网络开会可以打破空间的界限，克服会议人员难以集中的困难，提高会议的效率。

（4）个别访谈。个别访谈是企业内部为了收集信息或了解工作进展情况而向员工进行访问谈话的沟通方式。这种沟通方式能够拉近上下级之间以及组织成员之间的情感距离。由于它是一对一、面对面的直接沟通，因而能够消除人们沟通中的心理压力，所获得的信息可信性也相对较强。在这种情况下，人们往往更愿意表露自己的真实思想，提出不便于在会议场所提出的问题,因而有助于领导者掌握下属的思想动态。

(5) 内部沟通制度。要搞好企业内部沟通,除了要掌握企业内部人际关系类型、了解各种沟通模式之外,还必须具备一套系统的、完善的沟通制度,这样才能取得最佳的沟通效果,使企业走上科学化、程序化、规范化的道路。内部沟通制度主要包括员工建议制度、领导接待来访制度、例会制度等。企业应根据本企业实际情况制定相应的沟通制度,并把沟通制度落到实处,切实贯彻执行。为此,应注意以下几点:第一,必须有专人负责实施沟通制度。第二,及时反馈信息。"有去无回"会挫伤员工的积极性,使企业沟通失去真诚的协作。第三,适当的奖励。这是保证职工积极参与沟通的重要措施。

(6) 员工手册。员工手册主要是用来向新员工或来访者详细介绍企业发展概况、规章制度、工作性质及有关要求的一种沟通形式。员工手册涉及企业的建议制度、医疗方案、利润分享、劳保措施、退休制度、娱乐设施、培训教育以及企业的方针、政策等多项内容,它使员工在工作和生活中能非常方便地查找到所需的专门信息。员工手册不仅能使员工更好地了解企业,而且也让员工清楚地知道自己该做什么、该怎样去做、该向谁负责。

(7) 内部刊物。内部刊物主要是以企业内部员工为读者对象的刊物,主要有报纸、杂志、电子读物等形式,内容包括时事通讯、企业消息、文化艺术、体育娱乐等。内部刊物一般是定期或不定期发行。我国许多企业的内部刊物大多以免费赠阅的方式发行。内部刊物是企业内部沟通的重要手段之一,企业管理人员必须掌握为企业内部刊物写作、编辑、摄影、设计的有关知识和技能,不断提高内部刊物的质量。

2. 有效管理沟通的策略

管理沟通是否能有效进行受到多方面的影响。管理沟通的过程常常会受到来自内外部各种因素的影响和干扰,使信息丢失或被曲解,造成管理沟通受阻。为了克服管理沟通中的障碍,管理人员必须采用某些策略和方法,努力解决沟通中存在的各种问题,只有这样,才能实现有效沟通。一般来说,管理沟通中常用的策略包括以下几种。

(1) 明确管理沟通的目的。管理沟通具有很强的目的性,没有目的的"沟通"不能称为管理沟通,只能谓之聊天。事实上,人们在管理过程中普遍缺乏的不是聊天,而是管理沟通。因此,在进行管理沟通之前必须明确沟通的目的,即:为什么沟通?要达到什么目的和结果?是为了提供信息还是为了劝说?是为了质疑还是为了提出建议?不同的目的,沟通渠道和媒介的选择就不同。只有目的明确,才能在沟通时做到有的放矢,从而使信息接收者能很好地理解所收到的信息进而正确地反馈。但每次管理沟通的目的不能太多,只有管理沟通的范围集中,接收者才能注意力集中,沟通才能顺利和有效。

(2) 优化管理沟通环境。在管理沟通中,要想实现有效沟通,必须进行企业沟通环境的优化。这具体包括三个步骤:一是制定共同的目标。这是消除上下级之间以及不同部门之间沟通障碍的有效途径。成员目标一致,方能够同心协力,从而可以有效消除管理过程中的沟通障碍。二是营造良好的组织氛围。营造一个支持性的、值得信赖的和诚实的组织氛围,是改善管理沟通的前提条件。管理人员不应压制下属的感觉,而应耐心地处理下属的感觉和情绪。三是必须具备一定的沟通知识。企业成员必须具备沟通的操作性知识和理论背景知识,如沟通的含义、沟通的种类、沟通网络、沟通可利用的各种媒介、有关沟通的研究成果和最新观念等。更为重要的是,管理人员不仅要掌握沟通的有关知识,而且还要有能力把这些沟通知识运用到实践中去。

(3) 疏通管理沟通渠道。企业要经常检查管理沟通渠道是否畅通,一般可通过检查沟通政策、沟通网络以及沟通活动等内容,来保证组织沟通网络的畅通无阻。可以说,检查沟通渠道是克服沟通障碍、实现有效沟通的一个基本途径。需要经常加以检查的沟通网络主要包括:一是与政策、程序、规则和上下级关系有关的管理网络,或与任务有关的网络。二是与解决问题、提出建议等有关的创新活动网络。三是与表扬、奖赏、提升有关的以及联系组织目标和个人所需事项的整合性网络。四是与出版物、布告栏和小道消息有关的新闻性网络。检查管理沟通网络时所发现的问题要及时处理,以实现管理的有效沟通。

(4) 调整管理沟通风格。在日常工作与生活中,人们习惯于使用某种沟通方式与人交往,每当使用这种方式时使用者便感到得心应手且游刃有余,久而久之这种沟通方式便逐渐发展成为个人的沟通风格。如果不同沟通风格的人在一起工作,彼此不能协调与适应,那么彼此不仅不能有效沟通,还会造成许多无谓的冲突和矛盾,阻碍管理工作的顺利进行。因此,沟通双方首先要尊重和适应对方的沟通风格,积极寻找双方利益相关的热点效应。其次,必须调整自己的沟通风格。这时要始终把握的基本原则是:需要改变的不是他人,而是你自己。这方面的技巧主要有:一是感同身受。站在对方的立场来考虑问题,将心比心,换位思考,不断降低自身的习惯性防卫。二是高瞻远瞩。沟通双方要具有前瞻性与创造性,为此,沟通双方必须不断学习,争取持续进步。三是随机应变。要根据不同的沟通情形与沟通对象采取不同的沟通对策。四是自我超越。沟通双方要对自我的沟通风格及其行为有清楚的认知,并不断反思、评估、调整并超越。

(5) 因人而异进行管理沟通。在管理沟通过程中,信息发送者要充分考虑接收者的心理特点、知识背景等状况,并根据沟通对象的特点选择、调整自己的沟通方式、措辞以及服饰、表情等。要慎重选择语言文字,使用意义准确、对方容易接受的词句,做到叙事条理清楚、言简意赅。

(6) 减少管理沟通的干扰。对重要的信息应该选择在接收者能够全神贯注地倾听的时间段进行沟通。如果一个人正在接听电话,或者情绪低落,这一时间就不利于其接受信息,因为他有可能听不进去,或者容易误解。因此,在进行管理沟通时应尽量避免外界环境的干扰。例如组织召开重大会议时,一般都选择安静的场所,以避免被电话、请示工作打断。

(7) 选择恰当的管理沟通方式。在进行管理沟通时,沟通的时机、方式和环境都会对沟通效果产生重大影响。领导在宣布某项任务时,应考虑何时宣布、采用何种方式宣布才能增加积极作用,减少消极作用,如人事任命就宜采用公开的方式通过正式渠道进行传递。管理者应根据要传递的信息,对沟通的时间、地点、条件等都充分加以考虑,使沟通信息的形式与沟通的时机、方式和环境相适应,以确保沟通的有效。

(8) 建立双向沟通机制。传统的组织主要依靠单向沟通,即在组织内从上到下传递信息,下级无法表达自己的感觉、意见和建议。而以建议系统或申诉系统为主的双向沟通渠道对下级表达想法和建议有很大的帮助,能增进管理沟通的效果。

(资料来源:王建民.管理沟通实务.北京:中国人民大学出版社,2008)

课 后 练 习

1. 你用马路旁边的公用电话与你的朋友联系,或者你通过电子邮件与你国外的朋友联系,请说出在这两个沟通过程中,沟通的各个要素是什么?

2. 回顾你一天的学习、工作和生活,哪些是沟通活动? 请一一列举,并简要描述其效果。

3. 通过媒体报道或其他途径,搜集相关资料,列举近期某企业所进行的沟通活动,并简要评述其效果。

4. 在沟通遇到障碍时,人们经常提到代沟,请问代沟主要体现在哪些方面? 你与家长之间有代沟吗? 代沟能不能消除?

5. 有人说沟通能力是决定组织管理人员职场竞争力的关键,你如何看待这个问题?

6. 随着现代信息技术的进步,我们的沟通方式正在发生哪些变化?

任务 2

人际沟通

> 金玉良言可能简短而通俗，但它们会余音绕梁，在人们心中久久不绝。
>
> ——诺贝尔和平奖获得者特蕾莎修女
>
> 和他人交谈半小时胜过独自沉思一天。
>
> ——[英]培根

任务目标

- 掌握人际沟通的内涵，了解人际沟通的特点、作用和影响因素；
- 掌握人际沟通的相互作用分析理论；
- 了解人际沟通风格类型和人际吸引的规律。

沟通故事导入

秀才买柴

有一个秀才去买柴，他对卖柴的人说："荷薪者过来！"卖柴的人听不懂"荷薪者"（担柴的人）三个字，但是听得懂"过来"两个字，于是把柴担到秀才面前。

秀才问他："其价如何？"卖柴的人听不太懂这句话，但是听得懂"价"这个字，于是就告诉秀才价钱。秀才接着说："外实而内虚，烟多而焰少，请损之。"（你的木材外表是干的，里头却是湿的，燃烧起来，会浓烟多而火焰小，请减些价钱吧。）

卖柴的人因为听不懂秀才的话，于是担着柴就走了。

（资料来源：http://blog.sina.com.cn/s/blog_69e5d7b10100wq14.html）

一、人际沟通概述

1. 人际沟通的基本内涵

所谓人际沟通，就是指人与人之间进行信息传递和情感交流的过程。通过人际沟通，人们彼此交流思想、观点、情感、态度和意见，从而达到交流信息、调节情绪、增进友谊、加强团结的目的。在现代社会中，人际沟通的广度和深度不仅是人们生活质量的重要体现，而且也是组织沟通、团队沟通的前提和基础。可以说，有效的管理沟通都是通过有效的人际沟通来实现的。

实际上，人际沟通的内涵是涵盖广泛、错综复杂的。但它的最基本内涵却只涉及内容和关系两个方面。所谓内容是指人际沟通中的信息。所谓关系是沟通双方在互动中所建立的相互联系。两者紧密相连,不可分割,共同构成人际沟通内涵的基本框架,使每个沟通均包含着一定的内容和所确定的相应关系。因此,研究人际沟通的规律,从剖析、理解、处理其内容与关系之间的内在联系入手,是十分重要的。

(1) 内容与关系对人际沟通的作用与影响。通常任何一个欲交流的信息是携带着相应的内容和一定的关系在传、受双方之间进行沟通的,它的效果和稳定状况如何,则自始至终与其内容和关系的相互作用及彼此影响密切相关。事实上,同样的沟通内容可有不同的关系水平,以致产生不同的沟通效果。反之,同样的关系水平也可有不同的沟通内容,但常可以维持相对稳定的沟通。如有在某医院病房工作的护士甲和护士乙,一天护士甲向护士乙说:"请与我一道给病人送药好吗?"显然,从该信息的关系层面来看,甲向乙提出这个请求,是处在与乙平等的地位出发的,表明两人的关系为对等状态,因而易被乙接受,与甲共同为病人送药。以后如甲维持与乙的这种对称关系,那么无论请求与乙一道为病人做什么(注射、导尿、灌肠、测血压等)均可得到相应的合作。倘若甲对乙的说法变为:"你想与我一起给病人送药吗?"这时尽管两种说法的内容信息均为"一起给病人送药",但后一说法所显示的甲、乙两人之间的关系是呈互补状态的,所处的地位也存在着一定的差异。于是甲的要求易被乙拒绝,结果难以达到"一起为病人送药"的目的。可见指导、帮助沟通双方正确处理彼此之间的关系,合理利用内容沟通和关系沟通的相互作用和正面影响,对客观认识人际沟通规律,掌握它的规范、准确运作技巧是大有收益的。

(2) 内容和关系之间的实质性。所谓人际沟通,实质上就是要沟通双方建立真正的相互关系。因此,紧扣人际沟通的真实含义,以建立关系为主线,揭开表象,剖析事实,克服偏见,反复实践,是学会沟通的有效途径。具体来说,应做到:①确保沟通双方首先获得对方的好感,尽可能避免悖逆接收者的感情来说话。客观根据人类的气质特点(如对友好者的说话洗耳恭听,对讨厌者的说话逆反排斥等),使沟通的对方在充满善意或好感的认知基础上,开展友好、有效的人际沟通。②积极建立关系、融洽感情,努力使沟通双方能自觉为对方着想,以良好的人际关系增进友谊,加强信任、弥补过失,消除误解,切实保障人际沟通的正常运转。③从内容和关系双重角度,来加深对信息的正确理解。即通过在沟通双方之间构建可靠的关系,进而影响对内容的理解和认同。

2. 人际沟通的特点

由于人是有思想、有感情的高级动物,所以人际沟通与其他形式的沟通相比,具有下述特点。

(1) 沟通双方都是交流活动积极参与者。沟通双方积极参与交流,其前提在于人际沟通的双方都有共同的动机。在人际沟通过程中,每一个参加者都是积极的主体——人。双方之间的沟通是一个相互作用的互动过程。

(2) 人际沟通受到人际关系的影响。俗话说"酒逢知己千杯少,话不投机半句多",人际沟通总是在一定的人际关系下进行的,人际关系的状况直接影响人际沟通的深度、广度,影响着人际交流的方向。这个特点在中国文化背景下显得尤为突出,中国俗语所说的:"逢人只说三分话,未可全抛一片心",说的就是人际关系对人际沟通的影响。

(3) 人际沟通会出现障碍。人际沟通过程中,沟通双方的社会文化因素和心理因素,包括沟通双方的社会地位、文化水平、风俗习惯和社会传统以及个人的需要、动机、情绪、兴趣、价值观、个性、经验与知识结构等,都会造成人际沟通的障碍,产生信息的过滤和曲解,从而妨碍人际沟通的正常进行,这是人际沟通过程中特有的一种现象。

(4) 人际沟通的主要工具是语言。除了书面语言以外,人际沟通还经常通过口头语言进行。在口头沟通过程中,除了语言符号系统外,语音、语调、停顿、重音以及语速等辅助语言符号系统也会传递大量的信息和丰富的情感,同时,表情、姿态、手势等非语言符号系统在沟通过程中也起到很大的作用,因此,在口头沟通时常常出现言外之意和弦外之音。

(5) 人际沟通信息传递迅速,交流形式与内容随意性较大。人际交流是人与人之间直接的信息传递,不经过中间第三者,因此信息传递速度比较快,信息传递的数量也少受限制。特别是当人际沟通只限于两人之间时,其传递效果往往是比较好的。但是人际沟通也有另一方面特点,就是人际沟通的形式与内容随意性较大,双方可以根据具体情景对人际沟通的形式和内容进行调整和改变,如果人际沟通的链条过长,其信息传递效果呈明显下降趋势。据有关研究显示,第一个信息传播者将信息传递给第二个人时,信息量只有原来的70%;第二个人将信息传递给第三个人时,信息量只有原来的55%;第三个人将信息传递给第四个人时,信息量只有原来的30%。

3. 人际沟通的作用

人际沟通除包括信息的传递外,还包括情感、思想、知识和经验等多方面的交流,它对于改善人际关系、调整和转变人的行为都具有十分重要的意义和作用。具体来说,人际沟通的作用主要表现在以下几个方面。

(1) 人际沟通有助于增长知识,开阔视野,丰富经验。在人际沟通过程中,个体可从对方那里吸取对自己工作、学习和生活有意义、有价值的知识与经验,以别人的长处弥补自己的不足,借鉴别人的优势来改变自己的劣势,学习他人的成功经验,吸取他人的失败教训,以此扩充自己的知识积累,更好地提高自己对环境的适应能力。

(2) 人际沟通有助于改善人际关系。有效的人际沟通可以把沟通双方的思想、感情、信息进行充分的、全方位的交换,从而达到增加共识、增进了解、联络感情的效果,有效改善人际关系。世界上最美的东西就是人与人之间的情感联结,而人与人之间的情感联结就是通过人际沟通来实现的。沟通的过程使积极的情感体验加深,使消极的情感体验减弱,从而使人际关系不断得以改善。

(3) 人际沟通有助于自我定位。唐太宗说:"以铜为镜,可正衣冠;以古为镜,可知兴替;以人为鉴,可明得失。"这句话,道出了人际沟通有助于认识自我进行自我定位的作用和功能。因为,人在与他人的沟通过程中理解了别人的同时,也认识了别人眼中的自己。人们从他人对自己的反映、态度和评价中,发现自己的长处和短处,找到自己恰当的社会位置,为自我的设计、发展、完善创造了有利条件。离开了人际沟通,人就永远无法客观地认识他人,也无法真正地了解自己。

(4) 人际沟通有助于心理健康。沟通与交往是人类最基本的社会需要之一。根据美国管理学家马斯洛的需求层次理论,每个人都有归属和社交的需要,通过彼此间的相互沟通和交往,可以诉说各人的喜怒哀乐,这样就增进了成员之间思想和情感的交流,促使其产生依恋之情。人际沟通有助于人的心理健康,正如有人所说的那样:"当我们快乐时,把我们的快乐告诉自己的朋友,会使快乐加倍;当我们痛苦时,把我们的痛苦告诉自己的朋友,会使我们的痛苦减半。"

(5) 人际沟通有助于提高团队的效率。人际沟通是组织管理的基础,离开了人际沟通,管理功能的发挥以及管理目标的实现是不可能的。良好的人际沟通能够把各人的知识、专长和经验融合在一起,更好地与他人合作,从而构建一个高效的工作团队,取得事业的成功。例如,美国通用汽车公司(GM)是全球最大的汽车公司,其核心汽车业务及子公司遍及全球,共拥有 325 000 名员工。1981 年杰克·韦尔奇接任总裁后,认为公司管理得太多,而领导得太少,"工人对自己的工作比老板清楚得多,经理们最好不要横加干涉"。为此,他实行了"全员决策"制度,使那些平时没有机会互相交流的职工、中层管理人员都能出席决策讨论会。杰克·韦尔奇开展的"全员决策",消除了公司中官僚主义的弊端,减少了烦琐程序。实行"全员决策"后,通用公司在经济不景气的情况下取得了巨大成功。杰克·韦尔奇本人被誉为全美最优秀的企业家之一。当企业的运行或管理出现了新问题,管理者与被管理者以及管理者与管理者、被管理者与被管理者之间必须通过良好有效地商务交流,才能找准症结,通过分析、讨论、决策,及时将管理问题解决。

4. 人际沟通的影响因素

人际沟通是一个连续、动态的变化过程,始终受到沟通者生理的、心理的和社会的多重因素影响。因此,正确认识这些复杂的因素及其对人际沟通产生的各种作用,对激发沟通动力,祛除沟通障碍具有积极的意义。这些影响因素主要有以下几方面。

(1) 移情效应。所谓移情是指沟通者从对方的角度来感受、理解和分享其感情的过程。它是人际沟通一个最重要的影响因素,对沟通双方取得理解可发挥关键作用。实际上,站在对方角度理解对方,并及时向他们表达这种理解,即是移情的具体表现,又是有效人际沟通的基本前提,应当引起我们在沟通时的重视和应用。

(2) 信任程度。人际沟通效果还取决于沟通双方的信任程度。在现实生活中,凡是自己信任的人所传送的信息就比其他渠道来源的信息容易被相信和认同。这种对沟通者的信任程度,主要与对方的权威性、信誉、领导才华、语言魅力以及目的一致性(即判断是否与自己的目的和价值观存在一致)等因素有关。

(3) 控制能力。这是指一个人引导和确定与沟通对象某种人际关系的支配力度。它所建立的关系包括互补关系、对称关系和平等关系三种。一是在互补关系中,由于沟通双方地位不平等,一方常以支配方式要求一方顺从,显然,此时支配方的控制能力最强。二是在对称关系中,沟通双方因地位平等,导致以竞争方式争夺控制权,结果是谁也不能控制谁,两者的控制能力呈动态平衡状。三是在平等关系中,沟通双方的控制能力介于上述两种关系之间,任何一方能否取得控制地位,则须机动灵活地根据当时的沟通状况来确定。

(4) 自我显示。在人际沟通过程中,自我显示是沟通者有意向他人叙述自己真实情况的一种沟通行为,它有利于深入了解沟通双方,促进和发展两者的人际关系,常以主动性、有意性、真实性和独特性等特点,来影响人际沟通的效果。

（5）沟通者状况。主要是指沟通者自身所造成的影响因素。

① 生理因素：如沟通者过度疲劳、身患疾病或聋哑、失语等，均可直接妨碍人际沟通。

② 情绪因素：由于情绪是一种具有感染力的感情因素，因而它对沟通的有效性可产生直接影响。一般轻松愉快的情绪，能增强一个人的沟通能力。而紧张忧虑的情绪，可干扰一个人传递或接收信息的本能。故护士应注意保持平和、良好的情绪，对维系护患之间有效沟通是尤为必要的。

③ 智力因素：若沟通双方接受教育程度、知识水平、使用语言和对事物的理解等均存在明显差异，则会造成明显的沟通障碍。

④ 性格因素：通常，内向性格的人因经常独思单处，孤身只影，与其他人沟通的动机薄弱，则不善于人际沟通。但有时可与少数知心人建立稳定、有效的沟通渠道，从而形成深厚的情感和友谊。外向性格的人由于机敏活泼，乐于表现，与其他人沟通的动机强烈，往往善于沟通，并易获得社会信息和在公共社交场合中产生较大的影响，但其沟通程度并不一定都很深。

⑤ 感觉和态度因素：沟通时，传送者因需保密或对接收者缺乏信任而将信息删掉、更改或保留，常可导致接收者对所传信息拒收或无法理解，造成沟通困难。其次，当沟通双方因生活经验、社会阅历、价值观念、理解方式存在较大差别时，往往会对传送的信息难以形成准确、恰当的共识，进而使沟通无法继续进行。

二、人际沟通的相互作用分析

1. 相互作用分析的理论基础

相互作用分析的理论是加拿大学者伯恩提出的一种提高人际交往能力和促进信息沟通的方法。这种分析理论认为，个体的个性是由三种比重不同的心理状态构成，这就是"父母"、"成人"、"儿童"状态。取这三个间的第一个英文字母，Parent（父母）、Adult（成人）、Child（儿童），所以简称人格结构的 PAC 分析。"P-A-C"理论把个人的"自我"划分为"父母"、"成人"、"儿童"三种状态，这三种状态在每个人身上都交互存在，也就是说这三者是构成人类多重天性的三部分。

（1）"父母"状态以权威和优越感为标志，通常表现为统治、训斥、责骂等家长作风。当一个人的人格结构中 P 成分占优势时，这种人的行为表现为凭主观印象办事，独断独行，滥用权威，这种人讲起话来总是"你应该……"、"你不能……"、"你必须……"。

（2）"成人"状态表现为注重事实根据和善于进行客观理智的分析。这种人能从过去存储的经验中，估计各种可能性，然后作出决策。当一个人的人格结构中 A 成分占优势时，这种人的行为表现为：待人接物冷静，慎思明断，尊重别人。这种人讲起话来总是"我个人的想法是……"。

（3）"儿童"状态像婴幼儿的冲动，表现为服从和任人摆布。一会儿逗人可爱，一会儿乱发脾气。当一个人的人格结构中 C 成分占优势时，其行为表现为遇事畏缩，感情用事，喜怒无常，不加考虑。这种人讲起话来总是"我猜想……"、"我不知道……"。

2. 人际交往个性中的 P、A、C 比重

每个人的三种心态比重不同,形成了不同的行为特征。

P 高 A 低 C 高——专制幼稚型。喜怒无常,难于共事,支配欲强,有决断能力,喜听颂歌和被照顾。

P 高 A 低 C 低——专制型。墨守成规,照章办事,家长作风,不合潮流,养成下属依赖性,早期工业革命经理。

P 低 A 低 C 高——幼稚型。有稚气,用幼稚幻想决策,喜寻求友谊,对人有吸引力,讨人喜欢但不称职的经理。

P 低 A 高 C 低——正统成人型。客观而重现实,工作刻板,待人较冷漠,只谈公事,不谈私事,难以共事。

P 高 A 高 C 低——父母成人型。易把"父母"心态过渡到"成人"状态,经训练学习和经验积累,是成功管理者。

P 低 A 高 C 高——为成人与儿童型。将"成人"和"儿童"心态结合在一起,是理想管理者,对人对事务都能处理好。

父母自我状态、成人自我状态和儿童自我状态这三种状态是一个人在其成长过程中逐步形成而成为心理结构的组成部分。当人们进行交往时,实质上是这些状态进行相互作用。

3. 相互作用分析的类型

(1) 互应性沟通(A-A 型)。互应性沟通是一种在符合正常人际关系的自然状态下的反应,也是为人所预期的反应。这时,相互作用是平行的,对话可以很好地进行下去,不会引起矛盾。例如,主管:这任务一星期能完成吗? 下属:如果没有其他干扰的话,我想是能够的。

(2) 交叉性沟通(P-C 型)。在沟通中,如果沟通双方不是适当的反应或预期的反应,就可能成为交叉性沟通。这时,沟通角色相互作用是交叉的,这样,信息沟通就会出现矛盾而中断。例如,甲:这工作你怎么做得这样不负责任,你要重做! 乙:你少来指手画脚,你自己管好自己就是了。

(3) 隐含性交流。这是一种最为复杂的交流方式。在隐含性交流中,发送者没有把真正的信息明白地表达出来,而是隐含在另一种社交客套之类的交流之中。例如,科长:张先生(科员),上面想请你调到山东当分支单位的主管,不过我想你不大适合。科员:你说对了,我想留在机关。

4. PAC 人格结构理论应用意义

了解 PAC 分析理论,有助于我们在交往中有意识地觉察自己和对方的心理状态,作出互补性或平行性反应,使信息得到畅通。倘能在交往中把自己的情感、思想、举止控制在成人状态,以成人的语调、姿态对待别人,给对方以成人刺激,同时引导对方也进入成人状态,作出成人反应,那就有利于建立互信、互助关系,保持交往关系的持续进行。国外对管理人员进行 PAC 分析理论教育,帮助他们了解人们在相互接触中的心理状态,取得了良好的效果。

三、人际沟通风格

在人际沟通过程中,我们依据一个人在沟通过程中的表达方式是直接还是间接,是理性还是感性,以及沟通过程中做决策的速度是非常果断还是需要很长时间,就把我们在工作和生活中遇到的人分为了随和型、表现型、分析型和支配型四种不同的类型。

感情流露多、做事不果断且慢的人被称为随和型的人。他总是微笑着看着你,但是他说话很慢,表达也很慢。另外一种,感情外露,做事非常果断、直接,热情而有幽默感,活跃、动作非常多,而且动作非常夸张,这样的人属于表现型。有的人在决策过程中果断性非常弱,感情流露也非常少,说话非常啰唆,问了许多细节仍然不做决定,这样的人属于分析型。最后一种,感情不外露,但是做事非常果断,总喜欢指挥、命令他人,这样的人属于支配型。

不同人际沟通风格的人具有不同特征,与他们的沟通方式也不同。

随和型的人具有合作、友好、赞同、耐心、轻松、亲切、稳定、不慌不忙、面部表情和蔼、频繁的目光接触、说话慢条斯理、声音轻柔、抑扬顿挫、使用鼓励性的语言、大局为重、和为贵等特征。

与该类型的人沟通的时候,首先要建立好关系,力求创造友善的环境氛围,减少他们的戒心。同随和型的人沟通的过程中还要注意始终保持面带微笑,和蔼可亲,说话要比较慢,要注意抑扬顿挫,不要给他们压力,要鼓励他们多发表看法,去征求他们的意见。所以,与他们沟通时多提问:"您有什么意见?您有什么看法?"再者,沟通过程中要时常注意同他们有频繁的目光接触,每次接触的时间不长,但是频率要高。另外,亲情、友情方面的话题对他们有吸引力。

表现型的人具有热情、冲动、愉快、幽默、外向、直率友好、不注重细节、令人信服、幽默、合群、活泼、快速的动作和手势、生动活泼、抑扬顿挫的语调、有说服力、善言辞、善于鼓动气氛等特征。

与表现型的人沟通的时候,首先,我们的声音一定要洪亮,并且要伴有相应的动作和手势;其次,在沟通的过程中,我们要对表现者给予关注及兴趣,对他们的积极表现要多加赞赏,他们讲话时要认真倾听,在打断前对他们的说法加以肯定;再次,与表现型的人沟通的过程中说话要非常直接;最后,沟通时要多从宏观的角度去说:"你看这件事总体上怎么样?最后怎么样?"

分析型的人具有精确、慎重、清高、严肃认真、有条不紊、语调单一、真实、沉默寡言、埋头苦干、面部表情少、动作慢、合乎逻辑、语言准确、注意细节、有计划有步骤、喜欢引经据典、喜欢有较大的个人空间等特征。

与分析型的人沟通时,首先,沟通前要给他们时间,让他们做准备,因为他们不喜欢仓促行事;其次,要注重细节,遵守时间,尽快切入主题,态度要认真,不要有太多的目光接触,更要避免有太多身体接触;最后,分析型的人一般喜欢书面沟通,与他们沟通时要用准确的语言,如专业术语是他们的爱好,沟通过程中能列举一些具体的数据并配以事实、图表、符号、附件说明等工具会取得更好的效果。

　　支配型的人具有锐利、勇敢、果断、咄咄逼人、果断、指挥人、计划性强、独立、有能力、热情、面部表情比较少、情感不外露、审慎、强调效率、有目光接触、说话快且有说服力、语言直接、注重事实、适应性强及目的性强等特征。与该类型的人沟通时要开门见山,讲话时要直截了当,坚定果断,但要表现出对他们的尊重。其中战略目标、行动计划、进程、解决办法之类的话题更容易引起他们的谈话兴趣。另外,与他们沟通时要有信心并要伴有一定的目光接触,最好身体稍向前倾。鉴于该类型的人计划性及目的性强等特点,沟通时要以解决问题为导向,要注重效率与结果。

四、人际吸引

　　人们在社会交往中通过相互感知,产生了继续交往的愿望,甚至产生情感等而相互吸引。人际吸引(international attraction)是人与人之间的相互欣赏、接纳和协作。从 20 世纪 30 年代开始,美国社会心理学家莫雷诺(Jacob Levy Moreno)等开始关注人际吸引的研究,并提出了人际吸引的影响因素、一般原则、心理过程等相关理论。

1. 影响人际吸引的因素

　　影响人际吸引的因素很多,主要有相似性、互补性、印象感应、心理感应、能力、人格品质等。相似性主要是指信念、价值观及人格特征、兴趣、爱好、社会背景、地位、年龄、经历相似等。互补性主要是指需要互补、社会角色互补、人格某些特征互补。例如,有的人喜欢那些与自己个性品质相反的人,这样可以起到互补的作用,相互满足需要。印象感应主要是指在人际交往中,人们常常以自己固有的世界观、人生观、价值观等去审视交际对象。从心理学的角度来看,印象感应主要包括晕轮效应、刻板效应、情绪效应等。心理感应主要是指交际双方产生的心理共鸣现象和行为。能力主要是指人的能力出众受到对方的信赖或仰慕而产生吸引。人格品质包含的内容十分广泛,不同的人格品质对人际吸引的程度也有所不同,如表 2-1 所示。

表 2-1　人格品质

最积极品质	中间品质	最消极品质	最积极品质	中间品质	最消极品质
真诚	固执	古怪	热情	羞怯	不可信
诚实	刻板	不友好	善良	天真	恶毒
理解	大胆	敌意	友好	不明朗	虚假
忠诚	谨慎	饶舌	快乐	好动	令人讨厌
真实	易激动	自私	不自私	空想	不老实
可靠	文静	粗鲁	幽默	追求物欲	冷酷
智慧	冲动	自负	负责	反叛	邪恶
可信赖	好斗	贪婪	开朗	孤独	装假
有思想	腼腆	不真诚	信任	依赖别人	说谎
体贴	易动情	不善良			

2. 人际吸引的一般规律

　　(1) AIDMA 法则与人际吸引。AIDMA 法则在 1898 年由美国的沟通专家 E. S. 刘易斯提出,其含义为:A(attention)——引起注意;I(interest)——产生兴趣;D(desire)——培养欲望;M(memory)——形成记忆;A(action)——促成行动(见图 2-1)。AIDMA 法则最早应用于广告、营销活动之中,它是一种有效地、动态式地引导人们从认知到行为产生的心理过程。这一过程同样适用于人际吸引。

图 2-1　AIDMA 法则

(2) 人际吸引的规律主要包括:

① 接近吸引律,是指交际双方因工作、居住地、兴趣等接近,因此缩小了相互之间的时空距离和心理距离,产生相互吸引。这种接近包括时空接近、兴趣态度接近、职业背景接近。

② 互补吸引律,是指当交际 A 方的某种性格、能力不足正好是 B 方所欠缺或需要的,而 B 方的某种性格、能力不足正好也是 A 方所欠缺或需要的,当双方有意愿交往与合作时便产生强烈的吸引力。

③ 互惠吸引律,是指交际双方在长期的交往过程中由于彼此相互信任、相互尊重、相互帮助等而产生的吸引。它主要包括感情互惠、人格互尊、目标互促、困境互助、过失互谅。

④ 魅力吸引律,是指一个人在领导力或其他能力、人格魅力、专业特长等某一或某些方面比较突出,引起对方的敬佩或崇拜,产生晕轮效应。

⑤ 异性吸引律,是指交际双方虽然性别、个性不同,但能相补相悦,从而产生相互吸引。

⑥ 诱发吸引律,是指由于人的外表等自然因素或人为环境的某一因素而引发的吸引。它包括自然诱发、蓄意诱发、情感诱发等。

案例 1:宿舍里的"游魂"

一、案例介绍

小保,来自农村,是某知名高校的大一新生,对大学校园生活无限憧憬的他,头一个月住校生活中就遇到了一个微妙的交际障碍。在同宿舍的四个人中,另外三人都来自大城市,彼此的兴趣也有着惊人的相似之处:喜欢打游戏、爱看 NBA 比赛、爱好吉他。但对小保来说,他对计算机的认识还仅限于基本的系统操作;虽然对 NBA 这个词还略有印象,可对基本的篮球规则一无所知;至于吉他,在宿舍欣赏三把吉他的现场演出更是他平生头一遭。虽说四个人平时在宿舍里的关系也还不错,但小保总觉得,自己和另外三个人之间有着一道无形的屏障,他似乎无论如何努力都无法融入另外三人组成的"联盟"之中。尤其是当三位室友晚上在宿舍里练吉他时,小保更是觉得浑身不舒服。

一开始,小保尝试在旁边坐着静静地听人家练习。但由于对吉他一窍不通又并非音乐爱好者,他很快厌倦了。于是,他选择在三人练习吉他的时候躺在床上听广播,但这样做给小保带来的只是更为强烈的孤独感。同时,小保也担心其他三人会认为自己很难相处。出于无奈,小保选择了眼不见心不烦的策略,在图书馆和自习教室里度过自己的空余时间,或者宁愿在校园里游荡,直到快要熄灯才回宿舍。选择"自我放逐"的小保苦笑着说:"现在我在宿舍里'树立'起了刻苦读书的'高大形象',其实我是想避免尴尬,才选择成为宿舍里的'游魂'。"

（资料来源:http://www.jyb.cn/xy/xysh/t20070122_61769.htm）

二、思考与讨论

1. 小保为什么成了宿舍里的"游魂"?
2. 小保应如何改善这种状况,才能够融入大学群体生活?

案例 2:拿破仑·希尔亲身经历的故事

一、案例介绍

拿破仑·希尔叙述过这样的亲身经历:有一天,有位老妇人来到我的办公室,送进来她的名片,并且传话,她一定要见到我本人。我的几位秘书虽然多方试探,却无法诱使她露出她访问的目的及性质。因此,我认为,她一定是位可怜的老妇人,想要向我推销一本书。同时,我想起了母亲,也是一位女人,于是我决定到接待室去,买下她所推销的书;不管是什么书,我都决定买下来。

当我走出我的私人办公室,踏上步道时,这位老妇人——她站在通往会客室的栏杆外面——脸上开始露出了微笑。

我曾经见过许多人微笑,但从未见过有人笑得像这位老妇人这般甜蜜。

这是那种具有感染力的微笑,因为我受到她的精神影响,自己也开始微笑起来。

当我来到栏杆前时,这位老妇人伸出手来和我握手。一般来说,对于初次到我办公室访问的人,我一向不会对他太友善,因为如果我对他表现得太友善了,当他要求我从事我所不愿做的事情时,我将很难加以拒绝。

不过,这位亲切的老妇人看起来如此甜蜜、纯真而无害,因此,我也伸出手去。她开始握住我的手,到这时候,我才发现,她不仅有迷人笑容,而且,还有一种神奇的握手方式。她很用力地握住我的手,但握得并不太紧。

她的这种握手方式向我的头脑传达了这项信息:她能和我握手,令她觉得十分荣幸。在我的公共服务生涯中,我曾经和数千人握过手,但我不记得有任何人像这个老妇人这般深通握手的艺术。当她的手一碰到我的手时,我可以感觉到我自己"失败"了。我知道,不管她这一次是要什么,她一定会得到,而且我还会尽量帮助她达成这项目标。

换句话说,那个深入人心的微笑,以及那个温暖的握手,已经解除了我的武装,使我成为一个"心甘情愿的受害者"。

这位老妇人十分从容,好像她拥有了整个宇宙一般。(而我当时真的相信,她拥有这种魔力。)

"我到这儿来,只是要告诉你(接着,就是一个在我看来十分漫长的停顿),我认为你所从事的,是今天世界上任何人都比不上的最美好的工作。"她在说出每一个字时,都会温柔但紧紧地握一握我的手,用以强调。她在说话时,会望着我的眼睛,仿佛看穿了我的内心。

在我清醒之后(当时的样子仿佛昏倒了,这已经成为我办公室助手之间的一大笑话),立即伸手打开房门的小弹簧锁,说道:

"请进来,亲爱的女士,请到我的私人办公室来。"我像古代骑士那般殷勤而有礼地向她一鞠躬,然后请她进去坐一会儿。

在以后的 45 分钟内,我静静聆听了我以前从未听过一次最聪明而又最迷人的谈话,而且,都是我的这位客人在说话。从一开始,她就占了先,而且一路领先,一直到她把话说完之前,我一直不想去打断她的话。

她一坐在那张大椅子上之后,立刻打开了她所携带的一个包裹,我以为是她准备向我推销的一本书。事实,确实是书,是我当时主编的一份杂志的合订本。她翻阅这些杂志,把她在书上做了记号的部分都一一念出来。同时,她又向我保证说,她一直相信,她所念的部分都有成功哲学作基础。

在她这次访问的最后 3 分钟内,在我处于一种完全被迷惑,而且能够彻底接受别人意见的状态下,她很巧妙地向我说明了她所推销的某些保险的优点。她并没有要求我购买,但是,她说明的方式,在我心理上造成了一种影响,驱使我自动想要购买。而且,虽然我并未向她购买这些保险,但她仍然卖出了一部分保险。因为我拿起了电话,把她介绍给另一个人,结果她后来卖给这个人的保险金额,是她最初打算卖给我的保险金额的 5 倍。

(资料来源:http://tieba.baidu.com/f? kz=112800616)

二、思考与讨论

1. 拿破仑·希尔与老妇人的人际沟通成功吗? 为什么?
2. 本案例对你有什么启示?

案例 3:和平航空售票中心女售票员

一、案例介绍

和平航空售票中心成立于 1998 年 2 月,是中国民航总局和民航华北管理局批准成立的国际国内飞机票代理公司,是国际航空运输协会成员。公司自成立以来,不断提高服务质量和自身实力,取得了较好的成绩。代理数家航空公司,诸如:中国国际航空公司、东方航空公司、海南航空公司、四川航空公司、南方航空公司、上海航空公司、厦门航空公司。

公司秉承"以人为本,诚信为先,服务社会"的经营理念和"团结拼搏,务实创新,追求卓越"的企业精神,通过一系列创新,为顾客提供了最具吸引力的产品和更高品位的服务。

在致力于"让顾客满意,为顾客创造价值"的服务理念的推广过程中,努力得到社会各界肯定。公司坚持价格公道,服务周到的原则,始终以维护乘客的利益为宗旨,赢得了许多乘客的好评。

公司将一如既往地在工作中纠正自己的不足,同时发扬自身的优点,以优秀代理人的标准要求自己,争取长足的进步。

公司对航空售票人员在服务礼仪上有严格的行为规范,作为一名航空售票人员,首先要掌握航空服务的礼仪,才能做好服务工作。他们是直接与旅客接触并为旅客服务的人,给旅客留下良好的第一印象是至关重要的,一位旅客也许一生就乘坐一次飞机,你的第一印象将永远留在他的心里,所以掌握航空礼仪对一名合格的售票人员来说是非常重要的。

语言谈吐礼仪:俗话说"良言一句三冬暖,恶语伤人六月寒",可见语言使用是否得当,是否合乎礼仪,会产生迥然不同的效果。日常生活中,人们运用语言进行交谈、表达思想、沟通信息、交流感情,从而达到建立、调整、发展人际关系的目的。一个人的言谈是考察一个人人品的重要标志。

有一天,在和平航空售票中心,一位女售票员正在忙碌地工作着,窗外正排着长长的购票队伍。她在接待两位外地男旅客,向他们介绍班次,因而放慢了售票速度。后面一位女旅客等得不耐烦了,就挤到售票口训斥这位女售票员:"你是同男人谈情说爱吗?半天说不完,烦死了。"后面的旅客也不分青红皂白的起哄。面对这种情景,这位女售票员不是针锋相对,也不是反唇相讥,而是谦和地说:"非常抱歉,让您久等了。"接着她还简要地向这位旅客解释了放慢售票速度的原因。这样,女旅客平心静气地回到自己的列位上,售票工作又正常地进行了。

(资料来源:孙彤.组织行为学.北京:高等教育出版社,2000)

二、思考与讨论

1. 这个案例涉及什么理论?请简要地阐述这个理论。

2. 当一个人用成人对儿童模式与人交往时,另一个人为了不与其发生交往误会,最好采用什么心理交往模式与其交往?为什么?

3. 假如你是一个领导者,你如何利用心理交往模式引导员工正确交往?

案例4:一次不欢而散的谈话

一、案例介绍

汪大伟正和下属李明春谈话,这是对李明春迟到和缺席的第二次警告。李明春争辩道,在同事中,他的工作做得最多。汪大伟知道李明春是一名很好的员工,但不能容忍他违反公司的制度。

汪大伟:小李,你知道今天早上为什么叫你来吗?上个月我们谈论过你的问题,我想你一定会改进。但当我检查月度报告时,我发现你又迟到了四次,并且多病休了两天。这说明你根本不把我们的谈话当回事。小李,你的业绩很好,但态度不佳。我再也不能容忍这种行为。

李明春：不错。我知道我们上个月谈过，我也努力准时上班，但是最近交通非常拥挤。工作的时候我是十分投入的，你应该多注意我的工作效率，与我们组的老王相比，我的工作量要大得多。

汪大伟：现在不关老王的事，而是谈你的问题。

李明春：不，应该谈老王和其他几个同事的事。我比大多数同事做得好，而我却在这儿接受批评，这不公平。

汪大伟：小李，我承认你的工作很出色，但公司的制度也很重要。你平均每个月迟到四五次，你不能总这样。我该怎样处置你呢？我真的不愿使用正式的警告，你知道那意味着什么。

李明春：是的，我了解问题的严重性，我想我会更加注意，但我认为我比别人工作努力应有所回报。

汪大伟：好的，小李。如果没有了这些问题，你的出色业绩会得到回报的。如果你想挣更多的钱或被提升，你应按时上班，遵守公司的规章制度。

李明春：好的，我认为你是对的。但是，对于你这样的处理方式我仍持保留态度。

汪大伟：小李，随你选择。如果你下个月的记录仍不好，我会使用正式警告。

李明春：好的，但我还是认为不公平。

（资料来源：王建民.管理沟通实务.北京：中国人民大学出版社，2008）

二、思考与讨论

1. 汪大伟找李明春谈话的主要内容是什么？
2. 谈话结果如何？为什么？
3. 假如你是汪大伟，你将如何做？

实 训 项 目

1. 戴尔·卡耐基人际沟通自我评估表

以下是戴尔·卡耐基班可以帮助你培养的主要能力（自信、沟通、人际关系、克服忧虑与压力及领导力），请你在表 2-2 的项目中，选出适当的数字来评估自我表现的现状。

表 2-2 人际沟通自我评估表

问　　题	很差	较低	普通	很高	卓越
我很有自信，因为我：					
1. 能欣赏自己的优点	[1]	[2]	[3]	[4]	[5]
2. 做决定时，常有信心	[1]	[2]	[3]	[4]	[5]
3. 常有积极的态度，常怀"我能做到"的想法	[1]	[2]	[3]	[4]	[5]
4. 勇于表达自己的想法和意见	[1]	[2]	[3]	[4]	[5]
5. 常表现出有信心的形象	[1]	[2]	[3]	[4]	[5]
6. 必要时我愿意接受新挑战	[1]	[2]	[3]	[4]	[5]

问　题	很差	较低	普通	很高	卓越
我有融洽的人际关系,因为我:					
1. 即使意见不同,亦能有效地与他人合作	[1]	[2]	[3]	[4]	[5]
2. 能察觉自己的情绪与行为会影响他人	[1]	[2]	[3]	[4]	[5]
3. 能有效地解决争议	[1]	[2]	[3]	[4]	[5]
4. 常真心地对他人表达关怀	[1]	[2]	[3]	[4]	[5]
5. 有培养信任气氛的能力	[1]	[2]	[3]	[4]	[5]
6. 常帮助他人增强自信与自尊	[1]	[2]	[3]	[4]	[5]
我有良好的沟通能力,因为我:					
1. 是一位好的聆听者	[1]	[2]	[3]	[4]	[5]
2. 能明确而清楚地表达信息	[1]	[2]	[3]	[4]	[5]
3. 能表现恰当的肢体语言与声调	[1]	[2]	[3]	[4]	[5]
4. 沟通时常有说服力	[1]	[2]	[3]	[4]	[5]
5. 能镇定地即席思考与表达	[1]	[2]	[3]	[4]	[5]
6. 能做好简报与演讲	[1]	[2]	[3]	[4]	[5]
我有能力控制压力与忧虑,因为我:					
1. 能在混乱中保持冷静	[1]	[2]	[3]	[4]	[5]
2. 在压力下仍让人乐于亲近	[1]	[2]	[3]	[4]	[5]
3. 对生活充满乐趣,并拥有安全感	[1]	[2]	[3]	[4]	[5]
4. 能在冲突时控制愤怒	[1]	[2]	[3]	[4]	[5]
5. 适应能力强,并非固执强硬	[1]	[2]	[3]	[4]	[5]
6. 有平衡的生活	[1]	[2]	[3]	[4]	[5]
我有卓越的领导能力,因为我:					
1. 在扮演不同角色时,有很好的协调能力	[1]	[2]	[3]	[4]	[5]
2. 能影响他人追求共同的目标	[1]	[2]	[3]	[4]	[5]
3. 常会辅导他人有更好的表现	[1]	[2]	[3]	[4]	[5]
4. 能启发并激励他人,而并非驱使他人	[1]	[2]	[3]	[4]	[5]
5. 被认为是一个认真放又容易亲近的人	[1]	[2]	[3]	[4]	[5]
6. 有效率地主持解决问题的会议	[1]	[2]	[3]	[4]	[5]

（资料来源:卡耐基训练资料;谢玉华,李亚伯.管理沟通.大连:东北财经大学出版社,2010）

2. 人际沟通风格测试

请回答表 2-3 中 A、B 两套题。如果左边的描述更接近你实际情况,请给自己 5 分以下;如果接近右边的描述,请给自己 6 分以上。请如实回答,以保证对你自己有更加准确的认识。答完每套题后,将分数相加,得出该套题的总分。

表 2-3　人际沟通风格测试题

A 套（横轴）　　　　　　　　　　　　　　　　　　　　　　　　　　　　总分 _____

1	面对风险、决定或变化反应迟缓谨慎	1	2	3	4	5	6	7	8	9	10	面对风险、决定或变化反应迅速从容
2	与大伙一起讨论时不常主动发言	1	2	3	4	5	6	7	8	9	10	与大伙一起讨论时经常主动发言
3	强调要点时不常使用手势及音调的变化	1	2	3	4	5	6	7	8	9	10	强调要点时经常使用手势及音调的变化
4	表达时经常使用较委婉的说法，如："根据我的记录……"、"你可能认为……"	1	2	3	4	5	6	7	8	9	10	表达时经常使用强调式的语言，如："就是如此……"、"你应该知道……"
5	通过阐述细节内容强调要点	1	2	3	4	5	6	7	8	9	10	通过自信的语调和坚定的体态强调要点
6	提问用来检验理解、寻求支持或更多信息	1	2	3	4	5	6	7	8	9	10	提问用来增强语言气势、强调要点或提出异议
7	不爱发表意见	1	2	3	4	5	6	7	8	9	10	愿意发表意见
8	耐心，愿意与人合作	1	2	3	4	5	6	7	8	9	10	性急，喜欢竞争
9	与人交往讲究礼仪，相互配合	1	2	3	4	5	6	7	8	9	10	喜欢挑战，控制局面
10	产生意见分歧时，很可能符合他人的观点	1	2	3	4	5	6	7	8	9	10	产生意见分歧时，愿意坚持自己的观点并要辩论出究竟
11	含蓄，节制	1	2	3	4	5	6	7	8	9	10	坚定，咄咄逼人
12	与人初次见面时目光间断性注视对方	1	2	3	4	5	6	7	8	9	10	与人初次见面时目光长久注视对方
13	握手时较轻	1	2	3	4	5	6	7	8	9	10	紧紧握手

B 套（纵轴）　　　　　　　　　　　　　　　　　　　　　　　　　　　　总分 _____

1	戒备	1	2	3	4	5	6	7	8	9	10	坦率
2	感情不外露，只在需要别人知道时表露	1	2	3	4	5	6	7	8	9	10	无拘无束的表露，分享感情
3	多数时依据事实、证据作出决定	1	2	3	4	5	6	7	8	9	10	多数时根据感觉做出决定
4	就事论事，不跑题	1	2	3	4	5	6	7	8	9	10	谈话时不爱专注于一个话题
5	讲究正规	1	2	3	4	5	6	7	8	9	10	轻松、热情
6	喜欢干事	1	2	3	4	5	6	7	8	9	10	喜欢交友
7	讲话时或倾听时表情严肃	1	2	3	4	5	6	7	8	9	10	讲话或倾听时表情丰富
8	表达感受时不太给非语言的反馈	1	2	3	4	5	6	7	8	9	10	表达感受时愿意给非语言的反馈

续表

9	喜欢听现实的状况、亲身经历和事实	1	2	3	4	5	6	7	8	9	10	喜欢听梦想、远见和概括性信息
10	对人和事应对方法较单一	1	2	3	4	5	6	7	8	9	10	对别人占用自己的时间灵活应对
11	在工作、社交场合需要时间去适应	1	2	3	4	5	6	7	8	9	10	在工作或社交场合中适应快
12	按计划行事	1	2	3	4	5	6	7	8	9	10	做事随意
13	避免身体接触	1	2	3	4	5	6	7	8	9	10	主动做出身体接触

（资料来源：谢玉华，李亚伯.管理沟通.大连：东北财经大学出版社，2010）

3. 沟通游戏：找到合适的距离

游戏目的：让游戏者知道沟通应该需要合适的距离；使双方通过沟通确定他们的最佳距离。

游戏人数：10人。

游戏场地：不限。

游戏时间：30分钟。

游戏用具：无。

游戏步骤：

（1）两人一组，让其面对面站着，间隔2米。让两个人一起向对方走去，直到其中有一方，如A，认为是比较合适的距离（即再往前走，他会觉得不舒服）再停下。

（2）让小组中的另一个，如B，继续往前走去，直到他认为不舒服为止。

（3）现在每个小组都至少有一个人觉得不舒服，而且事实上，也许两个人都不舒服，因为B觉得他侵入了A的舒适区，没有人愿意这样。

（4）现在请所有人回到座位上去，给大家讲解四级自信模式（见后面）。

（5）将所有的小组重新召集起来，让他们按照刚才的站法站好，然后告诉A（不舒服的那一位），现在他们进入自信模式的第一阶段，即很有礼貌地劝他的同伴离开他，例如："请你稍微站远一点好吗？这样让我觉得很不舒服！"注意，要尽可能地礼貌，面带微笑。

（6）告诉B们，他们的任务就是对A们笑一笑，然后继续保持那个姿势，原地不动。

（7）A中现在有很多人已经对他的搭档感到恼火了，他们进入第二级，有礼貌地重申他的界限，例如："很抱歉，但是我确实需要大一点的空间。"

（8）B仍然微笑不动。

（9）现在告诉A们，他们下面可以自由选择怎么做来达成目的，但是一定要依照四级自信模式。要有原则，但是要控制你的不满，尽量达成沟通和妥协。

（10）如果你们已经完成了劝服的过程，就回到座位上。

四级自信模式：

第一级：通过有礼貌地提出请求，设定你个人的界限。你可以使用下面的表述："你介意往后退一步吗？"、"我觉得我们距离有点近。"

第二级：有礼貌地再次重申你的界限或边界。你可以使用下面的表达："很抱歉，我真的需要远一点的距离。"

第三级：描述不尊重你的界限的后果。你可以使用下面的表述："这对我很重要，如果你不能往后退一点，我就不得不离开。"

第四级：实施结果。你可以使用下面的表述："我明白，你选择不接受，正如我刚刚所说的，这意味着我将不得不离开。"

问题讨论：

（1）当被人跨越到你的区域时，你是否会觉得很不舒服？如果别人不接受你的建议，你会有什么感觉？

（2）是不是每一组的 B 都退到了让 A 满意的地步？是不是有些是 A 和 B 妥协以后的结果？

（3）有多少人采用了全部的四级自信模式？有没有人只采用了一级，对方就让步了？有没有人直接使用了第四级或直接转身离开？

培训师语录：

只要大家心平气和地沟通，总会找到双方的合适距离。

人与人之间要保持合适的沟通距离，距离太远，不利于及时沟通和深入沟通；距离太近，会让人产生紧张和压迫感，影响沟通效果。

（资料来源：邹晓春.沟通能力培训全案.北京：人民邮电出版社，2008）

拓展阅读：当代社会人际沟通的技巧

进入 21 世纪，现代人自我独立意识增强、各种不同文化的融合、全球经济一体化趋势的加剧等，都使得沟通这个问题显得比任何时候都重要，这是当代社会快速发展的结果。

1. 当代社会人际沟通方式发生了显著的变化

（1）网络信息技术对人际沟通产生巨大影响。现代社会已经进入"e"时代，信息技术的飞速发展使得传播工具效率不断地增强，高效率的沟通手段迅速普及，电话、手机、互联网等现代沟通工具的出现，使得人们之间面对面的沟通以及书信沟通越来越少，现在，借助信息技术，只要按下几个数字，就可以和远在天际的朋友交谈，只要轻轻地点击键盘，就可以在互联网上与他人进行沟通，就可以查询到专家的资料。

（2）跨文化沟通越来越重要。由于经济全球化的迅猛发展，各种不同的文化相互融合，文化间和文化内的相互依赖日益增强，尤其是跨国公司的发展，使得跨文化管理越来越重要，跨文化沟通成为必然。在跨文化沟通中，我们应该尊重民族、国家、个人之间的差异。正是因为存在差异，我们彼此之间才需要沟通。为了使个人、团体和国家在处理和应付实际问题时尽量取得满意的结果，我们必须尊重不同民族的习惯、风俗和传统，平等地进行沟通协调。

（3）在沟通中注重理解和谈判。在传统的人际沟通中，人们沟通的目的往往是通过交流，改变他人的观点，最终达成一致意见。在当代社会，人们开始实行换位思考，理解他人的处境，通过反复谈判，以求达到双赢的目的。

（4）人们进行沟通的基准发生了变化。过去，人们基于双方具有共同价值观的基础上讨论某些问题,并在这种价值观的引导下将沟通深化从而取得最终的一致意见。然而在当代社会,人们已经承认了差异的存在,认识到差异并不是沟通的绊脚石,承认差异是双方进行了解的基础,也是达到深入沟通的必要前提。

(5) 人们更加注重沟通中的协调。人际沟通主要涉及的是个人,但它所涉及的是沟通关系中的个人,而这种关系又蕴藏于这种跨文化的沟通中。实践中发现,人际沟通中发生的大量棘手的问题在于个人、组织和文化没有进行很好的协调,以致出现了矛盾,导致了僵局的产生。只有当个人、组织及跨文化沟通系统之间需要相互协调一致时,沟通才能达到预期的效果。

2. 现实社会中人际沟通的技巧

在现实社会中进行人际交往时应具备一定的人际沟通技巧。

(1) 以理取胜的技巧。人际交往中,说话办事都要合情合理,"得道多助,失道寡助",为人处世不讲理,就没有立身之地和立世之本。所以,为人处世要以理取胜。不仅说话办事要实事求是,言论行为要符合社会规范,相处交往要体谅他人,而且需要有判别力、洞察力和严密的逻辑思维以及分析推理能力,待人接物要善于抓住事物的本质。当你与人产生矛盾纠葛,而对方又能言善辩,用花言巧语迷惑别人时,你无须同他多费口舌,只需把事情的真相"抖"出来,让真相大白于天下。与人交往难免发生矛盾,而且常常不是一方绝对有理,当你遇到这种情况,最好的办法就是避实就虚。即避开对方最有力的攻击,寻找对方的薄弱环节有理有力地进行反击,以理服人。这种方法在企业竞争经济谈判和"打官司"中用得最多。如果与人交往中发现自己确实错了,切不可强词夺理。你不妨主动认错,赔礼道歉,诚恳而又豁达。这样可以赢得别人的谅解、同情和赞许。即便对方依然不依不饶,群众也自有公论,大有可能站出来护着你,而转过去指责批评对方。

(2) 以情动人的技巧。在交往相处中要善于驾驭自己的感情,根据不同的人、事和环境、气氛,恰当地、情真意切地表达自己的喜、怒、哀、乐,使自己表露出来的感情恰如其分地打动对方。如老友重逢的喜悦和激动;同事、朋友相聚的愉快和欢乐;面对受挫折和不幸的人同情、忧愁和悲痛;当企业遇到困难和风险时,领导在下属和群众面前的从容和镇静,凡此种种,皆是以情动人。情不真就不动人,意不切就会失态。只有真正的感情才具有力量,才能够感染和打动人心。

(3) 以貌悦人的技巧。爱美之心,人皆有之。在人际交往中,一个人的仪表容貌常常给人留下深刻的印象。所以,如果要想以貌取悦于人,就应该根据自己的职业、身份、年龄和不同的环境以及办理不同的事,与不同的人交往而选择相适应的衣着打扮。使穿着与职业、身份相协调,打扮与体形、年龄相适应,言谈举止要潇洒、庄重、大方。

(4) 运用语言的技巧。人们在交流过程中,语言是必不可少的工具。一个人驾驭语言的能力强,语言流畅,谈吐自如,能根据不同的人事、环境等选择准确恰当的词语,以充分显示自己说话、办事的逻辑性和严密性,就能够保证交际获得更大的成功。在人际交往中,如果说话吞吞吐吐,词不达意,甚至颠三倒四,事情是办不好的。交往中运用语言的技巧,要注意两个问题:一是选词造句要准确恰当,中心要鲜明突出,思维逻辑要严密;二是语言要流畅,语气声调要依人依事而把握得恰到好处。

(5) 运用环境的技巧。在人际交往中,面对不同的人和事,要注意恰当地选择、驾驭和运用不同的交际环境。如肃穆、庄重的环境适合谈论严肃的话题或办理严肃的事情;欢乐、热闹的场所适合办理高兴、愉快的事情;幽雅、美丽的环境适合约会、谈心。

(6) 随机应变的技巧。人们在交往中,常常难免会遇到一些意外的情况或问题。在这种情况下,有的人处事死板,死抱教条;有的人不知所措,慌乱尴尬;而有的人则随机应变,采取灵活多样的方法进行恰当处理。例如,小李与朋友相约到另一位同事家去玩,小李带了一些礼品到同事家时,发现朋友们都未带礼品。这时,小李既没有当着大家的面叫主人将礼品收下,也没有将礼品悄悄放在某个角落,而是大大方方地对主人和朋友们说:"我带来点东西助助兴,大家都来尝尝吧!"礼品本来是送给主人的,小李这么灵活处理,不仅没有使未带礼品的朋友感到难堪,反而使主人和朋友们都感到高兴。

(7) 串门访友的技巧。工作之余或节假日,在适当的时间里串串门,唠唠家常,叙谈友情,或者玩玩象棋、扑克,可以增强交往情谊。有时候还可以把工作中解决不了的问题在串门时解决。不过,串门走访要选择适当的时机,应尽量避开别人的用餐、午休、做重要家务劳动或情绪烦躁的时候;否则,不但不能沟通感情、融洽关系,反而会给别人带来不安和烦恼。

(8) 运用业余爱好交际的技巧。社会生活中的每一个人,或多或少地都会有一些自己的业余爱好,如果能巧妙地利用自己的爱好或某些特长与人进行交往,往往可以找到更多的朋友和友谊。所以,业余爱好不仅能够丰富和充实生活,而且能够帮助人们结识朋友,寻找友谊,帮助交际获得成功。

(9) 激励的技巧。在企业管理中,为了实现预定的目标和任务,企业领导经常会使用表扬激励的手段以调动员工的积极性。表扬激励的方法和途径很多:领导干部发挥表率作用,以自己的大公无私、光明磊落、严于律己、宽以待人等优良品德与作风来影响、感染和激励群众;或企业提出和制定社会效果好、经济效益高,并且可以达到的奋斗目标;或采取表扬、晋级、记功、嘉奖等激励手段,激发人们的自信心、自豪感和责任心,弘扬正气光大追求上进的精神。表扬下属时要掌握的技巧如下:表扬要真诚、具体;表扬要及时;表扬奖励方式要不断变化;在第三者面前表扬下属;当众表扬下属;鼓励下属互相赞美;物质奖励与精神奖励要配合得当,不可偏废;奖励要适合当事人优势需要;表扬后要指出其不足(以个别交谈为主)或进一步努力目标,使其保持清醒的头脑,朝着新的目标继续前进。

(10) 处罚的技巧。批评处罚作为与表扬激励互为补充的一种管理技能,内容包括批评、处分、经济制裁等。但在实际运用中,往往是处罚容易,而要使受罚者服气,又使群众受到教育引以为戒,却是不容易办到的。因此,搞好处罚,一要做到制度明确,照章办事,犯什么错,受什么罚,使受罚者甘心受罚而无怨言。二要做到及时处罚,不能犹豫不决,否则就难以达到及时制止错误和教育群众的目的。三要做到一视同仁,不能因职务高低、关系亲疏而处罚有别,否则不仅不能令人信服,甚至会触犯众怒。具体来说,批评和处罚要注意以下技巧:批评内容要具体;批评分寸要恰当,把事实弄清楚,就事论事,不能凭意向推理夸大;否则,受罚者会对不实的部分进行申辩,最后连确实存在的部分也被淡化了;批评时忌用带情绪的讽刺挖苦、侮辱人格的言辞;批评态度要平和,对事不对人;批评要把握最佳时机(批评的最佳时机是:事实真相确实弄清后;领导激情已消失;错误影响未扩大;周围群众记忆犹新);区别不同对象,批评要因人而异;就事论事,已经做过结论的过错,不再重提;根据被批评对象的反应,掌握批评的火候,适可而止;根据问题性质,确定批评范围,若要大会点名,最好使其事先有思想准备;做好善后工作,及时指出当事人的长处,使其相信领导并没歧视他。

(11)求助与拒绝的技巧。在社会生活里,人们之间总有相互联系、相互求助的情况。当你求助于人时,肯定希望他人能乐于为你分忧解愁,解决问题。这时,你应巧妙地让对方知道你是一个重感情、讲仁义、知恩图报、可以信赖的人,而不是一个忘恩负义、过河拆桥的小人,同时,还要让对方知道你也是一个乐于帮助别人的人,使对方明白今后有什么困难你将会尽力而为。

求助于人时,还要了解对方的个性特点,弄清对方在什么情况下,对什么事情愿意或乐意为自己帮忙,在什么事情上不愿意帮忙。求助于人一定要注意礼貌,言辞要诚恳,最好开门见山,不要绕弯子,并让对方明白自己的需要。

当人求助于你,而你又爱莫能助时,你就应该巧妙地拒绝而又不伤害友谊,并尽量争取对方的理解和体谅。具体做法是,首先要热情接待,表示理解和同情,并坦诚说明自己心有余而力不足。如有可能,可帮助出一些主意和建议,或提供一些新的求助线索。若对一些难以办到的违章违纪的事情,要诚恳地取得求助者的理解和体谅;若对一些难以办到或内心不愿意帮忙的事情,答复时不要一口回绝,说话要留有余地,以免使人难堪;若对一些违法的不能办的事情,必须明确果断拒绝。总之,既搞好工作,又团结同志,在和谐、融洽的气氛中促进组织的工作,这是人际沟通之中的基本内涵。

(资料来源:冯光明.管理沟通.北京:经济管理出版社,2012)

课 后 练 习

1. 什么是人际沟通? 它有哪些特点?

2. 试述人际沟通的地位和作用。

3. 人际沟通应遵循哪些原则?

4. 就你的组织而言,你认为目前存在着哪些人际沟通问题? 应如何解决?

5. 举例说明 PAC 人格结构理论在日常人际沟通中的作用。

6. 请牢记以下人际交往的技巧,并请在交往实践中加以应用。

人际交往的技巧

(1)对别人真诚地感兴趣。

(2)给人真心的微笑。

(3)记住别人的名字。

(4)做一个好的听者。

(5)谈论别人感兴趣的事情。

(6)永远使对方觉得重要。

(7)避免与对方正面争论。

(8)不要告诉人家你更聪明。

（9）如果你错了,就真诚地承认。

（10）以友善的方式开始。

（11）使对方立即说"是"。

（12）使对方多多说话。

（13）让别人觉得这个想法是他自己的。

（14）从别人的角度多想想。

（15）对别人的想法和希望表示同情。

（16）促使他维护自己的高贵动机。

（17）把想法戏剧性地表现出来。

（18）挑起竞争的欲望。

（19）从正面称赞对手。

（20）间接提醒别人的错误。

（21）批评他人前先谈谈自己的错误。

（22）征求意见,而不直接下命令。

（23）让别人保住面子。

（资料来源：［美］戴尔·卡耐基.人性的弱点.殷金生译.南昌：江西人民出版社,2002）

组织沟通

> 未来的竞争是管理的竞争,竞争的焦点在于每个社会组织内部成员之间及其外部组织的有效沟通。
>
> ——[美]奈斯比特
>
> 下情求不上通,谓之塞;下情上而道止,谓之侵。
>
> ——管子

任务目标

- 掌握组织沟通的含义,了解影响组织沟通的因素和有效的组织沟通的特点;
- 了解组织内部沟通的作用和网络,掌握员工沟通的内容;
- 明确团队精神、团队沟通的概念和特点,掌握团队沟通的策略;
- 了解组织外部沟通的含义和意义,掌握组织外部沟通的内容。

沟通故事导入

善于沟通的盛田昭夫

有一天晚上,索尼董事长盛田昭夫按照惯例走进职工餐厅与职工一起就餐、聊天。他多年来一直保持着这个习惯,以培养员工的合作意识和与他们的良好关系。

这天,盛田昭夫忽然发现一位年轻职工郁郁寡欢,满腹心事,闷头吃饭,谁也不理。于是,盛田昭夫就主动坐在这名员工对面,与他攀谈。几杯酒下肚之后,这个员工终于开口了:"我毕业于东京大学,曾经有一份待遇十分优厚的工作。进入索尼之前,对索尼公司崇拜得发狂。当时,我认为我进入索尼,是我一生的最佳选择。但是,现在才发现,我不是在为索尼工作,而是为科长干活。坦率地说,我这位科长是个无能之辈,更可悲的是,我所有的行动与建议都得经过科长批准。我自己的一些小发明与改进,科长不仅不支持、不解释,还挖苦我癞蛤蟆想吃天鹅肉,有野心。对我来说,这名科长就是索尼。我十分泄气,心灰意冷。这就是索尼? 这就是我的索尼? 我居然要放弃了那份优厚的工作来到这种地方!"

这番话令盛田昭夫十分震惊,他想,类似的问题在公司内部员工中恐怕不少,管理者应该关心他们的苦恼,了解他们的处境,不能堵塞他们的上进之路,于是产生了改革人事管理制度的想法。之后,索尼公司开始每周出版一次内部小报,刊登公司各部门的"求人广告",员工可以自由而秘密地前去应聘,他们的上司无权阻止。另外,索尼原则上每隔两年就让员工调换一次工作,特别是对于那些精力旺盛、干劲十足的人才,不是让他们被动地等待工作,而是主动地给他们施展才能的机会。在索尼公司实行内部招聘制度以后,有能力的人才大多能找到自己较中意的岗位,而且人力资源部门可以发现那些"流出"人才的上司所存在的问题。

　　(资料来源:http://www.jiangshi.org/article/41600.html)

一、组织沟通概述

1. 组织沟通的含义

　　所谓组织沟通(Organizational Communication),是指在组织结构环境下的知识、信息以及情感的交流过程,它涉及战略控制及如何在创造力和约束力之间达到一种平衡。组织是由各层级、各部门和各个个体组成的,组织内部需要建立信息沟通网络,在组织内部各部门、各环节之间进行信息传递与交流,以确保组织的协调一致。

　　组织沟通的含义如下:

　　(1)组织沟通有明确的目的,是影响另一个人的行为,使之与实现组织的整体目标相符,并最终实现组织目标。这种行为的改变包括知识的增加、态度的改变或行为的变化。

　　(2)组织沟通是按照预先设定的方式进行的,是沿着既定的轨道、方向、顺序进行的,是作为一种日常管理活动而发生的。由于组织沟通是管理的日常功能,因此组织对信息传递者具有一定的约束和规范。

　　(3)组织沟通与公司的规模有关。如果公司规模大,组织的各项制度比较健全,行为就可能比较规范,沟通过程也就会较长;而如果公司规模较小,其组织沟通相对来讲可能不完全依赖正式、规范的沟通体系和顺序,沟通过程也较短,沟通的结果也更容易控制。

　　(4)组织沟通中信息传递者责任重大。组织沟通活动作为管理的一项日常功能,组织对信息传递者有一定的约束,管理者必须为自己的沟通行为负责,并确保实现沟通的目的。

2. 影响组织沟通的因素

　　影响组织沟通的因素有很多,既有组织外部的因素,也有组织自身的因素。一般来说,对组织沟通产生重要影响的因素主要包括下述四个。[①]

　　(1)社会环境。不同的社会环境具有不同的文化价值观念,这些价值观左右着人们的沟通行为。在美国,企业中民主气氛浓厚,员工个性率直,下级可以直言不讳地向上级提出自己的意见,上级也随时欢迎下属来沟通情况、交换想法。但在德国,公司高层管理人员办公室的门沉重而厚实,通常都关得严严实实的,并不欢迎下属随意造访。日本则等级森严,沟通在一般情况下是逐层进行的,而且其沟通信息范围十分有限,所以许多日本人都感觉因缺乏沟通而压力十足。在我国,组织沟通受环境的影响很大,由于在正式渠道之外经常还有一个非正式渠道,所以信息沟通的速度往往较快。另外,社会环境对组织沟通的影响还表现在科学技术进步所带来的信息传递手段的变化上。如美国由于其信息技术十分先进,员工的沟通可以通过计算机网络等先进的手段进行,因而更迅捷。而我国则

---

　　① 胡巍.管理沟通——原理与实践.济南:山东人民出版社,2004

因技术相对落后,组织沟通尤其是其中的正式沟通还是以文件的传递为主,因而缓慢而烦琐。

(2) 组织结构形式。组织结构形式在某种程度上决定着组织内部中的权力关系和信息流动渠道。组织内的正式沟通渠道在很大程度上取决于组织的结构形式,所以结构形式对有效的组织沟通有决定性的作用。传统的组织结构形式包括直线制、职能制、直线职能制等各种类型。现代组织形式包括事业部制、矩阵制、模拟分散管理和多维立体组织等。随着计算机网络的迅速发展,目前又出现了网络型组织、虚拟组织等许多形式。

(3) 企业文化。企业文化是指企业在长期的生产经营实践中所创造和形成的具有本企业特色的精神和某些物化的精神。企业文化是企业员工价值观的根本体现,在很大程度上影响着员工的各种行为,同时也对组织沟通产生十分重要的影响。它包括共同的价值观念、行为方式及经营风格,以及蕴含在企业制度、企业形象、企业产品及员工行为中的文化特色,可分为精神文化、制度文化、行为文化、物质文化四个层次。企业文化中的精神文化反映企业的核心价值观,对员工的精神面貌、工作态度、沟通的积极性等有着决定性的作用。企业的制度文化直接以文件规范的形式,规定着企业中信息传递的流程和传递的方式、各种信息的披露程度和层次。企业中的行为文化直接决定着员工的行为特征、沟通方式、沟通风格等。企业的物质文化决定着企业的沟通技术状况、沟通媒介和沟通的渠道。所以,企业文化不仅仅影响组织沟通过程中的主观性要素——沟通者和信息接受者,而且还决定着沟通的媒介、沟通的渠道、沟通的环境等客观因素,从而全方位地影响着组织的有效沟通。

(4) 组织角色。组织中的每个人都处在不同的位置,都具有不同的组织角色。例如上级和下级在组织中的角色各不相同,不同的职能部门在组织的角色也各不相同。所担任的角色不同,看问题的方式和角度便不一样,就会产生不同的态度和观点及不同的利害关系,因而每逢接触到某种新的信息时,每个人就会从本角色的角度出发加以估量,由此导致不同的意见和结论,从而影响了有效沟通。

3. 有效的组织沟通的特点

组织沟通特定的环境是工作场所,它既具有一般人际沟通的特点,同时又是工作任务和要求的体现。因此,只要不是独自工作,几乎所有的人都要与他人进行沟通。沟通可以说是组织管理的基础,任何组织的任何工作都离不开沟通。有效组织沟通的特点如下所述。

(1) 沟通频率高,方式灵活多样。组织沟通既有正式沟通,又有非正式沟通,其方式灵活,随时随地可以沟通,更具有开放性,人们在交流信息时更容易畅所欲言和相互激发。如麦当劳的管理者们经常举行非正式的聚会来商讨各部门发现的问题,并调整经营的基调。又如,许多经理们习惯在员工食堂进餐,目的也是希望能在轻松的环境中与自己的员工们随意交流,沟通思想和情感。还有一些企业高层主管经常举行"无固定议题、无会议记录"的会议和"咖啡谈话会"等,其目的也在于营造轻松的沟通氛围,以更好地实现有效沟通。

(2) 沟通深入而平等。优秀的企业不仅沟通频率高,而且沟通深入、彻底,不流于形式。如果沟通不能达到解决问题的目的,那么,对于管理者来说无异于浪费时间。例如,美国的埃克森石油公司和花旗银行以"无障碍沟通"闻名于同行业。在这两家公司，高级经理人员的沟通交流方式令人震惊。只要一进行提案的研讨，每个人的讲话声音都提高八度，接着就开始了几乎是声嘶力竭的喊叫和争论。只要有异议，任何人都可以随时打断董事长、总经理或会上的任何一个人的发言。

（3）具有沟通所需的物质条件。沟通需要一定的物质条件，如场地、设备等，这些物质条件大到宽敞明亮的会议室、现代化的通信设备，小到一块小黑板、几个意见箱。如果缺乏这些沟通工具，就会影响沟通的效率和效果。IBM 一位资深职员跳槽到另一家高科技公司从事一项重要的研究计划，几个星期后，他走进主管的办公室，关上门说："我遇到了麻烦。"那位主管顿时脸色煞白，心想：这个家伙可是这个研究的关键人物，千万别出什么事！这位前 IBM 员工继续说道："有件事我实在搞不懂，为什么你们这里连一块黑板都没有？没有黑板，你让大家如何交流沟通？"他这话是有来历的，当年汤姆·沃森（Thomas Watson，1956—1971 年任 IBM 董事长）在任时，就是站在黑板前，拿着黑板擦，与员工共同商讨企业遇到的问题。英特尔公司建在硅谷的新大楼里面有许多小会议室，员工们可以在那里吃午饭，在那里讨论问题、解决问题，每个会议室里都有黑板，以方便员工们进行交流。

（4）具有完善的沟通制度和系统。拥有畅通的信息流通系统和反馈系统，强调双向沟通和把沟通活动制度化，这是一些优秀企业共同的特征。例如，在一家拥有 12 000 名员工的大公司，多年实行"员工意见沟通系统"制度，当面临全球经济不景气时，这一系统对提高公司的劳动生产率发挥了巨大作用。该系统主要分为两部分：一部分是每月举行的员工协调会议；另一部分是每年举行的主管汇报会和员工大会。在员工协调会议上，管理者和员工齐聚一堂，商讨彼此关心的问题。在公司总部、分公司、各部门和基层共有 90 多个协调会议，员工协调会议的工作标准是双向沟通，如果有问题在基层协调会议上不能解决，将逐级反映到上一层，直到有满意的答复为止。协调会议开会的时间也没有硬性的规定，一般是在开会一周前在布告牌上通知。作为协调会议的补充，公司还安装了许多意见箱，员工可以随时将自己的意见或问题投进去。凡是被采纳并产生显著效果的意见，公司都给予奖励。事实上，公司确实从意见箱里获得了许多宝贵的建议。员工大会则是由公司委派代表主持，各部门负责人参加，参加员工人数不超过 250 人，历时约 3 小时的较大规模会议。会议由主席报告公司的状况和与员工切身利益有关的问题，然后便开始问答式的讨论。提出的问题要具有普遍性，尤其欢迎预先提出问题，禁止提个人问题，总公司代表对所提的问题尽可能予以迅速解答。正是因为拥有如此完善的沟通制度，这家公司在全球经济不景气的情况下仍能保持着增长。

（5）全方位的信息共享。信息共享对于组织来说是至关重要的，通用电气公司的 CEO 杰克·韦尔奇（Jack Welch，1981—2001 年在任）是他所倡导的"无界限沟通"的先驱和实行者。无界限沟通，意味着根据需要信息可以足够便捷地流动，从而使组织发挥出整体大于部分之和的协同效应。沟通是一种网络状的交流过程，在跨国界的全球网络里，信息交流必须是可见的并且是同时的。如果网络的成员能迅速地同时接受同一信息，那么企业决策的效率就会大不相同。

二、组织内部沟通

所谓组织内部沟通,指的是组织内部各部门、各环节之间所进行的信息传递与交流。组织内部沟通包括纵向沟通和横向沟通,纵向沟通又包括下行沟通和上行沟通。

1. 组织内部沟通的作用

组织只有通过内部沟通才能实现有机地配合与协调,并保证各项任务的完成,因而组织内部沟通的作用就显得尤为重要。具体来说,组织内部沟通的作用可主要表现在下述四个方面。

(1) 传递组织有关信息。在企业生产经营活动过程中,随时会遇到各种变化,这就需要企业根据不断变化的外部环境,随时变更和调整企业的决策内容和具体实施细则。企业调整和变更的内容要通过其内部沟通来完成。企业通过内部沟通使员工随时了解企业的每一步变化,帮助员工在这些变化中及时调整其完成任务的主攻方向,以便使其更好地完成组织赋予的各项任务。同时,企业通过与员工的沟通,可以将企业的发展目标、方向、计划、实施办法、需要员工配合的具体工作等信息传递给每一个员工,从而增进企业与员工的交流,共同促进企业的发展。

(2) 征求员工对企业发展计划、目标等决策的意见和建议。企业如何发展,不仅仅是企业高层领导的事情,也是企业每一个成员的事情。因此,企业在制订规划、确立发展目标、决定采取措施时,都要征求员工的意见,让员工参与进来。而征求员工意见的过程就是内部沟通的过程。另外,企业在制定了各种决策后,还必须进一步与企业内部所有成员进行沟通,征求每一个员工的意见,让员工自觉地对决策提出建议,然后根据员工的建议完善各项决策,从而使企业的各项决策更加科学,也更具有现实效力。

(3) 了解员工对企业的想法。企业是由许多员工共同组成的有机体。在企业内部,由于每个员工对企业的理解和认识不同,所以不可避免地会产生矛盾和分歧,而解决这些矛盾和分歧的主要途径就是内部沟通。多数情况下,对于企业内部产生的摩擦或矛盾,企业决策层之间、决策层和员工之间、员工和员工之间往往要经过多次、反复的沟通,才能统一对某一问题的看法,取得比较一致的意见。

(4) 塑造企业文化。企业通过内部的不断沟通,逐渐积累沟通经验,形成本企业独特的沟通文化资源,进而积淀为企业文化,形成自己企业的沟通内涵,如企业与员工之间乐于共享的心态、对他人的尊重、企业中不同角色的确立、开放的网络意识等。这些资源作为企业文化的重要内容,能够为企业的发展增添活力,并进一步推动企业的发展。

2. 组织内部沟通网络

组织内部沟通网络是指组织通过各种沟通渠道、沟通活动与员工进行信息交流而构建的管理沟通系统。现代组织都建立了多种沟通渠道,形成了多种沟通子系统,形成了全方位、立体化的沟通网络。

建立何种内部沟通渠道、运用何种沟通工具、开展何种沟通活动,具体视组织实际情况而定。比较常见的内部沟通渠道可以分成两类:一类是传统的沟通渠道,包括文书传递渠道、会议沟通渠道、电话沟通渠道、信访沟通渠道、合理化建议征集渠道、内部宣传渠道等;另一类是现代电子网络沟通渠道,包括即时通信工具、内部网站等。

文书传递渠道通常运用的沟通工具是发布文件、年度报告、信函、备忘录等。

会议沟通渠道通常运用的沟通工具是广播、电视、文件、报告等。会议沟通活动的形式有很多,如动员会、总结会、专题研讨会、展销会、新闻发布会、座谈会、电视电话会议、联欢会、茶话会等。

电话沟通渠道运用的工具是电话、传真、电话会议等。

信访沟通渠道通常运用的沟通工具包括信函等文书、电话、电子邮件等。沟通活动的形式包括专职部门接待、领导信箱、领导接待日、专线电话等。

合理化建议征集渠道运用的沟通工具包括建议箱、电话、电子邮件等。沟通活动的形式包括书面回复、电话沟通、电子邮件回复、专人接待、会议讨论与沟通、问卷调查、专家咨询等。

内部宣传渠道通常运用的沟通工具包括板报宣传栏、标语、内部广播、内部电视、报纸、员工手册、组织介绍类书籍和画册、内部简报等。沟通活动的形式文件很多,包括专题宣传报道、电视片、广播剧、宣讲会、内部培训等。

即时通信(instant messaging,IM)是一个终端服务,允许两人或多人使用网络即时地传递文字信息、资料、语音与视频交流。即时通信工具主要有腾讯 QQ、微软 MSN、雅虎通(yahoo messenger)、新浪 UC、网易泡泡(POPO)、搜狐"搜 Q"、阿里巴巴"贸易通"、电子名片 TraCQ、Skype 等。运用即时通信工具沟通的形式包括电子邮件群发、电话会议、视频会议、文件传输、网上银行交易等。

内部网站是组织开发的一种计算机网络沟通平台,主要沟通工具包括门户网站、ERP企业资源计划、企业信息管理系统等。沟通形式是运用内部网站或信息管理系统发布信息、采集信息、存储信息、处理信息的。

组织通过建立的内部沟通渠道构建内部信息沟通网络系统。这一系统包含若干子系统,如文书档案管理沟通系统、人力资源管理沟通系统、财务管理沟通系统、营销管理沟通系统、生产运营管理沟通系统、设备管理沟通系统、行政事务管理沟通系统、危机处理管理沟通系统、公共关系管理沟通系统等。

3. 员工沟通

组织内部沟通的直接对象是员工、股东,而与员工沟通又是内部沟通的重中之重。有效的员工沟通首先需明确沟通对象及其特点。不同的沟通对象,有着各自不同的特点,其需求也不尽相同,因此必须采取不同的沟通方式。

(1) 员工的分类。一般情况下,员工可分为两大类:管理者和普通员工。管理者又可分为高层管理者、中层管理者和基层管理者。员工又可根据性别、受教育程度、职称、岗位、工种、民族、国别、地区、宗教信仰、个性特征、工作年限、能力等不同情况进行类别划分。

按照个性特征,通常可把员工分为内向型性格、外向型性格、中性性格,还可以进一步按照性格缺陷将员工划分为以下类型:死板型、"闷葫芦"型、争强好胜型、性格孤僻型、性情急躁型、爱唠叨型、鲁莽冲动型、夸夸其谈型、情绪不稳定型、性格耿直型等;按照异常行为表现可将员工划分为以下类型:阿谀奉承型、自私自利型、口蜜腹剑型、挑拨离间型、尖酸刻薄型、嫉妒型、独断专行型、推卸责任型、报复心理型和报喜瞒忧型等；按照独特性（存在特殊问题）可将员工划分为以下类型：犯错误的员工、反对你的员工、爱打小报告的员工、固执己见的员工、"小人"型员工、老黄牛式员工、身体残疾的员工、倚老卖老型员工、不守纪律型员工等。按照个人的能力特征可将员工划分为以下类型：技术型、创新型、交际型、管理型、服务型等。

对员工进行分类是为了有针对性地开展沟通，在了解员工基本特性的基础上，有的放矢，本着求同存异的原则，使员工与组织目标保持一致。

（2）员工沟通的内容。员工沟通的内容实际上就是组织的全部工作内容。从国家的政策、法律法规，到具体的每一项工作的安排和执行都是和员工沟通的内容。站在组织的视角，管理沟通的主要内容包括以下几方面。

① 让员工理解组织战略和组织文化。组织战略、目标的实现离不开员工的支持与合作。因此，必须让员工对组织的发展战略有一个清晰的认知和理解，以便员工身体力行；组织文化，尤其是价值观、组织精神、使命等必须通过长期的宣传、培训等来引导员工正确理解组织文化的作用，以及其对组织发展的影响。

企业故事是诠释和传播企业文化理念的有效形式。凤凰卫视将企业文化编辑成一个个故事，以此传播企业的文化。凤凰卫视的企业文化故事围绕企业文化理念展开叙述，紧扣文化元素，主题鲜明，价值取向明确，内容丰富多彩。企业文化故事有创业类故事、经营类故事、变革类故事、管理类故事等。凤凰卫视的"战略导向型"企业文化体系，涵盖了企业发展战略、企业核心价值观、企业精神、企业经营思想、企业团队意识和企业使命感等内容。这些内容都以故事的形式向员工讲解、诠释，这些故事揭示了凤凰卫视企业文化的主要内容，每一个故事都蕴含着深刻的文化理念，深深地熏陶着凤凰卫视的员工，激励和鞭策着凤凰卫视的员工。

② 了解员工的需求和满意度。不同员工对组织有不同的需求，但组织首先必须了解员工的共同需求，并注意满足；其次，关注员工的个体需求，并力所能及地帮助员工解除后顾之忧，以便其全身心地投入组织的发展之中。员工的利益需求通常包括物质利益和精神利益两个方面。具体的利益需求包括稳定的就业和工作环境，公平的工资和福利待遇，成长和发展机会，良好的工作条件，受到重视和赏识，合理的人事政策，参与民主管理，了解组织政策、管理、发展的情况，精神追求与自我完善，社会保险与其他保障等。

根据盖洛普公司一项问卷调查显示：员工除了对薪酬和福利待遇以外的需求，还有其他方面的需求。研究人员通过对参加调查员工的答案进行分析和比较，得出以下几个需求：一是在工作中员工知道公司对其有什么期望；二是员工有把工作做好所必需的器具和设备；三是在工作中员工有机会做其最擅长做的事；四是在过去的七天里，员工出色的工作表现得到了承认和表扬；五是在工作中员工的上司把其当一个有用的人来关心；六是在工作中有人常常鼓励员工向前发展；七是在工作中员工的意见一定有人听取；八是公司的使命或目标使员工感到工作的重要性；九是员工的同事也在致力于做好本职工作；十是员工在工作中经常会有一个最好的朋友；十一是在过去的六个月里，有人跟员工谈过其工作的进步；十二是去年，员工在工作中有机会学习和成长。可以说，这些需求集中体现了现代企业管理中员工沟通管理的新内容。

满意度调查是许多现代组织经常采用或定期实施的一种沟通方式。它包括薪酬满意度、职业发展满意度、领导班子满意度、管理人员满意度、福利满意度、绩效满意度以及整体满意度等调查。科学的满意度调查通常利用可信度较高的量表进行调查,并运用科学规范的统计方法进行统计分析,得出结论供决策者参考。

③ 满足员工的需求,尊重员工的个人价值。组织的内部公共关系工作,应最大限度地使员工达到物质和精神的满足。从这个意义上说,组织内部员工关系的实质内容,是充分了解和充分实现员工的各种物质的、精神的需要。根据马斯洛的层次需要理论,员工的需要主要分为五个层次,即生理的需要、安全的需要、社交的需要、尊重的需要、自我实现的需要。

④ 培养融洽的"家庭气氛"。组织要与员工建立起良好的关系,就必须将组织视为一个扩大了的家庭,所有员工都是这个大家庭中的成员。组织的领导者运用情感维系等方式,密切联系与员工的关系,培养融洽的"家庭气氛"。例如,日本的一些企业特别注重向员工灌输忠诚企业的观念,利用各种形式培养员工的"家庭观念",激发员工对企业的自豪感、归属感,建立一种以家族主义为主体的管理形式。

⑤ 建立双向信息沟通网络,鼓励员工参与民主管理。公共关系部门在组织中应担当起"中间人"角色,上情下达、下情上呈,建立一种自上而下的信息传递和自下而上的信息反馈网络系统。只有这样,才能使员工获得一种方向感,使员工在认识上、行为上与组织的根本目标保持一致。否则,员工如果对组织情况不了解,特别是对与自己切身利益相关的信息知之甚少,便会产生猜疑、烦恼、对抗的心理和行为,从而造成人们之间的隔阂、争斗和内耗。同时,还要鼓励员工参与民主管理,这样不仅可以提高员工的主人翁地位和自豪感、责任感,而且也有利于组织决策的科学性。

⑥ 解决内部矛盾和纠纷。组织的公共关系部门要想塑造良好的组织形象,切不可忽视内部的"人和"。公共关系部门要注意协调好领导者与员工、员工与员工之间的关系,消除他们之间的隔阂、误解与矛盾。其主要方法有两点,一是做好员工的思想政治工作,培养其正确的名利观、价值观、人生观;二是培养员工的团结协作精神、集体主义精神。

⑦ 创建优秀的组织文化。组织文化是一个组织所具有的价值观念、行为规范及其相应活动的总和。它包括五个要素,即组织环境、价值观念、英雄人物、例行工作和礼仪、文化网络。其中价值观念是组织文化的核心。创建优秀的组织文化,其目的就是公共关系部门要为员工创造一种良好的人文环境,统一员工的价值观念,树立领导者和员工中的先进分子为典范,奖励先进、鞭策后进,制定全体员工共同认可并遵守的规章制度、行为规范、社会公德,并通过正式渠道而不是利用非正式渠道传播信息。创建优秀的组织文化,有助于提高员工的个人素质和生活质量。

三、团队沟通

1. 团队和团队精神

(1) 团队的内涵。团队是一个由少数成员组成的小组,小组成员具备相辅相成的技术或技能,有共同的目标,有共同的评估和做事的方法,他们共同承担最终的结果和责任。

在团队定义中有以下几个要素：①少数成员：一般指 2～25 人，最好在 8～12 人之间。②相辅相成的技能：每一个队员应带来不同的技术或技能，他们或是功能部门的专家，或是技术性较强的员工等，有能力解决问题和做出决策，每个队员有与别人沟通的技能，他们能冒一些风险，可以提出有建设性的建议和批评，能听取不同队员的意见。③有共同的目标、共同的评估，共同承担责任：整个团队有共同做事的方法，如共同的时间表、共同的一些活动等。

（2）团队的类型。按照不同的标准可以将团队做如下分类。

① 按照团队存在的目的和形态进行分类。问题解决型团队由同一部门的 5～12 人组成，定期讨论提高产品质量、生产率等问题，只有建议权。自我管理型团队是与传统的工作群体相对的一种群体形式，由 10～15 人组成，承担以前自己上司的责任，如，工作任务分配、控制工作节奏、绩效评估。优点：提高员工的工作满意度。缺点：缺勤率和流动率偏高。跨职能团队由同一等级、不同部门的员工组成，为完成一项特定的任务，常用于新产品开发中。优点：资源互补，激发新观点，集体竞争。缺点：在成员之间建立信任、合作需要时间。

② 按照团队在组织中发挥的功能进行分类：生产/服务团队、行动/磋商团队、计划/发展团队、建议/参与团队。四种团队类型比较如表 3-1 所示。

表 3-1　四种团队类型比较表

团 队 类 型	成员差别度	一体化程度	工 作 周 期	典 型 产 出
生产/服务团队	低	高	重复性的或持久性的工作	制造、加工、零售、顾客服务、修理
行动/磋商团队	高	高	短期行动事件，往往在新的情况下才能重复进行	竞赛、探险、医疗手术、特殊人物
计划/发展团队	高	低	可变的，整个团队的寿命只有一个周期	计划、设计、调查、形成原始模拟
建议/参与团队	低	低	可变的，或长或短	决策、选择、建议、推荐

（3）团队精神的内涵。团队精神是一个成功团队建设的血脉。团队精神有凝聚团队成员的作用，团队的目标和理想把团队成员联结在一起。团队精神不仅能激发个人的能力，而且能激励团队中的所有成员发挥潜力，进行探索和创新。团队精神是指团队的成员为了团队的利益和目标而相互协作、尽心尽力的意愿和作风。

团队精神包含三个层面的内容：第一，团队的凝聚力。团队的凝聚力是针对团队和成员之间的关系而言的。团队精神表现为团队强烈的归属感和一体性，每个团队成员都能强烈感受到自己是团队当中的一分子，把个人工作和团队目标联系在一起，对团队表现出一种忠诚，对团队的业绩表现出一种荣誉感，对团队的成功表现出一种骄傲，对团队的困境表现出一种忧虑。当个人目标和团队目标一致的时候，凝聚力才能更深刻地体现出来。第二，团队合作的意识。团队合作意识指的是团队和团队成员表现为协作和共为一体的特点。团队成员间相互依存、同舟共济，互敬互重、礼貌谦逊；他们彼此宽容、尊重个性的差异；彼此间是一种信任的关系、待人真诚、遵守承诺；相互帮助、互相关怀，大家彼此共同提高;利益和成就共享、责任共担。良好的合作氛围是高绩效团队的基础,没有合作就谈不上达成很好的业绩。第三,团队高昂的士气。这一点从团队成员对团队事务的态度体现出来,表现为团队成员对团队事务的尽心尽力及全方位的投入。

(4) 团队精神的功能。团队精神有四大功能:①目标导向功能。团队精神的培养,使员工齐心协力,拧成一股绳,朝着一个目标努力,对员工个体来说,团队要达到的目标即是自己所努力的方向,团队整体的目标顺势分解成各个小目标,在每个员工身上得到落实。②凝聚功能。任何组织群体都需要一种凝聚力,传统的管理方法是通过组织系统自上而下的行政指令,淡化了个人感情和社会心理等方面的需求,而团队精神则通过对群体意识的培养,通过员工在长期的实践中形成的习惯、信仰、动机、兴趣等文化心理,来沟通人们的思想,引导人们产生共同的使命感、归属感和认同感,反过来逐渐强化团队精神,产生一种强大的凝聚力。③激励功能。团队精神要靠员工自觉地要求进步,力争与团队中最优秀的员工看齐。通过员工之间正常的竞争可以实现激励功能,而且这种激励不是单纯停留在物质的基础上,还能得到团队的认可,获得团队中其他员工的尊敬。④控制功能。员工的个体行为需要控制,群体行为也需要协调。团队精神所产生的控制功能,是通过团队内部所形成的一种观念的力量、氛围的影响,去约束规范,控制员工的个体行为。这种控制不是自上而下的硬性强制力量,而是由硬性控制向软性内化控制;由控制员工行为,转向控制员工的意识;由控制员工的短期行为,转向对其价值观和长期目标的控制。因此,这种控制更为持久有意义,而且容易深入人心。

2. 团队沟通的概念和特点

(1) 团队沟通的概念。团队由一群能够共同承担领导职能的成员组成。他们共同努力,以各自独特的方式在所处的环境中共同完成预先设定的目标。团队中每个成员都很关心大家共同设定的目标。为了达到目标,成员之间必须进行协作沟通。他们既要完成任务,又必须维持关系。成员之间和谐的关系有利于团队任务的完成,而他们之间的沟通有利于关系的建立和维持。所谓团队沟通,是指两名或两名以上的能够共同承担领导职能的成员为了完成预先设定的共同目标,在特定的环境中相互交流、相互促进的过程。

(2) 团队沟通的特点。团队沟通有其特点,但这些特点是比较而言的。概括来说,团队沟通的特点如下:

① 具有平等的沟通网络。在团队内部,团队成员之间的沟通关系是平等的,是一种任务的协作与分工,而不是管理与被管理的关系。因此,团队形成了内部平等的沟通网络,团队成员之间是平等的沟通关系。另外,在团队内部既有正式的沟通渠道也有非正式的沟通渠道,信息传递高效、直接,中间环节少。

② 规范的沟通。与非正式团队相比,由于团队是一种工作的协作方式,团队成员为着同一个目的工作,有共同的目标,团队中的每一个成员共同对团队所要达到的目标负责,同样也对团队采用的工作方法负责。所以,在这种情况下,团队的沟通是以任务为导向的,并且有一定的群体规范和路径。

③ 具有融洽的沟通气氛。在团队内部团队成员之间不仅能有效地进行工作任务方面的沟通,而且能进行情感上的沟通,充满了健康、坦诚的沟通气氛。团队成员之间能做到有效地倾听他人的意见,并清楚地表达自己的观点。

④ 良好的外部沟通。团队要有效地实现自己的目标,必须处理好各方面的关系。一是团队要与组织内处于垂直关系的部门建立良好的关系,使信息和资金流动通畅。二是团队要与水平层次上的其他团队及企业的职能部门关系融洽,从而能方便地获得技术支持和职能部门的帮助。三是团队要处理好与外部顾客的关系、与社会公众的关系以及与团队制度、作风、文化和整个组织制度、文化之间的关系。只有处理好这些关系,才能实现自身团队与其他团队之间的配合和协调,并最终更好地实现团队目标。

⑤ 团队领导沟通技巧高超。善于沟通的团队领导者首先能够将团队的目标和对成员的期望有效地传达给成员,担当好"牧师"的角色。其次,在团队的实际运作中,有效的领导者能充分倾听成员的心声,根据实际情况适当放权,调动成员的积极性,共同决策并参与计划的制订,当好"教练员"的角色。也就是说,作为领导者,应了解和理解团队成员的心理,尊重他们的要求,通过自己的组织协调能力以及被人拥戴的领袖魅力去影响和引导团队成员按照既定的方向完成组织目标,而不是监管、控制他们。

3. 团队沟通的策略

(1) 建立共识。团队管理尽管是运行效率比较高的一种管理活动形式,但作为一个由人组成的群体,团队在运行过程中经常会出现诸如此类的问题,如人气不旺、人际信任危机、意见得不到统一、扯皮、冲突、低效、成员不得力、难以协作、因循守旧、目标不清晰、手段与目标不一致等。要有效地解决此类问题,加强沟通,建立团队共识是一种有效的方法。

📖 沟通小故事

巴顿的战前演说

在第二次世界大战期间的一次战斗之前,巴顿将军做了一次战前演讲。他对士兵们说:"你们到这里来,有三个目的:一是保卫家乡和亲人;二是为了荣誉;三是真正的男子汉都喜欢打仗,既然参战,就要赢。""不要怕死。每个人终究都会死。没错,第一次上战场,每个人都会胆怯。如果有人说他不害怕,那是撒谎。你们不会全部牺牲。每次主要战斗下来,你们当中只可能牺牲百分之二。真正的英雄,是即使胆怯也照样勇敢作战的男子汉。有的战士上火线不到一分钟,便会克服恐惧。""大家要记住,敌人和你们一样害怕,很可能更害怕。""凯旋后,今天在座的弟兄们都会获得一种值得夸耀的资格。20 年后,你会庆幸自己参加了此次世界大战。到那时,当你在壁炉边,孙子坐在你的膝盖上,问你:'爷爷你在第二次世界大战时干什么呢?'你不用尴尬地干咳一声,把孙子移到另一个膝盖上,吞吞吐吐地说:'啊……爷爷我当时在路易斯安那铲粪。'与此相反,弟兄们,你可以直盯着他的眼睛,理直气壮地说:'孙子,爷爷我当年在第三集团军和那个狗娘养的乔治·巴顿并肩作战!'"

"军中每个战士都扮演一个重要角色。千万不要吊儿郎当,以为自己的任务无足轻重。每个人都有自己的任务,而且必须做好。每个人都是一条长链上必不可少的环节。""每个人都应完成他的任务。每个人都应对集体负责。每个部门、每个战斗团队,对整个战争的宏伟篇章,都是重要的。"

(资料来源:http://www.jxsme.gov.cn/a/guanlizongheng/renliziyuan/2006/0821/19414.html)

　　如果你想成为团队的成员,就必须接受团队的文化,尤其是团队的价值理念、愿景、使命、目标和计划等。团队领导也必须认识到建立共识的重要性,否则,便失去了合作的基础,也很难能够达成团队的目标。

　　(2) 角色定位。不同类型的团队,成员的角色各不相同,只有明确角色,分工合作,才能弘扬团队精神。通常在团队中可把成员分成三种类型:领导者、管理者、操作者或员工。

沟通小案例

大 雁 法 则

　　大雁在飞行时扇动翅膀,为跟随其后的同伴创造有利的上升气流。大雁在排成 V 字形飞行的时候,使集体的飞行效率增加了 71%。

　　如果有一只大雁掉队了,它立刻就会感觉到单独飞行的困难和阻力。因此,它便会立即回到雁群的队伍中,再次获得集体飞行的优势。

　　当头雁疲倦时,它便会自动后退到队伍之中,然后几乎是在难以察觉的情况下,另一只大雁马上接替了头雁的位置。

　　大雁组队一边鸣叫一边飞行,目的是给前方的伙伴打气激励,鼓励前面的大雁保持速度。

　　如果一只大雁生病、受伤、被击落的时候,就会有两只大雁离开队伍去帮助和保护它。它们直到它不幸死去或者重新开始飞翔的时候才会离开,或者加入其他雁群,或者赶上原来的队伍。

　　问题:大雁团队是怎样的一个团队? 该小案例对管理沟通的启示是什么?

　　(资料来源:http://blog.sina.com.cn/s/blog_48dd826b01000a24.html)

　　① 领导者的角色和职责。团队领导者的角色是团队成员心目中的"英雄人物",是宏伟蓝图的"设计师",是英明的决策者、勇敢的"变革者"、出色的"外交家",是善用资源、员工的整合资源者,是诚信者和矢志不渝者。

　　团队领导的职责是构建团队愿景,建立共识,制订总目标和阶段性目标,拟订计划,尊重团队成员的个性,发掘团队成员的积极性,凝聚人心,弘扬团结协作、互信互助的团队精神;为团队成员的能力和素质提高提供咨询、指导;建立畅通的信息沟通和交流平台,引进管理流程,建立科学规范的制度体系,鼓励创新;灵活运用不同沟通方式,促成团队成员之间的交流互动,集思广益,突破障碍以达成团队目标。

　　② 管理者的角色和职责。团队管理者的角色是辅导员、协调员、裁判员、信息传递员和创意者。其职责是在领导者的授权下有效执行上司分配的相关任务,协调和解决工作中出现的问题,督导员工按时、保质、保量完成任务。

　　③ 员工的角色和职责。员工的角色是团队中的操作者、执行者,也是创意者。其职责是接受团队的价值理念,与团队成员精诚合作,共同完成团队赋予的任务,并创造性地开展工作。

　　在团队中,任何一个人的角色都很重要,但只凭个人力量难以成功,团队作业中不应执著于个性表现,应试着改变自己的意见和态度,互相妥协认同,合作才能弥补不足,必须通过不同角色的组合来达至完美;每个角色都是优点和缺点相伴相生,要学会用人之长、容人之短;要尊重角色差异,发挥个性特征,将合适的人安排在适当的岗位上;要尊重彼此的价值判断基准,学会欣赏对方的立场,换位思考。

(3)营造氛围。成功谈话的氛围是宽松的、相互信任的,比如在家里与父母的谈话。在宽松氛围中,一定感到自在愉快、充满信任,有话敢说,也愿意说。因此,能和谈话对方坦率交流和分享内心的感受、情感和思想。营造良好的沟通氛围必须在善意和宽容的团队环境下,人们才会相互信任,才有平等的人格,每个成员才有充分的发言权。因此,相互信任和平等是坦率沟通的基础,坦率沟通才能做到信息公开和信息分享。

(4)建立制度。要将团队中的沟通当做一项长期性的工作,最好能够建立一种沟通的制度,以确保团队成员能够及时沟通。下面提供某公司的团队沟通制度。

团队沟通制度

第一章　总　　则

为了公司团队成员之间能够有效地进行沟通,促进团队工作顺利进行,特制定本制度。

第二章　沟　通　方　式

第一条　沟通是指团队成员之间进行工作的交流。

第二条　沟通可以通过召集会议、发送电子邮件以及书面、口头沟通等方式进行。

第三章　团　队　联　络　员

第一条　每一个团队都要有明确的团队联络员。

第二条　在工作正式开始前,团队联络员要向团队成员公布团队工作计划,以方便团队成员协助工作。

第三条　如果团队联络员出差,团队领导要指定临时联络员,并将名单公布。

第四章　召　集　会　议

第一条　由团队联络员发起、召集会议,至少在会议的前一天公布正式的会议通知。

第二条　由团队联络员协助团队领导进行会议的筹备工作。

第三条　团队联络员负责记录团队联络通知单。

第四条　会议要有明确的议题,会议结束后要对议题有明确的结论。

第五条　对于重要议题的结论,需全体与会人员签字。

第六条　团队联络通知单要向相关人员公布。

第五章　冲　突　处　理

第一条　当沟通无法达成一致时,团队联络员要及时向团队领导讲明情况,以请示协助解决。

第六章　附　　则

第一条　本制度由团队发展部解释。

第二条　本制度自公布之日起实施。

(资料来源:冯光明.管理沟通.北京:经济管理出版社,2012)

沟通的好坏直接影响着团队成员的工作效率和工作业绩,因此,许多知名企业都把沟通列入企业文化建设的重要组成部分。

（5）双向交流。管理学家肯·布莱查特阐述过"海鸥经理"现象。他说的"海鸥经理"就是平常很少和员工交往,但有时突然来到工作场所和大家见上一面又走了。这样就会导致团队成员之间没有交流的愿望,不了解工作的真正进展情况。实际上真诚的交流,真正做起来要比想象得容易。只要你从办公桌后走出来,走出办公室让大家看到你,让大家有机会直接看到你的反馈。对双向交流,不单单是希望,而且是要真正实现它。如果有人不愿意,别急,要继续找他谈,直到他的脸上改变表情。团队成员之间的双向交流更有助于促进他们之间的了解,便于更好地合作。

（6）及时反馈。对于团队中成员之间交流的信息,要反馈,当员工们未能及时得到反馈时,他们往往会向最坏处设想,从而影响他们的工作情绪和工作积极性。不及时反馈情况还会产生谣言。谣言往往由于不能得到准确的消息,由此产生不全面的猜想。及时反馈就能把谣言减少到最低限度,缓和由于谣言产生的紧张关系。

（7）方式多样。团队中的领导人常常认为他们把最新的决策告诉团队成员时,他们的任务就完成了。他们应该做的就是这些。只要发出通知,而且发给每一个应该发的人,就算完成。但内部沟通的方式绝不仅限于此,要和他们联系,团队领导人必须利用多种多样的通信技能。小型和大型会议、专业小组和工作小组、录像和录音带、电子邮件、电视屏幕、计算机屏幕、内部通信、公文函件、通告等都可以用作有效交流工具。

四、组织外部沟通

1. 组织外部沟通的含义

所谓组织外部沟通,是指组织为了在环境中更好地生存与发展,必须与周围的其他组织或成员因发生业务往来和合作所进行的有效沟通。组织外部沟通有如下特点。

（1）互惠互利。组织外部沟通的对象一般是与该组织发生各种关系的成员或组织,这些成员或组织在与其他组织发生关系(合作)时其目的也是有利于自身发展的需要。也就是说,当组织与其他组织或成员合作或进行业务往来时,双方是互惠互利的,否则不可能进行合作。组织所进行的外部沟通就是为了实现这种互惠互利的合作关系。一方面,组织的发展需要与外部进行沟通时,组织就会在适当的时机采取适当的方式与外部组织或成员进行有效沟通,确定双方合作的具体方式、内容、条件等因素,以达到互惠互利的目的。另一方面,当双方的合作达到目的或虽没有达到目的但中途出现变更时,双方还必须进行沟通,确定双方是否继续合作以及合作的具体方式、内容等。

（2）相互平等。组织进行外部沟通时,参与沟通的组织或成员是一种平等合作的关系,并不存在诸如级别的大小、职位的高低等上下级关系,因而沟通时只能以平等的身份进行,不能出现强迫现象。如果双方(多方)有一方不认可合作,则合作无效,另一方不能采取其他手段强迫合作。

（3）备案留存。外部沟通的结果一般以书面的形式留存。因为外部沟通的双方或多方是平等关系,彼此间并没有行政命令或直接干扰的权力,所以沟通的双方和多方均有权利对沟通的结果进行备案留存,以备万一出现沟通结果执行差错时,确定双方的责任。例如,企业与股东沟通一般都在召开股东大会前在报纸上刊登年度报告;企业与媒体沟通时都要有会议记录或签订合同。

2. 组织外部沟通的意义

首先,企业组织是社会大环境的一个子系统,它必然与外部环境发生物质、能量和信息方面的交换。系统理论认为,组成系统的各要素之间存在着相互作用和联系,正是这些作用和联系,才能使各要素结合成一个整体。此外,企业组织作为一个子系统,生产经营活动必然会受到外部环境的制约,社会外部环境作为外在条件对企业的生存和发展产生限制与约束。如国家的政治形势、宏观产业政策、法律法规、税收政策,以及地方政策、社会治安状况、同行业竞争者发展态势等都会给企业的发展带来极大的影响。有些外部环境因素不是企业能够改变的,只有去适应它才能进行正常的生产经营活动,才能得到生存与发展。所以,适应环境、开展与外部社会的交流与互动是企业组织正常经营的必要条件。

其次,加强与外部社会的沟通,有助于树立良好的组织形象。组织形象的衡量指标主要是知名度和美誉度。知名度是外部公众对组织了解、认知的程度,是建立组织形象的基础;美誉度是外部公众对组织信任和赞美的程度,是建立组织形象的目标。知名度低、美誉度高的组织,通常是因为与外部世界沟通不足;知名度高、美誉度低的组织,通常是沟通工作虽然做得不错,但组织内功不足,在公众心目中可能会留下负面、消极的印象;知名度和美誉度都低的组织则一定是普通的组织,或是新成立的组织;知名度和美誉度都高的组织通常是在公众心目中具有良好口碑及品牌形象、组织效益高、具有发展潜力、值得尊重和支持的组织。所以,加强与外部世界的沟通是提高企业知名度和美誉度的一种途径,有助于树立良好的组织形象。

再次,有助于企业组织建立广泛的关系网络,增加合作的渠道,扩大产品销售,提高竞争能力。广泛的横向联系网络和畅通的纵向联系网络是企业组织发展不可或缺的"软件"。通过与政府等部门的交流与协作,将会优化组织的发展环境;与经销商、供应商、顾客等进行沟通并建立良好的关系,必然会使信息畅通,扩大产品销售,提高效率与效益,进而提高企业组织的竞争力。

最后,加强与外部社会的沟通,有助于开阔企业组织及其管理者的视野,提高管理者自身素质,强化组织内部管理。美国等西方国家的企业之所以能建成为跨国公司、跨国经营,源于其视野开阔,信息灵通,能够预测并掌握整个世界的经济发展趋势、行业发展风向标,有的外国企业甚至对竞争对手了如指掌。同时,加强与外部社会的沟通还有助于吸引优秀的人才,开发最先进的技术,并运用先进的管理理念、方法来经营企业。占有信息并合理利用信息是现代企业制胜的重要法宝之一。

3. 组织外部沟通的内容

(1) 企业与顾客的沟通。顾客关系是企业与其产品、服务或精神产品的购买者之间的关系。随着市场竞争的日益激烈,企业对顾客关系的关注急剧升温。尤其是经济一体化和电子商务的迅猛发展,使得企业的管理趋势发生了重要的转变,企业从以产品为中心的模式向以顾客为中心的模式转变。随着企业与企业之间产品无差异化竞争程度的逐步提高,企业在努力追求以科学的管理理念和先进的信息技术来创造全方位的顾客沟通与顾客满意。研究表明：2/3 的成功企业的首要目标就是满足顾客的需求和保护长久的顾客关系。顾客关系是企业外部公共关系中最重要的一类。协调顾客关系有重要意义，良好的顾客关系能够给企业带来经济效益，能够帮助企业不断确立正确的经营宗旨，"没有顾客就没有企业"。协调顾客关系的策略有：

① 坚持"消费者至上"。任何一个组织都必须清醒地认识到，只有高质量的产品、先进的技术装备、豪华的设施是不够的，还必须有第一流的、完善的服务，把消费者的需求放在第一位。比如，消费者选购商品时，都希望得到三方面的满足。第一，要购买到自己喜欢的高质量的商品，满足物质生活方面的需求。第二，希望能受到良好的接待，可随心所欲地挑选，而不遭白眼，花钱花得高兴，并有周到的售后服务保证，获得精神上的满足。第三，通过所购买的商品，反映出自己的个性、情趣、经济地位和生活方式，受到他人的关注，获得心理上的满足。如果组织的全体员工都认识到这些，并使消费者的需求得到满足，就说明和消费者已建立起一种良好的关系。要做到这些，应通过公共关系工作，使组织的全体员工真正重视，真正从尊重消费者的利益出发，树立起"消费者至上"的经营观念，全心全意地为消费者服务。正如美国公共关系专家加瑞特所说的那样："无论大小企业要为消费者所有，为消费者所治，为消费者所享。"

② 加强信息交流。为了建立良好的消费者关系，公共关系人员应当积极促进组织与消费者之间的信息交流。这包括两方面：一方面要收集消费者的信息。比如，消费者的年龄、性别、职业、爱好，消费者对产品性能、种类、质量、包装以及价格的评价和需求，消费者对售后服务的反映，消费者对产品交付期限是否满意，消费者对组织的基本印象，消费者对服务人员的态度是否满意等。所有这些信息都应尽量收集，并分类归档。另一方面要传播组织的信息、宗旨、政策和历史、产品特点、售后服务的具体标准和方法等应尽量迅速、准确地传达给消费者。

③ 进行消费教育。所谓消费教育，实际是引导消费。日趋激烈的市场竞争，一方面给消费者提供了选择机会；另一方面也给消费者带来迷惑，不知道哪一种商品或服务更适合自己。而这正是组织建立良好消费者关系的契机。组织应通过开展各种形式的活动，进行消费教育，正确引导消费，解除消费者的迷惑。以企业为例：企业的生存和发展离不开消费者，必须时刻关注消费者。当消费者在琳琅满目的商品面前产生困惑时，企业应进行消费教育，在售前引导、售中开导、售后指导中满足消费者的需求。

第一，售前引导。通过宣传产品有关知识，帮助消费者认识产品，间接获得消费效益，是组织为消费者提供方便、加强交流的重要形式。消费者在购买时，都要认真思考如何实施购买计划。市场上生产同类产品的厂家很多，究竟选择哪家企业的产品，对于消费者来说往往是很茫然的。这时公共关系人员一个很重要的任务就是要在产品的生产过程中就制订市场教育工作计划，编写有关材料，配合企业销售部门向消费者或用户讲解有关方面的技术知识，介绍产品的质量、性能、特点及使用方法。教育的方法可采取技术示范、举办技术培训班、召开技术鉴定会、请专家撰文介绍、编印精美的说明书等方式。

第二，售中开导。其目的是抓住潜在公众的心理及有利时机，通过售中开导使其成为知晓公众，进而转为行动公众。通常，由于潜在公众没有意识到问题的存在，极易被忽视，等到发现问题时，已失去工作良机。因而，售中开导是建立良好消费者关系的重要环节。

对消费者购买过程中的消费教育,作为生产者,主要表现为产品知识的介绍;作为经营者,主要表现为恰到好处的热情服务和礼貌待客乃至必要的销售引导。其最终目的都是为了扩大产品和企业的知名度,提高产品和企业的美誉度。

第三,售后指导。商品售出以后,如果以为组织与消费者的关系就此结束,那就错了。从公共关系角度分析,及时周到的售后服务工作,对提高企业信誉,加强组织与消费者的感情联系,有特别重要的作用,它是衡量产品信誉的最重要环节。常言道:"买时满意不算满意,买后使用满意才算真正满意。"在买方市场,在产品质量相差无几的情况下,最具竞争力的是售后指导工作(如产品的维修、安装、调试等)是否完备。

④ 及时处理顾客的投诉。及时处理顾客的投诉,是对消费者合法权益的积极维护行为。消费者的基本权利主要有以下方面:获得商品和服务的安全、卫生的权利;了解商品和服务的权利;自愿选择商品和服务的权利、建议的权利;购买商品和接受服务受到损害时索取赔偿的权利。只有切实地处理好顾客的投诉,才能使顾客消除心中的不平。只有充分尊重并维护顾客的合法权益,才能真正地建立融洽的顾客关系,在竞争中立于不败之地。那种坑蒙拐骗、以假充真、以次充好、搪塞。敷衍了事、无视顾客利益的做法,终究会被消费者放弃,被市场淘汰。

企业在生产经营过程中,由于各种原因造成失误或与顾客之间发生矛盾,引起顾客投诉在所难免,关键是怎样处理好这些投诉。顾客投诉种类很多,有电话投诉、信件投诉、当面投诉,有的甚至借助媒介或法律。不管怎样,问题一旦出现,企业都应本着"顾客是正确的"原则,尊重和维护顾客的合法权益,淡化矛盾,妥善处理,使顾客满意,将公众信任危机的负面影响降低到最低程度,甚至因势利导,让坏事变好事。处理好顾客投诉应注意以下几点。

第一,态度要诚恳。遇到消费者投诉,不管对方是否有理,企业公关人员都应心平气和,婉转地加以引导,耐心地问明情况。企业公关人员要抱着诚恳的态度设身处地为顾客着想,理解顾客心情,与人为善,宽以待人。绝不能顶撞、争吵,以防止把问题闹大,尽量减小影响范围。

第二,处理要及时。对消费者的投诉,反应要敏捷,处理要及时,纠正失误如同救火,这样顾客就会觉得企业重视他们的意见,会比较快地恢复平静。如果等几天再答复,那么在这段时间内顾客就总觉得不痛快,免不了会向他们的同事或亲朋好友诉说一番。拖延的时间越长,他们的气就越大,向别人诉说的机会就越多,对企业不信任的人也会随之增多,因为人们往往相信自己亲朋好友的诉说而不会去轻信广告宣传。所以,即使一时不能解决的也要先有回复,告诉对方已经在研究处理。

第三,分析要全面。对消费者投诉的问题,应该有较全面的分析。如果发现该问题具有普遍性,应该尽快通过大众媒介或公关宣传,在较大范围内予以说明;如果提出的问题比较重要,就要认真研究解决处理的对策,以最好的服务予以补救。

(2) 企业与股东的沟通。股东是企业股份的所有者,是因股份而取得某种权力和承担某些义务的主体。在西方的企业公共关系理论中,一般来说,对企业股东关系的理解是相当宽泛的。股东既包括个别投资者,也包括股票持有者、股票交易商、股票经纪人、证券分析家、托管人、银行家、投资公司等。由于股东关系涉及如此众多的企业资金的供给者,企业与股东的沟通如何,股东关系处理得如何,必然直接影响到企业自身的筹资能力,从而关系到企业经营的绩效。因此从 20 世纪 60 年代初以来,股东关系在企业公共关系领域中不断发展成一个崭新的方面。强化与股东的沟通,协调股东关系有利于稳定和扩大资金来源,有利于树立形象、开拓市场。这要注意以下几点。

①　为企业发行股票开展宣传活动。我国股份制企业所发行的股票,一般都是在银行金融机构的参与下,由有关金融机构代理发行的。一个金融机构是否愿意代理企业发行股票,这取决于该金融机构对企业的历史、管理机构、经营政策与经营绩效、企业发展前景的了解和认识。因此,要想使企业股票能够顺利发行,企业首先就必须对代理发行机构开展大规模的公共关系宣传活动,使企业与代理发行机构取得相互信任和了解;在寻找到较好的合作伙伴——股票代理发行机构以后,企业就要把宣传的重点转移到有可能购买本企业股票的社会公众身上。通过开展大规模的宣传活动,使那些手中持有一定闲置资金并打算用于投资的社会公众,在了解企业、信任企业的基础上,产生实际的购买行为。

②　定期向股东通报企业经营状况。一旦资金持有者购买了企业的股份,他(她)也就成为企业财产的支配者,同时也就具有知晓企业经营状况的权利。企业的一项重要任务就是运用各种传播手段,及时地向企业股东传递有关企业经营状况和各类信息,加强企业与股东之间的信息沟通与交流,并通过开展各种各样的联谊活动,密切企业同股东的情感联系,这对于稳定股东,稳定企业的筹资能力和渠道,具有十分重要的作用。企业应根据股东关心的问题经常性地向股东报告下列信息:企业的方针、政策,发展目标,发展规划,经营计划;企业的资金流转状况、经营状况;股利的分配政策;盈利预测;企业面临的内外部经济环境的变异情况;有关企业的各种详尽的统计数字;等等。在向股东传达有关企业的经营信息时,特别要注意,不论企业经营状况好坏,都必须如实向股东汇报,绝不可报喜不报忧。否则,极易丧失掉股东的信任。另外,企业公关部门还有责任收集来自股东方面的各种信息,报告给企业的有关部门或主管领导。这些信息主要包括:股东本人状况;股东本人对企业的意见和建议;他(她)对企业产品和服务的感想;他(她)所知道的社会上对本企业的各种反映;他(她)所收到的来自各企业方面的信息是否充分;以及他(她)对这些信息的看法和反映等。

③　监督企业的经营活动,维护企业股东的合法权益。取得股息,这是股东购买企业股份的特殊动机。而股东持有者取得股息的大小,一方面同他(她)的持股数额有关;另一方面也同企业的经营状况有关。企业在协调企业与股东的关系时,要从维护企业股东利益的角度出发,对企业的经营活动进行必要的监督,以促使企业的经营者能够以最大的精力去经营企业。从企业公共关系的角度来看,维护企业股东的合法权益,实际上也就是维护了企业长期、稳定发展的基本目标。

(3)　企业与媒介的沟通。媒介一般是指社会上的新闻机构或工具,主要包括报纸、广播、电视、杂志、网站等。媒介关系是指组织与新闻传播机构及其记者、编辑之间的关系。媒介关系也叫媒体关系、新闻界关系或舆论关系。在社会分工中,新闻媒介专门从事向社会公众传播信息。它是企业进行产品、形象宣传的重要平台。媒体对企业来说具有二重性。首先,新闻界是实现该企业公共关系目标的主要媒介;其次,新闻界又是企业的公众,而且是特殊的公众。因为它代表了社会舆论,也代表了顾客的意愿,因而成为企业界必须争取的重要公众。企业必须正视并利用新闻界的这两重身份。企业需要通过新闻媒介传播自己的产品情况和扩大影响、树立良好的形象。而新闻界也需要企业报道经营情况，及时、准确地提供新闻素材，以便加以整理，及时向社会报道。新闻媒介构成企业与公众之间信息交往的加速器和放大器。因而凡是具有远见的企业领导人都乐意同新闻界打交道，并善于利用媒介关系来树立良好的企业形象。

① 有效地利用大众传播媒介。大众传播媒介具有信息量大、时效性强、反应敏捷、可信度高、传播面广等特点，有效地利用大众传播媒介对协调媒介关系，提高沟通效果有着重要的意义。

首先，要学会分析媒体，有针对性地传播。我国的电视、广播、报刊、网络等新闻媒体多具有官方或半官方的性质，大多把社会效益放在首位，其舆论导向具有真实性和权威性，在公众心目中有较强的社会影响力。另外，我国新闻媒体又处于不断发展之中，在公正传播、传播渠道、制作水平、服务质量等方面尚待提高和完善。对此，企业人员要有清醒的认识，注意提高适应能力和工作效率，充分利用新闻媒体搞好组织形象的传播。

我国新闻媒体包括电视、报纸、杂志、互联网络、广播和通讯社等。各新闻媒体有着不同的优势与劣势，如果公关人员对不同的新闻媒体具备一些基本常识，扬长避短，无疑能获得较多的合作机会和传播便利。为了有效地利用新闻媒体，公关人员还需要及时掌握新闻媒体在一个时期的报道动向，根据形势的变化新闻媒体会随时变换报道重点和主题，只有与其主题相吻合的信息才有可能作为媒体选择的对象加以传播。因此，组织需要传播的信息要尽可能地与媒体的报道重点和主题趋于一致。要掌握新闻媒体的报道动向就要注意分析报纸的第一版，尤其是头版头条消息，以及一些评论性文章；电台、电视台的新闻栏目中重复出现频率高的信息，也反映了他们的报道动向，从中发现组织可能利用的传播机会，使组织传播的信息与新闻媒体的重点一致起来。

其次，要积极参加新闻媒体活动。参与新闻媒体的相关活动是很多组织搞好媒体关系的常用手段。组织不仅能与新闻媒体保持经常性的联系，而且如能成为某一媒体的通讯员，则可以利用其发达的信息网，为组织所用，更有效地开展组织信息传播工作。组织形象的传播是一门管理科学，也是一门艺术，企业人员要善于学习，敢于钻研，通过实践积累经验。任何组织，只要思路新颖，媒体选择得当，根据组织人、财、物的实际情况，量力而行，制订切实可行的传播计划，寻找合适的机会，花较少的钱照样可以把传播工作搞得有声有色。

② 掌握与新闻媒体合作的技巧。若要在社会上，在所有公众中获得良好的声誉和影响，组织必须借助新闻媒介这一广泛而深刻的传播力量。然而，要获得新闻媒介的积极支持，组织就不能顺其自然，而必须主动、真诚地与新闻媒介协调好关系。

首先，尊重新闻媒介。媒介关系可以说是组织中敏感的一部分，组织要想营造有利于自身的社会舆论，确定和维护自身在广大公众中良好的形象，都离不开融洽的媒介关系，而融洽的媒介关系的建立首先要求组织尊重新闻媒介。一是要以礼相待，组织的有关人员在与新闻媒介公众打交道时要注重以礼相待，即对待各媒介机构和记者要友好热情，为其来组织采访写稿、核实工作等提供必要的帮助和服务。二是要以诚相待，组织要讲真话，向媒介提供真实可靠的材料和数据，既不夸大组织成绩，也不掩盖失误，更不能制造假新闻。如确系保密的技术和参数,或预见报道可能会给组织带来巨大的经济损失时,应如实向有关记者、编辑说明利害关系,请他们酌情掌握。三是要平等相待,即对各新闻媒介公众一视同仁、不分厚薄亲疏,绝不因新闻单位名气大小和级别高低的不同而采取截然不同的态度。应尽可能使他们获得平等的信息量,使他们获得平等的采访本组织状况的机会。四是要严阵以待,由于新闻界与组织所处的立场、需要和动机常常不同,当组织发生那些对组织形象、声誉不利的事情时,新闻界往往感兴趣,甚至还会有意报道阴暗面,以期问题得以解决。在这种时候,组织要采取的态度极为关键,组织应当严阵以待。严阵以待并不是去想方设法掩盖"家丑",也不是去对新闻媒介横加指责,而是应本着虚心接受批评、认真查明事实真相、积极承担责任这样的态度与新闻界公众进行合作,以期化"险"为夷。在这方面不少组织为我们提供了成功的经验,也有不少组织为我们留下了失败的教训。

其次,支持新闻媒介。新闻媒介也有需要支持的时候,如果组织在这种时候能"雪中送炭"、鼎力相助,往往能起到事半功倍的作用,使新闻界对组织形成良好的印象。此外,组织学会"制造新闻"也是对新闻界的"无私奉献",因为他们向媒介提供了"食粮",这种支持组织也不应忽视。

再次,结交新闻媒介。由于新闻具有强大的舆论力量,欧美便有学者把新闻媒介看成是继立法、司法和行政三大权力机构之后的第四大权力机构。服务于各大众传播媒介的记者也被尊称为"无冕之王"。所以,组织若想搞好媒介关系,还必须重视同媒介公众的交际,善交无冕之王。为此组织要经常向新闻媒介提供有新闻价值的信息,与其建立长期稳定的联系。这一点不妨多向亚科卡学习。美国著名企业家亚科卡善于处理与新闻界的关系,他说:"当某一个人因某事受到谴责时,新闻界马上给予公布,而当事实证明他无辜时,新闻界的报道则很迟缓。"要跨越这一差距,靠的就是和新闻界人士的良好关系。亚科卡的经验是:"善于与新闻界人士接触,无论是在顺境中还是在逆境中。"、"坚持每季度召开记者招待会,不论是好结果还是坏结果。"、"讲真话,坦率诚实地对待新闻界人士。"、"当记者陷入困境,给他们提供真心实意的帮助。"、"对故意刁难的记者不必恼怒和发火,故意不理睬他就可以了。"亚科卡的忠告是:"一个得不到新闻界信任和好感的组织,是不可能有大发展的。能得到新闻界的信赖,是一个组织最重要的财富。"

最后,正确地引导记者。无论是抱有表扬或批评性目的的记者,都需要对他们进行引导。这种引导不是任意扩大有利于组织的事实或者改变不利于组织的事实,扩大的事实或歪曲的事实都可能导致报道的失误,其责任会由提供事实的组织负责。正确的引导,不仅要提供真实的情况而且要表明组织对事件的看法,把组织与记者的观点协调起来。

③ 杜绝失实报道。失实报道是指新闻媒体发布出来与客观事实不相符的一些新闻、消息、评论等。从性质上,失实报道分为片面报道和虚假报道两种。片面报道是由于媒体发布的信息量不足,导致公众对组织形象片面理解。虚假报道则是由于新闻媒体发布信息失真,从而误导公众,对组织形象产生负面理解。

首先,明确造成新闻媒体失实报道的原因。一是来自组织方面的原因。组织出于某种目的对其所有或部分信息进行封锁,容易激起新闻媒体挖掘新闻的决心,他们会千方百计地从其他公众(竞争者、消费者或不了解组织情况的社会人士等)那里了解信息,从而造成新闻报道与事实之间的偏差,这是"信息源"的失实。组织出于自身的原因,仅仅向新闻媒体提供部分信息,甚至只报喜不报忧,是引发反面报道的根源。出于自身的考虑组织向媒体故意提供一些虚假的信息,以期影响公众,达到自己的某些目的,是造成虚假报道的根源。二是来自新闻媒体方面的原因。某些新闻媒体工作人员工作态度浮躁,不踏实,不愿深入组织一线去采访真实素材,而是自以为是,偏听偏信,易于产生失真报道。某些新闻媒体或其人员出于某种目的,对某些问题带着个人好恶,戴着有色眼镜去报道,该报道的不报道,不该报道的反而出笼了,甚至于有所夸大。更有个别的新闻媒体人员缺乏职业道德,以制造虚假信息,进行新闻炒作为能事。到处煽风点火,惟恐天下不乱,以提供所谓组织"丑闻"来迎合部分公众的心理,易于造成新闻报道的失控。

其次,采取化解失实报道的策略。一是充分重视新闻媒体在危机管理中的作用。组织要慎重对待媒体的宣传报道,尽量减少自身在新闻报道中的失误,在"源头"上杜绝失实报道的出笼。二是组织认真对待新闻媒体。组织要善于协助媒体做好新闻报道工作。为其提供各种条件和便利,帮助澄清事实真相,把客观实在的信息传递给公众,不管这些报道是正面的,还是负面的,组织均应持积极欢迎的态度,有则改之,无则加勉。三是注意加强与新闻媒体的日常交往,沟通感情,并在可能的情况下帮助新闻媒体解决一些难题,树立组织的良好形象,这样能够最大限度地防止有关失实报道。

再次,及时化解不利报道的新闻效应。在出现错误的媒体报道时,组织行动的关键,即要采取正确的公关措施,迅速行动,查清事实真相;可以对记者开放组织,实地参观,加强宣传攻势,借用记者之名挽回声誉损失,使流言不攻自破。

最后,消除面对失实报道的消极心态。一是对失实报道疏于应对,听之任之。一些组织对此不愿声张,盼望随着时间推移,公众会忘记这一切,其结果是不但不会消除失实报道的影响,反而有可能愈演愈烈。二是仓促赤膊上阵,与新闻媒体针锋相对。组织对失实报道的气愤之情在所难免,倘若以这种不冷静的态度来对待新闻媒体,甚至对簿公堂,其结果多是得不偿失的,现实中许多事例都说明了这一点。

(4) 企业与政府的沟通。企业与政府。任何组织都必须面对和接受政府的管理和约束,需要与政府各级官员、行政助理、各职能部门的工作人员打交道,比如工商、人事、财政、税收、审计、交通、治安、法院、海关、商检、卫检、环保等行政机构。这些行政机构代表社会公众最普遍的、共同的利益来行使社会管理的权力,因此,政府是任何企业沟通对象中最具社会权威性的对象。与政府保持良好沟通的目的,是争取政府及各职能部门对本组织的了解、信任和支持,从而为组织的生存和发展争取良好的政策环境、法律保障、行政支持和社会政治条件。

① 加强与政府的双向沟通。企业一方面要及时了解国家及政府对发展经济的长远规划和宏观调控计划,学习掌握有关的政策、法规、法令和规定,注意这方面的发展动向和趋势。另一方面要经常向政府主管部门汇报工作情况及生产经营状况,如实申报统计数据,据实反映重大事件,使政府了解企业的发展状况、所获成就、面临的问题和困难。

对处于高新技术产业(如电子、通信)、支柱性产业(如能源)和国防工业的公司来说,加强与政府的沟通更是至关重要的。政府对于高新技术、战略性资源和市场秩序都是进行监管和控制的。因此,企业的技术出口(如半导体芯片技术)、生产的向外转移(如能源和军工生产)以及大的合并计划(如美国在线与时代华纳合并案)都必须经过政府的批准。而当企业有垄断嫌疑(如微软)或进行无序竞争时,政府也会出面干预,以维护有效的市场和经济秩序或者本国或地区的竞争力。当企业的业务与稀缺资源(如通信频率和地下石油储备)相关时,政府掌控的稀缺资源决定着企业能否获得更多的市场准入和市场竞争机会。由此可见,企业要实现重要的商业目标就需要同政府进行有效的沟通,以消除政府的疑虑并获得政府的批准。这种沟通是在市场经济国家中政府关系的主要内容。

沟通有多种渠道。与政府的沟通主要通过正式渠道,如会见、会谈、书面报告、参观访问、工作餐等。当企业的政府关系雇员同政府部门的相关官员已相互熟悉甚至已建立信任关系时,或当前者可以通过第三方与后者进行沟通或关系协调时,非正式沟通渠道便可开通,如电话、E-mail、社交、娱乐等。当沟通渠道尚未建立或打通时,企业的品牌、市场地位和口碑对能否尽快建立有效的沟通渠道意义重大。从另一个方面讲,对于从事政府关系的管理人员来说,其所代表的雇主品牌对其工作的有效性是有直接影响的。

行为沟通是另一种重要的政府沟通方式。企业的行为必须符合国家法律和政府的政策、规定,企业必须兑现对政府所作的承诺。任何违规操作或违背承诺的行为都会降低企业在政府中的信誉,从而削弱政府关系的能力。

② 熟悉政府的机构设置与职能。政府是一个复杂的系统,划分为不同的层次、不同的职能部门,每个部门又有不同的办事机构和工作范围,具有不同的权限。组织对自己有关的政府机构,必须弄清他们的职权范围,办事程序,与他们保持经常的联系,这样既可以提高办事效率又可以密切与政府的关系。及时准确全面地掌握与研究政府所颁发的有关政策、法令内容,注意按照其内容变化相应地调整本组织的决策方向及实施计划,并接受政府监督管理。

③ 自觉履行社会责任,主动支持政府工作。社会公共管理是政府的核心职能,构建和谐社会是政府的管理目标,实现这个目标,需要我们调动一切劳动、知识、管理、资本和技术的活力,发掘一切社会财富的源泉。企业的集合规模使其具有其他社会成员所无法比拟的作用。企业应该承担并履行好经济责任,为极大丰富人民的物质生活,为国民经济的快速稳定发展发挥自己应有的作用。最直接地说就是盈利,尽可能扩大销售,降低成本,正确决策,保证利益相关者的合法权益。企业应努力使社会不受到自己的运营活动、产品及服务的消极影响。加速产业技术升级和产业结构的优化,大力发展绿色企业,增大企业吸纳就业的能力,为环境保护和社会安定尽职尽责,成为政府完成职责的最有力支持者。在政府心目中树立良好的组织形象。同时,企业要积极为政府提供合理化建议与意见,供政府决策选择,以支持政府工作。如果企业在提供信息中主动做好沟通工作,也能促使政府所定政策法令客观、合理并有利于企业。

④ 与政府关系团队建立伙伴关系,实现互利和双赢。企业的领导者要了解政府的经济和行业发展目标,使公司的发展成为行业发展的一部分。企业的政府关系管理者应当了解政府关系团队中核心官员的职业发展目标和方向,使团队的工作尽可能有助于核心成员职业发展目标的实现。企业项目的成功不仅是企业领导者的业绩,也是政府官员的政绩。了解了这一点,就不难建立起互利双赢的伙伴关系。

总之,运作政府关系需要很多智慧和胆量,更需要诚意和信誉。企业首先要明白,政府是愿意看到企业的发展的,因为企业发展了才能带动产业和经济的发展。企业也应当明白,政府需要企业提出富有建设性和创造性的建议和解决方案供其决策选择。企业还应当明白,合法、规范运营才有可能得到政府的全力支持,从而获得战略性竞争优势。

(5) 企业与社区的沟通。在一个社区中,与企业发生直接或间接联系的社会单位是十分广泛的。它包括地方政府、工厂、机关、学校、商店、旅馆、医院、公益事业单位以及众多的居民群众。与社区之间保持良好的睦邻关系是企业赖以生存、发展的"土壤",社区关系构成了企业外部公共关系工作中不可忽视的重要一环。社区关系与组织的利益紧密相连,与组织的发展息息相关。组织在社会的包围之中生存与发展,总是渴求一个良好的邻里关系,渴求得到环境的支持与帮助,创造一种"人和"的条件。实际上与社区搞好关系,关键在于组织是否以平等、热情的态度积极支持社区工作,维护社区利益,进行信息沟通和交流,参与社区活动。

① 承担社会责任。组织对社区公众有不可推卸的社会责任。这包括与邻里单位保持友好关系,维护环境和生态平衡,协助社会教育,提高社区的一般福利,激励社区精神,协助社区解决棘手问题,如青少年犯罪、伤残人就业问题等。在所有组织承担的社会责任中,维护环境和生态平衡最为重要,若组织无视或逃避这一社会责任,必然会引起社区公众的愤怒,良好的社区关系根本无从谈起。所以,组织要积极承担社会责任,这是搞好社区关系的根本策略。

② 加强信息沟通。组织应把自身的有关情况不断告知给社区公众,让社区了解自己,适时表达希望能与相邻单位共同努力振兴社区、多作贡献的良好意愿。同时,组织要经常调查、了解社区公众对组织的印象,以及各种反映和意见,对于好的要坚持,不足的要迅速采取措施加以改进。

③ 参与公益活动。为社区做好事,才能赢得社区公众的友谊,在必要时社区才会反过来支持组织。所以组织要积极参与社区公益活动,如赞助教育,开展文化活动,赞助体育比赛,帮助社区安置老人,支持残疾人事业,宣传社区的名胜古迹,吸引游客以繁荣社区,宣传社区资源及工业潜力以吸引外资,帮助社区搞好绿化、美化,鼓励并赞助艺术家来社区演出,丰富社区文娱生活,资助社区卫生事业,维持治安秩序,保障社区公众安全等。这些活动都将不断强化组织在社区中的"热心居民"形象。

④ 实行开放参观。组织应开放自己,提高透明度,减少社区公众对组织的神秘感,让社区公众认识和了解自己。组织可定期或不定期地邀请社区各阶层人士来本组织参观,并使参观活动独具特色,能够给参观者留下深刻的印象。通过开放参观,树立本组织的良好形象,增进公众对本组织的了解和信任,消除存在的误解和偏见。

⑤ 增进情感交流。组织要培养同社区公众的良好感情,必须通过一些有效的方式进行沟通,以便及时地了解社区的意见和态度,并使组织的意见迅速准确地传播出去。沟通的方式可以是多种多样的,如邀请地方政府官员,各企业、商店、学校、医院及居民中的代表一起聚会,加深了解,增进友谊;举办座谈会、电影招待会、音乐会、舞会、演出会及体育活动丰富社区的文化生活,同时扩大组织在社区的影响。

⑥ 组织完善自身。组织的一举一动要从完善自身出发,考虑公众的利益,使社区公众视组织为朋友,不能有损公众的利益。如企业对环境有无废水、废气、废渣、噪声等污

染,企业施工对环境有无影响等。

案例 1：奖金的风波

一、案例介绍

2005 年 8 月 5 日下午正值上海瑞鑫半导体制造有限公司每月一次的公司领导与员工交流会。公司王凌飞总裁这时的表情显得十分严肃。他没有想到今天的交流会火药味会这么浓,会场的秩序已有些混乱,只听到大家你一言我一语地议论着。王总站了起来,说道:"大家静一静,这件事我知道了,我看既然奖金已经发了就算了吧。如果大家有什么意见,我负责!"紧接着人力资源部高经理便宣布此次会议到此结束,员工们带着不平的表情渐渐离开了会场。

1. 公司背景

上海瑞鑫半导体制造有限公司的前身是 1990 年成立的一家中外合资企业。当时,外方投资 7000 万美元,占总资产的 52%,中方则以土地、厂房、银行贷款作为资本。公司由外资公司派员管理,其管理流程、运行方式及组织结构全盘照搬该跨国公司的一家全资子公司的模式。公司的产品是 5 英寸芯片和 6 英寸芯片,主要市场是国际市场,是上海创汇百强企业之一。

上海瑞鑫半导体制造有限公司从创立伊始,就致力于为半导体公司提供专业的芯片制造服务。当前半导体集成电路已面临更细的分工,而新建芯片加工厂成本也直线上升,为了满足全球半导体日益增长的需求,上海瑞鑫半导体制造有限公司已逐渐成为半导体加工服务的主要提供商。

(1) 公司的技术力量。上海瑞鑫半导体制造有限公司是中国首屈一指的芯片制造公司,拥有 5 英寸芯片和 6 英寸芯片生产线各一条,可年产 40 万片高质量芯片。该公司与加拿大北方电讯、美国国家半导体等多家跨国公司签订了长期技术转让协议,以确保制造优质的产品。

5 英寸芯片生产线计划度为 10 级,工艺能力为线宽 1.5 微米的双极型硅片生产线,生产手机、监视器、电视专用集成电路及其他众多通用电路。6 英寸芯片生产线净化度为 1 级,工艺能力为 0.6 微米的 CNOS 生产线,主要产品为智能卡、存储器等高技术含量电路。半导体制造是一个十分复杂和精密的过程,要确保产品的高合格率,必须对在制产品和设备工作状态进行严格有效的管理。公司安装了生产控制系统,利用该系统,可监控和分析工艺全过程,并为工程师、操作人员及管理人员提供良好的技术、工艺信息交流平台。

(2) 公司的组织结构。公司有员工近 500 名,其中,中层管理人员近 30 名,工程师 150 名,操作工 150 名,基层管理人员近 60 名。公司组织结构呈扁平化,实行董事会领导下的总裁负责制,公司平行设置有生产部、财务部、人力资源部、物料部等。

① 生产部。因为公司是一家以芯片制造加工为主的企业,故生产部有近 140 名各类工程师及全部操作工。其中,工程师分为若干组,如工艺集成组、高温工艺组、光刻工艺组以及计算中心等。而工艺集成组是最重要的一个工程师组,该组负责所有产品的生产技

术监控和客户交流,并负责全部新产品项目的开发。

② 财务部。公司财务部的主要功能与一般公司没有差异,但它还管辖着一个信息中心,该中心主要负责公司内部技术、通信网络及厂级信息管理系统(MIS)的维护和服务。

③ 人力资源部。该部门主要负责人力资源管理、培训等,同时还负责工资、奖金额度的编制等。

(3) 公司的公众形象。上海瑞鑫半导体制造有限公司已先后通过了 ISO 9002、QS 900 及 ISO 14000 等质量、环保管理体系的认证。公司已连续 3 年盈利,在同行业中已享有一定的商誉。可以说,上海瑞鑫半导体制造有限公司是一家按现代企业管理模式运作的、具有良好企业文化并富有生机的高技术公司。

(4) 公司总裁。公司创办至今,已先后有 4 位总裁,前三位都是荷兰人,性格温和,较绅士化,在公司管理中全面推行现代企业管理模式,为公司发展奠定了良好的基础。但由于语言、文化的差异,总裁与一般员工的沟通存在障碍。

现任王凌飞总裁是一个华裔美国人,在半导体制造领域已从业近 40 年,曾先后在几家国际著名的半导体跨国公司任职。虽然王总全面负责公司的经营运行,但他主要致力于开拓客户,制定公司战略。因为国际半导体芯片市场的特殊性需要公司培养与一些大的跨国公司的长期合作关系,而这些客户都是国外客户,现任总裁在语言、文化背景、专业知识方面很容易与客户交流沟通。所以,王总上任伊始就取得了骄人的业绩。另外,公司的内部管理除了主要高级职员的任命外,主要由中方的高级职员负责。

王凌飞总裁性格比较随和,乐于与公司员工进行广泛的交流。他在公司首创了每月一次的交流会,交流公司经营状况。同时,也鼓励员工提出问题及建议,以期能够及时把握员工的心态。

2. 问题的产生

2005 年 8 月 5 日上午,负责生产的副总裁兼生产部经理刘键没有参加生产部每月的例会。而往常,该会议都是由刘经理亲自主持并听取生产汇报。那天会上有人说,副总裁临时去参加一个有关奖金发放的会议(据说,此前公司的中方高级职员已讨论多次,但分歧依然很大)。

据消息灵通人士说,这次奖金是一个尚不为众人所知的项目奖,众人得悉立即哗然。公司的内部运行主要由几个副总裁及二级经理负责。总裁一般不过多干涉,只是听取各部门的汇报。他很信任自己的部下,相信他们会按规章制度办事。例如,员工的奖金发放,在年初,公司管理委员会提出年度月奖基数,并确定新产品的项目奖(并非所有项目都有奖金),同时张榜公布。而这次却发生了一些意外的事情。上午的生产会议结束后,生产部各工程师组及其他一线人员纷纷议论起那个不为众人所知的"项目奖"。

在工艺集成组办公室,一位姓李的年轻工程师说:"听财务部的人说,这个项目是他们信息中心企业资源计划(ERP)系统的项目,并不是年初公司管委会确定和公布的有奖金的项目!"

"可不是嘛!听说项目还没结束,只完成了第一阶段,他们财务部就已经开始论功行赏了,自己给自己发奖金!"立刻有人接道。

"唉,还是他们二线实惠!平常大家奖金都一样,但我们一线人员若产品质量未能达标就扣奖金,而他们却从未扣过。他们做一点事情,就可以给自己发钱,真没道理!"

"听说这个 ERP 项目还有点问题呢,你们没看见 ERP 供应商正忙得头昏脑涨吗?"有人说。

"谁知道这个项目能不能成功? 不过,他们却已经拿奖金了!"又有人接道。

"干脆以后我们负责的新产品项目只要试验通过,也找机会让老板给我们发奖金!"

一时间,大家七嘴八舌地议论起来。这件事居然很快在公司内部电子邮件系统中传播开来。还不到中午,不少员工(特别是一线工程师们)都已知道了这一爆炸性新闻。

正巧,当天正是公司总裁所倡导的月度交流会时间。和往常一样,由人力资源部高经理主持,王凌飞总裁向大家介绍完公司月度经营情况后,由员工提问。这时,有一个工程师问道:"总裁先生,听说公司最近有的部门自己给自己发计划外项目奖,不知这是怎么一回事?"

总裁听后,迟疑了一下,说:"你指的是哪一个部门,我不太清楚。"

"是财务部,项目是公司正引进的 ERP 系统!"工程师回答道。

"噢,随着公司的不断壮大和发展,我们引进 ERP 信息系统是很必要的。至于奖金发放之事,我不是很清楚。我请财务部陈经理来说明一下。"王总裁不紧不慢地说着,并把话筒传给财务部陈经理。

陈经理站起身来,说:"这个项目是公司今年一个很重要的项目,因为公司以前的厂级信息管理系统已不能满足现在的要求,所以公司管委会提请总裁,最后决定上这个项目!"

"那么,这个项目是不是有奖金的项目? 如果是,那么大家是不是都有奖金呢?"一旁的员工立刻接口问道。

"哦,这个嘛,因为这个项目的成员工作很辛苦,我们与人力资源部商量后,由他们定总量,给成员们发了很少一点奖金。"陈经理说得很慢,一字一句斟酌着。

"但是此项工作主要由供应商完成,公司相关人员只是协助开发。此外,听说不仅该项目的参与者有奖金,而且财务部所有人都有奖金。那为什么大家却没有呢?"另一位工程师严肃地问道。

大概是因为很少碰到这样尴尬的局面,久经沙场的陈经理有些气急,脸色也微微泛红,急忙说道:"考虑到……这是因为他们也为这个项目花了不少心思,所以……"

就在这时,坐在第一排听众席的一位资深主管工程师插话了:"你们都在谈什么呢? 什么项目奖? 我们一线工程师整天在净化车间埋头苦干,什么事都不清楚,能不能也让我了解一下你们说的是什么事?"他那茫然的神情和半开玩笑的言语引得大家哄堂大笑,会场秩序开始有些乱了。

这时王凌飞总裁插话了:"大家静一静……这件事我知道了,我看既然奖金已经发了就算了吧! 如果大家有什么意见……会后向我反映。"王总想打个圆场,他不愿意看到他的得力下属太难堪,想通过个人威信暂时解决问题。

这时,在一旁的高经理急忙宣布交流会结束,人们带着一肚子怨气与不满离开了会场。

在工艺集成工程师组办公室里,工程师们正在议论上午交流会的情况,大家越说越生

气,于是想起可以起草一份意见书,大家一致赞成。很快,一份意见书完成了,内容大致如下:

> 尊敬的总裁机关委员会成员,我们对财务部私发奖金的行为感到不解和不安。如果说既然奖金已经发了就算是解决问题的方法,那么,生产一线的人员犯了错误,影响了产量和质量也就不要追究了。既然财务部中与项目无关的其他人员都可以拿奖金,那么财务部以外的其他部门的人员有什么理由不拿奖金呢?此外,这个所谓的项目还没有完全结束,最终结果还未知就发奖金,那么一线众多的新产品研发项目也可以不经客户认证就算结束了……

最后,全体工艺工程师都在意见书上签了字,并很快把信交给总裁办公室。同时,还通过厂内网络系统公布了意见书的全部内容,以争取大家的支持。同时,相邻的几个工程师组也递交了签名的意见书。

公司在平静中过了几天。但有小道消息说,这几天,公司管委会召开了几次会议。会上,生产部与财务部争吵得很厉害,同时人力资源部也受到了众多的指责,最后王凌飞总裁从公司大局出发,安抚生产部和其他部门,决定:

(1) 先将财务部已发的奖金全部收回;

(2) 增设一个 ERP 项目奖;

(3) 待项目全部成功结束后,公司员工每人再发该项目奖。

果然,一个星期以后,含有上述内容的一纸公司管委会决定正式公布。除了财务部外,大家都很高兴,并在公司 BBS 上发表评论,齐声谴责财务部的"不法"行径,并对人力资源部在此事件中的拙劣表演予以抨击,仿佛是一幅"老鼠过街,人人喊打"的画面。

在总裁的办公室里,王凌飞总裁倚靠在宽大的老板椅上,眉目紧锁,脑海里沉思着这样个问题——在企业管理过程中,该如何解决好管理沟通的问题呢?

(资料来源:康青.管理沟通教学案例.北京:中国人民大学出版社,2007)

二、思考与讨论

1. 这场奖金风波的根源是什么?该案例揭示了怎样的沟通问题?

2. 这一事件本身涉及了管理沟通问题,你认为还涉及了哪些问题?

3. 上海瑞鑫半导体制造有限公司怎样避免类似问题的再度发生?

4. 除了部门与部门之间的沟通外,作为一家中外合资公司,该公司还会出现什么样的沟通问题?

案例 2:迪特尼公司的企业员工意见沟通制度

一、案例介绍

迪特尼·包威斯公司,是一家拥有 12 000 余名员工的大公司,它早在 20 年前就认识到员工意见沟通的重要性,并且不断地加以实践。现在,公司的员工意见沟通系统已经相当成熟和完善。特别是在 20 世纪 80 年代,面临全球的经济不景气,这一系统对提高公司劳动生产率发挥了巨大的作用。

公司的"员工意见沟通"系统是建立在这样一个基本原则之上的：个人或机构一旦购买了迪特尼公司的股票，他就有权知道公司的完整财务资料，并得到有关资料的定期报告。

本公司的员工，也有权知道并得到这些财务资料和一些更详尽的管理资料。迪特尼公司的员工意见沟通系统主要分为两个部分：一是每月举行的员工协调会议；二是每年举办的主管汇报和员工大会。

1. 员工协调会议

早在 20 年前，迪特尼·包威斯公司就开始试行员工协调会议，员工协调会议是每月举行一次的公开讨论会。在会议中，管理人员和员工共聚一堂，商讨一些彼此关心的问题。无论在公司的总部、各部门、各基层组织都举行协调会议。这看起来有些像法院结构，从地方到中央，逐层反映上去，公司总部的协调会议是标准的双向意见沟通系统。

在开会之前，员工可事先将建议或怨言反映给参加会议的员工代表，代表们将在协调会议上把意见转让给管理部门，管理部门也可以利用这个机会，同时将公司政策和计划讲解给代表们听，相互之间进行广泛的讨论。

在员工协调会议上都讨论些什么呢？这里摘录一些资料，可以看出大致情形。

问：公司新设置的自动餐厅的四周墙上一片空白，很不美观，可不可以搞一些装饰？

答：公司在进行福利预算，准备布置这片空白。

问：管理部门已拟工作 8 年后才有 3 个星期的休假，管理部门能否放宽规定，将限期改为 5 年？

答：公司的惯例在这方面做了很大的努力，诸如团体保险、员工保险、退休金福利计划、增产奖励计划、意见奖励计划和休假计划等。我们将继续秉承以往精神，考虑这一问题并呈报上级，如果批准了，将在整个公司实行。

问：可否对刚病愈的员工行个方便，使他们在复原期内，担任一些较轻松的工作。

答：根据公司医生的建议，给予个别对待，只要这些员工经医生证明，每周工作不得超过 30 个小时，但最后的决定权在公司。

问：公司有时要求员工星期六加班，是不是强迫性的？如果某位员工不愿意在星期六加班，公司是否会算他旷工？

答：除非重新规定员工工作时间。否则，星期六加班是属于自愿的。在销售高峰期，如果大家都愿加班，而少数不愿加班，应仔细了解其原因，并尽力加以解决。

要将迪特尼公司 12 000 多名职工的意见充分沟通，就必须将协调会议分成若干层次。实际上，公司内共有 90 多个这类组织。如果有问题在基层协调会议上不能解决，将逐级反映上去，直到有满意的答复为止。事关公司的总政策，那一定要在首席代表会议上才能决定。总部高级管理人员认为意见可行，就立即采取行动；认为意见不可行，也得把不可行的理由向大家解释。员工协调会议的开会时间没有硬性规定，一般都是一周前在布告牌上通知。为保证员工意见能迅速逐级反映上去，基层员工协调会议应先开。

同时，迪特尼公司也鼓励员工参与另一种形式的意见沟通。公司在四处安装了许多意见箱，员工可以随时将自己的问题或意见投到意见箱里。

为配合这一计划实行，公司还特别制定了一些奖励规定，凡是员工意见经采纳后，产生了显著效果的公司将给予优厚的奖励。令人欣慰的是,公司从这些意见箱里获得了许多宝贵的建议。

如果员工对这种间接的意见沟通方式不满意,还可以用更直接的方式来面对面和管理人员交换意见。

2. 主管汇报

对员工来说,迪特尼公司主管汇报、员工大会的性质,和每年的股东财务报告、股东大会相类似。公司员工每人可以接到一份详细的公司年终报告。

这份主管汇报有 20 多页,包括公司发展情况、财务报表分析、员工福利改善、公司面临的挑战以及对协调会议所提出的主要问题的解答等。公司各部门接到主管汇报后,就开始召开员工大会。

3. 员工大会

员工大会都是利用上班时间召开的,每次人数不超过 250 人,时间大约 3 小时,大多在规模比较大的部门里召开,由总公司委派代表主持会议,各部门负责人参加。会议先由主席报告公司的财务状况和员工的薪金、福利、分红等与员工有切身关系的问题,然后便开始问答式的讨论。

这里有关个人问题是禁止提出的。员工大会不同于员工协调会议,提出来的问题一定要具有一般性、客观性,只要不是个人问题,总公司代表一律尽可能予以迅速解答。员工大会比较欢迎预先提出问题的这种方式,因为这样可以事先充分准备,不过大会也接受临时性的提议。

下面列举一些讨论的资料。

问:本公司高级管理人员的收入太少了,公司是否准备采取措施加以调整?

答:选择比较对象很重要。如果选错了参考对象,就无法做出客观评价,与同行业比较起来,本公司高层管理人员的薪金和红利等收入并不少。

问:本公司在目前经济不景气时,有无解雇员工的计划?

答:在可预见的未来,公司并无这种计划。

问:现在将公司员工的退休基金投资在债券上是否太危险了?

答:近几年来债券一直是一种很好的投资,虽然现在比较不景气,但是立即将这些债券脱手,将会造成很大损失,为了这些投资,公司专门委托了几位财务专家处理,他们的意见是值得我们考虑的。

迪特尼公司每年在总部要先后举行 10 余次的员工大会,在各部门要举行 100 多次员工大会。那么,迪特尼公司员工意见沟通系统的效果究竟如何呢?

在 20 世纪 80 年代全球经济衰退中,迪特尼公司的生产率每年平均以 10％以上的速度递增。公司员工的缺勤率低于 3％,流动率低于 12％,在同行业最低。

许多公司经常向迪特尼公司要一些有关意见沟通系统的资料,以作为本公司员工意见沟通的参考。

(资料来源:郁阳刚.组织行为学(理论·实务·案例).北京:清华大学出版社,2010)

二、思考与讨论

1. 结合该案例讨论组织行为学中沟通的基本原理。

2. 如果你是迪特尼公司的一名员工或经理,你认为在企业的沟通过程中,各需要注意哪些沟通技巧?

案例 3:A 医院的内外部沟通

一、案例介绍

A 医院是一家二级甲等医院,成立于 20 世纪 60 年代,隶属于 B 市矿务局。医院占地面积 88 000 多平方米,现有职工 10 000 多人。在 20 世纪 90 年代以前,医院的工资是由矿务局划拨的,固定资产也是由矿务局拨款购置的。由于一直处于计划经济体制下,所以院领导和职工都没有危机感,缺乏竞争意识,职工的工作也比较涣散。

1. 前所未有的危机

到了 20 世纪 90 年代,由于煤炭销路不好,矿务局的效益开始滑坡,照顾不到这么多的下属企业,所以决定把医院推向社会,矿务局负责医院 30% 的工资,其余的 70% 要靠医院自己去挣。

还有一个困难是,由于 B 市各企业实行了医疗改革,企业要指定一个医院作为医疗改革的合同医院,职工只能到指定的医院去看病。而 A 医院作为系统内部的医院,过去和市里其他单位的联系较少,在公众心目中的地位也不如其他的几家市立医院,如果不积极争取,A 医院很有可能会失去大部分市场。虽然矿务局系统有将近 7 万名职工,指定的医改合同医院就是 A 医院,但因为整个矿业行业的效益不好,医药费不能报销,所以这部分收入无法维持医院的日常开销。同时,陈旧的医疗设备、僵化的管理模式和松散的工作作风也无法适应市场竞争的需要。面对这些困难,医院领导应怎么办呢?

2. 领导的措施

(1) 做好内部的沟通,提高自身的竞争能力。A 医院召开了全院职工大会,将当前的形势做一个简单明了的介绍,使大家有了危机感和竞争意识。同时,A 医院制定规章制度,严肃劳动纪律;实行竞争上岗,制定奖惩条例;按照各个科室的具体情况,制定具体的承包标准。A 医院的改革有了一定成效,表现在:

在服务方面,以前上班的时候常存在串岗现象,改革后,院部经常不定期到各个科室检查,发现串岗者立即进行处理,第一次罚款,第二次下岗。另外,在没实行承包前,有些科室为了减少工作量,常把一些危重患者推出去;承包后,大家都很积极主动地接收病患者。

在经济方面,按各个科室的收入情况来确定不同的工资提取比例,多余部分上交院部,从而避免了由于分工不同而造成的分配不均现象。在硬件方面,A 医院贷款 490 万美元购置了一大批先进仪器设备——螺旋 CT、大型 X 光机、伽马刀、核磁共振仪等,使硬件设施齐备、完善。

在软件方面,A 医院和上海的几家大医院、安徽医学院、蚌埠医学院附属医院结成合作医院。选派优秀的中青年骨干去进修,使各专业都有技术力量较强的学科带头人,形成较为合理的专业技术人才梯队,从而使先进齐全的医疗设备和先进的诊疗技术得到了有机结合。

（2）加强与外界的联系，树立医院在社会上的形象。设立普通门诊、专家门诊和特色门诊，以适应不同群体的要求。开办整形美容科、性病专科等特色门诊，扩大服务范围，迎合市场需求。同时进行大力宣传，在电视和报纸上做广告，扩大医院知名度。

建立"急救中心"，所有发生交通事故的病人和急救病人都可送来本院救治，从而无形中提高了 A 医院在同行业中的地位。

积极加强与当地其他单位的联系，通过提供更优质、更优惠的服务来吸引更多的单位把 A 医院列为医疗保险的定点单位。A 医院附近有一家工厂，医改时，这家工厂把市人民医院列为定点单位，但市人民医院离工厂很远，而且就诊病人很多，看病不方便，职工颇有微词。A 医院的领导抓住契机，主动上门联系，并且答应每年一次上门进行体检，收费方面给予优惠，终于使 A 医院成了这家工厂的医疗合同单位。

经过不懈的努力，A 医院成为很多家企业的定点医疗单位，有了稳定的医疗业务。

3. 圆满的结局

就这样，A 医院的职工不仅工资问题解决了，而且福利方面比以前更好，最近还建造了 B 市第一流的门诊大楼。

通过改革，给外界的印象是，A 医院的医疗水平高，设备先进，服务质量高，提到一些专科门诊首先想到的就是 A 医院。

所以，一个企业要发展得好，不但要自身条件好，对外的宣传和沟通也是很重要的，"酒好不怕巷子深"的时代已经过去了，沟通是现代企业生存必不可少的条件。

（资料来源：王建民. 管理沟通实务. 北京：中国人民大学出版社，2008）

二、思考与讨论

1. A 医院面对的问题是什么？根据这些问题提出你的一些想法。

2. A 医院在进行组织内部沟通时考虑到哪些因素？是从哪几个方面着手进行的？取得的成效如何？

3. A 医院进行外部沟通的必然性从哪几个方面体现出来？你对此有没有其他的建议或想法？

案例 4：希丁克的故事

一、案例介绍

足球比赛是团队的活动，其中团队沟通对比赛结果有重要的影响。

2002 年的足球世界杯，韩国队打入四强，震惊世界。韩国队的球员成了国家英雄，韩国队的荷兰教练希丁克成为韩国人的偶像。一个重要的原因就在于他打破了韩国年轻队员不敢和长辈辩解、遇到问题也不敢越级沟通的规矩，创造了一种年轻队员与老队员之间、队员与教练之间能够顺畅沟通的环境和气氛。

上任初期，希丁克发现韩国队球员速度快，组织力不错，训练也积极认真，态度诚实，但缺乏沟通。队员无论做什么事情都按年龄排出顺序,相互之间不习惯主动沟通,甚至人与人之间有长幼级别的沟通障碍。

"有一天早上训练结束后,我看他们按年龄顺序分坐了三个桌子,年龄小的球员和年龄大的球员之间不说一句话;拿饭菜时,也按年龄顺序排队,一直到吃完饭,互相没有说过一句话!"希丁克认为,像这样没有一点沟通的球员,是不能在一个队参加比赛的。

这种"年龄排序法"在赛场上也同样如此,球员在赛场上几乎没有什么沟通。他们从来不在场上交流"往哪儿传球"、"盯住对手的哪个人"、"谁负责哪个位置"……甚至在最关键射门前的传球中,即使年轻的球员站在比较好的射门位置,传球的球员也会把球传给年长的球员去射门。希丁克找出以前比赛的录像,发现了同样的问题。大家知道,足球进球率很低,一场比赛往往一个球就决定胜负。如果在最好的时机错失机会,是非常令人痛心的。

希丁克认为长幼顺序是团队沟通和发挥团队威力的绊脚石。为了解决队员间沟通不足的状况,希丁克提出了一系列要求:不许球员间再使用"大哥"这样的称呼,也不许使用任何尊称;年轻球员不论在战术训练还是在比赛中,都要经常开口和年长球员说话;吃饭时,要年长球员和年轻队员穿插坐在一起,随意地交谈;按摩时也不要年长球员先做按摩,谁先到房间谁先做按摩;安排宿舍时故意把年长球员和年轻球员安排在一起,让他们相互了解。

通过一系列的沟通训练,希丁克顺利地把球员与球员之间、球员与教练之间的自上而下的"垂直式沟通"、"金字塔式沟通"转化为双向的"水平式沟通"、"矩阵式沟通"。

当顺畅的沟通成为一种习惯后,训练场上的气氛马上活跃起来,韩国队的成绩也取得了大幅度的提高,并于 2002 年世界杯赛上取得了进入四强的好成绩。

(资料来源:吕书梅.管理沟通技能.大连:东北财经大学出版社,2008)

二、思考与讨论

1. 希丁克的团队管理有何独到之处?
2. 希丁克带领韩国足球队的成功给了我们什么样的启示?

案例 5:小道消息传播带来的问题

一、案例介绍

天讯公司是一家生产电子类产品的高科技民营企业。近几年,公司发展迅猛,然而,最近在公司出现了一些传闻。公司总经理邓强为了提高企业的竞争力,在以人为本、创新变革的战略思想指导下,制订了两个战略方案:一是引入换血计划,年底从企业外部引进一批高素质的专业人才和管理人才,给公司输入新鲜血液;二是内部人员大洗牌计划,年底通过绩效考核调整现有人员配置,内部选拔人才。邓强向秘书小杨谈了自己的想法,让他行文并打印。中午在公司附近的餐厅吃饭时,小杨碰到了副总经理张建波,小杨对他低声说道:"最新消息,公司内部人员将有一次大的变动,老员工可能要下岗,我们要有所准备啊。"

这些话恰好又被财务处的会计小刘听到了。他又立即把这个消息告诉他的主管老王。老王听后,愤愤说道:"我真不敢相信公司会做这样的事情,换新人,辞旧人。"这个消息传来传去,两天后又传回邓强的耳朵里。公司上上下下员工都处于十分紧张的状态,惟恐自己被裁,根本无心工作,有的甚至还写了匿名信和恐吓信对这样的裁员决策表示极大的不满。

邓强经过全面了解,终于弄清了事情的真相。为了澄清传闻,他通过各部门的负责人把两个方案的内容发布给全体职工。他把所有员工召集在一起来讨论这两个方案,员工们各抒己见,但一半以上的员工赞同第二个方案。最后邓强说:"由于我的工作失误引起了大家的担心和恐慌,很抱歉,希望大家能原谅我。我制订这两个方案的目的就是想让大家来参与决策,来一起为公司的人才战略出谋划策,其实前几天大家所说的裁员之类的消息完全是无稽之谈。大家的决心就是我的信心,我相信公司今后会发展得更好。谢谢!关于此次方案的具体内容,欢迎大家向我提问。"

通过民主决议,该公司最终采取了第二个方案,由此,公司的人员配置率得到了大幅度提高,公司的运作效率和经营效益也因此大幅度增长。

（资料来源：余敬,刁凤琴.管理学案例精析.北京：中国地质大学出版社,2006）

二、思考与讨论

1. 案例中的沟通渠道或网络有哪些? 请分别指出,并说出各自的特点。
2. 案例中邓强的一次战略方案的制订为什么会引起如此大的风波?
3. 如果你是邓强,应从中应吸取什么样的经验和教训?
4. 公司里如何防止小道消息传播?

案例 6：吴经理该怎么办？

一、案例介绍

吴经理以前是某跨国公司的职业经理人,负责南大区的运作,职位已经很高了,但总感觉到有"玻璃天花板",自己的才能没有充分发挥,很苦恼。他正好有个机会结识了民营企业家张先生,经过"甜蜜的恋爱"以后,被重金聘为销售部经理。

但刚上任三个月,销售代表小李被客户投诉贪污返利。审计部去查,果真如此,返利单据上面还有吴经理的签名。这件事,惹得总经理很是光火,于是他亲自到销售部质问此事。

"我不知道你是怎么当经理的,"张总对吴经理说,"你手下的销售代表,竟然胆敢贪污客户的返利,这么长时间了,你居然不知道? 要等到客户投诉到我这里我才知道,唉,也不知道你是怎么做管理的。"

"我也知道了这件事,"吴经理辩解道,"按照流程,小李是把返利单报到我的助理那里,她审一下,整理好,给我签字,我的工作也多,可能没有看清楚。"

"是没有看清楚那么简单吗? 你的工作比我多吗?"张总怀疑地看着吴经理。

吴经理无奈地说道:"是我工作的疏忽,回头我会和助理商量改进工作流程,并要求公司处理她,也请处理我。"

"处理助理能补回公司的损失吗? 这件事应该负全责的是你!"张总对于吴经理这种模糊的态度很气愤。

"是这样的,"吴经理继续辩解道,"张总,你也知道我刚来,销售部很多关系还没有理顺。我们都知道这个助理很能干,在工作上是一把好手。但她和我的关系,我感觉总存在问题,没有理得很顺,甚至有时我要顺着她的意思来签署一些文件。毕竟我是新来的,要有适应过程,我保证今后这样的事情一定不会发生了,你再给我一次机会吧。"

"本来我过来,是来了解一下事情的原因,并不是要处理你的,"张总说道,"不过现在得考虑一下你的能力问题了。"

事情发生之后,张总觉得今天的谈话结果有点棘手。是吴经理真的有问题? 他的能力不行吗? 同时,吴经理也在思考,张总为什么今天讲话那么严厉? 原来两人之间沟通还是不错的,这次发生这样的问题,看来也需要想办法修正一下。

(资料来源:魏江,严进.管理沟通:成功管理的基石.北京:机械工业出版社,2006)

二、思考与讨论

1. 吴经理在与上司沟通过程有什么问题? 为什么?
2. 张总在与下属沟通过程中有没有问题? 为什么?
3. 请根据上面发生的情境,设计一个沟通方案来解决张总与吴经理之间的问题。

实 训 项 目

1. 组织沟通能力测评

对下面每个题目,请你选择出最能表达你自己真实想法或做法的答案。

(1)一位合作伙伴提出了一种新的想法。这个想法与你想要提出的想法相似,但因你还没有信心,所以没有将它公开提出。根据你以往的情况,这时你最可能说什么话?(   )

    A. "这很有趣。我正准备提出一个极其相似的想法。"

    B. "这个想法很好,但是无法像您所介绍的那样得到贯彻。还有许多工作要做,还要对它进行认真的分析和论证。"

    C. 对有类似想法的事只字不提,仅向提出者表示祝贺。

    D. 如果我是领导,我会鼓励其他人员来研究新的想法,或者提出一些可能与之相反的新建议。

(2)在会议上,每个人都在参加讨论,但却有一个人保持沉默。对他的沉默你最可能做出什么反应?(   )

    A. 最好不去管他。并非是人人都爱说话。

    B. 我直接向他提个问题,引他发言。

    C. 就他的沉默我开句玩笑。比如我说:"某某人恐怕不愿将他的伟大思想贡献出来。"

D. 对他说："任何想法都是有价值的,即使一些想法开始听起来有些荒唐。"

(3) 你负责在会议室里为下次会议安排座位。窗口处座位光线耀眼,拐角处座位要受人来人往的影响。你经常怎么做?(　　)

A. 我肯定坐在一个背对耀眼窗户的位置上。

B. 我暗地里讨厌老张。我有意给他分配窗口或拐角的座位。

C. 小李是新来的女大学生,有些害羞,我把最舒适的座位分配给她。

D. 小吴和老赵总是支持我的发言,我把他们的座位安排在我的左右。

(4) 一位与会者总是打乱别人的发言,对此你感到不快。你将如何解决这一问题?
(　　)

A. 直接告诉他"闭嘴",让别人发言。

B. 用他提出的想法来反驳别人的想法,以此让大家打倒他或接受他。

C. 要求扰乱者进一步展开自己的想法。

D. 限制每个人的发言时间。

(5) 组成一个团队的最好方法是什么?(　　)

A. 邀请有同样兴趣的来自同一部门的人。

B. 邀请来自公司不同部门和工作岗位的人。

C. 将各类反对者放在一起。他们中有保守派、革新者、"刺儿头"、幻想家和求实者。

D. 该团队的成员有技术人员、销售人员、组织人员和制订长期计划的人员。

(6) 你来组织一个班子去解决公司的一项问题。除你之外只能选择5个人,你将选择哪5个人?(　　)

A. 一位技术人员,他是该领域的行家。

B. 一位生产专家,他知道如何把事情办妥。

C. 一位懂得市场和竞争的人。

D. 一位富有创造性的人。

E. 一位对整个工程都提出怀疑并认为公司根本不应该牵涉进这一项目的人。

F. 公司会计。

G. 公司律师。

H. 一位计算机和数据专家。

(7) 你就职的公司计划新开一家海外办事处。现已有一份备忘录发下来,要求对新办事处有兴趣的人参加一个会议。你对此邀请最可能做出什么样的反应?(　　)

A. 我会无言可发。我对调动不感兴趣。

B. 我去参加会议。弄不好这还是一次有趣的机会。

C. 虽然我对调动不感兴趣,但我觉得我能提一些很好的建议。

D. 会议将有很多人发言,什么也谈不出。如果受到特别邀请我就去,但不积极。

E. 我不知道还有谁去参加会议。在决定参不参加之前我要先打听一下。

评分标准：

(1) A＝1　B＝3　C＝4　D＝2

(2) A＝2　B＝3　C＝1　D＝4

(3) A＝1　B＝2　C＝4　D＝3

(4) A＝1　B＝4　C＝3　D＝2

(5) A＝1　B＝3　C＝4　D＝2

(6) ABCDE＝4　CDEFG＝3　ABCEF＝2

(7) A＝1　B＝5　C＝4　D＝2　E＝3

结果评价：

根据上述答案所给的分数计算出你的得分。第1、3、6、7题测试你作为一名合作伙伴的水平。这4题的最高分是17分。第2、4、5题测试你作为一名组织者的方法和能力。这3题的最高分是12分。将得分结合起来，为的是使测试的分类不太明显而更接近真实。你可以将两组测试分开，看看每一组的得分情况。整个测试的最高分为29分，最低分为8分。如果你的得分在22～29分，表明你具有出色的合作和组织能力，两者的能力互相重叠。如果你的得分在15～21分，表明合作能力或组织能力较为一般。如果你的得分在8～14分，表明合作能力或组织能力较差，需要注意这方面的培养和训练。

（资料来源：丁宁.管理沟通.北京：北京交通大学出版社，2011）

2. 团队沟通游戏

训练目的：本训练项目在于让受训者明白沟通到底是什么，有效的沟通是怎样的。

训练地点：不限。

训练时间：20分钟。

参与人数：集体参与。

训练道具：姓名牌。

训练程序：

第一步：

(1) 给每一个人都做一个姓名牌。让每位成员在进入培训室之前，先在名册上核对一下他的姓名，然后给他一个别人的姓名牌。

(2) 要求所有人在3分钟之内找到姓名牌上的人，同时向其他人做自我介绍。

第二步：

(1) 主持人做自我介绍，然后告诉与会人员："很高兴来到这儿！"

(2) 快速绕教室走一圈，问："如果你今天不在这儿，你会在做什么不情愿做的事情呢？"

(3) 注意让问答保持在一个轻松活泼的氛围之中。

体验项目：

(1) 当你在寻找你的姓名牌上的人的时候，你是不是也同时认识了很多其他的人？经过这个游戏，你是不是感觉大家的距离近了好多？

(2) 在第二步中，当你们谈到自己可以不用做自己不愿意做的一些事情，你会不会发现坐在这里听课是一件比较惬意的事情？

分享重点：当今社会无处不强调沟通。团队沟通体现在何处？有效的沟通是怎样的？

（资料来源：刘欣.组织行为管理.北京：高等教育出版社，2008）

拓展阅读：非正式组织沟通

1. 非正式组织的概念

非正式组织是在正式组织之内，没有明确的领导和职位，甚至没有明确的组织名称，是由于情感因素自发形成的一种非正式的群体和体系。

非正式组织本身没有明确的边界，其存在具有隐含性和松散性。非正式组织的产生源于情感因素，其中包括共同目标、共同利益、共同观点、共同兴趣、共同经历、共同社会关系和共同的感情等。非正式组织产生后，尽管没有明确的组织规则，但其中存在一定的潜在规则，这些规则对非正式组织成员的行为起到极大的制约作用。

2. 非正式组织的特征

（1）自发性。非正式组织的产生未经过管理当局或上级认命，也未经过特定的程序，它是由人们自发而形成的团体。非正式组织的自发性主要表现为组织活动事先无确定的目标，也没有特别的共同目的，也不能预见其活动的结果。它只是人们寻求某种需要的满足而自发形成的群体。

（2）情感性。情感性也可以称为心理性，非正式组织是建立在人们相近的心理特征和共同的心理需求的基础上，是维系非正式组织成员关系的桥梁和纽带。与正式组织按章办事、就事论事相反，非正式组织更倾向于自己的群体，容易产生"对人不对事"的处事原则。

（3）隐含性。非正式组织没有明确的边界，经常处于不被注意或不易被发现的状态。非正式组织的成员身份往往是隐性的，企业员工大多具有正式和非正式组织成员的双重身份。非正式组织只是基于组织成员的心理需要而形成的，并没有共同的组织目标，亦即非正式组织既不以正式组织的目标作追求，也不反对正式组织的目标。

（4）松散性。非正式组织产生于组织成员的自发行为，成员之间并没有任何强制性措施，没有固定的人员构成，在组织有条件形成的时候才会出现，当条件消失的时候，这个组织就不再发挥作用了。由此可见，非正式组织具有动态特点，本身并不稳固。

（5）潜在规则性。非正式组织没有明确的成文规则，体现的是心理道德惯例、任意及不言自明的特征。对于那些自觉遵守和维护潜在规则的成员，非正式组织会予以赞许、欢迎和鼓励。而对于那些不愿遵守或违反潜在规则的成员，非正式组织则会通过嘲笑、讥讽、孤立等手段对其予以惩罚。

3. 非正式组织沟通的基本概念

非正式组织沟通是一种通过正式规章制度和正式组织程序以外的其他各种渠道进行的沟通。非正式组织沟通容易把真实的思想、情绪、动机表露出来，因而能提供一些正式组织沟通中难以获得的信息。因此，管理者应对这种沟通方式予以重视，要善于利用这种沟通方式，同时注意防止和克服其消极的一面。另外，非正式组织沟通可以弥补正式组织沟通的不足,如加快信息流通,不受或较少受限制,具有弹性并带有情感色彩等,但其有时也会妨碍正式组织沟通,对此,一方面,领导要重视非正式组织沟通发出的声音;另一方面,也要对非正式组织沟通进行一定的控制,发挥其积极作用,抑制其消极作用。

4. 非正式组织沟通的特点

(1) 非正式组织沟通的信息往往属于非正式信息。这些信息不完整,有些甚至是牵强附会的,因此无规律可循。但是,非正式组织沟通的信息也有许多合乎事实的成分。

(2) 非正式组织沟通主要是关于情绪或感情之类的问题,和工作有一定关系,但常常会带有感情的色彩,从而导致不客观。

(3) 非正式组织沟通所传递的信息具有多变性和动态性,经常会随环境的变化而变化。

(4) 非正式组织沟通并不需要遵循组织结构原则,它的传播是密集式的。这种信息有自上而下的和自下而上的,也有平等和斜向的,大都属于口头传播。

(5) 非正式组织沟通的内容和形式往往是事先被人知道的。其存在以下规律:消息越新鲜,人们谈论得越多;对人们工作有影响的,最容易引起人们谈论;在工作上有关系的人,往往容易被牵扯到同一传闻中去。

5. 非正式组织沟通对组织的影响

(1) 正式沟通与非正式沟通的比较。正式组织的沟通方式有会议、工作报告、财务报表等。其优点是约束力较强,效果较好且易于保密。通常,重要的信息、文件、决策等都采用此种方式进行沟通。缺点是由于需要依靠组织的系统来层层传递,所以刻板、沟通速度较慢,并且存在失真的可能。非正式组织的沟通方式有聚餐、闲谈、打球、舞会、小道消息等。其优点是沟通方便,内容广泛,方式灵活,沟通速度快,可以传播一些不便正式沟通的信息。缺点是比较难以控制,传递的信息往往不准确,易于失真、被曲解,容易传播流言蜚语而混淆视听。

(2) 积极影响。具体表现为:①满足职工情感方面的需要。正是由于人们天生的需求才导致非正式组织沟通的发生。例如,在安全感需求的驱动下,人们乐于去打探或传播有关人事任免或机构调整之类的信息。②弥补正式组织沟通的不足。组织中的管理者往往会为了某些特殊目的,通过非正式渠道来传播某些信息,以此达到试探等目的。③了解员工真正的心理倾向与需要。在正式组织沟通中,员工往往心存戒备,不会轻易透露其真实的想法;而在非正式组织沟通中,员工很容易放下心中的戒备,敞开心胸,提出自己的意见和观点。

(3) 消极影响。①信息的歪曲。非正式组织沟通往往起源于人们爱好闲聊的特性,小道消息在非正式的传递过程中可能遭到歪曲。尤其是那些与职工个人利益紧密相关的问题,如待遇、裁员等,常常会出现所谓的"谣言"。这种谣言的散布往往会导致人心涣散,给组织的运行带来较大的麻烦。②员工易受到非正式组织的控制。由于非正式组织是出于情趣一致或爱好相仿等原因,它主要依靠心理、情感的力量来维持。在非正式沟通的过程中,同事间的私下频繁接触可能导致"小团体"、"小圈子"的形成,这样会影响人心的稳定,以及整个团体的凝聚力。在非正式组织的利益或目标与正式组织的利益或目标发生冲突时,非正式组织会对正式组织的利益或目标起到很大的干扰作用,阻碍正式组织目标的实现。

6. 非正式组织沟通与正式组织沟通的相互关系

(1) 组织中的管理沟通以正式沟通为主、非正式沟通为辅。相比较于非正式组织沟通而言,正式组织沟通的优点显而易见,它沟通效果好,信息准确,而且约束力强,易于保密,可以使信息沟通保持权威性。非正式组织沟通尽管速度快、形式多样、不拘一格,但其信息的准确性无法保证,同时不具备硬性的约束力和强制的保密性。

(2) 非正式沟通在正式组织中所起到的作用是不可替代的。正式沟通的沟通速度慢,有时也会使信息失真,而非正式沟通可以补充正式沟通的不足,使组织沟通形式多样化。

7. 正确对待非正式组织沟通的策略

正式组织通过正确处理非正式组织沟通问题,发挥其积极作用,降低不利影响,将会有利于其提高组织凝聚力,实现组织的目标。

(1) 提高组织信息公开度。非正式组织沟通的产生和蔓延,主要是由于内部员工得不到其所关心的信息而造成的。由于有的管理者在平时惯于内部操作,不向员工提供信息的反馈,故作神秘,结果即使是正常的信息,也被笼上一层神秘的面纱,为背后谣言的流传创造了条件。要想阻止非正式组织沟通所带来的谣言,最有力的策略是正面提供客观事实,以事实去击破谣言存在的基础。为了减轻非正式组织管理沟通传播谣言所造成的负面影响,正式组织应致力于在组织内部建立一套完整的、正式的信息沟通渠道。当组织内的成员对组织的任何情况产生质疑时,有个合法的渠道获取真实的信息,这样就能把非正式沟通给企业带来的损失减少到最低限度。

(2) 建立相互信任的组织沟通氛围。避免非正式沟通产生副作用的最基本方法是培养组织成员对组织管理者的信任和好感,这样他们比较愿意接受和相信组织提供的信息。要让组织成员对管理者产生好感,前提是管理者要真诚对待员工,把员工看成是利益共同体。

(3) 丰富员工生活。闲散和单调是造谣生事的温床,为避免发生不实谣言,扰乱人心士气,管理者应注意不要使组织成员有过分闲散或过分单调枯燥的情形发生。

(4) 重视非正式组织中的权威人物。非正式组织中的权威人物在非正式组织中享有极高的影响力,有时甚至会远远超过那些正式组织任命的管理者,这些权威人物的思想和行动直接影响着非正式组织的思想和行动。正式组织应积极寻求与非正式组织权威人物的有效沟通,尽可能地满足他们的合理需要。必要时可以采用抑制和削弱非正式组织消极影响的策略,具体是采取“中心突破法”和“内部瓦解法”。“中心突破法”就是从权威人物切入,“擒贼先擒王”。“内部瓦解法”就是通过对非正式沟通网络成员的价值观进行引导,先转变部分成员的价值取向,以点带面。

(5) 引导非正式组织沟通发挥正向作用。非正式组织是客观存在于正式组织内的,并不会因为受到控制或抑制而彻底消失。因此从思想上理解并接受非正式组织,并尽可能多地了解非正式组织管理沟通的渠道及影响。正式组织管理者可以正确引导非正式组织沟通渠道,以发挥其正向作用。通过非正式组织灵活的沟通渠道,既可以满足正式组织成员社会交往的需要,又可以弥补正式沟通的不足,这样就可以将那些不便于从正式渠道传递的信息利用非正式组织的沟通渠道进行传播,以达到组织的沟通目标。

（资料来源：丁宁.管理沟通.北京：北京交通大学出版社,2011）

课 后 练 习

1. 组织沟通的影响因素有哪些?

2. 组织中很多问题产生于不良的沟通,请根据你的工作经历举例说明,并提出改进沟通的措施。

3. 组织内部信息的传递过程中,不同管理层级之间应采取什么策略来保证信息传递过程使信息得到有效的控制?

4. 在信息时代,信息技术对强化组织沟通有何意义? 信息技术对组织沟通是否有不利的方面?

5. 组织内部应采取什么措施加强团队沟通?

6. 如何利用非正式沟通为组织目标服务?

7. 阅读下面的小案例,然后回答问题。

酒店的门童

加拿大一家酒店以服务卓越著称,而服务卓越直接来自酒店员工对角色的充分认知,让顾客满意是所有员工的角色要求。

一次,住在酒店的一位客人急着前往机场赶班机,参加纽约一个重要的商务会议,可到了机场后才发现自己的行李遗忘在酒店。于是,赶紧给酒店打了一个电话,酒店立即派一个门童前往机场送行李。但是,等门童到机场时,客人的飞机已经起飞了。

这时,门童毫不犹豫地做了一个其他酒店员工很难作出的选择:买了一张飞往纽约的机票赶往纽约。当他到达纽约找到客人开会的酒店时,那位客人惊呆了,从未遇到过如此称职的酒店服务。

（资料来源：http://wenku.baidu.com/view/b82458bec77da26925c5b0e1.html）

这位门童的角色认知正确吗? 如果你是这家酒店的经理,你将如何评价这位门童的行为?

有声语言沟通

语言有三美：意美以感心，音美以感官，形美以感目。

——鲁迅

谈话和作文一样，有主题，有腹稿，有层次，有头尾，不可语无伦次。

——梁实秋

任务目标

- 明确有声语言的特性和要求，熟练掌握并运用语言沟通的技巧；
- 明确电话沟通的基本要求，能够正确地接电话、打电话，提高沟通效果；
- 了解商务谈判的含义和主要阶段，做好商务谈判的准备工作；
- 明确商务谈判的语言特点，掌握商务谈判的技巧。

沟通故事导入

妙　答

在南朝时期，齐高帝曾与当时的书法家王僧虔一起研习书法。有一次，高帝突然问王僧虔说："你和我谁的字更好？"这问题比较难回答，说高帝的字比自己的好，是违心之言；说高帝的字不如自己，又会使高帝的面子搁不住，弄不好还会将君臣之间的关系弄得很糟糕。王僧虔的回答很巧妙："我的字臣中最好，您的字君中最好。"皇帝就那么几个，而臣子却不计其数，王僧虔的言外之意是很清楚的。高帝领悟了其中的言外之意，哈哈一笑，也就作罢，不再提这事了。在沟通中，有时候运用委婉的方法能更容易或更好地达到目的。

（资料来源：许玲.人际沟通与交流.北京：清华大学出版社,2007）

一、有声语言——沟通的重要形式

1. 有声语言的特性

有声语言是用语音表达或接受思想、感情，以说、听为形式的口头语言。从语言运用看，有声语言在传情达意的过程中最直接、最普遍、最常用。有声语言具有如下特性。

（1）有声性。有声语言是靠语音来表情达意的，其中各个语言单位均有声音。有声语言根据表达的需要对声音的高低、升降、快慢做语调变化。有声性是有声语言的本质属性。

（2）自然性。有声语言通俗、平易、自然。它保留了生活中许多语音、词汇和语法现象，如方言、俚语、俗语、儿话、象声、叠音等词汇以及省略、易位现象，表达时生动、自然。

（3）直接性。有声语言的传达和交流以面对面为主要形式，信息传递直接、快捷。有声语言还以丰富的态势语和类语言来支配使之更完美。

（4）即时性。有声语言突发性、现场性强，现想现说，可舒缓，可急迫，可重复，可更正，可补充。

（5）灵活性。有声语言的表达可根据所处的语言环境随时调整、变化。表达者在不同的地点、场合，面对不同的任务对象，对谈论的话题、选择的角度、切入的深度等都可以随机应变。

2. 有声语言的基本要求

有声语言表达的目的是实现人与人之间思想和感情的交流，表达者都希望对方能明白、理解和接受自己的意思。这就要求有声语言要符合口语表达的基本要求。

（1）准确流畅。说出的有声语言如果词不达意、前言不搭后语，很容易被人误解，达不到交际的目的。因此在表达思想感情时，应做到口音标准、吐字清晰，说出的语句应符合规范，避免使用似是而非的语言。应去掉过多的口头语，以免语句割断；语句停顿要准确，思路要清晰，谈话要缓急有度，从而使交流活动畅通无阻。语言准确流畅还表现在让人听懂，因此言谈时尽量不用书面语或专业术语，因为这样的谈吐让人感到太正规，受拘束或是理解困难。

（2）词汇丰富。要想把话说好说贴切，充分发挥有声语言的表意功能，还要有丰富的词汇储备，只有在这个基础上才能精心选择最确切、最恰当的词汇，正确地反映客观事物，真切地表达自己的思想感情。为此就要努力学习词汇，掌握丰富的词汇以及成语、格言、歇后语、惯用语、谚语等，并以它们为原料，根据不同场合的需要，精心加以选用，增强说话的艺术效果。试想一说起话来就没词，颠来倒去就是那几句话，没有一点生动活泼的语言，难免让人觉得枯燥无味，如同嚼蜡。

（3）清亮圆润。有声语言音色优美，如黄莺般清凉、朝露般晶莹圆润，善于变化，富有磁性，富有艺术魅力，令人心情舒畅。这是针对有声语言运用提出的进一步要求，是使日常用语艺术化，从而达到最佳的表达效果。为此首先要注意声音的情感变化，说话内容庄重，应用严肃的声音；内容平和，应用舒缓的声音；情感悲切，应用沉郁的声音；情感亢奋，应用高亢的声音；情感急躁，应用短音；情感惬意时，则用长音。其次要自觉克服大喊大叫、漏气、带有喉音、鼻音太重和发音抖动等毛病，正确使用呼吸器官和共鸣腔，加强对声音的控制能力，使呼吸、声带闭合与咬字二者协调起来，从而达到声音和谐、适度、清亮、圆润的目的。

（4）热情自然。热情是对表达内容的兴奋之情或激情，使声音听起来富有表现力，表现力是热情的最大信号，通过改变音高、音量、语速等使声音与语言内容、思想情感相吻合，使听众更加理解，哪怕是表达者语义上的细微差别。而完全缺乏热情则会造成声音单调，这会使交流的气氛沉闷压抑，使听众昏昏欲睡。热情的声音就好像是一盆火，听众即使是一块冰也会被融化的。自然意味着当我们在讲话时对语言的内容和意图要有回应，使语言富有活力,真实。要想做到声音自然,对语言内容的熟悉非常重要,还有不要死记硬背语言内容,学会自然地表述语言内容,使它听起来好像讲话者在用心考虑语言内容和他的听众。"宁要自然的雅拙,也不要做作的乖巧。"卡耐基认为,演讲时声音自然,才能把意念表达得更为清楚,更为生动。否则,难以引起听众的共鸣。

二、语言沟通的技巧

在沟通过程中,常常会遇到一些矛盾的、顾此失彼、难以两全的情况,使你处于两难的境地。例如,我们常会碰到下列情景:既想拒绝对方的某一要求,又不想损伤他(她)的自尊心;既想吐露内心的真情,又不好意思表述得太直截了当;既不想说违心之言,又不想直接顶撞对方;既想和陌生的对方搭话,又不能把自己表现得太轻浮和鲁莽……凡此种种,难以一一列举。但概而言之,都是一种矛盾:行动和伤害对方的矛盾,自己利益和他人利益的矛盾,自己近期利益和长远利益的矛盾。

适应这些情况,产生了各种各样的语言表达艺术,它缓解了这些矛盾。这种表达的语言艺术从表面上看,似乎违背了有效口头表达的清晰、准确的要求,但实际上是对清晰、准确原则的一种必要补充,是在更全面考虑了各种情况之后的清晰和准确,是在更高阶段上的清晰和准确。

语言艺术的具体方法因人、因事、因时、因地而异,没有绝对的适用任何情况的方法。这里介绍一些沟通技巧,供参考。

1. 积极表达期望

心理学中的"皮格玛利翁效应"启示我们:赞美、信任和期待具有一种能量,它能改变人的行为,当一个人获得另一个人的信任、赞美时,他便感觉获得了社会支持,从而增强了自我价值,变得自信、自尊,获得一种积极向上的动力,并尽力达到对方的期待,以避免对方失望,从而维持这种社会支持的连续性。语言沟通中,积极的语言反应表达出积极的心理期望。皮格马利翁效应也验证了积极的心理期望和暗示所产生的强大影响。要做到积极的评议表达,可从以下几个方面来把握。

其一,避免使用否定字眼或带有否定口吻的语气。如双重否定句不如用肯定句来代替,必须使用负面词汇时,则尽量使用否定意味最轻的词语。"我希望"、"我相信"这两种说法有时表明你没有把握,或者传递出有些盛气凌人的信息;而赞扬现在的行为可能暗示对过去的批评。

其二,强调对方可以做而不是你不愿或不让他们做的事情,以对方的角度讲话。如说"我们不允许刚刚参加工作就上班迟到"(消极表达)就不如说"刚刚参加工作的人保证按时上班很重要"(积极表达)。

其三,把负面信息与对方某个受益方面结合起来叙述。可以说"你可免费享用 20 元以内的早餐"(积极表达),而不是说"免费早餐仅限 20 元以内,超出部分请自付"(消极表达)。

其四,如果消极方面根本不重要的话,干脆省去。如对方决策时不需要这方面的信息,信息本身也无关紧要,或者以前已经提供了这方面的信息。

其五,低调处置消极面,压缩相关篇幅。篇幅大,表明在强调信息。既然不想强调消极信息,就尽量少用篇幅,出现一次即可,不必重复。

2. 注意推论与事实

通常在观察外界的时候,人们在获得所有的必要事实之前就开始进行推论,推论的形成相当快,以致很少有人仔细考虑它们是否真的代表事实。"他未完成工作,因为偷懒"、"如果您听了我的建议,您就了解我的意思了",这些语句表示的并非事实,而是推论。因此不良的沟通就产生了。徐丽君、明卫红主编的《秘书沟通技能训练》中对此进行了分析。

有6种基本方法可以分辨事实陈述和推论陈述(见表4-1)。

表 4-1 事实陈述和推论陈述

事 实 陈 述	推 论 陈 述
1. 根据第一手资料下断言	1. 在任何时间下断言——根据事前、事后、事情发生时的经验
2. 根据观察下断言	2. 根据任何一人的经验下断言
3. 必须根据所经历的经验	3. 超出自己所经历的经验之外
4. 根据经验的陈述	4. 无界限地根据经验推论陈述
5. 达到最大的可信度	5. 仅有很小程度的可信度
6. 得到具有相同经验人士的认同	6. 有此经验的人士不认同

为了避免妄下推论,在与人沟通过程中应当注意以下情况。

第一,学会区分哪些是事实,哪些是推断。

第二,当根据从别人那里得到的信息做出决策时,要评估推断的准确性,并获得更多信息。

第三,听取别人的汇报时,让其陈述事实而不是听取他人的评价。

第四,在说服别人时要使用具体的事实而非个人的价值判断。

第五,使用文字沟通时,要表明自己的推断以便别人了解自己的看法。

第六,意识到事情的复杂性,不要将其简单化。

第七,当只看到两种选择结果时,有意识寻找第三种甚至更多种可能出现的情况。

第八,意识到自己所得的信息是经过过滤的,自己并没有得到所有的事实。

第九,尽量向别人提供背景信息,以便别人能够准确地解释自己的观点或看法。

第十,以具体的证据、事实和事例来支持笼统的陈述和评价,避免诸如"这个人的素质很不高"这样的论断。

第十一,检查自己的反应,保证自己的决策建立在合理的证据之上。

3. 进行委婉表达

"委婉"一词人们并不陌生,它在修辞学中,又是修辞格的一种。但"委婉"并不仅仅指修辞的方法。在书面语中,它主要表现为一种语言的表达方式;在沟通中,它又是一种处理问题的态度和方法。恰当地运用委婉,能够鲜明地表明人们的立场、感情和态度。这样做,既使对方乐于接受,达到说话的目的,又可增强语言的形象性和生动性。

(1)直意曲达。语言总要表达某种意思,亦即说话者要达到表明自己态度和感情的目的。但这个意思是通过迂曲委婉的说法来表达的,这也是利用了人们思维的曲折性和复杂性来达到的。

传说汉武帝晚年时很希望自己长生不老。一天,他对侍臣说:"相书上说,一个人鼻子下面的'人中'越长,命就越长;'人中'长一寸,能活一百岁。不知是真是假?"东方朔听了这话,知道皇上又在做不老的梦了。皇上见东方朔面有不悦之色,喝道:"你怎么敢笑我?"东方朔脱下帽子,恭恭敬敬地回答:"我怎么敢笑话皇上呢? 我是在笑彭祖的脸太难看了。"汉武帝问:"你为什么笑彭祖呢?"东方朔说:"据说彭祖活了800岁,如果真像皇上刚才说的,'人中'就有8寸长,那么他的脸不是有丈把长吗?"汉武帝听了,也哈哈大笑起来。东方朔要劝谏皇上不要做长生梦了,但又不好直言去规劝,只能用旁敲侧击的方法,委婉地表达自己的意思。这种批评使汉武帝愉快地接受了。

要达到沟通的最佳效果,不一定都用直言不讳的说法,用委婉的说法可能会达到预想不到的效果。

(2) 易于接受。人们总是希望对方能够接受自己所发出的信息,并做出相应的反应。这就首先要让对方能够接受你发出的信息。委婉的语言就可以帮助你达到这个目的。

例如:美国小说家马克·吐温到某地旅馆投宿,人家早告诉他此地蚊子特别厉害。他特别担心晚上是否能安稳睡觉,想要事先向服务员打招呼,又觉得这样做未必效果好,服务员不一定乐意接受。他在服务台登记房间时,一只蚊子正好飞过来。马克·吐温灵机一动,马上对服务员说:"早听说贵地蚊子十分聪明,果然如此,它竟然会预先看我的房间号码,以便夜晚光临,饱餐一顿。"服务员听了不禁大笑起来,结果就记住了他的房间号码,并相应地采取了一系列防蚊子措施,使马克·吐温这一夜睡得很好。马克·吐温如果生硬地告诉服务员要怎样赶蚊子,就不一定能达到这种效果。马克·吐温的话很委婉,让服务员易于接受,当然也就乐意尽心服务了。

在日常生活中也常有这样的例子:当你要求别人做一件事,或者指责别人哪里有过失的时候,你要尽量选择让对方感到有回旋的话,把主动权仿佛送给了对方。例如某一员工衣帽不正有碍企业形象,你可以说:"这样还算挺好的,但如果能够再把这个颜色换一下,会更好些。"这样的话语会使员工乐于接受,也就心悦诚服地愿意改正。

委婉的语言是曲折地表达自己的意思,听话者感到你是为他着想,或者感到合情合理,这就容易达到自己的目的,也给人以教育和启迪。

(3) 言简意赅。委婉的语言表现形式是婉转温和,这就形成了它隐约、含蓄的特点,也就使委婉的语言容量较大,语言虽然很简洁通俗,含义却是相当深刻的。

请看下面一段对话。

问:你有过感叹吗?

答:感叹是弱者的习气,行动是强者的性格。

问:扬州大明寺一进门有尊大肚佛,两侧有副对联。上联是"大肚能忍忍尽人间难忍之事",下联是"慈颜常笑笑尽天下可笑之人"。你能做到吗?

答:我如果能做到我就成佛了。

问:你有烦恼与痛苦吗?

答:越有追求的人,烦恼与痛苦越多。成功之后将是快乐。

答话者回答问题时,总是用迂曲的方式作答,语言浅显通俗,含义却值得咀嚼。

（4）手法新颖。委婉表达产生于人际沟通中出现了一些不能直言的情况。一是总会存在一些因为不便、不忍或不雅等原因而不能直说的事和物,只能用一些与之相关、相似的事物来烘托要说的本意。二是总会存在接受正确意见的情感障碍,只能用没有棱角的软化语言来推动正确意见被接受的过程。还有一些其他类似的情况。黄漫宇在其编著的《商务沟通》中列举了如下新颖的委婉手法,值得我们在人际沟通中一试。

① 用相似相关的事务取代本意要说的事物。如恩格斯《在马克思墓前的讲话》中说"3月14日下午两点三刻,当代最伟大的思想家停止了思想。……他在安乐椅上安静地睡着了——但已经是永远地睡着了。"恩格斯用"停止思想"、"睡着了"、"永远地睡着了"来取代"死"的概念。又如在餐厅中人们谈到上厕所,一般都用"洗手间"来取代"厕所"这一概念。

② 用相似相关事物的特征来取代本意实物的特征。在一次记者招待会上,一位美国记者问周总理:"请问中国人民银行有多少资金?"周总理说:"中国人民银行现有18元8角8分。"——直接回答,涉及国家机密;拒绝回答损害招待会和谐气氛;不予回答,有损总理个人风度。借用人民币面值总额取代资金总额这一特征,真可谓三全其美,妙不可言。

③ 用与相似相关事物的关系类推与本意事物的关系。《人到中年》的作者谌容访美时,用"能与老共产党员的丈夫和睦生活了几十年"来间接回答关于她与共产党关系的提问。有人问:"听说你至今还不是中共党员,请问您对中国共产党的私人感情如何?"谌容回答:"你的情报很准确,我确实还不是中国共产党党员。但是我的丈夫是个老党员。而我同他共同生活了几十年尚无离婚迹象,可见……"

④ 用某些语气词如:"吗、吧、啊、嘛"等来软化语气。这样可以使对方不感到生硬,是比较下列三组句子:

| 别唱了! | 今天别去了! | 你不要强调理由! |
| 别唱了好吗? | 今天别去了吧! | 你不要强调理由嘛! |

无疑每组中的第二句都显得比较客气婉转,会使对方易于接受,有更大的说服力。

⑤ 用个人的感受取代直接的否定。例如,把"我认为你这种说法不对"用"我不认为你这种说法是对的",把"我觉得你这样不好"用"我不认为你这样好"来取代。

⑥ 以推托之词行拒绝之实。例如:别人求你办一件事,你回答说办不到会引起不快。你最好说:"这件事目前恐怕难以办到,今后再说吧,我留意着。"——推脱给将来和困难。再如,别人请你去他家玩,你要说没空,来不了,会令人扫兴,你最好说:"今天恐怕没有时间,下次一定来。"——推脱给将来和没空。又如,别人向你借钱,你手头也不宽裕,你可以说:"这件事我将同我的内当家商量商量。"——推脱给将来和爱人。

⑦ 以另有选择行拒绝之实。例如,有人向你推销一件产品,你不想要,你可以说:"产品还可以,不过我更喜欢另一种产品。"又如,有人要求下星期一进行下次洽谈,你不想在这天洽谈,你可以说:"定在星期五怎样?"

⑧ 以转移话题行拒绝之实。例如,甲问:"星期天去不去工厂参观?"乙答:"我们还是先来商量一下下次推销的安排怎样准备吧?"又如,甲问:"我们明天去展销大厅再见面

好吗?”乙答:“好吧,不过我想时间定在展销前不如定在展销后。”

4. 使用模糊语言

我们在客观世界里所遇到的各种各样的客观事物,绝大多数都没有一个明确的界限。作为客观世界符号表现的语言也必然是模糊的。巧妙地利用语言的模糊性,使语言更能发挥它神奇的效用,是人际沟通追求的目标之一。

(1)化难为易。“化难为易”也称“化险为夷”。在人际沟通中,常会遇到难以应付的棘手场合,也会有非说不可却难以启齿的局面,怎么办?成功的沟通者往往会用模糊语言,使自己摆脱这种尴尬的处境。

例如:在某大商场,有一位顾客拿了几个西红柿,然后混杂在已经称好重量并交款的蔬菜中转身就走。这时,售货员发现了这一情况。如果她高喊“捉贼”,势必会影响商场的秩序,损伤商场的声誉,可能会大吵大闹一番。富有经验的售货员会两手一拍说:“哎呀!请您慢走一步。我可能刚才不注意,把蔬菜的品种拿错了,您再回来查查看。”这位顾客无奈也只得回来,售货员把蔬菜重新称过,随手就将西红柿拣了下来。售货员此时说“可能”、“查查看”都是模糊词语,收到了神奇的公关效果。

(2)缓和语气。在某些情况下,对方可能故意损害你,使你怒发冲冠、情绪激动,气氛顿时紧张起来。在这种情况下,注意使用模糊语言,易于控制自己的情绪,缓和气氛,使事态朝好的方向发展。

例如:在我国南方一个城市,正值下班时间,乘车的人特别多,车已爆满。乘客们把车堵得严严的,车内乘客不容易看到车已行驶到哪一站。尽管乘务员大声报告站名,但总有乘客错过站。有一位错过站的乘客慌慌张张地擂门大叫:“售票员,下车!”乘务员也非常生气,正要酝酿几句奚落挖苦的话,正巧这时有一位公关人员在车内,及时地插嘴说:“售票员不能下车。售票员下车了,谁来售票?”这时,不仅那位错过站的乘客情绪缓和下来,连乘务员也和颜悦色起来。这位公关人员就利用“售票员下车”一句话的模糊性来为乘务员解了围,剑拔弩张的气氛缓和了,一场争吵避免了。如果我们用模糊语言来淡化紧张气氛,就可以控制情绪。它能使我们与他人交往时不致紧张,在公关时能摆脱困境。即使在一触即发的关键时刻,它也可以使我们从容地脱身出来,摆脱不愉快的窘境或矛盾漩涡。

(3)点到为止。模糊语言要有分寸,要点到为止。不该说的不说,能把自己意思表达明白,却不伤害别人,不能直言不讳,要把自己的意思曲折地表达出来,并且要让对方明白。

例如:我国一位著名的播音员到精神病院采访,采访提纲中原先写的是:“您什么时候得的精神病?”这位播音员感到这种话会刺激病人,就临时改口问道:“您在医院待多久了?住院前感觉怎么不好呢?”委婉含蓄的提问,采取的是模糊语言,使对方易于接受,不致产生反感。在采访结束时,这位播音员说:“您很快就要出院了,真为您高兴。”“精神病”这个词对于精神病患者十分忌讳,播音员在采访时自始至终注意回避这个词。

模糊语言的运用要掌握分寸,过于模糊,对方不了解自己的意思,就失去了交际的作用。过于直露,又会伤害别人。只有既模糊又适度,在模糊语言中透露出自己真实的语意,才能达到公关的目的。

（4）增大容量。模糊语言的一个重要特征在于它能把难于表述的道理表达出来，大大地丰富了表达效果。模糊语言是"犹抱琵琶半遮面"，这样更能引起人们联想推断，包含着广博的内容。

例如：我国某城市一个广播电台的直播节目中，一位女士误把听众点给别人的歌曲认为是点给自己的歌，在直播节目中向播音员询问。只是播音员明知不是点给这位女士的，但又不好明白地指出来。如果说出来，不仅扫了这位女士的兴，也使广大听众感到不愉快。播音员说："可能是点给您的吧？其实呀，人间是一个温暖的大家庭，人人相处都应该以友相处。只要以诚相待，以友善之心相待，我们的朋友遍天下，又何必非要去计较是哪一位朋友呢？"播音员随机应变，从女士询问点播节目一事引申出一番处世人生哲学。播音员使用了模糊语言，使节目的内容深化了。

（5）手法新颖。语言沟通的模糊法就是使输出的信息"模糊化"，以不确定的语言进行交往，以不精确的语言描述事物，以达到既不伤害或为难别人，又保护自身的目的。除了上述模糊方法外，以下方法值得我们借鉴。

① 以大概念取代小概念。例如，前苏联驻加拿大商务贸易代表在加拿大进行间谍活动，加拿大政府发出通令，限令他们10日之内离开加拿大，因为他们进行了与其身份不符的活动。出于外交礼仪上的需要，用与其身份不符的活动来代替间谍活动这一概念。

② 以弹性概念取代精神概念。例如，1978年黄文欢同志因不满黎笋集团的倒行逆施，辗转到中国，他要回避到中国有多久和还要住多久的问题。当一名英国记者问，他何时到达北京时，他回答说："我到北京的时间距今天不久。"用"不久"这一有伸缩性概念取代精确的时间长短描述，既回避了敏感的问题，也不能说失去了真实性。

③ 回避。例如，有人问你："你说广州产品好还是上海产品好？"你并没有这种经验，也不宜表现自己无知，可以答曰："各家多有自己的特点。"例如一个法国人问一个中国女孩："你喜欢中国人还是喜欢外国人？"因为是社交场合，女孩回答："谁喜欢我，我就喜欢谁。"避免了说喜欢外国人可能招致不爱国的指责以及回答喜欢中国人会招致的让外国友人扫兴的难堪。

④ 运用答非所问。电影《少林寺》中，觉远对法师不近色、不酗酒的要求都以"能"作答。法师："尽形寿，不杀生，汝今能持否？"觉远难以回答。法师高声再问："尽形寿，不杀生，汝今能持否？"觉远："知道了。"这样模糊的回答，既能在法师面前过关，又不违背自己要惩治世间恶人的决心和本意，真正做到了两全其美。

⑤ 以选择式代替指令式。1944年毛泽东同志致信丁玲、欧阳山："……除了谢谢你们的文章之外，我还想知道一点，如果可能的话，今天下午或傍晚拟请你们来我处，不知是否可以？""还想知道"、"可能"、"拟请"、"是否可以"等多个词语，充分体现了毛主席谦和的作风。

使用模糊法时，一定要注意不同民族对模糊意义的理解各有不同，在跨民族、跨国界使用时要慎重。例如，在1972年9月，周总理为田中角荣首相举行的招待会上的一幕就是很典型的事例。田中角荣致答谢词："……过去的几十年间，日中关系经历了不幸的过程。期间我国给中国国民添了很大的麻烦，我对此再次表示深切的反省之感。"周恩来看到田中角荣不了解"麻烦"这一模糊用语在汉语中语气太轻了,不了解在中国人看来,这是对日本过去的侵犯罪行所采取的一种轻描淡写的态度,就问道:"你对日本给中国造成的损失怎么理解?"田中角荣不得不再次表白:"给您添麻烦这句话包含的内容并不那么简单。我们是诚心诚意地如实表达自己赔罪的心情,这是不加修饰的,很自然地发自日本人内心的声音。……我认为,前来赔罪是理所当然的。"由这精彩的一幕,我们可以得出一个有益的教训:在社交中运用模糊法仍然需要准确地运用模糊语言。

5. 不妨幽默表达

幽默一词在古代汉语中已有,它的含义是寂静无声。现在人们早已不在原意上使用幽默一词,它倒成了一个外来词语,是英语 humor 的音译。

幽默这一手法显得比其他手法更为复杂。关于幽默很难下一个全面而准确的定义,事实上也没有出现一个这样统一的认识。运用幽默的具体技巧也难以像其他手法一样,予以大致的分类罗列。

应该特别指出的是,幽默手法的运用必须自然,切忌强求。第一,幽默只是手法,而非目的。第二,幽默是一种精神现象,不只是简单的笑话或滑稽所能描述;幽默是一种风格、行为特性,是智慧、教养、道德处于优势水平下的一种自然表现。

幽默可以化解难堪。20 世纪 50 年代社会主义改造运动中,上海的一位老教授因基层干部作风粗暴而投河自杀,幸被人救起。陈毅市长知道后,采取多种行动挽回影响,一是狠狠地批评了那位基层干部,一是亲自去老教授家赔礼道歉,同时在一次高级知识分子大会上,用幽默的手法批评了老教授。"我说你呀,真是读书一世,糊涂一时。共产党搞思想改造,难道是为了把你们整死吗?我们不过想帮大家卸下包袱,和工农群众一道前进。你为何偏要和龙王爷打交道,不肯和我陈毅交朋友呢?你要投河也该先打个电话给我,咱们再商量商量嘛!"

幽默可以化解矛盾,缓和气氛。例如,一个小孩看到一个陌生人,长着很大的鼻子,马上大叫:"大鼻子。"小孩的父母感到很难为情,觉得很对不起这个陌生人。陌生人却幽默地说:"就叫我大鼻子叔叔吧!"大家都能由此一笑了之了。

一个人在车上不小心踩了别人一脚,忙连声道歉。被踩的这个人风趣地说:"不,是我的脚放错了地方。"这人大度地认为,事情发生了,已无可挽回,又不是故意的,也没有什么损失,何不一笑了之呢。

一个顾客在餐厅吃饭,米饭中沙子很多,服务员歉意地问:"尽是沙子吧?"顾客大度地回答:"不,其中也有米饭。"既批评了餐厅,也免除了尴尬局面。

幽默也可以用来含蓄地拒绝。例如,一位好友向罗斯福问及美国潜艇基地的情况。罗斯福问道:"你能保密吗?"好友回答:"能。"罗斯福笑着说:"你能我也能。"好友也就知趣地不再问了。

幽默可以针砭时弊。例如,领导问:"你对我的报告有什么看法?"群众:"很精彩。"领导:"真的?精彩在哪里?"群众:"最后一句。"领导:"为什么?"群众:"当你说'我的报告完了',大家都转忧为喜,热烈鼓掌。"这段幽默讽刺了领导干部长篇大论,不着边际的作风。

使用幽默,可以在轻松的气氛下进行严厉的批评。例如,某商店经理在全体职工大会上说："要端正经营作风,加强劳动纪律,公私分明,特别是那'甜蜜的事业'——糖果柜台。"

幽默可使你获得有力的反击武器。例如,德国大文豪歌德一次在公园散步,遇到了一个恶意攻击他的批评家。那位批评家不肯让路,并傲慢地说:"我从不给傻瓜让路。"歌德立刻回答:"我却完全相反!"说完,立即转到一边去了。

幽默是人的思想、学识、智慧和灵感的结晶,幽默风趣的语言风格是人的内在气质语言运用中的外化,幽默风趣的语言风度固然有先天成分的影响,但更有后天的习得。应掌握一些构成幽默的方法,并在语言表达中注意加以运用。

(1) 歪解。俗话说:"理儿不歪,笑话不来。"说成咸鸭蛋是盐水煮的不是幽默,说成咸鸭蛋是咸鸭子生的才是幽默,前者是常规,后者是歪解。歪解就是歪曲、荒诞的解释,它以一种轻松、调侃的态度,随心所欲地对一个问题进行自由自在的解释,硬将两个毫不沾边的东西�在一起,这样才能造成一种不和谐、不合情理、出人意料的效果。在这种因果关系的错位与情感和逻辑的矛盾之中,幽默也就产生了。如有人问鲁迅:"先生,你为什么鼻梁塌?"鲁迅笑答:"碰壁碰的。"这个回答里面,既有对社会现实的不满,又有对自己生活坎坷经历的嘲讽,这样丰富的具有社会意义的内容与"塌鼻梁"这样一个具有丑的因素的自然生理特征结合在一起,便产生了无法言喻的幽默感。

(2) 降用。故意使用某些"重大"、"庄严"的词语来说明一些细小、次要的事情的表达技巧,谓之"降用"。恰当地运用降用,可暗示自己的思想,启发对方思考,令语言风趣生动。毛泽东就是一位极喜欢运用降用的行家里手。毛泽东的卫士封耀松在与一个女文工团员"吹"后不久,在合肥跳舞时又"挑"上一个大他3岁且又离过婚并带有一个小孩的女演员。毛泽东知道这些情况后,极不赞成此事,并通过当时的安徽省委书记曾希圣及其夫人"搅"散了这段"姻缘"。封耀松为此感到极为沮丧郁闷。毛泽东见状,笑着对封耀松说道:"速胜论不行吧! 也不要有失败主义,还是搞持久战好。""速胜论"、"失败主义"是抗日战争时期对日寇入侵这一问题上所持的两种政治、军事观点,而"持久战"则是毛泽东为此而提出的著名论断。这里毛泽东新奇地用降用,劝诫卫士在婚姻问题上不要急于求成,而应持相反的态度,以及"告吹"后不可有悲观失望情绪,于调侃、戏谑之中,委婉地批评了小封在对待婚姻问题上的轻率行为。

(3) 仿似。故意模仿现成的词、语、句、调、篇及语句格式,临时创造新的词、语句、调、篇及语句格式,谓之"仿似"。它是幽默诸多构成法中最常用的一种,往往借助于某种违背正常逻辑的想象和联想,把原来适用于某种语境、现象的词语用于另一种截然不同的新的环境和现象之中,而且模拟原来的语言形式、腔调、结构甚至现成篇章,造成一种前后不协调、不搭配的矛盾,给人以新鲜、奇异、生动的感受。毛泽东在一次报告中批评某些干部为评级而争吵、落泪时说:"有一出戏,叫《林冲夜奔》,唱词里说:'男儿有泪不轻弹,只因未到伤心处。'我们现在有些同志,他们也是男儿,他们是'男儿有泪不轻弹,只因未到评级时'。"这里运用的就是局部改动名句的仿拟之法,显得俏皮成趣,批评有力。

(4) 自嘲。自我嘲讽,是指运用嘲讽的语气来嘲笑自己的缺陷和毛病,以取得别人的共鸣,引起别人会心一笑的方法。笑的规律是优笑劣、智笑愚、美笑丑、成熟笑幼稚。因此,如果公关人员善于显示自己比别人劣、愚、丑或幼稚,就会引人发笑,赢得公众的好感。

自嘲还可嘲讽自己做过的蠢事、自己的生活遭遇等。

（5）辨析。辨析就是对字形、数字、姓名或其他常用的词组做巧妙的拆卸、组合、分辨、解析。这种"辨析"是一般人预想不到的，极具机智巧妙的动力，听者先深感"出乎意外"，一经思考，又觉得在"情理之中"，在豁然顿悟之中，幽默便油然而生。如在人际交往中，富有幽默感的人，自己介绍姓名或听人介绍时，往往都感到亲切自如，又找出了姓名中的特点，便于记忆。如薄一波初次见到毛泽东，当自己介绍姓名后，毛泽东紧握他的双手，嘴里连声说道："好啊，这个字很好！薄一波，薄一波，如履薄冰，如临深渊嘛！"说得周围的同志都笑了起来，毛泽东风趣的"析姓辨名"，使初次会面的客人顿消紧张情绪，感到他和蔼可亲。

三、电话沟通

电话是人们开展社交活动不可缺少的工具，在日常生活和工作交往中，都要利用电话与别人取得联系和交谈。据美国《电话综述》(*Telephone Review*)中介绍说，一个人一生平均有 8760 个小时在打电话。在录像电话还没普及之前，人们通过电话给人的印象完全靠声音和使用电话时的习惯，要想有"带着微笑的声音"或者通过电话赢得信任，就必须掌握电话的沟通技巧。

1. 电话沟通的基本要求

目前大部分电话能传输的信号是声音，但这一信号载体却包含着许多信息。说话人想做什么，要做什么，是高兴还是悲伤，还有对另一方的信任感，尊重感，彼此都可以清晰地得知。这些都取决于电话的语言与声调。因此，电话语言要求礼貌、简洁和明了，以准确地传递信息。

（1）态度礼貌友善。当我们使用电话交谈时，我们不能简单地将对方视做一个"声音"，而应看做是面对一个正在交谈的人。尤其是对办公人员来说，我们面对的是组织的一名公众，如果你们是初次交往，那么，这样一次电话接触便是你给公众的第一次"亮相"，应十分慎重。因此，在使用电话时，多用肯定语，少用否定语，酌情使用模糊用语；多用些致歉语和请托语，少用些傲慢语、生硬语。礼貌的语言、柔和的声音，往往会给对方留下亲切之感。正如日本一位研究传播的权威所说："不管是在公司还是在家庭里，凭这个人在电话里的讲话方式，就可以基本判断出其'教养'的水准。"

（2）传递信息要简洁。电话用语要言简意赅，将自己所要讲的事用最简洁、明了的语言表达出来。因为通话的一方尽管有诸如紧张、失望而表情异常的体态语言，但通话的另一方不知道，他所能得到的判断只能是来自他听到的声音。在通话时最忌讳发话人吞吞吐吐，含糊不清，东拉西扯，正确的做法是：问候完毕对方，即开宗明义，直言主题，少讲空话，不说废话。

（3）控制语速语调。通话时语调温和，语气、语速适中，这种有魅力的声音容易使对方产生愉悦感。如果说话过程语速太快，则对方会听不清楚，显得应付了事；太慢，则对方会不耐烦，显得懒散拖沓；语调太高，则对方听得刺耳，感到刚而不柔；太低，则对方会听得不清楚，感到有气无力。一般说话的语速、语调和平常的一样就行了，即使是长途电话，也无须大喊大叫,把受话器放在离嘴两三寸的地方,正对着它讲就行了。另外通电话时,如果周围有种种异样的声音,使得对方觉得自己未受到尊重而变得恼怒,则需向对方解释清楚,以保证双方心情舒畅地传递信息。

2. 接电话

（1）迅速、礼貌地接听电话。接电话首先应做到迅速接听,力争在铃响三次之前就拿起话筒,这是避免让打电话的人产生不良印象的一种礼貌。电话铃响过三遍后才做出反应,会使对方焦急不安或不愉快。正如日本著名社会心理学家铃木健二所说:"打电话本身就是一种业务。这种业务的最大特点是无时无刻不在体现每个人的特性。""在现代化大生产的公司里,职员的使命之一,是一听到电话铃声就立即去接。"接电话时,也应首先自报单位、姓名,然后确认对方,如:"您好！这是××公司营销部。"如果对方没有马上进入正题,可以主动请教:"请问您找哪位通话？"

（2）仔细聆听并积极反馈。作为受话人,通话过程中,要仔细聆听对方的讲话,并及时作答,给对方以积极的反馈。通话听不清楚或意思不明白时,要马上告诉对方。在电话中接到对方邀请或会议通知时,应热情致谢。

（3）规范地代转电话。如果对方请你代转电话,应弄明白对方是谁,要找什么人,以便与接电话人联系。此时,请告知对方"稍等片刻",并迅速找人。如果不放下话筒喊距离较远的人,可用手轻捂话筒或按保留按钮,然后再呼喊接话人。如果你因别的原因决定将电话转到别的部门,应客气地告之对方,你将电话转到处理此事的部门或适当的职员。如:"真对不起,这件事是由财务部处理,如果您愿意,我帮您转过去好吗？"

（4）认真做好电话记录。如果要接电话的人不在,应为其做好电话记录,记录完毕,最好向对方复述一遍,以免遗漏或记错。可利用电话记录卡片做好电话记录。电话记录卡片如图 4-1 所示。

```
┌─────────────────────────────────────────────┐
│  给 _____                        │
│  日期 _____    时间 _____   │
│                                              │
│  你不在办公室时                      先生     │
│  _____ 公司的 _____  女士     │
│                                      小姐     │
│  电话 _____                                │
│      ○电话              ○请打电话回去        │
│      ○要求来访          ○还会打电话来        │
│      ○是否紧急          ○回你的电话          │
│      留言 _____                    │
│          _____                     │
└─────────────────────────────────────────────┘
```

图 4-1　电话记录卡片

（5）特殊情况的处理。这包括:

① 电话铃响时,如果自己正在与客人交谈,应先向客人打招呼,然后再去接电话。如

果发觉打来的电话不宜为外人所知,可以告诉对方:"我身边有客人,一会儿我再给您回电话。"不要抛下客人,在电话中谈个没完。这样身边的客人有被轻视的感觉。

② 不要在听电话时与旁人打招呼、说话或小声议论某些问题。如果通电话时,有人有急事来找你,应先对电话那端的人说声:"对不起。"如果为回答通话对方的提问,需向同事请教时,可说声"请让我核实一下"。

③ 如果使用录音电话,应事先把录音程序整理好,把一些细节考虑周到。不要先放一长段音乐,也不要把程序搞得太复杂,让对方莫名其妙、不知所措。

④ 如果对方打错了电话,应当及时告之,不要冷冰冰地说:"打错了。"更不要讽刺挖苦,或表示出恼怒之意。最好能这样告诉对方:"这是××公司,你找哪位?"如果自己知道对方所找公司的电话号码,不妨告诉他,也许对方正是本公司潜在的客户。即使不是,你热情友好地处理打错的电话,也可使对方对公司抱有初步好感,说不定对方日后就会成为本公司的客户,甚至成为公司的忠诚支持者。

接听电话的顺序、用语及注意事项如表 4-2 所示。

表 4-2　接听电话的顺序、用语及注意事项

顺　序	基 本 用 语	注 意 事 项
1. 拿起电话听筒并告知自己的姓名	• "您好,平安保险××部××"(直线) • "您好,××部×××热线"(内线) • (上午 10 点以前)"早上好" • (电话铃响 3 声以上才接时)"让您久等了,我是××部×××"	• 电话铃响 3 声之内接起 • 在电话机旁准备好记录用的纸笔 • 接电话时,不使用"喂"回答 • 音量适度,不要过高 • 告知对方自己的姓名
2. 确认对方	• "×先生,您好!" • "感谢您的关照。"	• 必须对对方进行确认 • 如是客户来电,要对其表达感谢之意
3. 听取对方来电用意	"是"、"好的"、"清楚"、"明白"	• 必要时应进行记录 • 谈话不要离题
4. 进行确认	"请您再重复一遍"、"那么明天在×××见,9 点钟",等等	• 确认时间、地点、对象和事由 • 如是留言,必须记录下电话时间和留言人
5. 结束语	"清楚了"、"请放心"、"我一定转达"、"谢谢"、"再见"等	
6. 放回电话听筒		轻轻放下电话

3. 打电话

(1) 选择适宜的通话时间。打电话的时间应尽量避开上午 7 时前、晚上 10 时以后的时间,还应避开晚饭时间。有午休习惯的人,也请不要用电话打扰他。电话交谈所持续的时间也不宜过长,事情说清楚了就可以了,一般以 3～5 分钟为宜。因为在办公室打电话,要照顾到其他电话的进、出,不可过久占线,更不可将办公室的电话或公用电话用做聊天的工具,这是让人生厌的行为。著名相声表演艺术家马季曾说过一段相声,名叫《打电话》,就是讽刺这种人的。

(2) 通话之前做好准备。通话之前应该核对对方公司或单位的电话号码、公司或单

位的名称及接话人姓名。写出通话要点及询问要点,准备好在应答中使用的备忘纸和笔,以及必要的资料和文件。估计一下对方情况,决定通话时间。

（3）注意通话的礼节。接通电话后,应主动友好,自报家门并证实对方的身份。应先说明自己是谁,除非通话的对方与你很熟悉,否则就该同时报出你的公司及部门名称,然后再提一下对方的名称。打电话要坚持用"您好"开头,"请"字在中,"谢谢"收尾,态度温文尔雅。若你找的人不在,可以请接电话的人转告,如："对不起,麻烦您转告×××……",然后将你所要转告的话告诉对方。最后别忘了向对方道一声谢,并且问清对方的姓名。切不可"咔嚓"一声就把电话挂了,这样做是不礼貌的,即使你不要求对方转告,你也应该说一声："谢谢,打扰了。"打电话结束时,要道谢和说声再见,这是通话结束的信号,也是对对方的尊重。注意声音要愉快,听筒要轻放。一般说,应是打电话的人先搁下电话,接电话的人再放下电话。但是,假如是与上级、长辈、客户等通话,无论你是通话人还是发话人,都最好让对方先挂断。

（4）特殊情况的处理。这包括：

① 通话中如有人无意闯入,可以示意请此人坐下等候,或此人自觉退出等候。否则,你可向电话那端的人说声"对不起"后,简短和来人说两句话后（如可以说："等我打完这个电话后再和你谈"）继续通电话。如果办公室有来客时电话铃响了,可以暂时不接。除非你一直在等这个电话。如属于这种情况,则应向来客说明情况。

② 如果需要留言请对方回电,就要请对方记下你的电话号码。这样对方回电就不必再去查电话号码簿,即使对方是熟人,双方经常通电话,也要告诉对方回电的号码,同时别忘了告诉对方回电的合适时间。如果对方是在外地,则最好说明自己将于何时再打电话,请其等候,不可以让对方花钱打长途电话找你。

③ 如果要找的人不在,则应对代接你电话的人说"谢谢,我过会儿再打"或"如方便,麻烦您转告×××"或"请告诉他回来后给我来个电话,我的电话号码是……"。切不可"咔嚓"一下就挂断电话。

④ 如果出现线路中断,打电话的一方应负责重拨,接电话的一方应稍候片刻。重拨越早越好,接通后应先表示歉意,尽管这并非自己的过错,可以说："对不起,刚才线路出了问题。"即使通话即将结束时出现线路中断,也要重拨,继续把话讲完。要是在一定时间内打电话的一方仍然未重拨,接电话的一方也可以拨过去,然后询问"刚才电话断了,不知您是否还有没讲完的事"。

拨打电话的顺序、用语及注意事项如表4-3所示。

4. 使工作顺利的电话术

电话沟通的功能除了前面所提到的帮助商务员拓展新的业务以外,巧用电话也可以帮助管理人员与公司内部成员以及商业伙伴之间维系良好的关系,因此,管理人员有必要掌握一些使工作顺利的电话术①。

① 黄漫宇.商务沟通.北京：机械工业出版社,2006

表 4-3　拨打电话的顺序、用语及注意事项

顺　序	基本用语	注意事项
1. 准备		• 确认拨打电话对方的姓名、电话号码 • 准备好要讲的内容、说话的顺序和所需要的资料、文件等 • 明确通话所要达到的目的
2. 问候、告知自己的姓名	"您好！我是五湖四海公司××部的×××。"	• 一定要报出自己的姓名 • 讲话时要有礼貌
3. 确认电话对象	• "请问××部的×××先生在吗？" • "麻烦您，我要找×××先生。"	• 必须确认接电话的是否为你要找的人 • 确认是你要找的人接电话后，应重新问候
4. 电话内容	"今天打电话是想向您咨询一下关于××的事……"	• 应先将想要说的结果告诉对方 • 如是比较复杂的事情，应提醒对方做记录 • 对时间、地点、数字等进行准确的传达 • 说完后可总结所说内容的要点
5. 结束语	"谢谢"、"麻烦您了"、"那就拜托您了"，等等	语气诚恳、态度和蔼
6. 放回电话听筒		等对方放下电话后再轻轻挂掉电话

（1）迟到、请假需自己打电话。学生时代，许多人都是请同学或者父母代向学校请假，即使上班之后，请假也常常如此。其实这样做是不礼貌的，也是不负责任的，除非是特别紧急的情况，自己无法同单位联系，否则最好自己给单位打电话，亲自说明迟到或请假的原因。首先，迟到和请假是个人的事，自己的事就应该自己负责。第二，站在公司的立场，员工一旦迟到或缺席，单位一天的工作计划或进度就会有所变更，甚至耽误正常的运作。请假或迟到，应尽可能地亲自向领导说明原因，以取得谅解。

还有一点不可忽略，即在请假的同时还应告知单位自己何时可以到达，若没有明确地说明时间可能会给公司带来困扰。某位公司职员，就曾有过这种体会。这位职员只向上司报告说："因为临时有事，可能会晚点儿到。"而公司本来约好下午一点要和客户谈生意，但上司临时把时间改在早上 11 点，他没有想到，这位职员会迟到两小时，上司只好再打电话给客户，再次变更时间，并致歉。一个职员失误，可能会影响到公司的信誉。

（2）外出办事，随时同单位联系。在公司的立场上，最麻烦的就是，外出办事的人就像断了线的风筝，消失得无影无踪。这些人一旦离开单位，就再也不会同单位联系，使人不知道他（她）的去向。遇到急事，也无法告知，极可能影响工作的进度。因此长时间外出时，一定要常和单位保持联系，尤其是原定计划要更改时，更需要和单位说明，让单位了解进程。

（3）延误拜访时间应事先与对方联络。在和对方约定好时间的情况下，为了表示自己的责任心和对对方的尊重，一定要按时到达，这代表着公司的形象。但如果是因为交通或者其他方面的原因可能迟到，则一定要提前向对方及时解释，求得谅解，不能让对方等待过久，此外也应问问对方是否还有充分的洽谈时间，不要给客户带来不便。

（4）外出时，告知去处及电话。在外出时一定要告知上司或者下属你的去向和联系方式，方便他们及时和你进行联系。如果没有人知道你的联系方式，可能使外出期间的一些突发事件无法得到解决，这会给公司的工作带来极大的影响。无论是公司的负责人还是员工都有必要遵守这一规则，总经理也不能因为自己位高权重而忽略这一点，最起码要让秘书知道自己的行踪或者自己定时和公司取得联系。

（5）与外出上司联络，力求简洁。上司到客户的公司洽谈业务，你因临时有急事，必须与上司取得联系，此时在你拨通上司的手机以后，应该尽量以上司能够简单回答的方式提问。若让接电话的上司说得太多，四周的人会觉察谈话内容，万一所讲的内容与客户有关，很可能引起客户的不悦。最好让上司回答"是"与"不是"就能解决问题。不要问一些让上司难以回答的问题，造成上司的困扰。

（6）以传真机传送文件后，用电话联络。传真机在现代信息社会已经得到了越来越广泛的使用。为了保证文件准确无误地传送给对方，管理人员在使用传真机传送文件以后应使用电话和对方取得联系，一是确保传真文件传送到位和传送文件的正确性；二是交代传送文件的大概内容和目的，方便接收人的阅读。

（7）同事家中的电话不要轻易告诉别人。同事因故没有来上班，常会有人打电话来找他，接电话的人当然会告诉对方实际情况。但对方表示有急事，询问其家中电话时，应该如何处理呢？

如果以工作优先的原则来处理这件事，将电话告诉对方并没有错，但实际上我们并不知道对方与同事之间的关系，所以是否将电话告诉对方很难确定。在许多公司，原则上职员的家庭电话是不能随便告诉外边人的。打到公司的电话一般是公事，首先可由其他职员代为处理，若只有同事本人了解情况时，应由公司同这位同事联系，再由职员给对方打电话，就不会影响工作了。

另外，当我们不便告诉对方同事电话时，应婉转说明，免得造成对方的尴尬。

（8）借用别家公司电话应注意。一般人在拜访客户、洽谈商务时，都知道要注意措辞和态度，可是一旦完成任务，借电话打回自己公司时，就会不知不觉松懈下来，遣词用句会杂乱无章，进而在电话中对客人无礼。虽然和对方洽谈结束后，心中的压力消失了，但仍应保持庄重的态度，打电话回公司，也应力持谨言慎行，切忌忘了身在何处，若态度放肆，会引起对方的不满。为了避免发生这种情况，在其他公司打电话与本公司联系时，一定要注意说话时的措辞与态度。

一般借用别家公司电话，最好不超过十分钟，即使是自己公司打来的，也是如此。因为，无论是自己打过去还是对方打过来，都是占用别人的电话线，可能给对方造成不便。若遇到特殊情况，非得长时间接打电话时，应先征求对方的同意和谅解。

四、谈判

1. 什么是商务谈判

商务谈判是一项集政策性、技术性、艺术性于一体的社会经济活动，它除了包含一系列经济活动的特点以外，同样具有一般谈判的特征。

那么,什么是谈判呢?从广义上讲,只要人们为某事进行交谈、协商,都可视为谈判。美国谈判学会会长尼尔伦格认为:"只要人们为了改变相互关系而交换观点,只要人们为了取得一致而磋商协议,这就是谈判。"谈判是一种协调人们行为的基本手段。严格来说,所谓谈判就是指面临共同问题的双方或多方在谋求合作的基础上,通过讨论协商,为实现利益均沾的目标而进行的信息沟通与交流活动。从定义中我们看出谈判的含义包括以下几点。

(1) 谈判是在两个或两个以上的组织或个人之间进行。

(2) 谈判是一项合作的事业,是一项合作的过程。

(3) 谈判双方或多方面临着共同的利益需求。

(4) 谈判是一种信息的沟通与交流活动。

谈与判是两个紧密相连的过程。谈,就是各方充分地阐述其追求的目标、利益需求,应承担的义务和权利、建议、意见等。判,则是对各方共同认可的事项的确认。谈是判的基础,判是谈的结果。谈判是一门高深的科学,是一门复杂的技术,是一门语言艺术。谈判是谈判者知识、信息、修养、口才、风度的综合较量。任何社会组织都希望通过谈判满足自己的利益要求,又不损害与公众对象之间的关系,对一场成功的谈判来说,双方都应该是胜者。

商务谈判是指一切有形或无形交换的协商洽谈行为,也指买方与卖方之间为了促进买卖成交而进行的,或是为了解决买卖双方之间的争议或争端,并取得各自经济利益而进行的一种人际协商行为[①]。

2. 商务谈判的主要阶段

(1) 导入阶段。谈判的导入阶段时间不多,主要是通过介绍,相互认识,自始至终保持轻松愉快的合作气氛。在介绍时,个人以自我介绍最为适宜;团体则可由团长或司仪介绍,把参加谈判的每一个成员的姓名、身份、职务简要介绍给对方。一般先由职务高的开始介绍,然后按程序介绍下去,介绍到谁时可起立,也可坐在原来的位置上,面带微笑点头示意。在一方介绍时,另一方要认真倾听,注意力集中,切不可东张西望,心不在焉。

沟通小故事

1972 年 2 月,美国总统尼克松访华,中美双方即将展开一场具有重大历史意义的国际谈判。为了创造一种融洽和谐的谈判环境和气氛,中国方面在周恩来总理的亲自领导下,对谈判过程中的各种环境都做了精心而周密的准备和安排,甚至对宴会上要演奏的中美两国民间乐曲都进行了精心的挑选。在欢迎尼克松一行的国宴上,当军乐队熟练地演奏起由周总理亲自选定的《美丽的亚美利加》时,尼克松总统简直听呆了,他绝没有想到能在中国的北京听到他如此熟悉的乐曲,因为,这是他平生最喜爱的并且指定在他的就职典礼上演奏的家乡乐曲。敬酒时,他特地到乐队前表示感谢。此时,国宴达到了高潮,一种融洽而热烈的气氛感染了美国客人。一个小小的精心安排,赢得了和谐融洽的谈判气氛,这不能不说是一种高超的谈判艺术。美国总统杰弗逊曾经针对谈判环境说过这样一句意

---

① 彭于寿.商务沟通.北京:北京大学出版社,2011

味深长的话："在不舒适的环境下,人们可能会违背本意,言不由衷。"英国政界领袖欧内斯特·贝文则说,根据他平生参加的各种会谈的经验,他发现,在舒适明朗、色彩悦目的房间内举行的会谈,大多比较成功。

（资料来源：http：//www.nyjj.net.cn/cg/5/jxzy/wlkj/sucai/koucaixunlian/3/1/3.htm）

（2）概说阶段。谈判概说阶段的目的是让对方了解自己的期望目标和谈判设想,同时隐藏不想让对方知道的其他资料、信息。这个阶段只需要单纯地说出基本想法、意图与目的,而不宜过早地把谈判意图全部提出。因此,概说阶段要注意以下要求。一是保持愉快的气氛。发言的内容要简短,要能把握重点及表示情感。比如："很高兴来这里开会,今天有关引进设备的讨论,希望能有圆满的结果。使双方都满意。"发言时要面带笑容,以示诚恳,在得到对方首肯以后,也要以目光和点头致意,表示彼此意见相投,成功的可能性就会很大。二是倾听对方的发言。在谈判的概说阶段应留出时间让对方发表看法,待认真听完对方的意见后,进一步思考分析,找出双方目的的差别。

（3）明示阶段。在明示阶段,谈判双方不再隐瞒自己的真实意图,而把自己的谈判目的和盘托出,使对方明了自己的需求,为交锋阶段做好准备。但是在明示时要注意分寸,把握谈判内容的"度",决不要流露自己迫切需要解决问题的心情,否则,就会被对方利用为施加压力的砝码；同时,对自己的真实实力,包括谈判"底线"等,应给予保密,否则在交锋时会使自己处在被动地位。

（4）交锋阶段。谈判的目的就是为了获得自己想得到的利益。谈判双方的对立状态是从交锋开始的。由于双方都想说服对方以获得更大的利益,因此,彼此都充满信心,运用计谋,斗智斗勇,使争论相当激烈。

在交锋阶段要有应付各种困难的思想准备,随时准备回答对方的质询,并表现出适当的强硬态度。但是高明的谈判者,不是有勇无谋的人,因为交锋并不是为了证明一方强于另一方,而只是寻求双方利益一致的妥协范围,否则,谈判将导致破裂。因此,谈判者的态度应"硬中有软",适时地"软硬兼施"。

（5）妥协阶段。妥协是交锋的结果,在相互僵持过程中总有一方主动做出让步,使另一方也相应退让,若双方都不让步就无法达成妥协协议。让步要选择时间,把握让步的幅度,讲究让步的艺术。谈判中不恰当的让步会让己方难以实现最终愿望。正确的让步是使双方都得益,互为补偿,如果是单方面的让步,就不是成功的谈判。妥协不是目的,而是手段,妥协就其实质而言,是不得已而为之。因此,在谈判中要慎用妥协,一般在谈判前就应设想自己的妥协范围,并在谈判过程中依据双方情况的变化,寻找理想的妥协时机。妥协不是无限度地一味退让,而是有限度、有范围的,以不损害自己的根本利益为尺度,使对方能接受,从而达成互利互惠协议。另外,让步要讲究方式。在开始阶段,谈判人员代表组织可做较大的让步,然后在长时间内再缓慢地一点一点地做小的让步。这样,一开始大的让步能取悦对方,建立好感再逐步做点小的让步,也就比较顺理成章,容易被对方所接受。当然,具体选择何种让步,还要视对方情况而定。

（6）协议阶段。谈判双方认为已基本上达到自己的谈判目标,共同以签订协议宣告谈判的结束。签订协议是很重要的仪式,双方除了出席谈判的代表外,还可请组织和政府的领导人出席,以示重视。谈判的双方代表在协议上签字后,要交换协议书,并握手祝贺。

协议书签订的会场、服务、接待等各项工作都要由专人负责。最后,双方还要发表简短的祝词,以及摄影留念。协议签订的仪式结束后,还可组织招待会、新闻发布会、宴会、舞会等庆祝活动。

3. 商务谈判的准备

古人说"凡事预则立,不预则废"。谈判获得成功的先决条件是事先做好充分准备。在商务谈判的准备阶段,主要是分析形势,弄清对手的需要和目标,估计谈判双方的实力,最后确定自己的谈判目标,并制订具体的战略方针。谈判的准备工作主要包括收集信息资料,制订谈判计划,组织、人员准备和环境物质准备等几个方面。

(1) 资料准备。即收集、整理与谈判有关的信息、资料,具体包括以下几方面资料:① 与谈判主题有关的背景材料。如在经贸谈判中,资料的内容包括己方和对方的财务计划、决策的优先顺序、成本分析、期限压力、组织结构、经营方向及宣传资料、报告书、公开声明等。② 有关谈判对手的各种情况。包括对手的个人详细资料:气质、性格、经历、家庭背景、生活习惯、兴趣爱好,甚至思维方式、行为特点和心理倾向等细节。③ 谈判所涉及的国家有关政策法令及其他相关资料。资料的掌握有时对谈判的成功起决定作用,因而它是谈判前最重要的准备工作。谈判决策对资料、信息的基本要求是及时、准确、适用,即信息传递要迅速、及时、准确无误且具有针对性和适用性,便于谈判者掌握有关决策的主要情况,避免纠缠于芜杂无关的资料而贻误时机。

(2) 计划准备。即根据己方的愿望和要求,结合信息资料分析,评估己方实力,了解对手情况预定出具有现实可行的谈判目标,然后制订出关于谈判的计划,并且演习和检查这一计划。

① 确定谈判目标。目标是谈判决策的基础,目标选择的正确与否,直接关系到谈判的成败。但是目标的确立不是随心所欲的,谈判目标是在预测基础上所期望的结果。富有经验的谈判人员将目标分为三个层次:在必要时可以放弃的最高目标;只有在万不得已的情况下才考虑放弃的具有现实可能性的目标;毫无讨价还价余地的必须达成的最低目标。对这些目标区分层次、权衡轻重,才能制订多种方案,力争好的结局。

② 评估己方实力。要本着实事求是的精神,公正、客观地评价自己的实力,既不要自卑,又不能轻敌。通过对有关信息的分析,弄清己方当前面临的形势是什么,打算通过谈判得到什么、得到多少,谈判成功会出现什么结果,不成功又会怎样。从而选择自己的谈判论据,在心理上做好充分调整,并制订出灵活的谈判策略。

📖 **沟通小故事**

1990 年,正是银行收紧银根、压缩信贷之时,某市原来与某水泥生产厂家挂钩的煤炭经销单位,为了尽快取得流动资金,放下往日的高姿态,主动要求为对方提供优质煤炭,于是,水泥生产厂家瞅准时机,在价格上大做文章,直至水泥生产厂家满意。其后不久,基建上马、原料涨价,而水泥生产厂家此时已有相当数量的煤炭储备,这不能不说是一次成功的范例。

(资料来源:莫林虎.商务交流.北京:中国人民大学出版社,2008)

③ 了解对手情况。通过对手相关资料的分析,认清对手当前面临的形势,把握他们

的需要和目标,谈判成功对他们意味着什么,失败又怎样,推测他们可能提出的方案等,并在此基础上,寻找谈判双方的共同利益。

📖 沟通小故事

　　有一个推销员,他先把顾客可能提出的挑剔条件一条条分别写在卡片上,在背面写上自己的解释理由,到时候他先让顾客看正面,再让他看背面,好多人在这种幽默轻松的"游戏"中接受了他的商品,这就不难看出这种"先见"的高明之处。

　　(资料来源:莫林虎.商务交流.北京:中国人民大学出版社,2008)

　　④ 撰写谈判计划。第一步是确定谈判主题或议题。主题是谈判目的的具体表现,应具体、简洁、明快。第二步是确定谈判的要点,包括谈判目的、程序等,其中谈判程序是最主要的环节。第三步是关于谈判策略的运用,特别是一些策略的运用,如是说服还是强迫,是协作还是争论,是速战速决还是故意拖延等。

　　⑤ 演习——检查计划。谈判计划制订出来以后,可以通过演习即模拟谈判来检查。利用不同特征的人扮演谈判对手,尽可能提出谈判时可能出现的种种问题,以检查谈判计划是否存在弊端和漏洞。德国商人常常事先演练重要的谈判,使他们对谈判中的每一个问题几乎都做到心中有数,其结果是增强了谈判的实力,取得了理想的效果。

　　(3) 组织准备。即组织谈判小组,选择谈判人员,确定谈判领导人,准备后援人员;明确各自职责范围,加强相互配合,使之成为一个相互协调、步调一致的整体。在谈判的组织准备中,谈判人的挑选是最关键的环节。在挑选谈判人员时,主要考虑这样几个因素:①谈判人员的知识水平和知识结构。谈判人员应具备谈判可能涉及的各方面的知识,且要求结构合理。②谈判人员的个人素质,包括知识能力、道德、心理等素质。一般来说,谈判人员应具备的个人素质有:追求高目标,具有吸引人的风度、个性和幽默感,观察力敏锐,表达能力强,善于倾听,正直、冷静、自信、灵活机智等,谈判人员相互间最好能做到性格互补。③谈判人员的年龄。年龄在一定程度上代表着谈判人员的知识、精力和经验,这些对谈判的成功都有一定的影响。英国谈判专家斯科特认为,谈判人员的最佳年龄在33～35岁。因为,在就业早期,人热衷于竞争,具有理想主义色彩;在就业晚期,则具有容忍他人意见和社会责任感强烈的特点,竞争性已显不足。而在就业的早期与晚期之间的人,则既有一定的经验,又精力充沛、富于进取心。对大多数人来说,这个年龄是在33～35岁。

　　(4) 物质准备。谈判的物质准备包括谈判环境的布置和谈判人员的住宿安排等方面,由于其体现了作为东道主一方的诚意,对谈判气氛乃至整个谈判的发展方向都有着直接的影响,因此,它也是谈判准备工作中的一项重要内容。

　　4. 商务谈判的语言特点

　　谈判,离不开一个"谈"字,不管是和风细雨的劝说,还是理直气壮地唇枪舌剑,时时刻刻都离不开语言,谈判中最重要的工具就是语言,谈判双方必须利用语言来传播信息、交流情感,表达自己的意向。没有语言,谈判根本无法进行。谈判是智慧的较量,而语言又是谈判者思想与智慧的表达方式。谈判语言关系到谈判的成败,其原因就在于谈判语言不同于一般生活中的语言,他需要在紧张、激烈对抗中,始终把握己方的目标,同时运用各种语言技巧来突破对方的防线。谈判语言的主要特征有如下几方面。

(1) 鲜明的功利性。谈判语言是一种目的非常明确的语言,不管是谈判中的陈述、说服,还是提问、回答,都是为了自己的利益需要而进行的。不带有任何功利目的也无求于对方的谈判是不存在的。20世纪70年代初,中美建交谈判时,美国前国务卿基辛格在与邓小平对话时曾说:"我们的谈判是建立在健全基础之上的,因为我们都无求于对方。"第二天,毛泽东主席接见基辛格时,就其前一天的谈话进行了反驳。毛泽东说:"如果双方都无求于对方,你到北京干什么? 如果双方都无求于对方的话,那么,我们为什么要接待你和你们的总统?"毛泽东一针见血地指出,谈判是一种双向的需要,谈判带有明确的目的性。谈判的目的性决定了谈判语言必然具有鲜明的功利性。

📖 沟通小故事

在2000年秋季广交会上,我国的外贸人员在一个清雅的接待室里与外商谈判。中方人员讲:"由于国际、国内铅价猛涨,这次出口的蓄电池,我们准备适当提高价格。"听到新的价格,外商连连摇头。再谈下去,对方却说:"还是以前的报价就谈,否则谈判就结束。"眼看谈判陷入僵局,外贸人员找到北京电池厂负责人,要求他们压一压出厂价。副厂长等人一算账,认为压价就肯定赔钱,无法接受这个建议。怎么办? 经过充分的准备,王副厂长等人开始与外商直接谈判。在两天半的时间里,厂方详细谈到国际市场铅价及蓄电池价格上涨的幅度,原料价格上涨对产品成本的影响,本厂产品与外国同类产品价格的对比情况,如果双方成交的话各自可获取的盈利。厂方摆出的事实和数据清晰明确,具有无可辩驳的说服力,外商不得不叹服,"你们对市场行情真是一清二楚。"买卖最后终于谈成了。

(2) 灵活的随机性。谈判是一个动态过程,瞬息之间,变化万千。尽管一般情况下,谈判双方事前都要做充分的准备,对谈判的内容、己方的条件、可能做出让步的幅度、对方的立场、对方可能采取的策略,都进行了研究,并对谈判过程进行了筹划。但是,谈判过程常常是风云变幻、复杂无常,任何一方都不可能事前设计好谈判中的每一句话。具体的言语应对仍然需要谈判者临场组织,随机应变。

谈判中,谈判者要密切注意信息的输出和反馈情况,根据不同内容和阶段,针对谈判对象、主客观情况变化,及时、灵活地调整谈判语言。尤其是在双方就关键性的问题短兵相接时,一问一答、一叙一辩,都要根据当时谈判场上的变化而变化,这就是灵活的随机性。如果谈判中发生意料之外的变化,而仍然拘泥于既定的对策,思想僵化,方式呆板,语言不能机智应变,则必然在谈判中失去优势,导致被动失利。

(3) 巧妙的策略性。因为谈判是一种智慧的较量,所以在谈判中,一方为了获得尽可能多的利益,往往采取各种策略,诱使对方按照己方的条件达成协议。因而成功的谈判者常常在谈判双方的利益冲突和利益协调中,从合作的立场出发,以其特有的机警和敏锐,不放过有利于自己的任何一个机会。同时,运用各种计谋、多种恰到好处的言谈,使谈判朝着有利于己方的方向发展。谈判语言的策略性表现在:一样的话,可以有几种说法;同样的意见,用不同的说法表达,以产生不同的效果。

沟通小故事

有一次,日本一家公司与美国一家公司进行一场许可证贸易谈判。谈判伊始,美方代表便滔滔不绝地向日方介绍情况,而日方代表则一言不发,认真倾听,埋头记录,当美方代表讲完后,征求日方代表的意见,日方代表却迷惘地表示"听不明白",只要求"回去研究一下"。几星期后,日方出现在第二轮谈判桌前的已是全新的阵容,由于他们声称"不了解情况",美方代表只好重新说明了一次,日方代表仍然以"还不明白"为由使谈判不得不暂告休会。到了第三轮谈判,日方代表团再次易将换兵并故伎重演,只告诉对方,回去后,一旦有结果便会立即通知美方。半年多过去了,正当美国代表团因得不到日方任何回音而烦躁不安、破口大骂日方没有诚意时,日本突然派了一个由董事长亲率的代表团飞抵美国,在美国人毫无准备的情况下要求立即谈判,并抛出最后方案,以迅雷不及掩耳之势催逼美国人讨论全部细节,措手不及的美方代表终于不得不同日本人达成了一次明显有利于日方的协议。事后,美方首席代表无限感慨地说:"这次谈判,是日本在取得偷袭珍珠港之后的又一重大胜利。"

(4)迅捷的反馈性。谈判中的双方斗智斗勇,往往会出现许多稍纵即逝的机会。谈判者不仅要反应敏捷,而且要立即做出判断和回答。抓住了机会,也就抓住了成功。所以谈判的语言一方面对己方的谈判条件争取到最大的满足;另一方面要迅速捕捉对方谈话中的矛盾之处或者漏洞,不失时机地加以利用,这就是谈判语言迅捷的反馈性。

沟通小故事

一次某外商向我国一个外贸单位购买香料油,出价每千克40美元,我方要价48美元。外商一听我方要价就急了,说:"不,不,你怎么能指望我出45美元以上来买呢?"我方代表立即抓住这一机会,巧妙地反问说:"这么说,你方是愿意45美元成交了?"外商情急之下露了底,只好说,可以考虑。结果双方以每千克45美元成交,比我方原定的成交价高出3美元。

谈判中对时间的要求是严格的,这与平常的生活语言大不相同。谈判中双方的陈述、说明、提问、回答等都是紧张的智力较量,要求在极短的时间内立即对对方的发言做出反馈。或同意,或拒绝,或反驳,或提出新的建议,都要求谈判者迅速做出反应。迟迟不予回答,或在谈判桌上说错了又收回来,都会被认为是不礼貌的,或者是不负责任的表现。

5.商务谈判的技巧

美国著名律师尼伦伯格在其著作《谈判的策略》一书中举过一个例子:"最近,我那两个儿子为分吃一块苹果馅饼而争了起来,两个人都坚持要切一块大的给自己,结果他们始终分不好。于是我建议他们,有一个人先切,由另一个先拿自己想要的那块,两个人似乎觉得这样公平,他们接受了,并感到自己得到了公平的待遇。"正如上述书中的例子,谈判也应该是一种"赢—赢"式谈判,而非"赢—输"式谈判,这是谈判的最高境界。我们在谈判时,一定不要忽视这一基本点。商务谈判的技巧主要有如下方面。

（1）积极倾听，用心理解。先让我们看一个例子：日本松下电器公司的创始人松下先生曾谈到自己初次交易谈判中的一个教训，他去东京找批发商谈判，意欲推销他的产品，批发商和蔼可亲地说："我们是第一次打交道吧？以前我好像没见过您。"这是明显的探测语，批发商想要知道面前的对手是生意老手还是新手。松下先生恭敬地回答，"我是第一次来东京，什么都不懂，请多多关照。"这极平常的寒暄语却使批发商获得了重要信息：对手原来是一个初出茅庐的新手。批发商问："你打算什么价格出卖你的产品？"而松下又如实亮底说："产品成本 20 元，我准备卖 25 元。"按当时市场价格 25 元钱价格适中，产品质量又好，但由于松下无意间暴露了自己的弱点，因此批发商说："你首次来东京做生意，刚开张应当卖得更便宜些，20 元卖不卖？"批发商了解对手人生地不熟，又有急于打开销路的愿望，因此趁机杀价。松下先生后来才悟到，正是由于自己缺少经验，没有能感觉到对方的探测性语言。在许多人看来，谈判中要多发言，这样才能把自己的意图说清楚，使另一方完全明白自己的观点、看法。其实，真正高明的谈判家并不这样做。他们采用的办法大多是"多听少说"。尽量少发表自己的看法，多听对方的陈述，这种听是主动的，并非只是简单地用耳朵就行了，还需要用心去理解，探求对方的动机，积极做出各种反应。这不仅是出于礼貌，而且是在调节谈话内容和谈判气氛。

① 要耐心倾听。谈判中一般交谈内容，并非总是包含许多信息量的。有时，一些普通的话题，对你来说知道得已经够多了，可对方却谈兴很浓。这时，出于对谈判对方的尊重，应该保持耐心，不能表现出厌恶的神色，也不能表现出心不在焉的神情。越是耐心倾听他人意见的人，谈判成功的可能性越大。因为聆听是褒奖对方谈话的一种方式，能提高对方自尊心，加深彼此感情，为谈判成功创造和谐融洽的环境和气氛。

② 要虚心倾听。谈判的一个主要目的是沟通信息，联络感情，而不是智力测验或演讲比赛，所以在听人谈话时，应该有虚心聆听的态度，不要中途打断对方的谈话，这也是不尊重对方的表现。正确的做法是听话者在谈判中应随时留心对方的"弦外之音"，回味对方谈话的观点、要求，并把对方的要求与自己的愿望做互相比较，预想好自己要阐述的观点、依据的理由，使谈判走向成功。

③ 要注意主动反馈。在对方说话时，听话者不时发出表示倾听或赞同的声音，或以面部表情及动作向对方示意，或有意识地重复某句你认为很重要、很有意思的话。若一时没有理解对方的话，不妨提出一些富有启发性和针对性的问题，这样对方会觉得你听得很专心，重视他的话。

（2）善于提问，控制局面。有这样一个例子：有一位教徒问神父："我可以在祈祷时抽烟吗？"他的请求遭到神父的严厉斥责。而另一位教徒又去问神父："我可以吸烟时祈祷吗？"这个教徒的请求却得到了允许。这两个教徒发问的目的和内容完全相同，只是语言表达方式不同，但得到的结果却相反。由此看来，善于提问，语言技巧高明才能赢得期望的谈判效果。俗话说："知己知彼，百战不殆。"了解谈判对手，是保证谈判获得成功必不可少的。要深入了解双方，除了仔细倾听对方发言，注意观察对方的举止、神情、仪态以捕捉对方的思想脉络、追踪对方的动机之外，通过适当的语言手段，巧妙提问，随时控制谈话的方向，并鼓励对方说出自己的意见，这是获取必要信息更为直接的有效方式。

① 不要羞于提问。很多谈判者坐在谈判桌前时，羞于提问。虽然没听明白对方的意

思,但是因为有众多的谈判人员在场,认为提问题暴露了自己的无知,会让别人瞧不起,有碍面子,因此不懂装懂,不提问题;或者有些时候怕自己提问题太多,会引起对方的反感,因而尽量少提问题,这些都是不正确的态度。谈判牵扯到双方的重要利益,而且谈判时双方都在使用各种策略以争取自己的利益。有时是故意说得复杂让对方听不懂,如果此时稀里糊涂地答应了条件,正合对方心意。因此,如果有疑问,就必须要向对方提问,这不仅使得己方了解了事实真相,而且很大程度上控制了局势。我们可以想想在日常生活中,是提问题的人掌握了主动权呢,还是回答问题的人掌握了主动权? 当然是提问题的人,因为他控制了对方的思维,回答问题的人更多是被牵着鼻子走,因此,如果在谈判适时适度地提问不仅不会让己方陷于被动,而且很大程度上占了主动权。

② 注意提问的恰当时机,应该等对方发言完毕再问。日常生活中,我们都知道打断别人的谈话是不礼貌的,在谈判中,更是如此。要注意听对方的谈话,不明白的地方可以先记下来,等对方陈述完后再问。这样有三个好处:首先,是尊重他人的体现,不会因中途打断对方而引起不快;其次,听完了对方的谈话可以完整地了解对方的思路和意图,避免断章取义,错误地理解对方的意图;最后,听完对方的陈述再提问,也为自己争取了思考的时间,可以思考怎样提问比较合适,以免出现漏洞。如果对方的话冗长,也可以适时地打断对方。在打断对方前,要注意当时的气氛和对方的情绪。我们知道在日常生活中如果要向某人提要求,一般是选择该人比较高兴的时候,在谈判中也是如此。如果打断对方提问题,要选择对方说话的间歇,而且要气氛融洽,对方认为形势有利于他们的时候提,这时对方心理往往较少设防,回答得比较详细、充分,己方获取信息充足。如果气氛紧张时,对方会很谨慎地回答,己方获得的信息有限。

③ 讲究提问方式。提问有不同的方式,在谈判中的提问更要注意提问方式的选择。为了保证谈判气氛的融洽,一般来说,较多地使用选择性问句。如"您认为我们应该先讨论交货方式的问题还是价钱的问题合适呢?"这种问句方式,给对方一个选择的空间,以免引起对方的逆反心理,再配以得体的措辞,柔和的语调,对方比较容易接受。而且这种问法看起来是让对方选择,实际上己方已经设定了选择的范围"交货方式还是价钱",表面看起来主动权给了对方,实际是己方在掌握了主动权的基础上给了对方少许的自主权,而就是这"少许自主权"往往使得对方心理比较满足,因此,在谈判中经常会使用选择性问句。在提问时应多使用比较委婉的词语,比如,"您觉得这样处理怎样?"、"我们是不是还需要讨论一下供货方式的问题?"、"麻烦您解释一下刚才的建议,我们还不是很清楚",等等,再辅以诚恳的态度,一定会取得比较理想的效果。

另外,提问应该避免几个问题:一是不要使用盘问、审问式的问句,避免几个问题连着问,因为对方既不可能一一给以详细的回答,还会引起对方的反感,破坏了谈判的气氛。二是提问题的态度要诚恳,避免给对方讽刺、威胁等感觉,对方才乐于回答。三是要有疑而问,不要为了表现自己而问。有的人为了表现自己的口才或专业,故意卖弄,结果往往会弄巧成拙。四是对方不愿回答的问题,不要一而再,再而三地追问,可以委婉地换种方式获得信息,不一定非得逼问对方。

📖 沟通小故事

在一场货物买卖谈判中,双方就价格问题难以达成一致时,买方经过精心策划,提出了下列问题:"尊敬的先生,当一件成品所需的原材料开始降价,那么随着成本的下降,其价格是否应降低呢?""是的,毫无疑问。""当一件产品的包装改用简易包装了,那么它的价格是否应降低呢?""是的。""那么你方在原材料价格大幅度下降,产品又改用简易包装的情况下,为什么还坚持原来的价格呢?"直到这时卖方才发现落入了陷阱,无言以对,只能应对方的要求降低产品的价格。

(3)巧妙回答,避实就虚。在谈判中,如何回答对方的问题更重要,如果回答得不好,往往会掉进对方设置的"陷阱",被对方牵着鼻子走。因此,在很多的政治谈判、军事谈判和商贸谈判中,"回答"比"提问"还重要。同提问一样,回答应为谈判效果服务,该说什么,不该说什么,应该怎么说都要由"有利于谈判效果"来决定。回答问题时的总原则就是"经过慎重思考,再三斟酌,能不答的就不答,能少答就不要多答,尽量少说"。

实际上,擅长回答的谈判高手,其回答技巧往往在于给对方提供的是一些等于没有答复的答复。潘肖珏在其所著的《公关语言艺术》中列举了如下实例来说明这一点。

例一:在答复您的问题之前,我想先听听对方的观点。

例二:很抱歉,对您所提及的问题,我并无第一手资料可作答复,但我所了解的粗略的印象是⋯⋯

例三:我不太清楚您所说的含义是什么,能否请您把这个问题再说一下。

例四:我们的价格是高了点,但是我们的产品在关键部位使用了优质进口零件,增加了产品的使用寿命。

例一的应答技巧,在于用对方再次叙述的时间来争取自己的思考时间;例二一般是属于模糊应答法,主要是为了避开实质性问题;例三是针对一些不值得回答的问题,让对方澄清他所提及的问题,或许当对方再说一次的时候,也就找到了答案;例四是用"是 ⋯⋯,但是⋯⋯"的逆转式语句,让对方先觉得是尊重他的意见,然后话锋一转,提出自己的看法,这叫"退一步而进两步"。我们应当很熟练地掌握和运用这些回答技巧。在谈判中,回答还要注意以下方面。

① 尽量避免正面回答。对方提问的目的是想从我们回答中获取信息,因此在回答时就要尽量避免正面回答,防止泄露太多的信息。如果对方知道得太多,我们就丧失了主动权。如果对方问:"你们的报价是多少?"就不应直接回答是多少,可以回答:"跟市场上其他同类产品的价格差不多,但是我们的产品比市场上的同类产品质量要好得多,相信价格方面你们会满意的。"多使用模糊性的词语,回答不要太确切。比如有的谈判人员,想知道对方打算在什么时候结束谈判,以便运用限期策略迫使对方做出让步,于是见到对方一开始就非常热情地询问:"贵方打算什么时候离开呀? 最近机票不好买,如果需要的话,我们可以帮忙预订。"这时可千万不能被对方的热情打晕了头,说出类似"我们打算下周一走,那就麻烦你们帮忙订机票吧"之类的话,这样就掉进了对方的"陷阱"里了,对方可能会在谈判时"故意"地拖延时间,迫使我们最后做出巨大让步,陷于被动。可以回答:"我们

不着急，难得来一趟，有时间我们还要四处玩玩。"这就委婉地向对方表明"时间不是问题，我们有足够的精力进行谈判"。对方也就不敢使用限期策略了。

沟通小故事

明朝的刘伯温，是个堪与诸葛亮相比的智者。有一次，朱元璋问他："明朝的江山可坐多少年？"刘伯温寻思，无论怎么回答都可能招致杀身之祸，不由汗流浃背地伏地回答说："我皇万子万孙，何须问我。"他的回答用"万子万孙"的恭维话作为掩护，实际上却是以"何须问我"的托词做了回答，朱元璋抓不到刘伯温的任何把柄，自然也就拿他无可奈何。

② 不要一一作答。有时，对方的问题很多，如"我们想知道关于价格、数量、交款方式等问题贵方是怎样考虑的。"不要一一给予答复，被对方控制思维，可以就其中的己方考虑成熟的问题予以答复，如"我们先讨论一下对我们双方都很重要的问题，就先说说价格吧。"后面的问题，如果对方不追问，就没有必要一一作答了，否则有些像学生回答老师的提问，心理、气势都处于弱势，不利于谈判的平等进行。

最好能把问题"踢"给对方，让对方作答。前面已经说过，问者往往控制局势，所以要学会把问题"踢"给对方，把问题"踢"给对方的同时也把压力转移给了对方。如对方问"贵方对价格是怎样考虑的？"可以这样回答："一般来说，价格通常跟货物的数量相关。如果贵方要的数量多，价格就稍微低些；如果贵方要的数量少，价格就相对高些，贵方打算要多少呢？"这样把问题再踢给对方，先让对方思考如何应答"要多少"的问题。己方可以根据对方的回答灵活应答价格问题，可以变被动为主动。

③ 遇到难以回答的问题，使用缓兵之计。在谈判中，如果遇到难以回答的问题，不要急于回答，可以含糊其词，拖延回答。

沟通小故事

美国的一位著名谈判专家有一次替他邻居与保险公司交涉赔偿事宜。理赔员先发表了意见："先生，我知道你是谈判专家，一向都是针对巨额款项谈判，恐怕我无法承受你的要价，我们公司若是只出 100 元的赔偿金，你觉得如何？"

专家表情严肃地沉默着。根据以往经验，不论对方提出的条件如何，都应表示出不满意，因为当对方提出第一个条件后，总是暗示着可以提出第二个，甚至第三个。

理赔员果然沉不住气了："抱歉，请勿介意我刚才的提议，我再加一点，200 元如何？"

"加一点，抱歉，无法接受。"

理赔员继续说："好吧，那么 300 元如何？"

专家等了一会儿道："300？嗯……我不知道。"

理赔员显得有点惊慌，他说："好吧，400 元。"

"400？嗯……我不知道。"

"就赔 500 元吧！"

"500？嗯……我不知道。"

"这样吧,600元。"

专家无疑又用了"嗯……我不知道",最后这件理赔案终于在950元的条件下达成协议,而邻居原本只希望要300元!

这位专家事后认为,"嗯……我不知道"这样的回答真是效力无穷。

(资料来源：http://www.sheqjy.bjshy.gov.cn/SWTP/content/tpfx.htm)

(4) 婉言拒绝,不伤情面。谈判过程中,不仅要经常说服对方,还要避免被对方说服,即拒绝对方的某些要求。拒绝对方也意味着己方在某个问题上的承诺,因此,拒绝是谈判中一项难度较大的技巧,谈判者需要认真掌握,才能做到得心应手。

① 委婉语言拒绝。谈判中在拒绝对方时尤其应该使用委婉的语言,如果觉得对方的要求太过分,己方难以承受,我们可以试想,下面两种方式哪种更有利于谈判的进行? 一是不等对方把话说完,就怒火中烧,拍案而起,不惜用尖刻的语言回击对方,情绪失控;一是神情平静地听对方把话说完,然后微笑地看着对方,说:"我们完全理解您的要求,也希望双方尽量达成一致意见,但是我的确承受不了这种让步,还希望你们能够理解。"哪一种解决方式更有利于问题的解决呢? 显然是第二种。委婉,真诚中透露着坚定的语气,不容对方置疑,效果远远高于前者。

委婉地拒绝对方还要注意一些词语和句式的选择,如"这件事情恐怕目前我们还难以做到"。要比"这件事,我们做不到"更容易让对方接受,"这个建议也还可以,但我们能否想一个更好的解决办法呢?"要比"这个建议不好"更有利于谈判的进行。这些说法,都是侧面否定对方的建议,不易激起对方的反感心理,也使己方的观点顺理成章。当然,委婉地拒绝对方并不等于不拒绝对方,虽然说法委婉,但一定要让对方清楚是拒绝了他,以免引起误会。例如,某公司谈判代表故作轻松地说:"如果贵方坚持这个进价,请为我们准备过冬的衣服和食物,总不忍心让员工饿着肚子瑟瑟发抖地为你们干活吧!"这样拒绝不仅转移了对方的视线,还阐述了拒绝的理由,即合理性。

② 幽默语言拒绝。直接地拒绝对方有时会难以说出口,如果能恰当地使用幽默等手法会使拒绝不再尴尬,而且不失风度。美国一家电视台在中国采访知青出身的作家梁晓声,现场拍摄电视采访节目,采访进行一段时间后,记者让摄像停了下来,记者对梁晓声说:"下一个问题,希望您做到毫不迟疑地用最简短地一两个字来回答,如'是'或'不是'等。"梁点头认可。记者问:"没有'文化大革命',可能就不会产生你们这一代青年作家,那'文化大革命'在你看来是好还是坏?"梁晓声略微沉思一下,反问道:"没有第二次世界大战,就没有以反映第二次世界大战而著名的作家,那么您认为第二次世界大战是好是坏呢?"美国记者哑口无言。这一回答可谓"妙极了"! 它使梁晓声变被动为主动,而且有力回击了记者的故意刁难。

📖 沟通小故事

1923年5月,苏联驻挪威的全权贸易代表柯伦泰与挪威商人进行购买鲱鱼的谈判。挪威商人利用苏联国内急需大量食品的机会而索价昂贵。由于双方在价格上的距离较大,谈判陷入了僵局。为了打破僵局,柯伦泰在第二天的谈判中似乎做了让步,但语言却是幽默、委婉的：“好吧，我同意你们提出的价格，如果我的政府不批准这个价格，我愿意把自己的薪金拿来支付差额。不过，我的工资有限，这笔差额要分期支付，可能要支付一辈子。如果你们同意的话，就这么决定吧！”挪威商人被他的话惊呆了，最后无可奈何地降低了鲱鱼的价格。可见，柯伦泰是表面做出让步，实质并未让步。

（资料来源：http://www.touding.com/member/user_101010.html）

③ 模糊语言拒绝。巧妙地使用模糊语言也可以避免矛盾激化，变被动为主动。模糊的回答可以避开一些敏感话题，避免泄密，还可以为自己以后的行为留有余地。如当对方提出要参观我方的工厂时，己方不想让对方窥探一些行业信息，于是给出一个模糊的回答："我们也希望贵方在合适的时候参观我们的工厂，只是现在我方还没有招待参观者的经验，等我们各方面准备一下，到时候我们一定邀请贵方来参观。"这样的回答就巧妙地拒绝了对方，将主动权握在了自己手里。

（5）摆脱窘境，反败为胜。谈判中，有时会出现一些意想不到的场面，此时缺乏经验者往往会一时语塞，无言应答，窘态百出。遇到紧急情况要冷静、沉着，充分运用语言这根"魔棒"调节谈判气氛，尽快摆脱窘境。

① 引申转移法。谈判时遇到紧急情况，应尽力以新话题、新内容引申转移，把尴尬的情况引开，千万别拘泥一端，执著不放，那会弄成僵持不下，甚至使谈判失败。

📖 **沟通小故事**

我国一贸易代表团到美洲一个国家洽谈贸易，由于会谈十分成功，参加谈判的成员十分高兴。这时，对方一位年长的谈判者为表达兴奋之情，竟热烈地拥抱了我方的一位女士，并亲吻了一下。该女士十分尴尬，不知所措。这时，我方代表团团长走上前来，用一句话打破了窘境。他说："尊敬的×××先生，您刚才吻的不是她本人，而是我们代表团，对吧？"那位年长者马上说："对！对！我吻的是她，也是你们代表团，也就是你们中国！"尴尬的气氛顿时在笑声中烟消云散了。

② 模糊应答法。模糊应答可以应付一些尴尬的乃至困难的场面，使一些难以回答、难以说清的问题变得容易起来。例如：在谈判中，对方提出了一个你既不好当即肯定，也不好当即否定的问题，怎么办？不妨这么回答："这个问题很重要，我们将注意研究。"这就是一种特定语境中的模糊应答。

③ 反思求解法。有时面对一些很难从正面回答的问题，可是换个角度，从话题的反面去思考，这样常可找到新颖的答案，使人脱离窘境。

📖 **沟通小故事**

我方与美方的一次商务谈判已进行到尾声阶段，双方只是就一些细节反复协商。这时，美方有人送来一封信，美方首席谈判者打开一看，信封内空空如也。原来送信人疏忽了，信没装入信封，美方送信人十分尴尬。这时我方代表为缓和气氛，使谈判顺利进行下去，微笑着说："没有消息就是最好的消息。"一句话，使美国送信人解脱了尴尬，冲淡了紧张气氛。这句话是美国人常用的一句谚语，我方代表借此语"反思求解"，使气氛恢复正常。

案例 1：李开复走上"未选之路"

一、案例介绍

1995 年年初，苹果公司的 ATG 研发集团的副总裁也离职了。因此，苹果将提升唐纳德·诺曼(Donald Norman)，一位著名的心理学家升任 ATG 的副总裁。而当时，我的大老板仍然是当初把我挖到苹果的戴夫·耐格尔。在唐纳德·诺曼的任命还没有宣布时，大老板有一次叫我去办公室聊天，征询我对 ATG 发展的意见。我看到老板来找我，就开诚布公地将自己的意见表达出来。

"ATG 队伍庞大，而且并没有严格的考核指标。因此，我认为，如果把 ATG 部门转换成产品部门，则可以让这个部门的激情被激发出来。现在，公司正在面临非常严峻的挑战，这种变化不失一个让苹果的精英们集中起来进行脑力激荡的好方法。让 ATG 的好技术帮公司渡过难关，同时可以大大减轻苹果公司的财务压力。"

戴夫·耐格尔对我的看法不置可否，他沉默了许久。

这一次，我的想法没有得到认可。这是因为，新任的 ATG 副总裁唐纳德·诺曼对这个方案不认可。他说，当 ATG 成立之初，很多业内大师保证给他们做研发的空间，另外，在苹果公司，研究部门和产品部门完全分开，这是一个惯例和传统，不能打破。在苹果公司的市场份额越来越小的情况下，唐纳德·诺曼觉得，即使苹果要在这个时候缩减人员，也只能把 ATG 缩小，变得更像一个研究院。

戴夫·耐格尔虽然是把我挖到苹果公司的，而且对我很赏识，但是他和诺曼的思维方式更相像，而且两人都是加州大学理学系毕业的，从大学开始就相互认识。最后，一个奇怪的方案产生了，苹果最终选择了诺曼的方案，但是同时又想照顾我的想法，于是，我的大老板做出了一个新的决定。让诺曼出任 ATG 副总裁，让 ATG 继续做研发的工作，但是要分一些人给我做产品。这意味着，作为多媒体互动部门的总监，我可以把我的团队整体带到另一个副总裁手下，去做产品。

而诺曼听到这个方案以后，并不愿意我把 ATG 里的人员调走。他跑过来告诉我，"开复，你不能把任何一个团队带走。你应该让员工自己有选择的空间，选择你的跟你去做产品，选择和我做研发的就让我带走。"我听了这个决定，心中些许震惊。因为大家都知道，在研发部门工作，显然没有市场和考核的压力。"谁会愿意放弃舒坦的日子，而和我去做市场，去经历市场份额的严酷考验啊？"我心里这样想。

当我正绞尽脑汁想办法的时候，我听说诺曼先行一步，已经在 ATG 开起了员工大会。他一方面要求相关人员必须亲自表达意愿，才可以加入我的团队；另一方面又告诫大家，开复要研发的新产品有不小的风险，希望大家慎重选择。这样一来，我更被动了。我怎样才能说服大家跟我走呢？如果没有一个人愿意跟我走，我的处境将相当尴尬。

我没有放弃。在一个风和日丽的下午，我把我的团队拉到了一个酒店，在吃饭前，我打开自己熬了一个通宵写的 PPT,讲起了新产品的规划和设计。我描述了互联网与多媒体相结合的新技术和新应用,以及它将形成的巨大发展空间,还与他们分享了新产品部门的愿景。然后,我鼓励他们分成小组,讨论这个愿景的可行性,以及在这样的愿景下自己的潜力将怎样得到更充分的发挥。

我还请来了专家,让他们指导员工扮演动物,"如果你是一只动物,你会怎么拯救苹果公司?"而员工则做了各种各样精彩的表演。这个游戏让大家格外感动,也格外地团结。在苹果利润持续下滑的几年里,这样的气氛已经越来越少了。

最后,我诚恳地对并肩战斗了几年的员工说,"我并不是让大家今天就做出选择,而是做一次心灵的沟通。我把我的设想和前景跟大家分享,最后大家的选择,还是遵循内心的感受。毕竟,有的人适合做研发,有的人适合做产品。但是,在苹果最危急的时刻,我认为做产品是最迫切的。让我们的产品去战胜我们的对手,苹果才可能真正得救。"

我清了清嗓子。开始朗诵我精心准备的一首诗——美国诗人罗伯特·弗洛斯特(Robert Frost)的《未选之路》(*The Road Not Taken*)。

The Road Not Taken

Robert Frost

Two road diverged in a yellow wood,

And sorry I could not travel both

And be one traveller, long I stood

And looked down one as far as I could

To where it bent in the undergrowth,

Then took the other, as just as far,

And having perhaps the better claim,

Because it was grassy and wanted wear,

Though as for that, the passing there

Had worn them really about the same,

And both that morning equally lay

In leaves no step had trodden black.

Oh , I kept the first for another day!

Yet knowing how way leads on to way,

I doubted if I should ever come back .

I shall be telling this with a sigh

Somewhere ages and ages hence:

tow roads diverged in a wood, and I—

I took the one less traveled by,

And that has made all the difference!

未 选 之 路

罗伯特·弗洛斯特

黄色的树林里分出两条道路，

可惜我不能同时去涉足，

我在那路口久久伫立，

我向着一条路极目望去，

直到它消失在丛林的深处。

但我却选择了另外一条路，

它荒草萋萋，十分幽寂，

显得更诱人、更美丽，

虽然在这两条小路上，

都很少留下旅人的足迹，

虽然那天清晨落叶满地，

两条路都未经脚印污染。

啊，留下一条等改日再见！

但我深知路径延绵无尽头，

恐我难以再回返。

也许多少年后在某个地方

我将轻声叹息将往事回顾，

一片树林里分出两条路，

而我选了人迹更少的一条，

从此决定了我一生。

　　全诗的最后几句，深深打动了大家。"一片树林里分出两条路，而我选了人迹更少的一条，从此决定了我一生。"我看着台下的员工，动情地说："这条路没有人走过，但是我们恰恰应该为了这个理由踏上这条路，创立一个网络多媒体的美好未来。"

　　正是这次会议，让90％以上的员工做出了"冒险"的决定，离开相对稳定的研究部门，随我加入全新的互动多媒体部门。这个部门，正是后来 QuickTime、iTunes 等许多著名网络多媒体产品的诞生地。

　　(资料来源：李开复，范海涛.世界因你而不同：李开复自传.北京：中信出版社，2009)

二、思考与讨论

　　1. 李开复让90％以上的员工随其加入全新的互动多媒体部门，他运用了哪些语言沟通技巧？

　　2. 本案例对你有何启示？

案例2：星星公司的完整电话解答脚本

一、案例介绍

星星公司是网络应用服务提供商。一天，星星公司的一客户打进电话，抱怨说最初通过网络申请的密码丢失时的密码提示问题也已经忘记。星星公司根据公司目前的解决办法，只能通过密码提示问题找回丢失的密码，没有其他办法。打进星星公司电话的客户情绪激动，脾气暴躁，急于找回密码。打进电话时语气急速，生硬，不友好；在问题解释过程中，客户没有耐心。以下是完整电话解答脚本。

场景：在一个忙碌的客户服务中心，电话声此起彼伏。一位坐席人员接起一个电话，客户服务就从这个时候开始讲起。

坐席：这里是星星公司客户服务中心，请问您有什么问题？

客户：我的网上密码忘记了（或被盗了），找了很多次都没成功？

坐席：这位先生，请问您贵姓？（在开始语中，注意不要急于询问客户的问题及提供解决方案，问清客户的姓氏，在以后的谈话中注意使用，体现对客户的尊重。）

客户：我姓张。

坐席：张先生，请问您找回密码是通过我们网站提交密码提问进行找回的吗？（通过封闭性问题，逐步锁定客户问题产生的根源点。注意：使用封闭性问题避免连续多次使用，一般连续不超过3次。问题的询问要目的明确，适时引导客户，避免漫无目的；避免在客户激动的时候询问不恰当的问题，激化矛盾。）

客户：是的。我是一年前注册的，现在谁还能记住密码提示问题？

坐席：密码找回是通过密码提示问题找回的。（重申问题的解决方案。注意：语气要委婉。）

客户：你的意思就是我就找不回密码了。（注：此设计为一难缠客户。正常情况下很好解决，在这里不做假设情况设计。）

坐席：张先生，我很理解您此时的心情，如果我遇到您这种情况，我也会像您一样着急。我们这么做的目的也是为了保护客户的利益。（与客户情绪同步，理解他目前所遇到的困境，注意说话的语气，要真诚、充满感情。注意：一定要很好地把握说话时的语气和态度，要从内心由衷地发出。在很多客户服务中心，坐席人员经常会说，我也对客户表达了歉意与理解，可是没有效果。体会一下，使用不同的语气表达同样内容的感染力的区别。）

客户：保护我的利益就要帮我找回呀！我都使用一年多了，好不容易才修炼到现在这样的级别。我就这样认了吗？

坐席：张先生，和您的谈话中，可以看出您一定是×××方面的高手。在网上经常发生密码被偷、信息被盗的现象，就像现实生活中小偷偷走了我们的钱包一样，要找回一定需要相应的线索。而密码找回也是通过提供密码提示问题这一线索找回的。希望您能理解。（运用赞美和移情平息客户。注意：语言交流中保持一定的幽默与风趣。对待客户就像对待你的朋友，和客户建立良好的关系，最后让客户理解您的难处。）

坐席：保持沉默 20 秒（适时沉默，倾听客户的声音。其作用相当于一封闭性的问题。）

客户：那好吧！（结束电话时客户可能说）那我就没有办法了。

坐席：您可以好好地再想一想，多去尝试几回。在网络提交过程中，有什么不清楚的地方，我们随时欢迎您再次拨打我们的电话。

客户：好吧！（结束通话时客户可能会说）还有没有其他的办法？（注意：在准备结束电话时，多使用可以封闭的回答或问题，并且在回答后保持沉默适当时间，让客户回答，若客户没有反应，可以询问：还有其他问题吗？）

坐席：我很希望能够给您更多的帮助。目前密码的找回只能够通过密码提示问题。如果公司有其他的方案，会第一时间通知您。请您多多包涵。（回答的原则：避免正面的直接否定，容易造成客户的不满情绪升级。）

客户：谢谢！（结束通话）

（资料来源：http://www.baoxianwangluo.com/forum-viewthread-tid-24740-from-portal.html，2008-06-22）

二、思考与讨论

1. 本案例中星星公司"坐席"与客户电话沟通运用了哪些技巧？
2. 本案例对你有哪些启示？

案例 3：触龙劝说赵太后

一、案例介绍

公元前 226 年，赵惠文王死，太子丹年少，由他母亲赵太后掌管朝政。第二年，秦国攻打赵国，一连攻占赵国三座城池，形势十分危急。赵国无奈，只好向齐国求救。齐国表示，只要赵太后将自己的小儿子长安君送来齐国做人质，就可以出兵。用自己的儿子做人质，赵太后坚决不同意，为了挽救亡国之难，左右大臣们都极力劝谏。太后不耐烦了，她非常气恼，咬牙切齿地对身边的臣子们说："有人再提把我的小儿子长安君送去齐国做人质，老妇一定朝他脸上吐口水……"

在左右大臣坐立不安，像热锅上的蚂蚁时，左师触龙说他愿意见赵太后。太后听说左师触龙求见，仍然怒气冲冲，板着脸，等他进来时，头也不抬，理也不理。触龙进来以后先观察了一下太后的气色，然后问道："太后呀，近来身体如何，臣老眼昏花，也不知太后近来气色好不好？"左师触龙可是忠君老臣，两个人的年纪都很大了，在这个问题上很说得来，于是就双方的身体状况寒暄了几句，太后的怒气慢慢平息了下来。

见触龙寒暄了几句身体和冷暖之后又欲言又止，太后问道："怎么，支支吾吾地有什么为难的事，让我为你做主。"

触龙小声说："臣有一个儿子名叫舒祺，他年龄最小而又偏偏不成器，真叫臣担心。臣内心非常怜爱，但臣老而无用了，希望太后能安排他当一名侍卫，为保卫王宫出力，老臣希望自己还没死时把他托付给您,也了却一桩心事……"太后听了这话,心有所感地说:"男人们也疼爱儿子吗?"触龙说:"比女人还厉害呢。""当然女人们疼得更厉害。"太后说。触龙表示不同意,他说:"老臣觉得您爱女儿甚于长安君。""你错了,我爱女儿哪有爱长安君这么厉害。"赵太后答道。

触龙说道:"父母爱自己的孩子,应该替他们做长远打算。您送燕后出嫁,想到她嫁得太远,拉着她的手哭泣,悲伤,难过。嫁过去后,您日日夜夜想她,想见到她,但在祭祀时却祷告说,'一定不要回国啊!'这难道不是从长远打算,希望燕后的子孙后代世世为王吗?""是啊!"太后说。触龙接着说:"那么,太后,从现在往前三代,到赵氏开始建国的时候算起,赵王的子孙有相继为王侯,直到现在的吗?""没有。""不光是赵国,别的诸侯国有子孙后代相继为王侯的吗?""……好像没有听说过。"

"这些事实说明,他们当中遭祸早的,祸患及于自身;遭祸晚的,祸患及于子孙,难道这些国君的子孙都不好吗?无能吗?……这是因为他们位尊而无力,俸厚而无劳,却仍在掌握国家的权力。今天您使长安君地位尊贵,封给他肥沃的土地,赏赐他很多珍宝,而不让他趁现在为国立功,尔后,长安君怎么保持自己在赵国的地位呢?……我以为您替长安君打算得不够深远,所以我觉得您疼爱他不如疼爱燕后。"

太后被说服了,她对触龙说:"好吧!齐国的事听凭你去处理吧!"

于是,长安君到齐国去做了人质,齐国出兵救赵,面对齐赵两国大军,秦军不战而退。

(资料来源:杨振中.新编古文观止.上海:上海教育出版社,2001)

二、思考与讨论

1. 触龙怎样设计了谈话过程,最后成功说服了赵太后?
2. 从沟通的角度来讲,这个故事对你有什么启发?

案例4:卡耐基的谈判术

一、案例介绍

卡耐基每季要在纽约的某家大旅馆租用大礼堂20个晚上,用以讲授社交训练课程。有一季度,刚开始授课时,忽然接到通知,要他付比原来多3倍的租金。而这个消息到来以前,入场券已经印好,而且早已发出去了,其他准备开课的事宜都已办妥。怎样才能交涉及成功呢?两天以后,他去找经理。

"我接到你们的通知时,有点震惊。"他说,"不过这不怪你。假如我处在你的地位,或许也会这么做。你是这家旅馆的经理,你的责任是让旅馆尽可能地多盈利。你不这么做的话,你的经理职位很难保住。假如你坚持要增加租金,那么让我们来合计一下,这样对你有利还是不利。"

"先讲有利的一面。"卡耐基说:"大礼堂不出租给讲课的而是出租给办舞会、晚会的,那你可以获大利了。因为举行这类活动的时间不长,他们能一次付出很高的租金,比我这租金当然要多得多。租给我,显然你吃大亏了。"

"现在,来考虑一下'不利'的一面。首先,你增加我的租金,却是降低了收入。因为实际上等于你把我撵跑了。由于我付不起你所要的租金,我势必再找别的地方举办训练班。"

"还有一件对你不利的事实。这个训练班将吸引万千的有文化、受过教育的中上层管理人员到你的旅馆来听课,对你来说,这难道不是起了不花钱的广告作用吗?事实上,假如你花 5000 元钱在报纸上登广告,你也不可能邀请这么多人亲自到你的旅馆来参观,可我的训练班给你邀请来了。这难道不合算吗?"讲完后,他告辞:"请仔细考虑后再答复我。"

最后,经理让步了。

(资料来源:http://www.huangjie.cn/readglgs.asp? art_id=609)

二、思考与讨论

1. 试分析卡耐基的谈判策略。

2. 本案例对你有何启示?

实 训 项 目

1. 口头语言沟通训练

实训目的:

(1) 通过实训掌握书面语言及口头语言沟通中的各种技巧要领。

(2) 提高运用相关知识解决实际问题的信心和能力。

(3) 养成良好的沟通习惯和风格,形成得体的沟通综合能力。

实训情景:

职业情景1:你是公司办公室陈主任,公司曾向某家饭店租用大舞厅,每一季用 20 个晚上,举办员工培训的一系列讲座。可是就在即将开始的时候,公司突然接到通知,要求必须付高出以前近 3 倍的租金。当你得到这个通知的时候,所有的准备工作已经就绪,通知都已经发出去了。单位领导派你去说服对方不要违约,你怎么办?请模拟场景,扮演角色。

职业情景2:于雪的上司吴总是公司负责营销的副总,为人非常严厉。吴总是南方人,说话有浓重的南方口音,经常"黄"与"王"不分。他主管公司的市场部和销售部,市场部的经理姓"黄",销售部经理又恰好姓"王",由于"黄"和"王"经常听混淆,于雪非常苦恼,这天,于雪给吴总送邮件时,吴总叫她"请黄经理过来一下!"是让王经理过来还是让黄经理过来? 于雪又一次没听清吴总要找的是谁。面对这种情况,于雪该怎样处理?

实训内容:

(1) 根据职业情景1,模拟演示陈主任的沟通协调过程。

(2) 根据职业情景2,为秘书于雪找出一个两全其美的办法,并演示沟通过程。

实训要求:

(1) 本实训可在教室或情景实训室进行。

（2）先分组讨论,再进行角色模拟演示。

（3）分组进行,每组3~5人,一人扮演对方公司经理,一人扮演秘书于雪,一人扮演公司吴副总经理。分角色轮流演示,每组分别演示以上两个情景。

（4）要求编写演示角色的台词与情节,用语规范,表达到位。

实训提示:

（1）利用口语交流的技巧。

（2）注重沟通的目的与策略。

实训总结:个人畅谈沟通体会,教师总评,评选出最佳口头语言沟通者。

（资料来源:徐丽君,明卫红.秘书沟通技能训练.北京:科学出版社,2008）

2. 客户电话沟通训练

实训目标:掌握运用电话与客户进行沟通的技巧,赢得客户的信任和好感,展现出良好的职业形象。

实训学时:1学时。

实训地点:实训室。模拟一个办公室的环境,要有两张办公桌,办公桌可以相隔一定距离。

实训准备:场景设计方案。

（1）假如你是某公司业务员,突然接到一个投诉电话,客户要求赔偿由于迟交货物所造成的全部损失。

（2）假如你正在电话里和一位客户谈生意,另一部电话突然响起。

（3）如果有个电话是你接听,所找的人为你的同事,而你的同事恰好不在。

（4）你与客户第一次进行业务练习。

也可以发挥想象,设计其他情形。

实训方法:学生6人为一组,每组自由结合,模拟在上述四个情境下的电话接听礼仪技巧及交谈内容,现场如果没有电话可用手机代替。

最后由授课老师进行总结评价,全班同学评选出"最佳表现组"。

3. 模拟实地谈判

实训目标:掌握谈判的基本技巧。

实训学时:1学时。

实训地点:教室。

实训方法:学生自设场景,分若干小组进行。每组内由同学分别扮演甲方和乙方就某一分歧问题进行谈判。本模拟演示必须强调进入情景之中,注意谈判礼节中的细节,讲究语言艺术,注意体态语,把握好表情,要充分发挥提问、应答、说服的语言技巧。

参考场景:

（1）宿舍的同学就睡觉时是开窗还是关窗进行谈判。

（2）员工向老板要求加薪的谈判。

（3）为了给学校的"礼仪大赛"筹备资金,学生与学校超市老板进行争取赞助费的谈判。

......

拓展阅读：提高声音质量

1. 认识声音

有人把人的发声器官比作一架管风琴。肺是风箱,由它提供发声的原动力。气流从肺中自下而上,通过气管上升到喉头,声音就由喉部产生。当人们呼气时,使保护气管开端的肌肉(即声带)紧密地挨在一起,以使空气通过声带时能够产生振动。这种振动产生了微弱的声音,然后该声音再穿过咽部(喉咙)、口,以及在某些情况下上升到鼻腔时被抬高产生共振。在这里,口和鼻腔就成了管风琴的两个管,它们不但可以起到扩大音量的作用,还可以任意变换音色。这样,共振后的声音被舌头、嘴唇、腭和牙齿这些发音器官改造,从而形成了语言体系中的声音。

我们认识发声器官,了解声音如何产生,目的是要在有声语言的训练中遵循其活动规律,正确发挥其功能和作用,从而有效地利用它来发出富有表现力和感染力的声音,增强语言表达的效果。

2. 影响声音质量的因素

现实生活中,去除语言的内容,人们经常能够通过一个人的声音判断出对方的许多信息,如对方的性格、涵养、情绪等;有时甚至单凭一个人的声音就去主观地判断这个人的外貌、形象等特征,尽管判断的结果有时与事实不相符合,这说明声音具有迷惑性。因此声音质量的高低直接影响听众对语言内容和表达者的接受程度。那么,影响声音质量的因素有哪些呢?

(1) 音域。音域即每个人声音从低音到高音的范围。大多数人运用音高的范围超过8度,也就是音阶上的8个全音。音域的宽窄直接影响到声音的质量。人们在平时交谈时,音域大多在一个八度左右,而常用的也只有四、五个音的宽度,但是如果要同时与众多听众进行交流,如演讲或是表达强烈的思想感情时,这样的音域就显得过窄。因为这时表达者不得不用到音域的极限,自己会感到吃力,声音会变得不自然,而带给听者的则是极不舒服的感觉。如果一个人的音域过窄而造成表达上的障碍,则需要专门为此进行训练,以拓宽自己的音域。事实上对于大多数人来说,不在于是否拥有令人满意的音域,而在于是否最好地利用了他们的音域。

(2) 音量。也就是发出声音的强弱、大小。当人们正常呼气时,横膈肌放松,空气被排出气管。当人们讲话时,就会通过收缩腹肌来增加排出空气对振动声带的压力。这种在排出的空气后面更大的力量提高了声音的音量。感受这些肌肉动作的方法是:将双手放在腰部两侧,将手指伸展放在腹部。然后以平常的声音发"啊",再以尽可能大的声音发"啊",这时我们会感觉到提高音量时腹部收缩力量的增强。微弱的声音,缺乏力度,使有声语言没有表现力,难于表达强烈的思想感情;而响亮、浑厚、有穿透力的声音,则能做到高低起伏,轻重有别,可以增强声音的表现力与感染力。因此,如果我们的音量不够大,则可以通过在呼气时提高腹部区域压力的方法加以锻炼。

(3) 音长。也就是声音的长短,它同语速、停顿密切相关,可以影响语言节奏的形成,对声音的质量同样有着不可忽视的作用。语速,也就是讲话的速度。大多数人正常交流时语速为每分钟 130~150 个字,而播音员的语速一般在 180~230 个字。可见,对于不同的人,不同的语言环境,语速的差异是比较大的。我们不需要统一执行某一个特定语速,因为一个人语速是否恰当关键取决于听众是否能理解他在说什么。通常情况下,当一个人发音非常清楚,并且富有变化、抑扬顿挫时,即使语速很快也能被人接受。

（4）音质。嗓音的音调、音色或声音。它往往是一个人声音的个性。如笛子有笛子的声音,而京胡有京胡的声音。音质取决于共鸣腔的状态和质量的变化。音质直接影响到声音是否优美悦耳,影响到声音的表现力。最好的音质就是一种清楚悦耳的音调。音质上的障碍包括鼻音、呼气声、嘶哑的声音和刺耳的声音。

上述这四个特征,我们一方面要进行良好的训练;另一方面,要学会合理地控制这些特征,这样就可以使声音富于变化、轻重有别,从而更加有效地表达语言的思想内容。

3. 发生练习

我们已经知道,声音的产生并不是单靠某一个器官完成,而是呼吸器官、消化器官相互协同完成了发声。发音效果的好坏,与呼吸、声带、共鸣器官等有直接的关系。因此,要想提高声音的质量,使自己发出的声音更加富有表现力和感染力,就要从以下几个方面多加练习。

（1）控制气息。气乃声之源。一个人气量的大小、能否正确用气,对语音的准确、清晰度和表现力都有直接影响。唐代文学家韩愈曾说过:"气,水也;言,浮物也。水大而物之浮者大小毕浮。气之与言犹是也,气盛则言之短长与声之高下者皆宜。"因此我们必须学会控制好气息,这样才能很好地驾驭声音。在语言交流中想使声音运用自如、音色圆润、优美动听,就要学会控制气息,掌握呼吸和换气的技巧。

呼吸的紧张点不应放在整个胸部,而应放在丹田,以丹田、胸膛、后胸作为支点,即着力点。使力量有支点,声音才有力度。

① 吸气。吸气时,要双肩放松,胸稍内含,腰腿挺直,像闻鲜花一样将气息吸入。要领是:气下沉,两肋开,横膈降,小腹收。这样随着吸气肌肉群的收缩容积立体扩张,有明显的腰部发胀、向后撑开的感觉,注意不要提肩,也不要让胸部塌下去。当气吸到七八成时,利用小腹的收缩力量控制气息,使之不外流。

② 呼气。呼气时,要保持吸气时的状态,两肋不要马上下塌。小腹始终要收住,不可放开,使胸、腹部在努力控制下,将肺部储存的气息慢慢放出,均匀地向外吐。呼气要用嘴,做到匀、缓、稳。在呼气过程中,语音随之一个接一个地发出,从而使有声语言富有节奏。

③ 换气。在语言表达过程中,人们不可能一口气将所要说的内容说完,常需要根据不同内容和表情达意的需要作时间不等的顿歇。许多顿歇之处就是需要换气或补气之处,以保证语气从容、音色优美,防止出现气竭现象。换气有大气口和小气口两种换气方法。大气口是在类似于朗读、演讲这样的表达时,在允许停顿的地方,先吐出一点气,马上深吸一口气,为下面要说的话准备足够的气息。这种少呼多吸的大气口呼吸一般比较从容,也比较容易掌握。小气口是指表达一段较长的句子时,气息用得差不多了,但句子未完而及时补进的气息。补气时,可以在气息能够停顿的地方急吸一点气,或在吐完前一个字时不露痕迹地带入一点气,以弥补底气不足。无声、音断气连,这是难度较大的换气

方法。

（2）训练共鸣。气流从肺部上升到喉头冲击声带发出的声音本来是很微弱的。但经过喉腔、咽腔、口腔、鼻腔的共鸣，声音就扩大了，这不需经过训练，人人都可以做到。但是，要想使声音洪亮、圆润、悦耳，就需要进行特殊的训练了。

① 鼻腔共鸣。鼻腔共鸣是由"鼻窦"实现的。鼻窦中的额窦、蝶窦、上颚窦、筛窦等，它们各有小小的孔窦与鼻腔相连，发音时这些小孔窦起共鸣作用使声音响亮、传得更远。运用鼻腔时，软腭放松，打开口腔与鼻腔的通道使声音沿着硬腭向上走，使鼻腔的小窦穴处充满气，头部要有振动感。这样，发出的声音才会振荡、有弹力。但要注意，鼻腔色彩不能过量，过量就会形成"鼻囊鼻音"。

② 口腔共鸣。口抬起，呈微笑状，使整个口腔保持一定张力，口腔壁、咽腔壁的肌肉处于积极状态。这样，声带发出的声音随气流的推动流畅向前，在口腔的前上部引起振动，形成共鸣效果。共鸣时要把气息弹上去，弹到共鸣点。声音必须集中，同时还要带上感情，兴奋起来。这样才会达到一个好的共鸣效果。

③ 胸腔共鸣。胸腔是指声门以下的共鸣腔体，属于下部共鸣腔体，它可以使声音结实浑厚、音量大。运动胸腔共鸣时，声带振动，声音反着气流的方向通过骨酪和肌肉组织壁传到肺腔，这时胸部明显感到振动，从而产生共鸣。有了这个底座共鸣的支持，声音才会真实，不飘。

在进行共鸣训练时，扩大共鸣腔要适度，不能无限制，要以不失本音音色为前提。同时，应该学会控制共鸣腔肌肉的紧张度，保持均衡的紧张状态。另外共鸣腔各部位包括肌肉要协同动作，这样声音的质量才能真正提高。

（3）吐字归音。吐字归音是汉语（汉字）的发声法则，即"出字"和"收字"的技巧。我们把一个字分为字头、字腹和字尾三部分，"吐字"是对字头的要求，"归音"是对字腹尤其是对字尾的发音要求。

① 吐字。吐字也叫咬字。一是注意口型，口型该大开时不能半开，该圆唇的时候不能展唇，尽量使声音立起来；二是注意字头，字头是字音的开始阶段，要求叼住弹出。要做到吐字清晰，发音有力，摆准部位，蓄足气流，干净利落，富有弹性。只有这样吐字才能使声音圆润、清楚。

② 归音。字尾是字音的收尾部分，指韵母的韵尾。归音是指字腹到字尾这个收音过程。收音时，唇舌的动作一定要到位，字腹要拉开立起，即在字腹弹出后口腔随字腹的到来扯起适当开度，共鸣主要在这儿体现。然后收住，要收得干净利落，不拖泥带水，但也不能草草收住。如"天安门"三个字收音时舌位要平放，舌尖抵住上齿龈，归到前鼻韵母"n"音上。只有这样归音才到位，才能使声音饱满，富有有韵味。

（资料来源：刘桂华.演讲与口才教程.大连：东北财经大学出版社，2012）

课 后 练 习

1. 结合实际分析如何成为一个善于言辞的人？
2. 欣赏相声表演艺术家马季的相声《打电话》，讨论打电话应该注意什么？
3. 如果发现自己拨错了电话，你应该怎样解决？

4．如何替人转接电话？

5．在与客户的沟通中，究竟应该如何挂断电话？

6．假如你与一位采购商进行价格谈判，他处于绝对优势地位，采取了轻视与傲慢的态度，那么你如何与他谈判？你的策略如何？

7．注意观察市场上买卖双方讨价还价的技巧，并结合所学的谈判知识，写一篇观察报告。

非语言沟通

高贵和尊严,自卑和好强,精明和机敏,傲慢和粗俗,都能从静止或者运动的面部表情和身体姿势上反映出来。

——[古希腊]苏格拉底

有许多隐秘在心中的秘密是通过眼神被泄露出来的,而不是通过嘴巴。

——[美]爱默生

任务目标

- 明确语言沟通和非语言沟通的练习和区别;
- 了解非语言沟通的作用;
- 运用非语言沟通的表现形式提高非语言沟通的效果。

沟通故事导入

非同寻常的曹操

魏王将见匈奴使,自以为形陋不足雄远国,使崔季珪代,帝自捉刀立床头。既毕,令间谍问曰:"魏王何如?"匈奴使答曰:"魏王雅望非常。然床头捉刀人,此乃英雄也。"

(资料来源:(南朝·宋)刘义庆.世说新语·容止)

一、语言沟通和非语言沟通的区别

据研究高达93%的沟通是非语言的,其中55%是通过面部表情、身体姿态和手势传递的,38%是通过声调传递的。

所谓非语言沟通是指不通过口头语言和书面语言,而是通过其他的非语言沟通技巧,如声调、眼神、手势、空间距离等进行沟通。因为非语言沟通大多通过身体语言体现出来,所以通常也叫身体语言沟通。在沟通过程中,非语言沟通与语言沟通关系密切,而且经常相伴而生。

语言沟通和非语言沟通也有很大的区别。惠亚爱主编的《沟通技巧》一书中对此进行了专门论述。

沟通环境。在非语言沟通中,我们只要运用到眼睛,因此可以不必与人直接接触。例如,你可以通过一个人的着装、动作判断他的性格与喜好,可以通过他的收藏品判断他的业余爱好,也可以通过他的表情看出他与朋友的关系程度。通过约会的地方也可以看出他对约会的重视程度。非语言沟通可以不为观察者所知,而语言沟通非得面对面进行。

反馈方式。除了语言之外,对于他所给予的信息,我们给予大量的非语言反馈。我们的很多感情反应是通过面部表情和形体位置的变化表达的。通过微笑和点头来表示对别人说的内容感兴趣,通过坐立不安或频频看手表来表示缺乏兴趣。

连续性。语言沟通从词语开始并以词语结束,而非语言沟通是连续的。无论对方在沉默还是在说话,只要他在我们的视线范围,他的所有动作、表情都传递着非语言信息。比如在一家商店里,一个妇女在面包柜台旁徘徊,拿起几样,又放下,还不时地问面包的情况,这表明她拿不定主意。一位客户在排队,他不停地把口袋里的硬币弄得叮当响,这清楚地表明他很着急。几个小孩试图确定自己的钱能买收款处附近糖果罐中的多少糖果,收款员皱着眉头叹了口气,可以看出她已经不耐烦了。商店中所有人都向我们传递非语言信息,并且是连续的,直到他们从我们的视线中消失。

渠道。非语言沟通经常不止利用一条渠道。例如,想象在观看一场足球赛时你所发送的信息。任何人都会知道你喜欢哪个球队,因为你穿有该队代表色的衣服,或者举着牌子。当该队得分时,你跳起来大声喊叫。这样,在你非语言沟通中,你既使用了视觉渠道,又使用了声音渠道。又比如一次会议,地点在五星级饭店,配有最好的食物,高层领导出席,着装正式。这些都表明此次会议非常重要。

可控程度。我们很难控制非语言沟通,其中控制程度最低的领域是情感反应。高兴时你会不由自主地跳起来,愤怒时会咬牙切齿。我们的绝大多数非语言信息是本能的、偶然的,这与语言沟通不同。在语言沟通时,我们可以选择词语。

结构。因为非语言沟通是无意识中发生的,所以它的顺序是随机的,并不像语言沟通那样有确定的语言和结构。如果作者与人交谈,你会计划你要说的话,但不会计划什么时候跷腿、从椅子上站起来或看着对方,这些非语言动作对应着交谈期间所发生的情形。仅有的非语言沟通规则是一种行为在某种场合是否恰当或容许。例如,在一些正式场合,即使你遇到再不高兴的事,也不能跳起来,要喜怒不形于色。

掌握。语言沟通的许多规则,如语法、格式,是在结构化、正式的环境中得以传授的,如学校。而很多非语言沟通没有被正式教授,主要是通过模仿学到的,小孩子模仿父母、兄弟姐妹和同伴,下属模仿上司。

二、非语言沟通的作用

非语言沟通作为沟通活动的一部分,在完成信息准确传递的过程中起着重要的作用。据研究,在沟通中,55%的信息是通过面部表情,形体姿态和手势传递的。非语言沟通在交际活动中的作用是丰富多彩的,它能使有声语言表达得更生动、更形象,也更能真实地体现心理活动状态。

1. 代替语言

我们现在使用的大多数非语言沟通经过人类社会历史文化的积淀而不断地传递、演化,已经自成体系,具有一定的替代有声语言的功能。许多用有声语言所不能传递的信息,通过非语言沟通却可以有效地传递。另外,非语言沟通作为一种特定的形象语言,它可以产生有声语言所不能达到的交际效果。在日常工作中,我们也多在自觉或不自觉地使用各种非语言沟通来代替有声语言,进行信息的传递和交流。在传递交流信息的过程中,既省去过多的"颇费言辞"的解释和介绍,又能达到"只可意会,不可言传"的效果。

📖 沟通小故事

方纪的《挥手之间》描述了在抗日战争时期,毛泽东去重庆谈判前与延安军民告别时的动作。"机场上人群静静地站立着,千百双眼睛随着主席高大的身影移动。""人们不知道怎样表达自己的心情,只是拼命挥着手。""这时,主席也举起手来,举起他那顶深灰色盔式帽,举得很慢,很慢,像是在举一件十分沉重的东西,一点一点,一点一点,等举过头顶,忽然用力一挥,便在空中一动不动了。""举得很慢很慢",体现了毛泽东在革命重要关头时重大决策严肃认真的思考过程,同时,也反映了毛泽东和人民群众的密切关系和依依惜别之情。"忽然用力一挥"表现了毛泽东的英明果断和一往无前的英雄气概。毛泽东在这个欢送过程中一句话也没有讲,但他的手势和动作却胜过千言万语。

非语言沟通代替有声语言在舞台表演中的作用最为突出。在表演时,完全凭借手、脚、体形、姿势、表情等身体语言,就能够准确地传递特定的剧情信息。需要指出的是,在管理工作中所采用的非语言沟通与舞台表演时的身体语言应当有所区别。在商务沟通中运用非语言沟通,要尽量生活化、自然化,与当时的环境、心情、气氛相协调,如果运用非语言沟通时过分夸张或矫揉造作,只会给别人造成虚情假意的印象,影响沟通的质量,甚至会起到反作用。

2. 强化效果

非语言沟通不仅可以在特定的情况下替代有声语言,发挥信息载体的作用,而且在许多场合,还能强化有声语言信息的传递效果。如当领导在会上提出一个远大的计划或目标时,他必须用准确的非语言沟通来体现这个目标的重要性。他应该用沉着、冷静的目光扫视全体人员,用郑重有力的语调宣布,同时脸上表现出坚定的神情。在表达"我们一定要实现这个目标"时,要有力地挥动拳头。在表达"我们的明天会更好"时,要提高语调,同时,右手向前有力地伸展,等等。这些非语言沟通大大增强了说话的分量,体现出决策者的郑重和决心。

3. 体现真相

非语言沟通大多是人们的非自觉行为。他们所载荷的信息往往是交际主体在不知不觉中显现出来。它们一般是交际主体内心情感的自然流露,与经过人们的思维进行精心构织的有声语言相比,非语言沟通更具有显现性。非语言沟通在交际过程中可控性较小,他所传递的信息更具有真实性,正因为非语言沟通具有这个特点,因而非语言沟通所传递的信息常常可以印证有声语言所传递信息的真实与否。在现实交际中常出现"言行不一"的现象。正确判断一个人的真实思想和心理活动,要通过观察他的身体语言,而不是有声语言。因为有声语言往往会掩饰真实情况。日常工作中,同事之间一个很小的助人动作,就能验证谁是你的真心朋友。在商务谈判中,可以通过观察对方的言行举止,判断出对方的合作诚意和所关心的目标等等。

沟通小故事

　　我国新闻界的前辈徐铸成先生有一次谈到他早年采访中的一段经历。1928 年阎锡山和冯玉祥曾经酝酿联合推翻蒋介石,可是当冯玉祥到达太原时,阎锡山却把他软禁起来,借此行动向蒋介石要钱要枪。后来冯玉祥的部下做了一番努力,才逐步扭转危局。那天徐铸成到冯玉祥驻太原的办事处采访,看到几个秘书正在打麻将,心里一动,估计冯玉祥已经脱身出走了,因为冯治军甚严,如果他在家的话部下是不敢打牌的。徐铸成赶紧跑到冯玉祥的总参议刘志洲家采访,见面就问:"冯玉祥离开太原了?"对方大吃一惊,神色紧张地反问:"啊? 你怎么知道?"这个简短的对答,完全证实了徐铸成的判断。徐铸成就这样通过一桌麻将和采访对象的神色语气,获得了冯玉祥脱身出走的重要信息。以后他又经过深入的访谈,摸清了冯玉祥、阎锡山将再度联合的政治动向,在当时这是一条极其重要的政治新闻。

　　(资料来源:黄漫宇.商务沟通.北京:机械工业出版社,2006)

4. 表达情感

　　非语言行为主要起着表达感情和情绪的作用,例如,相互握手表示着良好人际关系的建立,父母摸摸小孩子的脑袋表示爱抚;夫妻、恋人、朋友间的拥抱表示着相互的爱恋和亲密。在历史上,管宁通过"割席"这个无声行动拉开了同不专心学习的伙伴华歆的距离;汉文帝垂询贾谊时,"夜半虚前席"则缩小了君臣之间的距离。例如,吴敬梓的《儒林外史》第五回和第六回中写严监生病入膏肓,弥留之际已不能说话,但是还不咽气,把手从被单里拿出来,赵氏慌忙揩揩眼泪,走近上前道:"爷,别人都不相干,只有我晓得你的意思! 你是为那灯盏里点的是两茎灯草不放心,恐费了油。我如今挑掉一茎就是了。"说罢,忙走去挑掉一茎。众人看严监生时,点一点头,把手垂下,登时就没有了气。这段描写固然是夸张地刻画了严监生吝啬的性格特点,但更说明了人在不能说话的情况下能用体态语言来表情达意。

三、非语言沟通的表现形式

1. 副语言

　　副语言又称类语言,是有声音而没有固定语义的语言。有声是相对于无声而言的。从发声的角度讲,人类的交际活动主要分为有声语言交际和无声语言交际两类。无声类主要包括体态语言,如表情、眼神、动作等。有声类主要包括常规语言和副语言。常规语言是指我们平时交谈时运用的分音节语言。副语言与常规语言的区别在于:其一,常规语言是分音节的语言,而副语言的语音形式诸如重音、语调、笑声、咳嗽等都不是正常的分音节语言。其二,常规语言绝大多数有较为确定的语义,而副语言本身没有固定的语义,只有在具体的语境中才能表达特定的意义。正因为副语言语义的不确定性,所以,在交际过程中适当地运用副语言能产生特殊的表达效果。

　　副语言主要包括两类:一是伴随有声语言而出现的声音特性,如停顿、重音、语速、语调等。二是功能性发声,如笑声、哭声、呻吟、叹息、咳嗽等。前者往往与常规语言同时发生,表现为常规语言的表达方式。后者可以单独使用,在具体的语境中有相对独立的语义。相比常规语言,副语言更加依赖语境。脱离语境,副语言只剩下了一些功能性的发声,是纯粹的语音形式而没有确切的语义。副语言在不同语境中的运用使其丰富的语义信息由此产生,副语言的交际功能就是由其丰富的语义信息决定的。概括起来,副语言主要有以下几个方面的交际功能:①强调功能。副语言借助重音、停顿或语速、语调的变化等形式强调所要表达的内容。②替代功能。在交际过程中,副语言有时能直接替代常规语言并产生特别的表达效果。例如,当甲问乙:"你家儿子考上大学没有?"乙一声"叹息",就等于回答了甲:"没有考上,别提了。"③暗示功能。副语言的声音里有特定的含义,常充做一种"声音暗示"。例如,咳嗽声可以表示默契、暗中提醒;打哈欠声可以表示厌烦;打喷嚏声可以表示嗤之以鼻;笑声可以表示蔑视,等等否定功能。同样的语句因说话者的语调、语气或重音运用的不同,可能会有截然不同的语义。例如,"你来得真早!"既可以是直接肯定对方早来的事实,也可以是对对方迟到的讽刺。这句话的否定意义就是通过加重"真"字的语音并放慢其语速而表达的。

　　(1)音质。音质也叫音色,是声音的特色,是一个声音与其他声音相互区别的根本标志。每个人都有独一无二的音质,我们可以根据声音判别其人。例如,隔壁房间有几个熟悉的人在大声说话,我们就可以根据各人音质的不同来判断是张三还是李四在说话。或者即使是自己不认识的一群人在隔壁说话,也能大概知道是老人还是小孩,是男的还是女的在说话。作为声音的自然特性,音质虽然没有区分语义的功能,但它在语言交际中却能产生特别的表达效果。试想一下,如果我们拿起话筒,听到的是一个明亮、清脆、音调谐婉的女性声音,或者是一个带有磁性的浑厚的男中音时,都会感到特别悦耳、动听。相反,如果女的声音宽厚,男的声音尖细则让我们感到不舒服。

　　正因为音质是一个人的声音特征,是每个人特有的说话方式,所以音质有时能够透露出一个人的性格和个性。有学者研究得出:说话带呼吸声的男性年轻并且富有艺术感;女性则长相漂亮,有女人味,但较为浅薄。声音细弱的男性普普通通,没有什么特殊能力,无足轻重;声音细弱的女性则不够成熟。声音紧张的男性年龄较大,不易屈服;声音紧张的女性大多年龄较轻,容易动感情,智商稍低。声音清晰、有活力的男性身心健康,富有热情,女性则富有朝气,态度随和,人缘好。声调富于变化的男性充满活力,富有同情心和爱美之心;女性声调富有变化则显得充满活力,能体贴人,善于与人沟通,等等。

　　音质有时会发生"性别错位"和"年龄错位"。成熟的男性如果说话声音尖细,就是"娘娘腔";女性发音厚重,则被认为没女人味,这是"性别错位"。如果年少而声音苍老,或者年长而声音稚嫩,则属于音质的"年龄错位"。音质错位会给交际带来消极影响,因此,我们要注意自己的音质,并改善自己的发声。虽然音质是由一个人发声器官的生理特征决定的,但如果注意自己的发音方法和习惯,有意改变自己的自身发音弱点,音质是可以得到一定的改善的。

　　(2)音调。音调是指语句的语调。语调是指说话者为了表达意思和感情而表现出来的抑扬顿挫的语句调子。在普通话里,最常见的语调有升调和降调两种。升调是句尾升起的调子,一般疑问句用升调。降调是句尾降低的调子。陈述句、祈使句、感叹句一般用降调。同样的句子,因语调不同,其语义大不相同。如"你们能赢"这句话,如果是用来鼓励对方,或相信对方一定能赢,则用降调表达肯定的语气。反过来,对方已经赢了,但说话者对此表示怀疑,说"你们能赢?"用的是升调,则令对方不愉快。

语调的升降同句义的表达有密切的关系,如果把特定的语义和说话者的感情变化包括在内,句子升降的类型实际上并不止两种。例如:你好啊(平直调,说话者平常地问候对方)。你好啊(升调,说话者关切地询问对方的身体或其他情况的变化)。你好啊(高升调,说话者夸赞对方做出了令人惊讶的事情)。你好啊(曲折调,说话者厌恶或讽刺对方)。同样的语句因语调的不同而有多种不同的语义,这一特点说明,在语言交际中,要重视语调的作用,善于运用不同的语调来表达确切的语义和情感。

(3)语速。语速是指说话的快慢。每个人说话都有一个比较恒定的语速。有人说话语速较快,有人说话语速较慢,这与说话者的个性相关。一般来说,性子比较急的人说话速度偏快,慢性子的人说话速度也慢。语速在交际中的作用在于说话者可以利用语速来调整感情,更好地表情达意。一般来说,人在激动、兴奋、喜悦、愤怒时语速较快,在悲伤、沉郁、忧郁、疑虑时语速较慢。在演讲或说话时,为了强调某些特定信息,讲话者有意放慢语速,并加重语气。对于不太重要的信息,则快速带过。例如,我们常在电影或书本中看到革命者面对敌人的拷问,一字一句地回答:"不——知——道!"或者自豪地说:"我是共——产——党——员!"

同样的句子因不同的语速而表达不同的语言信息。如召唤某人时,他回答:"来啦!"这两个字如果拉长语气即放慢语速说的话,则表示高兴、欢快的情绪;如果是快速的语气,则表示他不情愿、不耐烦的态度。演讲和说话时,讲话者可通过调整语速,调节和控制现场气氛,以达到更好的表达效果。例如,林肯"他会以很快的速度说出几个字,当他希望强调的那个单字或句子时,他会让他的声音拖长,并一字一句,说得很重,然后就像闪电一般,迅速把句子说完……他会把他说出所要强调的单字或句子的时间尽量拖长,几乎和他在说其余五六句不重要句子的时间一样长。"相反,如果讲话者一直以没有变化的语速和平直的语调发言,听者会感到乏味,气氛也会沉闷,那么,这时则可以加快或放慢语速,并结合语调的变化,来引起听者的注意。

(4)停顿。停顿是语流中声音的暂时中断,这是副语言中特殊的一种类型。因为副语言是一种有声的语言,对通过声音传达信息,人们早已认识;停顿虽然没有声音(这里我们可以理解停顿是一种音量值为零的语言),但在语言交际中,适当地运用停顿,也可传达信息,并产生较好的表达效果,所谓"此时无声胜有声"。我们这里所讲的停顿是副语言范畴中的停顿。停顿分为常规停顿和超常规停顿。常规停顿是指语法停顿和逻辑停顿,这种停顿并没有产生特殊的语义;副语言中的停顿是一种违反常规的停顿,停顿能传达特殊的信息,并产生特别的表达效果。进行口语交际时,适当地运用停顿可调节言语的节奏,并能控制语速,这样有利于讲话者迅速地调整思维,对自己的言语进行编码,也便于对方的接受,使谈话达到最佳效果。例如,提出问题以后的停顿,不管是让人回答还是自问自答,都可以给对方提供思考的时间;在句群和段落之间,适当的停顿可提示对方谈话层次的转换。

　　停顿作为一种辅助性的交际手段,它的作用主要表现为对语言信息的强调。马克·吐温说:"停顿经常产生非凡的效果,这是语言本身难以达到的。"例如,英国政治家赖白斯有一次在伦敦发表一个关于劳工问题的演讲,他讲到中间,突然停顿了 27 秒之久,正当听众不可思议时,赖白斯突然大声说:"诸位适才所感觉到的局促不安的 27 秒的时间,就是普通工人垒起一块砖所用的时间。"赖白斯的停顿使得听众对停顿之后所说的话引起了特别的注意。在演讲时,开场白之前运用停顿能"压场";而演讲即将结束时较长时间的停顿,往往会产生铿锵有力的效果。

　　(5)重音。重音是指说话和朗读时把句子里的某些词语念得比较重的语言现象。语言学中的重音有语法重音和逻辑重音两种。根据语法结构的特点而把句子的某些部分重读的,叫语法重音。一般短句中的谓语部分以及句子中的修饰、限制成分如定语、状语、补语部分常常要重读。例如:春天到了。("到"是谓语,读重音。)她是个很漂亮的姑娘。("很漂亮"是定语,读重音。)月亮慢慢地升起来了。("慢慢"是状语,读重音。)屋里打扫得很干净。("很干净"是补语,读重音。)根据表情达意的需要,对句子中需要突出和强调的词语重读,叫逻辑重音。例如:我知道你会唱歌("我"读重音,表示别人不知道你会唱歌。)我知道你会唱歌。("知道"读重音,表示你不要瞒着我了。)我知道你会唱歌。("你"读重音,表示别人会不会我不知道。)我知道你会唱歌。("会"读重音,表示你怎么说不会呢。)我知道你会唱歌。("唱歌"读重音,表示会不会唱戏我不知道)。重音主要通过增加声音的强度来体现。语法重音是一种常规性的重读,其语音强度并不很强;逻辑重音具有突出强调的作用,其强度比语法重音要强。

　　此外,在谈话或演讲时,讲话者对所讲的内容充满特殊的感情,用重音来表达。有人称之为感情重音。比如,京剧《智取威虎山》一段,当杨子荣问小常宝的父亲在深山老林里住了多久时,小常宝父亲满腔悲愤,重重地吐出六个字"八年了,别提它"。再如,《生的伟大,死的光荣》一文中刘胡兰面对敌人铡刀的威胁,铁骨铮铮地回答道:"怕死不当共产党员!"这句话用饱含强烈感情的重音,表现了刘胡兰对党的无限忠诚和大无畏的英雄气概。

　　(6)笑声。笑声是一种功能性发声。因为笑声是有声音的传出,且声音本身有一定的含义。功能性发声大多都有相应的文字符号,如哈哈大笑、咯咯地笑等。笑声既是一种生理现象,也是一种心理现象,是人们内心情感的外部显示。同时它还是传递信息的手段。人类的笑多种多样,文字中对笑的形容也丰富多彩。诸如开怀大笑、哈哈大笑、放声大笑、捧腹大笑、笑弯了腰、笑出了眼泪、笑得肚子痛、笑得发抖、狂笑、欢笑、嬉笑、傻笑、耻笑、憨笑、奸笑、干笑、冷笑、阴笑、苦笑、哭笑、嘲笑、皮笑肉不笑、怪笑、媚笑、假笑,等等。每一种笑声里都有特定的信息,并且通过面部表情表现出来,当然,笑容是一种表情,属体态语言。

　　笑声在交际中的作用是显而易见的。首先,无论是爽朗的笑声还是清脆的笑声都能给人带来愉快的情绪,活跃交际的气氛。其次,人们从各种不同的笑声中能解读出不同的语义,体察笑者真实的情感,比如,面对敌人的威逼利诱,革命者哈哈大笑,那是对敌人极大的蔑视,表明了革命者坚定的信念和开阔的襟怀,同时笑声里传达出革命者讽刺和愤怒的情绪。再次,由于笑声是一种生理和心理复合的现象,即笑声可以是一种条件反射,情不自禁的情绪反应,也可以是一种自觉意识的表现,亦即人们可以故意地发出笑声并通过笑声来传情达意。比如,在听了别人一个并不可笑的笑话故事后,人们用笑声来鼓励和安慰讲故事者。此外,诸如假笑、干笑、冷笑、阴笑以及嘲笑等都是有意为之的笑,能传达出特殊的信息。

(7)咳嗽声。咳嗽本来只是一种生理现象,嗓子发痒或因呼吸系统病变就会引起咳嗽。但它有时候也是一种功能性发声,人们有意发出咳嗽声并借此传达特定的信息。例如,在发言之前,讲话人习惯咳嗽一两声,一为镇定自己的情绪;二为提示别人安静下来。咳嗽声还可以用来填补语空,如果在说话时出现因一时的思维障碍而可能导致讲话突然中断,说话人习惯用咳嗽声来填补语言间隙,从而使说话显得连贯。

(8)叹息声。叹息首先是一种生理性的反应,当人们伤感、郁闷时,常不由自主地发出叹息,借以排解内心苦闷的情绪。同时又是一种功能性的发声,它可以作为信息传递的一种方式,在具体的语境中,有其较明确的含义。比如,当别人向你诉说令人悲伤的事情时,你适时地叹息一声,这叹息是表示同情予以安慰的意思。当你恰逢生活或工作遇到不如意情况时,别人问及了你,你的一声叹息也等于回答了别人,不愿多说也无须多说。一个经常性地长吁短叹的人,似乎总是在向别人诉苦,时间久了,别人的同情也会转成厌烦。正因为叹息是负面情绪的外化形式,所以,在交际中要注意其使用。当别人高兴之际,你的叹息会引起别人的不快;而当别人悲伤之时,你无动于衷,不作一声,悖于常情,也会令人不满。

(9)嘘声。嘘声表示语义的功能是非常明显的,而且情绪化色彩很强,在公众场合用得较为普遍。嘘声常常表现为观众的一种否定、对抗甚至是反抗的激烈情绪。比如,演员和球员在台上场上不令人满意时,观众常发出一片嘘声,促其下台或下场。在交际过程中,嘘声作为交际主体单方面发出的声音信号,虽然传达了特定的语义和情绪,但对交际客体来说是一种伤害,是交际客体主观上不愿意接受的。这样,嘘声就违背了交际中合作、礼貌和协调的基本原则。从这个意义上来讲,它不应该参与到交际过程中来。严格地说,嘘声表现的是一种不文明的行为。

2. 沉默

沉默即言词、话语间的短暂停顿。沉默常常出现在高信息内容或低概率词项之间,是超越语言力量的一种高超的传播方式。因此,恰到好处的沉默也是一种艺术。比如:有一次,周总理主持记者招待会,有外国记者问:"中国有没有妓女?"回答:"有!"然后停下来。此时全场哗然。几秒钟后,他接下来说:"在中国的台湾。"少顷,掌声大作。这一恰到好处的停顿——默语,使后续的话语产生了惊人的效果。

所谓"沉默是金"是深刻的至理名言。例如,在舌战中适合沉默一会儿,是自信和有力的表现,是迫使对方说话的有效方法。只有缺乏自信,忐忑不安的人才会用喋喋不休来掩饰,只有愚人才不给对方以改变的机会。例如,青年男女之间倾心相爱,双眸含情脉脉,无言而对,这种沉默所传递的信息量要比言语大上几十倍,这绝对可以称得上"此时无声胜有声"。

沉默所表达的意义是丰富多彩的,它以言语形式上的最小值换来了最大意义上的交流,显示了精彩的艺术美。它可以是无言的赞许,也可以是无声的抗议;它可以是欣然的默认,也可以是保留己见;它可以是威严的震撼,也可以是心虚的无言;它可以是毫无主见,附和众议的表示,也可以是决心已定,无须多言的标志。

在一定的语境中,沉默是相对明确的,就像乐曲中的休止符一样,它不仅是声音上的空白,更是内容的延伸与升华。沉默确实是沟通中很厉害的武器,但是必须有效使用。否则,无论是在平时的日常生活还是商务沟通中,很容易使另外一个沟通者无法判定行为者的真实意图而产生惧怕心理,从而不能达到有效的沟通。

3. 时间①

时间作为非语言表现形式,主要是因为我们可以根据沟通者对待时间的态度来判定沟通者的性格、观念和做事的方式,从而达到有效的沟通,准确地了解沟通者,做出符合自己利益的决策。

(1)不同民族、社会、文化对时间感受不同。我们往往容易做出人人都以同样的方式感受不同时间的假定。毕竟一小时就是一小时,不是吗?然而不同的民族、不同的社会和不同的文化对时间的感受是不同的。

西方人们信奉基督教,故而将复活节、感恩节、圣诞节这样一些宗教节日视为民族大节,非常重视并开展大量庆典活动。而在我国历史上,老百姓比较喜欢按照阴历计算日子和节日,因此诸如中秋节、春节等才是中国老百姓喜欢过的传统节日。

(2)即使在某种文化之内,不同社会团体将时间分为不同时段。工商界关注从周一到周五的工作日,而零售店的经营者则更多关心周末的工作日;像宾馆、酒店等从事第三产业的经营者会把黄金销售期定在两个黄金周和双休日,而农村可能不怎么关心工作日和周末,他们会根据农业活动和季节(如耕作季节、播种季节和翻晒季节)安排时间。

(3)人们对时间有不同估价。由于监管并不总是明确的,所以更重要的或许是每个人都有不同的时间划分。根据他们的地位和所处的环境,人们对时间有不同的估价。如一个大公司的总经理和退休老夫妻对于时间的态度会有很大区别。

对人际沟通产生明显的影响也包括使用时间的方式。如果上午10点的一个约会,你却在上午10点半露面,那么你可能在传递着某些信息:你对约会的态度、对那个人的态度或对自己的态度、时间对你的重要性。如果你提前出席一个讲座,可能说明你的兴趣和热情。你可能在利用时间表达你的热心。

(4)人们在时间的使用上有不同文化。在中国,很多人并没有时间观念;在北美国家,"时间就是金钱",他们会记录约会日程并按日程计划和时间表生活。因此准时和及时对于北美国家是很重要的;欧洲一些国家的时间观念会比北美国家差一点,但是准时也是他们的特征。在德国,公共交通工具从来都是按照时刻表准确运行的,一旦因为晚点而给乘客造成损失,相关部门会给予适当的赔偿;在南美洲的国家中,人们在参加宴会或者谈判时迟到是很普遍的现象。因此和不同文化背景的沟通者进行沟通要了解和尊重对方的文化。

4. 着装打扮

在现代生活中,人们的着装打扮已远远超越了最基本的遮羞避寒的功能,其更重要的功能是能向别人传递属于个人风格的信息。服装、饰物及化妆都作为沟通手段发挥着重

---

① 黄漫宇.商务沟通.北京:机械工业出版社,2006

要作用。

（1）服装。服装对非语言沟通极为重要。衣服的颜色、款式和风格等能够传递许多信息，其不仅可以表示一个人的社会地位、身份和职业性质，而且能够反映人的心理特点和性格。服装能够透露人的感情信息，常常是你如何感觉的就会如何穿着，而穿着如何又会影响着你的感觉。

（2）饰物。饰物在人的整体装饰中至关重要，一件用得适当的饰物好似画龙点睛，能使你气质出众。佩戴饰物有四点要求。

① 在选择饰物的种类及选择佩戴方法时，首先要做到恰到好处，然后再考虑锦上添花，绝不可画蛇添足。例如，在黑色羊毛衫上面佩戴一枚闪光的彩色胸花，是很别致的。但如果再配上一条项链的话，就显得繁琐。

② 饰物的佩戴要与自身的体形、发型、脸形、肤色及所穿服装的款式、面料、颜色保持协调一致。例如，夏天，穿一身飘逸的连衣裙，背一个精巧的浅色双肩小包的女孩看上去就很协调，如果挎一个黑色皮包就不搭调。

③ 由于现代饰物品种繁多，各种质地的饰品琳琅满目，在选择时首先要考虑自身所处的环境及身份，绝不可乱戴。例如，上班时，闪闪发光的手链、奇形怪状的戒指与身处的工作环境会很不相配。有一定身份的人，绝不可只图好看而选戴劣质饰品。

④ 饰物的色彩、款式要与季节相配，这一点多用于在皮包、眼镜、领带的选择上。例如，夏季和春季，女士应选择色彩亮、体积小的皮包。男士应选戴以浅色为主的领带；冬季，着装比较厚，皮包相应要大一点才能与穿着协调。

（3）化妆。化妆跟衣服一样，是皮肤的延伸。常见的化妆品有眉笔、胭脂、粉、唇膏、指甲油、香水等。化妆的目的在于重整面部焦点的特征，例如单眼皮变双眼皮，细小的眼睛变大的眼睛、扁平的鼻子显得高耸、青白的面色变得红润等。化妆是一种身体语言，一位女士精心打扮，除了令自己更好看，还"告诉"人们三点：一是我肯花时间在化妆上，而时间就是金钱，所以我的社会地位不低。二是我的化妆品是贵重的，这反映了我的财富。三是我与其他同样精心化妆的人是特别的一群，与你们不同。

5．环境布置[①]

环境布置不仅影响人的工作效率和效果，而且也反映出许多信息。在管理过程中，环境布置的重点主要集中在办公室设计、房间颜色搭配及办公室陈设等方面。

（1）办公室设计。办公室设计主要有两种模式，即传统式与开放式。传统式办公室设计的特点是：四周设有若干办公室，中间有大厅。周边的大办公室供老板使用；有两扇窗户的办公室属于资深主管；而转角办公室——两面墙上带有窗户的房间，通常是高级主管或合伙人的办公室；建筑物内侧的办公室是资历较浅的主管的，那里没有窗户，但有一扇门，因此这里还是一个可以称为自己小天地的地方；中间大厅是属于低层职员和临时工的地方，在这里你的桌子就好像放在走道里，没有隐私可言，要在这里咒骂或抱怨实在困难，因为你被置于众目睽睽之下。近年来，开放式办公室的概念已获得大部分公司的青睐。20 世纪 90 年代半数以上的美国公司都采用开放式、大部分空间为员工而非经理所

---

① 王建民.管理沟通理论与实务.北京：中国人民大学出版社,2005

用的办公室。开放式办公室的拥护者声称,开放式办公室有助于建立民主的气氛,以及增加同事之间的沟通,甚至有研究认为,开放式的办公环境提高了员工的生产力。

（2）房间颜色搭配。研究显示,办公环境的颜色影响着员工和顾客的心理和感情。颜色能被看见,也能被感受到。红色、橙色、黄色会产生侵略性刺激,人们所处房间的地板、墙壁、天花板和家具如果是鲜艳的色彩,会使人血压增高,心跳加快,并增加脑部活动。清凉的色彩使人的生理器官正常活动,如蓝色具有镇静的效果,而淡绿色则让人觉得安详平和。

（3）办公室陈设。办公室陈设的摆放能够影响人们在此停留的时间。另外,办公桌的大小、外形也能影响来访者对主人的印象,而且能决定这个办公室开放性沟通的程度如何。

6. 态势语言

人们说话时,态势语言又称为"行为语言"、"人体语言"、"动作语言",是一种伴随着自然有声语言而实现交际功能的辅助性无声语言。当然,要完成交际任务,应以自然有声语言为主,态势语言只起强调、修饰、渲染的作用,但在某种特殊情况下,态势语言不但可以单独使用,甚至还可表达出有声语言难以表达的思想感情,直接替代自然有声语言。成功的语言交际者就在于能将有声语言和态势语言配合得非常默契,将它们有机地协调起来。反之,如果在日常交际中,忽略了态势语言的选择和运用,不仅会直接影响有声语言的表达效果,而且还会给别人留下不良印象,有损本身和代表组织的形象。

（1）面部表情语。在人体语言中,面部表情是最丰富、最具有感染力的。"体语学"创立者雷·伯德惠斯特尔指出:"光人的脸,就能做出大约 25 000 种不同的表情。"美国著名记者根室在《回忆罗斯福》中写道:在 20 分钟里,罗斯福的面部表情呈现出诧异、好奇、焦虑、同情、坚定、幽默、尊严和无可抵挡的魅力等不同的变化,而在这一段时间里他几乎没有说一句话。人类的面部表情还具有一致性。1957 年,美国心理学家艾斯曼做了一个心理学实验。在这个试验中,他从美国、日本、巴西阿根廷、智利五个国家选择了受试者,让这些受试者辨认分别表现喜悦、厌恶、惊奇、悲哀、愤怒和恐惧六种情绪的照片。结果,绝大多数的辨认趋向一致。实验结果证明,人类的面部表情有较为一致的表达方式,面部表情可以说是一种"世界语"。下面我们从眼神与眉、嘴与微笑两个方面来分析。

① 眼神。它在人类的面部表情中,眼神无疑是最具交流能量的了。有研究证明,在信息交流中,人们用大约 30%～60%的时间与他人眉目传情。因此,在语言中有"眼睛是心灵的窗口"、"目成心许"、"一见钟情"等说法。

王建民教授在其《管理沟通理论与实务》中对眼神的功能有如下归纳。一是专注功能:反映一个人的注意程度和感兴趣程度。因此进行商务交流时,要特别注意交流对象的眼神变化,当我们向交流对象介绍某项业务或产品时,对方眼神无光,可能说明对方对我们的业务、产品没兴趣,或者对我们的介绍方式不感兴趣。此时就要做及时的调整,重新激发对方的兴趣。二是说服功能:在劝说过程中,为了使被劝说者感到真诚可信,必须与对方保持较亲密的视线接触。三是亲和功能:与尽可能多的人保持友善的视线接触,是一个人建立良好人际关系的必要前提。我们很多人际关系的建立,正是从眼神交流开始的。屈原《九歌·少司命》中有:"满堂兮美人,忽独与余兮目成。"说的就是眼神交流所达到的亲和功能。四是暗示功能：眼神交流的暗示功能最典型的例子，就是《国语·召公谏厉王弭谤》中的"道路以目"。暴虐的厉王严禁百姓议论朝政，违者处斩。于是"国人莫敢言，道路以目"。老百姓在路上不敢再用语言交流了，而是用眼神来暗示内心的不满。除了在这种特殊时期外，我们在一些特殊场合也会用到这种功能，如谈判、重要会议等。五是表达情感功能：人的眼神中可以很准确地表现出喜悦、厌恶、愤怒、悲伤、嫉妒等感情。在进行商务交流时，我们一定要高度关注交流对象眼神中的情感表现，并及时调整自己的交流内容和方式。同时，用语言传递信息时，我们的眼神所表现出的感情内涵一定要与之密切配合。六是表示地位与能力功能：人的眼神可以表现它的社会地位，在工作单位的地位，以及其领导能力。地位高的人、自信的人往往目光坚定有力，反之则往往目光暗淡、散乱。街头卜卦算命者之所以常常能令接受服务的人信服，就是因为他们通过对对方眼神的探究进行推测而实现的的。

眼神交流的方式主要有视线交流的长度、方向和瞳孔的变化三部分组成。视线交流的长度是指说话时视线接触的时间长短。一般来说，除关系特别密切的以外，视线交流的长度为 1～2 秒。视线交流的方向表示着不同的含义：视线向下（俯视），表示"爱抚、宽容"，也可以表示"轻视"；视线平行接触（正视），表示"平等"，也可以表示"欣赏"；视线向上（仰视），表示"景仰、期待"；视线侧面接触（斜视），表示"厌恶、轻视"等。要想对视线交流方向做系统的感觉和体会，我们不妨仔细观看电影中镜头的拍摄角度，在平拍、俯拍、仰拍等镜头中，都会或隐或显地表现出拍摄者的隐含之意。在古汉语中，有"青眼"、"青睐"、"白眼"等说法，其实说的就是视线交流的方向，"青眼"、"青睐"就是正眼相看的意思，"白眼"当然就是斜视之意。瞳孔的变化是指视线接触时瞳孔的放大和缩小。交流者在产生共鸣时会兴奋、愉悦，此时瞳孔就会放大，眼睛就会有神采，"神采奕奕"、"炯炯有神"说的就是这样的眼神。而当痛苦、厌恶时，瞳孔就会缩小，眼神就会黯然无光。

在沟通过程中，与朋友会面或被介绍认识时，可凝视对方稍久一些，这既表示自信，也表示对对方的尊重。双方交谈时，应注视对方的眼鼻之间，表示重视对方及对其发言感兴趣。当双方缄默不语时，就不要再看着对方，以免加剧因无话题本来就显得冷漠、不安的尴尬局面。当别人说了错话或显拘谨时，务请马上转移视线，以免对方把自己的眼光误认为是对其的嘲笑和讽刺。如果你希望在争辩中获胜，那就千万不要移开目光，直到对方眼神转移为止。送客时，要等客人走出一段路，不再回头张望时，才能转移目送客人的视线，以示尊重。

在谈判中也很讲究眼神的运用。一方让眼镜滑落到鼻尖上，眼睛从眼镜上面的缝隙中窥探，就是对对方鄙视和不敬的情感表露。一方在不停地转眼珠，就要提防其在打什么新主意。双目生辉，炯炯有神，是心情愉快、充满信心的反映，在谈判中持这种眼神有助于取得对方的信任和合作。相反，双眉紧锁、目光无神或不敢正视对方，都会被对方认为无能，可能导致对自己的不利结果。

眼神还可传递其他信息，已被人注视而将视线移开的人，大多怀着相形见绌之感，有很强的自卑感。无法将视线集中在对方身上或很快收回视线的人，多半属于内向型性格。仰视对方，表示怀有尊敬、信任之意；俯视对方表示有意保持自己的尊严。频繁而急速地转眼，是一种反常的举动，常被用做掩饰的一种手段，或内疚，或恐惧，或撒谎，需据情况做出判断。视线活动多且有规则，表明其在用心思考。听别人讲话，一面点头，一面却不将视线集中在谈话人身上，表明其对此话题不感兴趣。说话时对方将视线集中在你身上的人，表明他渴望得到你的理解和支持。游离不定的目光传递出来的信息是心神不宁或心不在焉。

眼神表达出异常丰富的信息，但微妙的眼神有时是只可意会，难以言传，只能靠我们在社会实践中用心体察、积累经验、努力把握，方能在沟通中灵活运用眼神。

② 微笑。著名画家达·芬奇的杰作《蒙娜丽莎》是文艺复兴时期最出色的肖像作品之一。画中女士的微笑给人以美的享受，使人们充满对真善美的渴望，至今让人回味无穷。

微笑，是一种特殊的语言——情绪语言。它可以和有声语言及行动相配合，起互补作用，沟通人们的心灵，架起友谊的桥梁，给人以美好的享受。工作、生活中离不开微笑，商务交往中更需要微笑。微笑是世界通用的体态语，它超越了各种民族和文化的差异。微笑是人人都喜爱的体态语，正因为如此，无论是个人和组织，都充分重视微笑及其作用。美国有一个城市被称为微笑之都，它就是爱达荷州的波卡特洛市，该市通过一项法令，该法令规定全体市民不得愁眉苦脸或拉长面孔，否则违者将被送到欢容遣送站去学习微笑，直到学会微笑为止。波卡特洛市每年都举办一次微笑节，可以想象，微笑之都的市民的微笑绝不比蒙娜丽莎逊色。近年来，日本许多公司员工都在业余时间参加笑的培训，他们认为这样可以增强企业内部凝聚力，改善对外服务，提高企业效益。根据日本传统，无论男人和女人，遇到高兴、悲伤或愤怒时，都必须学会控制情绪，以保持集体和睦。因为日本人认为藏而不露是一种美德。但自从日本经济进入衰退期后，生意越来越难做，商家竞争日趋激烈。于是乎，为招揽顾客，日本商家，特别是零售业和服务业，新招迭出。其中之一就是让员工笑脸迎客。在今日的日本，数以百计的微笑学校应运而生。日本一些公司的员工一般在下班后去学校接受培训，时间为 90 分钟，连续受训一个星期。据称，经过微笑培训，日本不少公司的销售额直线上升。日本许多公司招工时，都把会不会自然地微笑作为一个重要条件。

微笑是有规范的，一般要注意四个结合：一是口眼结合。要口到、眼到、神色到，笑眼传神，微笑才能扣人心弦。二是笑与神、情、气质相结合。这里讲的神，就是要笑得有情入神，笑出自己的神情、神色、神态，做到情绪饱满，神采奕奕；情，就是要笑出感情，笑得亲切、甜美，反映美好的心灵；气质就是要笑出谦逊、稳重、大方、得体的良好气质。三是笑与语言相结合。语言和微笑都是传播信息的重要符号，只有注意微笑与美好语言相结合，声情并茂，相得益彰，微笑方能发挥出它应有的特殊功能。四是笑与仪表、举止相结合。以笑助姿、以笑促姿，形成完整、统一、和谐的美。尽管微笑有其独特的魅力和作用，但若不是发自内心的真诚的微笑，那将是对微笑语的亵渎。有礼貌的微笑应是自然的坦诚，内心真实情感的表露。否则强颜欢笑，假意奉承，那样的微笑则可能演变为皮笑肉不笑、苦笑。比如，拉起嘴角一端微笑，使人感到虚伪；吸着鼻子冷笑，使人感到阴沉；捂着嘴笑，给人以不自然之感。这些都是失礼之举。

③ 眉与嘴。眉毛也可以表现出情绪、情感的变化。人们在表示疑问、兴奋、惊恐、愤怒时，眉毛会出现不同的变化。嘴的动作也能反映人的内心世界。嘴部的表情是通过嘴

形变化呈现的。

（2）肢体语言。肢体语言是指躯干和四肢语言。在沟通中比较重要的有头部语言、手部语言、腿部语言等，莫文虎先生在其《商务交流》中对此进行了专门的阐述。

① 头部语言。法国舞蹈教师萨尔特说："作为表现媒介的人体可以分为三个区域：头部和颈部为精神区域，躯干为精神—情感区域，臀部和腹部为物质区域……"这个说法很有见地。头部处于人际交流最上端的位置，也是交流时对方比较关注的部位，头部语言是否得体，也对交流的成功与否起着重要作用。头部微微抬起，表示自信、自豪。但抬得太高，则容易让人产生骄傲自负的感觉。头部低垂，往往表示情绪低落、沮丧。头部正对着交流者，表示对对方的关注；在谈话中，忽然将正对对方的头部转向其他方向，可能表示对对方话题的回避。《孟子·梁惠王下》中"王顾左右而言他"说的就是这种情况。点头，既可表示同意，也可表示理解，还可表示礼貌、问候，依据场合不同而各有变化。摇头则多表示拒绝、否定之意。头部作为精神性区域，它比较容易受到理智的控制。我们在沟通中要考虑交流场合、目的，设计合宜的头部语言。

② 手部语言。手部是人类肢体中最灵活的部位，手和手臂相互配合，可以产生许多姿态和动作，形成丰富多样的手部语言。

手部语言很重要的表现形式是手势语，不同文化的手势语其种类、含义都有较大差别。美国人面对开过来的车辆，右手竖起大拇指向右肩晃动，表示要求搭便车。在其他时候，竖起大拇指，可表示友好、赞赏。但这一手势在澳大利亚和新西兰，则被认为是淫荡之意。前任美国总统布什由于不了解这一文化差异，结束了对澳大利亚的访问，在机场与澳大利亚欢送者告别时，竖起大拇指，就引起了澳大利亚人的误会。此外不同民族手势的使用频率也不一样，美国人、北欧人对手势的使用比较节制，而中东、南欧和南美人使用得比较多。西欧有一句谚语"意大利人的双臂如果被截去，他们宁可不说话"，说的就是这种情况。美国心理学家麦克·阿尔基对各国手势语的使用进行了调查，结果发现，在 1 个小时的说话过程中，意大利人做手势 80 次，法国人 120 次，墨西哥人 180 次，而芬兰人只有1 次。

手部语言种类繁多，在人际沟通中使用最频繁的是握手。握手是现代社会常见的见面礼仪，根据握手的力量、姿势和时间的长短，可以传递出不同的信息。一般来说，主人、身份高者、女性、年长者先伸手，客人、身份低者、男性、年少者后伸手。在握手时，用力过大、软弱无力、用指尖和手背握手、戴着手套握手都是不礼貌的。手势语言在各国有不同的类型和各自的含义，我们在进行跨文化交流时，要特别注意了解我们与之交流的国家的手势语知识，以避免误会。1959 年，赫鲁晓夫访问美国时，把双手举过头鼓掌。这个手势在俄罗斯表示友谊，可是在美国，通常是在战胜对手后表示骄傲的意思。苏、美在 20 世纪五六十年代本来就是"冷战"的对手，赫鲁晓夫这一举动使许多美国人感到十分不快。

③ 腿部语言。腿部语言也能表现出情绪、情感。站立时双腿交叉，给人以自我保护或封闭防御的感觉。相反，说话时双腿和双臂张开，脚尖指向谈话对象，则是友好交谈的姿势。架腿而坐，表示拒绝对方并保护自己的势力范围。不断变换架腿的姿势，或者无意识地抖动小腿、脚后跟，是情绪不稳定、焦躁的表现。

在人际沟通中,我们首先要控制好自己的身体语言,使我们身体语言的表现与交流目的相一致。同时要注意观察对方身体语言的表现,"观其言察其行",由身体语言的表现,探究其内心情绪、性格等,为确定合适的交流策略提供信息基础。

7. "空间"语言

空间语言也叫界域语。从生物学的角度看,每一个生命都有自己的领空,人们叫它"生物圈"。一旦异物侵入这个范围,就会使其感到不安并处于防备状态。美国心理学家罗伯特·索默经过观察与实验认为,人人都具有一个把自己圈住的心理上的个体空间,它像生物的"安全圈"一样,是属于个人的空间。一般情况下每个人都不想侵犯他人空间,但也不愿意他人侵犯自己的空间。双方关系越亲密,人际距离就越短。

美国人类学家和心理学家霍尔将人类的交往空间划分为四种区域,这就是所谓社交中的空间语。它包括四个方面:一是亲密距离(0~45cm),又称亲密空间。其语义为亲切、热烈,只有关系亲密的人才可能进入这一空间,如夫妻、父母、子女、恋人、亲友等。亲密距离又可分为两个区间。其中,0~15cm为亲密状态距离,常用于爱情关系、亲友、父母、子女之间的关系;16~45cm为亲密疏远状态,身体虽不相接触,但可以用手相互触摸。二是个人距离(46~120cm),其语义为亲切、友好,其语言特点是语气和语调亲切、温和,谈话内容常为无拘束的、坦诚的。比如个人私事,在社交场合往往适合于简要会晤、促膝谈心或握手。这是个人在远距离接触所保持的距离,不能直接进行身体接触。个人距离的接近状态为46~75cm,可与亲友亲切握手,友好交谈;个人距离的疏远状态为76~120cm,在交际场所任何朋友、熟人都可自由进入这一区间。三是社交空间(120~360cm),其语义为严肃、庄重。这个距离已超出了亲友和熟人的范畴,是一种理解性的社交关系距离。社交距离的接近状态为120~210cm,其语言特点为声音高低一般、措辞温和,它适合于社交活动和办公环境中处理业务等;社交距离的疏远状态为210~360cm,其语言特点为声音较高、措辞客气。它使用于比较正式、庄重、严肃的社交活动,如谈判、会见客人等。四是公共距离(360cm以上),这是人们在较大的公共场所保持的距离,其语义为自由、开放。它适用于大型报告会、演讲会、迎接旅客等场合。其语言特点为声音洪亮,措辞规范,讲究风格。在人际沟通中要讲究如下界域规范。

(1)保持距离。距离产生美感,在与人交谈的时候,要注重远近适当,太远了使人感到傲慢,架子大;太近了,又显得不够重视。在行进中不但要保持距离,而且要适当的变换,比如不要以2米左右的距离尾随在陌生人的后面,以免引起误会,骑自行车或开车时,不要离前面的车靠得太近,不要强行超车。看到别人围成一个圈形成封闭式的交谈,就要绕开行走,不要从中穿越。公园的长椅上,如果已经有人坐上,就不要再去挤座位。

(2)变换体位。体位是指身体所处的位置,根据交际的目的和场合,我们还要经常改变自己身体所处的位置,如从前往后,从左到右,由坐而站等。

① 移动位置。这是我们向对方表示诚意的界域行为。如我国对外国国家元首的迎送仪式中就有这方面的规定:"国宾抵达北京首都机场(车站)时,陪同团团长等赴机场(车站)迎接并陪同来访国宾乘车前往宾馆下榻。国宾离京回国,我方出面接待的领导人到宾馆话别,由陪同团团长前往机场(车站)送行。"对一般的来访者也是如此:对应邀前来访问的来访者,无论是官方人士、专业代表团、民间团体、知名人士,在他们抵离时,均安

排相应身份的人前往机场(车站、码头)迎送。

美国学者莫里斯把这种移动称为"不便的展示"。他说:"客人前来和主人去接的距离也是一种不便。不便越大,表示诚意越高。国家元首去机场迎接重要客人,兄弟驾车去机场迎接外国来的姊妹。这种移位的举动,是主人所能表现的最大不便。由于各种不同层次要看主人的距离而定,因此,有的去当地车站,有的候在门前,有的等门铃响了再去。有的干脆就在他自己的房内等候,让仆人或小孩去开门……分别时,不便的展示再度重演。"

移位可以表示尊重,也可表示妥协或服从。比如当你开汽车或骑自行车违章被交通警察拦住时,就应马上下车,赶快主动撤到指定地点。然后在警察接近车子之前走近警察,因为警察离他的岗位越远,不信任和敌意就会强烈。总之,主动迅速地向警察靠近,表示出对他的服从态度,可以避免相应的处罚。

② 改变高度。这是变换体位的另一种方式。比如降低身高,表示对对方的尊重,能获得好感。朱利叶斯·法斯特介绍说,我认识一个青年,他足有六英尺高,在做买卖时,他极其走运,原因是他有感化合伙人的本事。观察了一些他成功做买卖的动作后,我发现,他随时随地只要可能就偏向弯腰。或者半坐下来,以便让合伙人得到统治权,感到优越。

降低身高要看场合,有的时候降低了,反而不尊敬了。比如晚辈在一起聊天,长辈到场,晚辈需站起来,如果仍旧保持低位,或坐、或躺,那么就说明他对来者的蔑视。莫里斯是这样分析原因的:"弯身表示服从动作,主要作用是要使行礼的人感到不便和不舒服,让居高位的人舒舒服服地坐着,不会因为降低高度就丧失他的威严。"从历史的发展变化来看,古代的皇位设于高处,君主坐在那里当然要比站在下面的臣子还要高。现在不设高位了,大家在一张桌子旁议事,地位低者站立的习惯却仍旧保留下来,或用于高位者到场的一种礼节性动作。

总之,无论是横向的移动,还是纵向的升降,我们都应根据不同的交际目的,以及当时的情景,随时变换我们的界域行为。一个人坐下后,就不知起来的人,会给人留下傲慢至少是懒惰的印象,进而影响交际的顺利进行。

(3)尊重他人的领域权。

首先不乱动他人物品。主人不在场时,不要私自动用其领域内的物品。未经许可,一般不要翻动亲友,甚至是子女的抽屉、书包、信件等,因为这种揭人隐私的行为会伤害对方的自尊。

其次不随意进入他人领域。在进入他人领域之前,一定要征得同意,经过允许,比如到朋友家做客,进门先按铃或敲门,经主人允许后方可进入。不经主人邀请,或没有获得主人同意,不得要求参观主人卧室。即使是较熟悉的朋友,也不要去触动他的个人物品和室内陈设,对家庭成员也应尊重。在公众场合,要尽量避免侵犯他人的空间。有一些人往往不注重自己的界域行为。在无意之中,伤害了他人,也损害了自己的形象。比如在公共汽车上,横着站,两手抓两边的把手,使别人无法通过。坐着时跷起二郎腿,让路过的人给他擦皮鞋。在剧场里,或扒在前面的背椅上,或把腿蹭在前排的座椅上。

目光侵入也属于侵犯空间。孔子说:"非礼勿视。"我们现在有的地方却无视这个问题,有这样的旅馆,每个客房门上都开着一个玻璃窗口,窗帘安在外边,管理人员可以随时监控,真让客人们哭笑不得。还有些人喜欢在地铁里面看旁边人的报纸。主人看正面,他看反面,主人翻报纸时,他甚至干涉说先别翻,我还没看完呢。这种界域行为中国人还可以容忍,西方是不可以接受的。

再次不污染他人的界域。一是空气污染,比如当众抽烟,冲着人打喷嚏,张着嘴出气,在餐桌上端起碗来用嘴吹等。国家之间比如核电站泄漏事件,都属于污染别人的界域,因为别人的身体虽然没有侵入,但是空气被污染了。二是噪声污染,比如音乐会时,手机铃声此起彼伏,在北京国际音乐节上,把指挥大师都气坏了,停下来以示抗议。在楼道里大声喧哗,影响邻居们休息,记得侯宝林大师有这样一个段子:有一小伙子,下了夜班,上楼的脚步特别重,吵得楼下的老先生神经衰弱,每天夜里都要等小伙子噔噔噔噔上楼,开门,脱下皮鞋噔——噔两声一摔之后,才能心跳渐趋正常,再慢慢入睡。有一天,老先生给小伙子提了建议,小伙子满口答应,下班后,他已经忘记了这事,又噔噔噔噔上楼。进门之后,脱了一只鞋往地上一摔之后,突然想起来,于是第二只鞋就轻轻地放在了地上,第二天,他问老人:"昨天睡得好点吗?"老人说:"我昨天一夜都没有睡!""怎么了?""我等你那第二只鞋呢! 心一直悬着!"

可见,讲究界域礼貌,不污染他人的界域是非常重要的。

此外,在空间距离的处理上还应注意交往对象生熟、性别、性格等方面的差异。俗话说"熟则远,亲则近",空间距离与交际对象陌生还是熟悉是有一定区别的。交往的双方,互相认识,又是亲朋好友,可以近些,以至拍肩碰肘、抚摸、拥抱、依偎等都没有什么不好,有时反而能促进关系的密切。相反,交往双方是初次见面,要做上述举动,会引起对方的不快和反感。

交往对象的性别不同,交往时空间距离也是有明显区别的。心理学家做实验发现:男子挤在一间小屋子里,容易引起相互的怀疑,甚至发生斗争;女子在这种环境中,更友善,更亲密,更容易找到共鸣。如果给一个女子换一个大些的房间,她们会感到不大理想。正由于男女间的这种心理差别,男子与男子交谈的距离不宜太近,近则会有不和谐之感,女子与女子交谈的距离不易太远,远则会有不投机之嫌。

在交往中对不同性格的人,在空间距离上应有不同的区别。与内向型的人交往,空间距离可稍远些,因为距离太近,性格内向的人会感到不自在;与性格外向的人交往,距离可近些。若与性格外向的人相聚,可老远打招呼,以表示热情;与内向型的人相遇,若老远打招呼,不一定会得到回应,往往是用微笑或点头来代替回答。

案例 1:管理沟通与闲聊

一、案例介绍

星期五下午 3:30。

宏达公司经理办公室。

经理助理李明正在起草公司上半年的营销业绩报告。这时公司销售部副经理王德全带着公司销售统计材料走进来。

"经理不在?"王德全问。

"经理开会去了,"李明起身让座,"请坐。"

"这是经理要的材料,公司上半年的销售统计资料全在这里。"王德全边说边把手里的材料递给李明。

"谢谢,我正等着这份材料呢。"李明拿到材料后仔细地翻阅着。

"老李,最近忙吗?"王德全点燃一支烟,问道。

"忙,忙得团团转! 现在正忙着起草这份报告,今晚大概又要开夜车了。"李明指着桌上的文稿回答道。

"老李,我说你呀应该学学太极拳,"王德全从口中吐出一个烟圈说道,"人过四十,应该多多注意身体。"

李明闻到一股烟味,鼻翼微微翕动着,心里想:"老王大概要等这支烟抽完了才离开,可我还得赶紧写这篇报告。"

"最近,我从报上看到一篇短文,说无绳跳动能治颈椎病。像我们这些长期坐办公室的人,多数都患有颈椎病。你知道什么是'无绳跳动'吗?"王德全自问自答地往下说,"其实很简单……"

李明心里有些烦,可是碍于情面不便逐客,他瞥了一眼墙壁上的挂钟,已经 4:00 了。李明把坐椅往身后挪了一下,站起来伸了个懒腰说:"累死我了。"李明开始动手整理桌上的文稿。

"'无绳跳动'与'有绳跳动'十分相似……"王德全抽着烟,继续着自己的话题……

(资料来源:王建民.管理沟通理论与实务.北京:中国人民大学出版社,2005)

二、思考与讨论

1. 王德全的行为是管理沟通还是聊天? 为什么?

2. 李明用哪些非语言行为暗示了自己的繁忙或不耐烦? 如果你是王德全,遇到这种情况会怎么办?

3. 你认为李明该怎么做才能更明确地传递信息?

案例 2:老李为什么发怒

一、案例介绍

小王是新上任的经理助理,平时工作主动积极,且效率高,很受上司的器重。那天早晨,小王刚上班,电话铃就响了。为了抓紧时间,她边听电话,边整理有关文件。这时,有一位姓李的雇员来找小王。他看见小王正忙着,就站在桌前等着。只见小王一个电话接着一个电话。最后,终于等到可以与她说话了。小王头也不抬地问他有什么事,并且一脸的严肃。当他正要回答时,小王又突然想到什么事,与同室的小张交代了几句……这时的老李已是忍无可忍了,他发怒道:难道你们这些当领导的就这样对待下属吗? 说完,他愤然离去……

(资料来源:康青.管理沟通教程.上海:立信会计出版社,2000)

二、思考与讨论

1. 这一案例的问题主要出在谁的身上？为什么？

2. 如何改进其非言语沟通技巧？

3. 假如你是小王,你会怎样做？

案例3：希尔顿"经营微笑"

一、案例介绍

1887 年的圣诞之夜,康拉德·希尔顿(Conrad Hilton)出生在美国新墨西哥州圣安东尼奥的一个挪威移民家庭。1907 年,因经济不景气,父亲老希尔顿被迫结束了皮货经营等生意,举家搬到一个小镇上去,开了一家只有五个房间的旅馆,招待过路的客商。这一年,康拉德·希尔顿 20 岁,他帮助父亲的小旅馆接客人,即到火车站去等车接客人。小车站每天只有三班车,分别在中午、午夜和凌晨三点。每天夜里他必须从被窝里爬起来两次,到小车站去等客人。此外,他还要做其他杂务工作,如照顾客人吃饭、替客人喂马洗车等,从早上八点钟开始,要一直工作到晚上六点。

他从新墨西哥州矿冶学院毕业后,父亲把小店交给了他。希尔顿把小店经营得红红火火。1919 年 1 月,希尔顿的父亲车祸去世。他安葬了父亲,处理掉小店,决心干点大事。母亲鼓励他离开小镇,到大地方去闯世界。希尔顿怀揣 5000 美元,只身来到了得克萨斯州,一个偶然的机会,他果断地决定买下一家旅馆——莫布利旅馆。

由于拥有早年经营小旅店积累的经验,希尔顿把用借来的 4 万美元买下的莫布利旅馆管理得井井有条。不久后,其资产已达到 5100 万美元。一天,希尔顿沾沾自喜,向其母炫耀其成就,但他母亲却淡淡地说:"照我看,你跟从前没有什么根本的不同,你必须把握比 5100 万美元更值钱的东西。除了对顾客诚实之外,还要想法使每一个住进莫布利旅馆的人住过了还想再来住,你要想出一个简单、容易、不花钱,而又长久可行的办法,来吸引顾客,这样的旅馆才有前途。"对母亲的忠告,希尔顿冥思苦想,终于他理解了母亲的忠告:他确信,这一秘密武器就是"微笑"。

第二天,希尔顿上班后的第一项工作,便是把手下的所有雇员找来,向他们灌输自己的经营理念:微笑。他又对旅馆进行了一番装修改造,增强了接待旅客的能力。此后,他走到每一家旅馆召集全体员工开会:"现在我们旅馆已新添了第一流设备,你觉得还必须配备一些什么第一流的东西使客人更喜欢它呢?"员工们回答以后,希尔顿笑着摇头说:"请你们想一想,如果旅馆只有第一流的服务设备而没有第一流服务人员的微笑,那些客人会认为我们供应了他们全部最喜欢的东西吗?如果缺少服务员美好的微笑,正好比花园里失去了春天的太阳与春风。假若我是顾客,我宁愿住进虽然只有残旧地毯,却处处见得到微笑的旅馆。我不愿去只有一流设备而见不到微笑的地方……"依靠"你今天对顾客微笑了吗"的座右铭,莫布利旅馆日益红火。

希尔顿一直有一个梦想:建造一座拥有"一流设施"、以自己名字命名的大饭店——

希尔顿饭店。这一梦想在 1925 年 8 月 4 日得到实现——"达拉斯希尔顿饭店"竣工成立。"一流设施,一流微笑"成为希尔顿饭店的经营理念,在这一理念的指引下,希尔顿饭店取得了不菲业绩。

1929 年全球爆发经济危机,到 1930 年,大萧条使得全美国的饭店倒闭了 80%。希尔顿饭店也难逃厄运,一家接着一家地亏损,一度欠债达 50 万美元。但是,希尔顿并未因此灰心丧气,他向员工保证,无论多么困难,绝不裁员,并诚恳地对饭店的员工说:"目前正值饭店亏空靠借债度日时期,我决定强渡难关,一旦美国经济危机时期过去,我们希尔顿饭店很快就能出现云开日出的局面。因此,我请各位注意,万万不可把心里的愁云摆在脸上。无论饭店本身遭遇的困难如何,希尔顿饭店服务员脸上的微笑永远是属于饭店的。"在艰难生存下来 20% 的饭店中,希尔顿饭店服务员的微笑给经济危机中的人们留下了美好的回忆。结果,大萧条一过,希尔顿饭店马上顾客盈门,率先进入了新的繁荣期。

而今,希尔顿的资产已从 5100 万美元发展到数十亿美元。希尔顿饭店先后并购了纽约的乌斯托利亚饭店和普拉萨饭店,在业内名声显赫。

从 20 世纪 50 年代开始,希尔顿除把目光瞄向美国本土外,马德里、墨西哥城、蒙特利尔、柏林、罗马、伦敦、开罗、巴格达、哈瓦那、曼谷、雅典、中国香港、马尼拉、东京……希尔顿饭店相继开业。而今,希尔顿饭店遍布全球,成为"旅馆帝国"。

1979 年,92 岁的世界"饭店帝王"、拥有数十亿美元资产的康拉德·希尔顿辞世。但"你今天对顾客微笑了吗"已成为希尔顿的经典名言,并代代相传。

(资料来源:郭文臣.管理沟通.北京:清华大学出版社,2010)

二、思考与讨论

1. "微笑"作为一种非语言沟通的表现形式,在希尔顿的经营中发挥了怎样的作用?

2. 本案例对你有哪些启示?

案例 4:审讯

一、案例介绍

以下是第二次世界大战时期著名反间谍专家奥莱斯特·平托上校是如何审讯一个纳粹间谍的。

当时盟军部队已经进入比利时,德军仓皇溃退。一天,两名士兵在驻地附近逮捕了一个叫艾米里约·布朗格尔的人。平托上校感觉到:这个人的穿着和谈吐虽然是典型的北方农民,口音也是地道的瓦隆地区(比利时某地区)的土音,但他粗壮的颈部和魁梧的运动员体型,与当地常见的惰性十足的人截然不同,于是决定对他进行审讯。

第一次审讯:

问:你是农民吗?

答:过去是,现在不是。德国鬼子抢走了我的牲畜,杀死了我的家人。

问:会数数吗?

答：数数？

问：对，把桌上这盘豆子数一数吧。

答：一、二、三……（慢慢地用法语数）

在第一次审讯中，上校未发现任何破绽，但仍不气馁，决定进行第二次审讯。这次审讯换用了特殊的方式：他派人在布朗格尔的住处放了几捆草，一个士兵点着了后，烟从门的下面进到了屋里，值勤的士兵用德语大喊："着火了!"布朗格尔惊醒，动了动，又睡了。接着平托上校用法语大声喊道："着火了!"布朗格尔一下子跳了起来，绝望地敲打着门。这一次，上校仍未发现破绽。

第三次审讯，上校又用了新的方案。在布朗格尔被带来时，上校拿起一支从他身上搜出的铅笔。

问：你带这个干什么？

答：不就是支铅笔吗？

问：用他来写情报？

答：（流露出不屑回答的样子）

"可怜的家伙。"上校用德语向身边的军官说，军官也用德语反问："为什么？"上校说："他还不知道明天上午就要被绞死，已经21点了。他肯定是个间谍，不会有别的下场。"

平托上校一边说一边用眼睛斜视桌布朗格尔，特别注意他的眼睛和喉头。但布朗格尔没有任何表示，他以神态证明自己不懂德语。很明显，第三次审讯没有结果，到此为止，上校几乎绝望了，开始怀疑自己以前的判断。但直觉让他进行最后一次审讯——第四次审讯。如果再没有突破，就决定立即释放了。

最后一次审讯是这样进行的：当布朗格尔像平时一样走进平托上校的办公室时，上校装作正看一份文件，看完后拿起铅笔在上面签了字，然后抬起眼睛突然用德语对布朗格尔说："好啦，我满意了，你自由了，现在就可以走了。"布朗格尔长长地出了一口气，动了动肩膀，像是卸了一个沉重的包袱，他仰起脸，眼睛放着光，愉快地呼吸着自由空气。当他发现平托上校嘲笑的眼光时，一切都已经晚了，身后的士兵已紧紧地抓住了他。

（资料来源：http://meigui37.blog.163.com/blog/static/27432374200861910463517/，2008-07-19）

二、思考讨论

1. 此案例反映了非语言沟通的哪些特点？

2. 本案例对你有哪些启发？

实 训 项 目

1. 非语言沟通游戏

游戏目的：证明沟通有时完全可以通过肢体动作完成，而且同样行之有效；证明通过手势和其他非语言的方法完全能够实现人与人之间的沟通。

游戏形式：全体学员，2人一组。

游戏时间：10分钟。

游戏要求：

（1）向对方介绍自己。一方先通过非语言的方式介绍自己，3分钟后双方互换。

（2）在向对方进行自我介绍时，双方都不准说话，整个介绍必须全用动作完成，大家可以通过图片、标识、手势、目光、表情等非语言手段进行沟通。

（3）请大家通过口头沟通的方式，说明刚才通过肢体语言所表达的意思，与对方的理解进行对照。

相关讨论：

（1）你用肢体语言介绍自己时，表达是否准确？

（2）你读懂了多少对方用肢体语言表达的内容？

（3）对方给了你哪些很好的线索使你了解他？

（4）我们在运用非语言沟通时存在哪些障碍？

（5）我们怎样才能消除或削弱这些障碍？

（资料来源：王建民.管理沟通理论与实务.北京：中国人民大学出版社,2005）

2．课堂讨论：辩论会观摩

1993年的第一届国际（中文）大专辩论会，复旦大学硕士生蒋昌健被评此届辩论会"最佳辩论员"。当日辩题"人性本善/恶"，复旦大学队以"反方"应对台湾大学队。精彩的自由辩论结束后，复旦队四辩蒋昌健以高屋建瓴之势慷慨陈词，结尾一句"黑夜给了我黑色的眼睛，我却要用它去寻找光明"，被评论为"犹如云层激发出雷电，把整场辩论升华到极高的价值观念境界，可谓气势磅礴"。

（1）请仔细观摩在本届大专辩论会上蒋昌健"人性本恶/善"的总结陈词的视频资料（视频：http：//v.youku.com），完成下面的讨论题：蒋昌健使用了哪几种类型的手势？最具表现力和美感的是哪几个手势？

（2）蒋昌健的手势、身姿、面部表情、语调、语气配合得如何？有何特色？

（3）试着模仿蒋昌健的态势，讲述其中几句话。（任选几句）

资料 蒋昌健的总结陈词

谢谢各位，一个严肃的辩论场需要一个严肃的概念。对方多次问我们人性怎么样？人性怎么样？始终没有问我们人性本怎么样？我想请问对方，人性是什么和人性本是什么是同样的一个概念吗？你们如果连这个概念都没有根本建立基础的话，那你们的立论从何而来呢？我们多次问对方的善花里面如何结出恶果，对方说要浇水，要施肥呀。那我就不懂了，大家都承蒙这个阳光雨露的话，为何有那么多罪行横遍这个世界呢？难道这个水，那个肥还情有独钟吗？为何要跟恶的人作一个潇洒的"吻别"呢？（笑声、掌声）

今天我们本着对真理的追求来同对方一起探讨这个千年探讨不完的话题。无论是从性善论的孟子也好还是性恶论的荀子也好，又有哪一家哪一派不要我们抑恶扬善呢？抑恶扬善是我方今天确立立场的一个根本出发点。下面我再一次总结我方的观点。

第一，只有认识人性本恶，才能正视历史和现实。回顾历史的时候，我的内心总感到痛苦而颤抖。从希波战争到十字军东征，从希特勒的奥斯维辛集中营到日寇在华北的细菌试验场，真可谓是"色情与贪婪齐飞，野心共暴力一色"。以往的人类历史，可以说是交织着满足人类无限贪欲而展开的狼烟与铁血啊！可见，本恶的人性如果不加以控制的话，将会给这个世界带来什么呢？

第二,只有认识人性本恶,才能重视道德、法律教化的作用,才能重视人类文明引导的结果,培养健全而又向上的人格。在历史的坎坷当中,人类并没有自取灭亡。尤其是在面对彬彬有礼、亲切友善的新加坡朋友面前,我们更有理由相信,人类明天会更好,这其中我们要感谢新加坡孜孜不倦地建立起他们优良的社会教化系统。人类文明是在人类智慧之光照耀下不断茁壮成长的。饮水思源,借此我们要感谢那些在人类教化路途中洒进他们含辛茹苦汗水的这些中西先哲们。正因为从他们的理论智慧当中,从他们的身体力行当中,人们才有可能从外在的强制走上理性的自约,自约人的本性的恶,从而培养一个健全而又向善的人格。可见,人性本恶,并不意味着人终身成为恶,只要通过社会的教化系统就可以弃恶扬善,化性起伪啊!

第三,只有认识人性本恶,才能调动一切社会教化的手段来扬善避恶。光阴荏苒,逝者如斯,在物质和科学技术突飞猛进的同时,而人类的精神家园可谓是花果飘零。在这个时候,我们要警惕,人性本恶这个基本的命题。可喜的是,在东方的大地上,我们传统文化的发扬光大,已经从一阳来复开始走向了新的春天。我们也相信,通过传统文化的精华,必将使人类从无节制的欲望中合理地扼制并加以引导,从他律走向自律,从执法走向立法。人类才可能挽狂澜于既倒,扶大厦于将倾。"黑夜给了我黑色的眼睛,而我却要用它来寻找光明!"谢谢各位!(掌声)

3. 测试

你了解身体语言吗?

(1) 当一个人试图撒谎时,他会尽力避免与你的视线接触。(对/错)

(2) 眉毛是一个传达感情状态的关键线索之一。(对/错)

(3) 所有的运动和身体行为都有其含义。(对/错)

(4) 大多数身体语言交流是无意识行动的结果,因而是个人心理活动的最真实流露。(对/错)

(5) 在下面哪种情况下,一个人最可能采用身体语言交流方式?(　　　)

　　　A. 面向15～30人发表演讲　　　　　　　B. 与另外一个人进行面谈

(6) 当一位母亲严厉斥责她的孩子,而又面带微笑时,孩子将会(　　　)。

　　　A. 相信语言信息　　　　　　　　　　B. 相信身体语言信息

　　　C. 同时相信两种信息　　　　　　　　D. 两种信息都不相信

　　　E. 变得迷惑不解

(7) 如果你坐在下列位置1的时候,另外一个坐在哪个位置能够最充分显示出合作的姿态,并最有利于非言语交流?

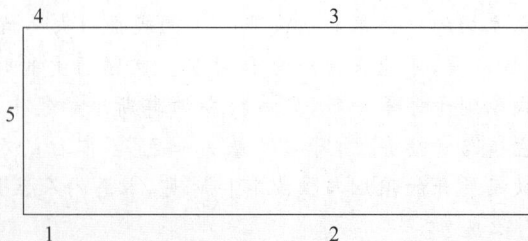

```
4                          3
┌─────────────────────────┐
│                         │
5│                         │
│                         │
└─────────────────────────┘
1                          2
```

(8)如果你想表示要离开,那你将采用什么样的动作?请写下来。

(9)别人对你的反应取决于你通过交流留给他们的印象。(对/错)

(10)下面哪些举动能使你给人留下更好的印象?(   )

    A. 谈话中不使用手势   B. 避免较长的视线接触

    C. 仅偶然地露出微笑   D. 上述所有动作

    E. 不包括上述任何动作

(11)身体语言交流相对于口头交流或局面交流有许多优势,你能列举出一些吗?

参考答案:

题号	答案	说　明
(1)	错	因为人们已变得更加难以预料。"撒谎者不敢看他人的眼睛"已成为一般常识,所以狡猾的撒谎者常常能够在双目直视你的情况下撒谎,要识别谎言,我们需要捕捉其他更能说明问题的信号。
(2)	对	我们的眼睛是最能表达内心活动的面部因素之一,另一个则是嘴唇。
(3)	对	我们可能并没有每一个姿势中都有意地去传达某种信息,但这些动作和姿势却不可避免地落在对方眼里并产生一定的感想。
(4)	对	通过身体语言,可以发现别人的心理活动,这一点取得了专家共识。
(5)	A	当面对15～30个人讲话时,你需要对15～30双眼睛和嘴唇做出反应。这将比只与一个人面谈更能刺激你使用身体语言交流。
(6)	E	尽管身体语言信号(微笑)比语言信号(责骂的语句)有更强的作用,但两者的混合导致的结果将是迷惑不解。
(7)	5	位置1和5之间有桌角相隔,两个人可以随时调整自己与桌角的距离,从而改变两个人之间的距离。因此,在谈判中,坐在位置1和6的两个会较少地受空间环境的影响,更易于非语言交流。
(8)		最好的信号是有意无意地用眼睛扫一下你的手表、站起身来,慢慢站起来时拍拍大腿、慢慢地挪向门附近或是靠在门框上等。
(9)	对	因为我们总是根据别人给我们的整体印象做出反应,其他人对我们的反应也是同样的。
(10)	E	当你自然地使用手势、目光接触、微笑等身体语言时,会给别人留下好的印象。
(11)		身体语言给你的印象更深刻,它们有助于传达真诚、信任等语言交流所达不到的效果;它们能够传达更微妙的言下之意;身体语言信息有助于我们洞察他人的真情实感。当然,身体语言信息也存在一些严重的缺陷;它们可能会泄露我们的秘密;它们很容易被误解;它们的含义因不同的文化背景而不同;它们可能需要长时间地重复进行才能被人理解。

(资料来源:张喜春,刘康声,盛暑寒.人际交流艺术.北京:北京交通大学出版社,2009)

拓展阅读:体态语的跨文化内涵

在跨文化交际中,由于文化定势的影响,人们对自己文化的体态语行为往往习以为常,但对别的文化的体态语行为却非常敏感,而且往往会发生理解偏差,从而影响交际的顺利进行甚至会导致严重的文化冲突。因此,了解和掌握不同文化的体态语行为的含义对跨文化交际的成功起着非常重要的作用。

1. 手势（gesture）

手势是指用手部动作进行的非语言交际。布罗斯纳安说："手部动作实际上是身势语的核心。"在日常交际中，人们的手部动作最多，表达的含义也最为细腻和生动。在不同的文化中，手势语也有相同之处，如食指和中指所形成的"V"字形表示胜利；挥手表示再见；拍手表示欢迎或喝彩等。但是多数手势会因文化和民族的不同而有差异，如中国人竖大拇指表示"好"，美国人竖大拇指表示要搭便车。叫人过来时，英语国家的人通常有两个动作：一是食指朝上向里勾动，而在中国，这种手势会给人以不大正派之感。二是用手掌向上或向左朝自己方向挥动招呼成年人过来，对幼儿或小动物则手掌朝下向自己方面挥动。中国人则正好相反，手心向下招呼成年人，向上招呼幼儿和动物。在这方面，中英之间常常会引起误解。

2. 目光接触（eye-contact）

"眼睛是心灵的窗户。"眼神是人类深层情感的自然流露，眼神的交流往往能够传达非常微妙的感情。"不要信任目光不敢与你对视的人"，在英美国家，交谈时，说话人和听话人都应该注视对方，表示自己在听，任何一方不看对方都会被认为是轻视、心神不定或者漠不关心，是一种不礼貌的表现。而中国人则习惯于目光下垂，特别是面对上级或长辈时，这是一种谦虚、服从或尊敬的表现。如果眼睛盯着长辈看的话会被认为是一种不敬。另外，在中西方交往中，中国人会感到英美国家的人总爱死盯着对方；而英美人士则认为中国人表情羞羞答答，目光躲闪，会引起他们的反感。当然，在中西方，盯着对方看太久都是不合适的表现。如在改革开放之初，许多来到中国的英美人士对于自己被盯着看或围观感到非常恼火。

3. 体触行为（touch）

体触是指借身体间接触来传递或交流信息的非语言交际行为。有些人称之为"触觉交际"或"触觉沟通"。在交际过程中，人们身体部位是否接触以及接触的方式和程度也存在着巨大的跨文化差异。体触最常见的种类有握手、拥抱、亲吻，此外还有轻拍、抚摸、踢、打耳光、挠痒等。握手在不同的文化中都是一种常用的表示友好和亲热的礼节。但是各国握手的习惯却有一定的差异，如在美国，男人之间的握手是非常用力的，而中国人则轻握一下；在欧洲和亚洲国家的异性之间，除非女性先伸出手来，男性一般不主动伸手和女性握手。然而在非洲国家则完全相反，男人要主动伸手去和女性握手。拥抱和接吻在中国是很少发生的体触行为，除非是表示大人对小孩的喜爱。而在西方国家，女人见面拥抱是常见现象，夫妻久别重逢拥抱接吻也非常自然。抚摸在中美文化中也表现出一定的差异，如中国人喜欢一个小孩就会轻轻抚摸他的头，而在美国这样做就会引起孩子妈妈的反感，被认为是一种无礼的表现。

4. 面部表情（facial expression）

面部表情是交际中最重要、最有效而且变化最多的一种交际方式。同样也受文化背景的制约。西方人感情外露，因而面部表情多，而中国人则感情含蓄，常控制自己的表情，喜怒哀乐不形于色。如微笑和大笑通常表示友好、赞同。但也存在文化差异，西方人把中国人的微笑称为"不可捉摸的微笑"，因为中国人的微笑可以表示多种含义，如接受对方的好意、表示赞赏、表示回避和不同意等，让西方人感到不可思议。中国人的笑有时还会引起西方人的误解,例如,一个美国人存放自行车时,不小心自行车倒了,美国人会感到很困窘,而旁边的中国人会发出笑声。美国人会生气和反感,事实上中国人并不是嘲笑和幸灾乐祸,而只是表示"别当回事,没关系"等。

体态语作为非语言交际的一种重要手段在跨文化交际中发挥着非常重要的作用,因此要想提高跨文化交际能力,光重视语言的学习是远远不够的,还应该重视体态语的研究和学习,并结合具体的环境和语境去了解和掌握体态语的文化差异和内涵,在交际中理解不同文化的体态语的具体含义,能够恰当合理地使用对方文化的体态语,避免跨文化交际中的误解和冲突,从而促使跨文化交际的顺利进行。

(资料来源:独雪梅.谈跨文化非语言交际中的体态语.文教资料,2010(6 中旬刊))

课 后 练 习

1. 请根据语句的内容给出相应的手势语和表情语

(1)请大家安静,安静!

(2)什么是爱?爱,不是索取,而是奉献!

(3)他转身朝着黑板,拿起一支粉笔,使出全身的力量,写了几个大字:"法兰西万岁!"然后他待在那儿,头靠着墙壁。话也不说,只向我们做了一个手势:"散学了——你们先走吧!"

(4)在过去的一年中,在座各位,各位将我们的销售额不可思议地提高了 17.17%!这在公司的整个历史上还从来没有过,从来没有!由此我们的利润不只是提高了 5%或10%,而是 13%,整整 13%!

(5)大家不要慌,请大家跟我来!

(6)我现在要明确地告诉对方辩友,你们犯了一个严重的逻辑错误!

(7)现在,请让我们大家在此,心平气和地交换一下对这个问题的看法。

(8)现在,摆在我们面前的有两条道路:一是勇往直前奋战下去,有成功的可能,但也有失败的风险;二是原地踏步,坐以待毙。

(9)这几天,大家晓得,在昆明出现了历史上最卑劣最无耻的事情!李先生究竟犯了什么罪,竟遭此毒手?他只不过用笔写写文章,用嘴说说话,而他所写的,所说的,都无非是一个没有失掉良心的中国人的话!大家都有一支笔,有一张嘴,有什么理由拿出来讲啊!有事实拿出来说啊!

(10)我要感谢我的竞选伙伴。他发自内心地投入竞选,他的声音代表了那些在他成长的斯克兰顿街生活的人们的声音,代表那些和他一道乘火车上下班的特拉华州人民的声音。现在,他将是美国的副总统,他就是乔·拜登!

2. 态势语设计

(1)熟读下面一段独白,设计相应得体的态势语。

当 我 老 了

佚　名

当我老了,不再是原来的我。请理解我,对我有一点耐心。

当我把菜汤撒在自己的衣服上时，当我忘记怎样系鞋带时，想一想当初我是如何手把手地教你。

当我一遍又一遍地重复你早已听腻的话语时，请耐心地听我说，不要打断我。你小的时候，我不得不重复那个讲过千百遍的故事，直到你进入梦乡。

当我需要你帮我洗澡时，请不要责备我，还记得小时候我千方百计哄你洗澡的情形吗？当我对新科技新事物不知所措时，请不要嘲笑我。想一想当初我怎样耐心地回答你的每一个"为什么"。

当我由于衰老而无法行走时，请伸出你年轻有力的手搀扶我。就像你小时候学习走路时，我扶你那样。当我忽然忘记我们的谈话主题时，请给我一些时间让我回想。其实对我来说，谈论什么并不重要，只要你能在一旁听我说，我就很满足。当你看着老去的我，孩子，你不要悲伤。理解我，支持我，就像你刚开始学习如何生活时我对你那样。当初我引导你走上人生之路，如今请陪伴我走完最后的路程。给我你的爱心和耐心，我会报以感激的微笑，这微笑中凝结着我对你无限的爱。

（2）学生自己选择感兴趣的内容，用五分钟时间做准备，做一次简短的讲话，要求用上得体的态势语。通过录像回放，首先要训练者进行自评，然后教师与学生再给予评价。

3．观摩演讲或观摩电影

有目的地观察别人的手势、表情、仔细研究，博采众长，并经常对镜练习、矫正。多积累，烂熟于心，形成自己的动作。

任务 6　倾　听

言语的有效性并不仅仅取决于如何表述,而更多的是取决于人们如何来倾听。

——[美]尼科而斯

自然界赋予人一张嘴,两只耳朵,也就是让我们多听少说。

——[古希腊]苏格拉底

任务目标

- 了解倾听的作用;
- 明确倾听的障碍,并善于排除这些障碍;
- 掌握有效倾听的策略。

沟通故事导入

重 在 倾 听

美国著名的主持人林克莱特在一期节目上访问了一位小朋友,问他:"你长大了想当什么呀?"小朋友天真地回答:"我要当飞机驾驶员!"林克莱特接着说:"如果有一天你的飞机飞到太平洋上空时,飞机所有的引擎都熄火了,你会怎么办?"小朋友想了想:"我先告诉飞机上所有的人绑好安全带,然后我系上降落伞,先跳下去。"

当现场的观众笑得东倒西歪时,林克莱特继续注视着孩子。没想到,接着孩子的两行热泪夺眶而出,于是林克莱特问他:"为什么要这么做?"他的回答透露出一个孩子真挚的想法:"我要去拿燃料,我还要回来! 还要回来!"

(资料来源:http://blog.sina.com.cn/s/blog_4b0bed7d010007mf.html)

一、倾听的作用

有人曾向日本的"经营之神"松下幸之助请教经营的诀窍,他说:"首先要细心倾听他人的意见。"松下幸之助留给拜访者的深刻印象之一就是他很善于倾听。一位曾经拜访过他的人这样记叙道:"拜见松下幸之助是一件轻松愉快的事,根本没有感到他就是日本首屈一指的经营大师,反而觉得像是在同中小企业经营主谈话一样随便。他一点也不傲慢,对我提出的问题听得十分仔细,还不时亲切地附和道'啊,是嘛',毫无不屑一顾的神情。见到他如此和蔼可亲,我不由得想探询:松下先生的经营智慧到底蕴藏在哪里呢?调查之后,我终于得出结论:善于倾听。"

倾听,貌似简单,其实不易。"听"的繁体字为"聽",它由"耳"、"王"、"十"、"目"、"一"、"心"六个字组成,代表着"听"首先是用耳朵接受他人的声音,但仅此却远远不够,还需"十目一心"地仔细观察对方说话的神态、用心揣摩对方话中之话。只有这样,才能真正感受到对方所要传递的信息。倾听是一种本能,也是一门技术,更是一门艺术,它源自本能,修自后天。

听是人类最基本的能力之一,是用耳朵接收声音,除了少数人听不到声音之外,我们大多都享有这种与生俱来的天赋功能。如今,国际倾听协会这样对倾听定义:倾听是接受口头及非语言信息、确定其含义和对此做出反应的过程。口语交际中,听的重要性并不被多数人认同。很多人认为听是一种被动的行为。他们很可能会感到烦闷,如果他们不参与谈话还可能会感到无精打采。这种认识显然存在着很大的误区。

古今中外很多谚语和传说表明听的重要性:"听君一席话,胜读十年书。"俗话又说:"会说的不如会听的。"英国谚语:"沉默是金,说话是银。"传说上帝在造人时之所以给人一张嘴巴、两只耳朵,就是因为他认为听比说更重要。可见人们如何看重听了。

对我们大多数人来说,倾听是从我们听到别人讲话声音开始的,但倾听与听有什么区别呢?一般学者认为,"听"是人体感觉器官接收到的声音;或者换句话说,"听"是人的感觉器官对声音的生理反应。只要耳朵听到谈话,我们就在听别人。想想你在听到电影中的外语对话时,你就会明白,听到并不意味着理解。"听而不闻"就是说的这种情况。

倾听虽然以听到声音为前提,但更重要的是我们对声音必须有所反应,必须是主动参与的过程,在这个过程中,人必须思考、接收、理解,并做出必要的反馈。同时,倾听的对象不仅仅局限于声音,还包含理解别人的语言、手势和面部表情等。在此过程中,我们决不能闭上眼睛只听别人说话的声音,而且还要注意别人的眼神及感情表达方式。

📖 沟通小故事

"听"来的钢盔

第一次世界大战期间,一位叫亚德里安的美国将军利用战斗的间隙到战地医院探望伤员。他毫不张扬地走进病房,静静地坐在病床边,倾听每一位伤病员讲述自己"死里逃生"的经历。其中一位炊事员说,他听到炮弹呼啸而来,就不假思索地把一口锅扣在自己的头上,虽然弹片横飞,战友倒下了一大片,他却幸免一死。听到这里,亚德里安将军略有所悟地点了点头,走到这位炊事员床前同他握手,脸上露出赞赏的微笑。

后来他发布一道命令:让每个战士都戴上一口"铁锅"。

于是,在人类战争史上,"钢盔"这个重要发明,就因为一位将军有耐心和雅量倾听一个炊事员的"唠叨"而诞生了。据说,这个别出心裁的"发明",使七万余名美军在第一次世界大战中免于战死。

将军诚意的倾听,表达的是对战士生命安全的关注和高尚的人品,他满足对方的倾诉并获得尊重的愿望,而自己也在获得尊重的同时,获得了创造的灵感,而做出重大决定。

(资料来源:李元授.口才训练.武汉:华中科技大学出版社,2005)

倾听的作用概括起来,主要包括如下方面。

(1) 倾听是获取信息开阔视野的重要途径。

"听君一席话,胜读十年书",这句俗语从倾听的角度说明了倾听是获取信息开阔视野的重要途径。有数据显示:在我们获取信息的途径听、说、读、写所占的时间中,听占到了53%。虽然现在是网络化时代,面对面沟通被有些人所忽视,由此产生的"宅男"、"宅女"现象越来越引起人们的担忧。这从另一个角度说明倾听的缺失对现代人造成的不良影响。与其把自己封闭在一个狭小的空间里,还不如走出家门倾听来自各界的声音,那样对你的未来才更有帮助。

(2) 倾听是对别人的尊重和鼓励的特殊方式。

根据人性特点,我们都知道,人们往往对自己的事更感兴趣,对自己的问题更关注,更喜欢自我表现。一旦有人专心倾听我们的话时,就会感到自己被重视。我们真诚投入地倾听他人的倾诉,恰到好处的反应,是对他人尊重和鼓励的最好方式。

(3) 倾听是为自己争取主动的关键。

在时机未到时选择倾听并保持沉默是一种"大智若愚"的艺术。在商业活动中多听、少说甚至不说,这样做的目的是为了获得最大的利益。少开口,不做无谓的争论,对方就无法了解你的真实想法;反之,你可以探测对方动机,逐步掌握主动权。因此"雄辩是银,倾听是金"。

(4) 倾听可增进彼此的理解与信赖。

表露内心的事,可以消除两人之间的误会、隔阂、不信任与敌对,使两人之间的关系更为密切。由此来看,倾听可谓是彼此沟通的桥梁,误解与愤恨都会随着有效的倾听而化为乌有,感情也会伴着彼此的倾听更进一步。

(5) 倾听可改善周围环境的气氛,有利于获得身心健康与成功。

心理学家们指出,善于倾听的人容易克制冲动,控制愤怒,拥有一个较为平和的人际环境,这对于成功与健康是有百益而无一害的。

二、倾听的障碍

一般来讲,倾听有五个层次:一是听而不闻。如同耳边风,"左耳进右耳出",完全没有听进去;二是敷衍了事。"嗯"、"喔"、"哎"、"好好好",略有反应其实是心不在焉;三是有选择性地听。只听合自己心意的,与自己意思相左的一概自动过滤掉;四是专注的听。有些沟通技巧的训练会强调"主动式"、"回应式"的聆听,以复述对方的话表示确实听到,即使每句话或许都进入大脑,但是否都能听出说话者的本意、真意,仍是值得怀疑;五是带有同理心的倾听。一般人聆听的目的是为了做出最贴切的反应,根本不是想了解对方。所以带有同理心的倾听的出发点是为了"了解"而非为了"反应",也就是透过交流去了解别人的观念、感受。在商务沟通中应重视倾听,尽可能做到高层次的倾听,避免低层次的倾听。但事实上并不是所有倾听都能达到理想效果,因为倾听存在着各种各样的障碍,它们会直接或者间接地影响倾听的效果。

1. 来自环境的倾听障碍

环境干扰是影响倾听最常见的因素之一,交谈时的环境各种各样,时常转移人的注意力,从而影响专心倾听。有学者做过试验,一个人同时听到两个信息时,他会选择其中的一个,放弃另一个。这样的话,就很容易忽略另外一个人的信息。具体来说,环境障碍主要从两方面施加对倾听效果的影响。

(1) 干扰信息传递过程,消减、歪曲信号。如在嘈杂的课堂上,老师的声音几乎被学生的吵闹声淹没了,坐在后排的同学根本就听不到老师在说什么,这跟一个安静的课室所能达到的效果是迥然不同的。

(2) 影响沟通者的心境。也就是说,环境不仅从客观上,还从主观上影响倾听的效果,这正是为何人们很注重挑选谈话环境的原因。比如领导在会议厅里向下属征询建议,大家会十分认真地发言,要是换作在餐桌上,下属可能就会更随心所欲地谈谈想法,有些自认为不成熟的念头也在此得以表达。反之亦然,在咖啡厅里上司随口问问你西装的样式,你会轻松地聊上几句,但若上司特地走到你的办公桌前发问,你多半会惊恐地想这套衣服是否有违公司仪容规范。这是由于不同场合人们的心理压力、氛围和情绪都大有不同的缘故。

2. 倾听者自身的倾听障碍

倾听者本人在整个交流过程中具有举足轻重的作用,倾听者理解信息的能力和态度都直接影响倾听的效果。但由于每个人都有自己的思想和经验,难免在倾听时加上自己的感情色彩,在无形中树立了障碍,无法准确理解别人传递的信息,从而影响了沟通。来自倾听者自身障碍表现在以下方面。

(1) 注意力不集中。倾听者受到内部或外部因素的干扰而无法集中注意力,这是最常见的阻碍倾听的因素。当你疲倦时,胡思乱想时,或是对说话者所传递的信息不感兴趣时,你都很难集中注意力。

(2) 打断说话者。倾听者打断说话者也是阻碍倾听的因素之一。在回应说话者之前,应该先让他(她)把话说完。对说话者缺乏耐心甚至粗鲁地打断他(她)们,这是对说话者本人及其信息不尊重的表现。

(3) 缺乏自信。倾听者缺乏自信也是阻碍倾听的因素之一,这是因为缺乏自信会令倾听者产生紧张的情绪,而这种情绪一旦占据了他(她)的思维,就会使他(她)无从把握说话者所传递的信息。也正是为了掩饰这种紧张情绪,许多倾听者总是在应当倾听时擅自发言,打断说话者。

(4) 过于关注细节。阻碍倾听的另一个因素是倾听者过于关注细节。如果倾听者尝试记住所有的人名、事件和时间,那么就会觉得倾听"太辛苦"了。这种紧紧抓住信息中的细节而不抓要点的做法非常不可取,这样做就可能完全不能明白说话者的观点。

(5) 排斥异议。有些人喜欢听和自己意见一致的人讲话,偏心于和自己观点相同的人。这种拒绝倾听不同意见的人,不仅拒绝了许多通过交流获得信息的机会,而且在倾听的过程中注意力就不可能集中在讲逆耳之言的人身上,也不可能和任何人都交谈得愉快。

(6) 心存偏见。倾听者心存偏见会在很大程度上阻碍倾听。偏见让倾听者无法对说话者所传递的信息保持开放和接纳的心态。这是因为,偏见使人在倾听之前就已经对说话者或他(她)所传递的信息做出了判断。

(7)太注重说话方式与个人外表。人们倾向于根据一个人的长相或讲话的方式来判断一个人,因此听不到他(她)真正说了什么。有些人常被说话者的口音和个人外表以及行为习惯扰乱心绪,从而影响了倾听效果。

(8)厌倦。由于大脑思考的速度比说话的速度快很多,前者至少是后者的 $3\sim5$ 倍(据统计,人们每分钟可说出 125 个词,理解 $400\sim600$ 个词),很容易在听话时感到厌倦。因为人们可以接纳一个人说的话,但同时还有很多空余的"大脑时间",人们很想中断倾听过程,去思考别的一些事情。"寻找"一些事做,占据大脑空闲的空间,这是一种不良的倾听习惯。

三、有效倾听的策略

1. 创造良好的倾听环境

(1)选择合适的场所。场所合适与否直接关系到沟通双方的心理感受和外在噪声的干扰。在公众场合下,应避免在噪声比较大的地方交谈,如施工场所、十字路口。应尽量寻找安静、舒适、典雅、有格调的咖啡厅、茶室等,同时力求避免电话、手机和他人的干扰。如果是在家中聚会,有必要将电视音量关小,保证室内空气清新、舒适,假如临近街道,可以将门、窗关紧,同时注意室内家具的摆放、颜色的搭配等细节问题。

(2)选择恰当的时间。公众场所都有自己的高峰期,像公园、商场、节假日风景区,人比较多,咖啡厅晚上人流不息,而餐馆则在中午和下午 6 点以后客人较多。选择场所时还应考虑时间的不同对谈话双方的效果也将不同。

(3)保持一定的距离。说话者跟听话者感情好,私下交谈时则相互挨得紧,恋人更是如此。但如果在正式场合,不论亲疏,都应保持一定的距离。过远,则不容易听清;过近,容易使说话者感到紧张。

2. 良好的心理准备

倾听,要求倾听者要有良好的精神状态,集中精力,随时提醒自己交谈到底要解决什么问题,听话时应保持与谈话者的眼神接触,但在时间的长短上应适当把握好,如果没有语言上的呼应,只是长时间盯着对方,会使双方都感到局促不安。另外,要努力维持大脑的警觉,保持身体警觉则有助于使大脑处于兴奋状态。

倾听时,应该保持开放的心态,这是提升倾听技巧的指导方针之一。这样做不但使你能考虑到事情的各个方面,还能减少你与说话者之间的防御意识,而这种意识会极大促进你们之间的良好沟通。回应说话者时,即使你不同意他(她)的观点,也应对其信息保持积极的态度。

3. 正确的态势语言

人的身体姿势会暗示出他(她)对谈话的态度,自然开放性的姿态,代表着接受、兴趣与信任。根据达尔文的观察,交叉双臂是日常生活中最普遍的姿势之一,一般表现出人的优雅,富于感染力,让人看上去自信心十足。但这常常自然地转变为防卫姿势,当倾听意见的人采取这种姿势的,大多是持保留的态度。向前倾的姿势是集中注意力、愿意听倾诉的表现。所以说二者是相容的。倾听时交叉双臂跷起二郎腿也许是很舒服,但往往让人感觉这是种封闭性的姿势,容易让人误以为不耐烦或高傲。

4. 提升倾听的技巧

(1)对主题或说话者产生兴趣。这样做有助于倾听者以积极的态度进行倾听。倾听时,你的目标应当是从每个说话者那里获取知识,但如果你对他们不感兴趣,就很难集中注意力。因此,应当消除自己对主题或是说话者的偏见,使自己对其产生兴趣。倾听时,应该关注说话者提供的信息,而不是其外表、性格或是说话方式,不要因为这些因素而对他(她)们加以定论,应该根据他(她)们提供的论据来判断信息的价值。另外,也不要仅仅因为说话者的出色表达就立即对他(她)们做出肯定的判断。出色的表达并不意味着说话者传递的信息有价值。因此,应该等到说话者完整地传递了信息之后,再做出判断。

(2)积极关注自己不熟悉的信息。要提升自己的倾听技巧,还应该学会积极关注自己不熟悉的信息。如果在倾听时遇到此类信息,就更需要高度集中注意力。因为如果不这样做,就有可能抓不住信息中的重点。当对方传递的是自己不熟悉的信息时,可以采取下列方法来改变自己。

① 不要因为信息复杂而气馁;

② 使自己对学习产生兴趣;

③ 提问以确认说话者的观点。

(3)专注于说话者的主要观点。倾听时,一定要专注于说话者的主要观点,为了全面理解讲话者的言辞中包含的内容和情感,倾听者要集中精力努力捕捉信息的精髓。这样做能避免强烈情感让你感到混乱和沉闷,并且能集中精神理解讲话者所述观点中的重点。

(4)不要过早下结论。要提升自己的倾听技巧,倾听者在倾听时不要过早下结论。当你不同意说话者的看法时,最自然的反应就是立即不再理会他(她)所传递的信息。尽管你不需要同意说话者的所有观点,但是在下结论之前,还是应该听完他(她)的话。只要听完了全部的信息,就可以彻底地检验并公正地评估说话者的观点、论据和论证过程。

(5)复述说话者所传递的信息。通过复述,倾听者可以确定自己是否完全理解了该信息。复述时,倾听者可以用自己的话向说话者概括信息的主要内容,这样能减少对信息的误解和错误的推测。

(6)不到必要时,不打断他人的谈话。善于听别人说话的人不会因为自己想强调一些细枝末节、想修正对方话中一些无关紧要的部分、想突然转变话题,或者想说完一句刚刚没说完的话,就随便打断对方。经常打断别人说话就表示一个人不善于倾听,除了在不得不说的情况下,一般是不应打断对方谈话的。

(7)尊重说话者的观点。每个人都有自己的观点,要鼓励别人说出自己的看法,而不能因为自己的主观意愿,否定自己不同意的观点,如果无法接受说话者的观点,那可能会错过很多学习的机会,而且无法和对方建立起融洽的关系。

(8)换位思考。站在对方的角度去考虑他(她)所说的话,以客观的心态去面对说话者,用心去感受说话者的心情,感受他(她)的喜悦或悲伤,这也是做到最高层次倾听的体现。这样做可以避免因心理定势和偏见等产生的障碍。

（9）倾听者不应该过于拘谨。倾听者在倾听时过于拘谨使倾听变成了一种被动行为,此时,倾听者绝不会表达自己的观点,他们根本不参与交流,常常只是以"很好"和"我明白你的意思"之类的话来回应说话者。倾听者在倾听时过于拘谨可能是因为害羞,也可能仅仅出于不想给说话者带来麻烦,无论是什么原因,他们的行为都会阻碍有效的沟通。要避免在倾听时过于拘谨,应当遵循以下原则。

① 乐于表达自己的想法;

② 通过提问参与对话;

③ 回答问题要干脆;

④ 与说话者进行眼神交流。

5. 善于运用其他形式沟通

毕竟用听来记住的信息有限,这时候就需要借助一些其他的方式来帮助自己更好地记忆。比如做笔记,这样能更有效地记住对方所说的话。同时通过做笔记也能有选择地记下自己认为更重要的信息,从而避免因为什么都要记下而费时费力。

案例1：小马里奥特的倾听

一、案例介绍

小马里奥特(J. W. Marriott, Jr.)是万豪国际酒店集团的董事长和CEO,喜欢走动式管理,以四处巡视旗下酒店为乐事。

有一次巡视酒店,他注意到顾客对餐厅女招待的服务评分不高。他问问题出在哪里,经理说不知道。但是,小马里奥特注意到了经理不安的身体语言,接着问女招待的待遇是多少。得到回答之后,他接着问为什么待遇比市场标准低。经理说:加薪要总公司决定,而他不想提出来。

对话不过30秒,但是小马里奥特发现了3个严重的问题:第一,总公司管得太多;第二,高层重视利润胜过顾客满意度;第三,经理不敢提加薪要求,说明他的上级是糟糕的倾听者。当然,小马里奥特解决了所有这些问题。

这是关于怎么做决策的完美案例,但是在小马里奥特看来,这更是一个关于倾听的案例。他说:"我所做的,只是改变这位经理什么都不说的习惯,并且告诉他,有人愿意倾听他的问题——这是他的上级主管显然不愿意做的事。"

小马里奥特很重视倾听,也善于倾听。作为倾听式CEO,他至少有10点经验值得其他经理学习。

（1）倾听基层员工。小马里奥特习惯直接倾听员工的声音。

（2）倾听对方的身体语言。要从身体语言中,发现对方想要隐藏的信息。

（3）善用自己的身体语言。表示自己对正在谈论的主题很有兴趣。

（4）保持适当的沉默。不要太早表示自己已经做了决定。

（5）不要以表达方式是否迷人来判断信息是否准确。小马里奥特发现:一个人能言善辩、善于表达,并不表示他的想法都正确。相反,有些人内向害羞、不善言谈,他的话可能值得一听。

（6）不要选择性倾听。在20世纪80年代末，酒店业的过度扩张已经很严重，但是小马里奥特盲目自信，只把注意力放在正面的消息上，最终付出了惨痛代价。小马里奥特总结说："选择性倾听，几乎和完全不倾听一样糟糕。"

（7）要主动倾听，即要提问。"这个技巧对高层主管特别重要（董事长、总经理），这些人因为位高权重，通常与资浅的员工不那么亲密。"小马里奥特推荐问这样一个问题："你认为呢？"

（8）倾听顾客。"在万豪，我们依靠顾客告诉我们，哪些做对了，哪些做错了。这是确定我们是否提供他们所想要的服务的唯一方法。"例如，酒店以前为了美观都尽量把插座隐藏起来。通过调查商务旅客，万豪发现插座需要调整：随着笔记本电脑的流行，商务旅客希望房间里的插座要看得见，而且要随手够得着。

（9）化倾听为行动。听到问题之后，要解决问题，这才是倾听的本意。

（10）要知道什么时候该停止倾听。到了某个时候，必须停止辩论和收集事实，要根据已经拥有的信息来做出决定。

小马里奥特认为，知道什么时候停止倾听，是测试公司整体倾听技巧的关键时刻。显然，小马里奥特不仅自己倾听，还在打造公司整体的倾听能力。

善于倾听的小马里奥特，带领善于倾听的万豪，进入了《基业长青》一书赞誉的"高瞻远瞩的公司"行列，跟IBM、通用电气、花旗银行、迪斯尼、索尼等公司排列在一起。

（资料来源：刘澜. 管理的10大真相. 北京：当代世界出版社，2008）

二、思考与讨论

1. 小马里奥特是如何倾听的？
2. 小马里奥特的成功说明了什么？

案例2：迟到的倾听

一、案例介绍

在一家大食品公司，许玲所负责的部门支持销售部的工作，包括客户的信用评估、账款的收回、销售费用的审核支付、促销活动的控制等。虽无具体销售指标的压力，但工作难度是很大的。第一，一方面要做到严格控制；另一方面要提供大力支持。两者发生矛盾时，当中合理的度是很难掌握的。第二，当销量不好时，销售部会找出种种借口来指责他们支持不力，以推脱责任；信用评估太程序化，致使一些大订单流失；销售费用审核及支付的流程太繁琐，导致费用支付不及时，影响了与客户的关系；促销活动的控制缺乏灵活性，增加了促销活动的难度。第三，初始投诉发生时，上司还会为许玲的部属解释，但多次的投诉却使老板只能把许玲管理的部门当替罪羊，解雇当事的员工，以示公平、公正，以表明他们改变部门工作状况的决心。

许玲的部门新来了一位应届大学毕业生张林，他给许玲留下了聪明、诚实、积极、进取的良好印象。许玲对他寄予厚望：希望他能缓和与销售部之间的紧张关系，能给她所管理的部门带来新的活力，增强团队的凝聚力。

许玲改变了对新成员培训的方法。以往，团队有新员工加入时，许玲会给以两周的适应期。在此期间，给他看一些与工作相关的资料，并且花一定的时间与他交流，让他在正式工作前对工作环境、工作内容、工作职责、工作流程有一个大概的了解，以便较快熟悉业务。但这种培训方式表现出了不理想的效果。因为两周纸上谈兵式的学习并不能完全适应复杂的工作状况，因为与之合作的同事会认为他不善于学习和适应能力差而不愿与之合作，以致员工不能通过试用期，只好重新招人，开始新一轮的训练。

鉴于这个原因，以及工作上急需人手，许玲这次只用半天的时间让张林了解公司的有关制度、工作职责、工作流程，就安排他上岗。此外，再加上承诺：工作上遇到任何问题都可以随时来找她，她一定会给予必要的帮助。许玲认为这种新的培训方式可以让张林更容易发现问题，提高适应能力，可以降低同事对张林的要求，更乐于帮助和谅解他。

但许玲忽视了这种放任培训方法可能会带来的不良后果，许玲没有想到张林产生了不被关心、不受重视、被遗弃的感觉。没有想到他不愿意把这种感受告诉仅比他大一岁且作为女性的她，没有想到他出于自尊，宁愿尽量自己去想办法，找答案。许玲只看到张林出色的学习和适应能力以及工作被同事们一致认同。许玲对这平静表面留下的危机根本看不到，没有产生要去倾听他的想法。

在张林熟悉工作之后，许玲又给他设计了一个新的学习机会：把其他人的一些业务转交给他，以表示对他能力的认可和信任。她想不到张林产生了许玲偏袒其他同事和其他同事欺骗他的感觉。她只以为他会更开心、更努力地工作。她没有想到在做出这种非常安排之前或之后，应与他进行正式或非正式的沟通，她没有想到她又犯了一次错误。

此后，在非正式场合，许玲和张林之间也有过一些交流。比如下班了，同事都收拾好东西走人了，他还在加班。许玲去问原因，他开玩笑地说："因为你偏心，把工作都交给我做，我来不及，只好加班了。"许玲也开玩笑地回答："那是因为你还没上手，效率太低。"例如，午间休息时，他抱怨工作太多，其他同事都太舒服了。许玲只是开玩笑地说："你是男生，不要老是抱怨。团队里都是女孩，你要多担待一些。"其他人也都帮着这样进行不合理的解释。张林也就不辩解了。由于是非正式场合，而且人在工作不顺利时也常常会抱怨，因此，许玲并没有认真对待这些抱怨，也忽视了这些抱怨后面的潜台词，没有与他做更深的交流，这让他很失望。不善于倾听使许玲又犯下一次错误。

张林顺利地通过了试用期的考核，成了一名正式的员工，他认为许玲应该对他前一段的工作做一个评价，提出对他今后的期望，了解他对自己职业的设计，帮助他认识他在公司里的发展前景，在他们之间做一次深入的沟通。可是许玲再次忽略了他，再次失去了沟通的良机。

就在许玲对团队的工作效率和人员稳定感到高兴时，张林提出要离职。许玲感到惊讶万分。他们终于做了一次深入的沟通，许玲做了一次真正的倾听，才了解到他以上的那一些想法。许玲为自己的过失向他做了深刻的检讨。可是为时已晚，他已决心去另一家公司工作。许玲为自己团队失去了一个优秀的成员感到遗憾，并为自己的所作所为感到懊悔。

（资料来源：胡巍.管理沟通案例101.济南：山东人民出版社,2005）

二、思考与讨论

1. 许玲几次错过了与张林的沟通？每次不能去倾听或未能形成有效倾听的原因是什么？

2. 一些人认为自己很开明，与下属的关系也相当融洽，非正式沟通非常流畅。因此认为下属有问题会主动来与自己沟通，自己无须与下属主动沟通。你认为这种想法对吗？为什么？

3. 一种观点认为：应当重视非正式沟通中的信息——在非正式场合，下属能抛开心理压力，畅所欲言，不怕说错，相信容易得到谅解；因此，非正式沟通中传递的信息有时会更真实地表达他们的想法。另一种观点认为：不应当重视非正式沟通中的信息——它产生于非正式场合和随意的表达方式之中。你认为哪种观点是对的？为什么？

4. 为什么说平静的环境对管理者提出了更高的要求？在平静的环境中管理人员应当怎么做？

案例3：人事处罚引起的矛盾

一、案例介绍

张先生是一位已有五年工龄的模具工,他工作勤奋,爱钻研。半年前,张先生利用业余时间自行设计制作了一套新型模具,受到设计部门的嘉奖。为了赞扬和鼓励张先生的这种敬业精神,当时的生产部主任王先生特别推荐他上夜校学习机械工程学。从那以后,张先生每周有三天必须提前1小时下班,以便准时赶到夜校。这也是经原生产部主任王先生特许的,王先生当时曾说过他会通知人事部门。

然而,上周上班时,张先生被叫到现任生产部主任鲁先生的办公室进行了一次面谈。鲁先生给了他一份处罚报告,指责他工作效率低,尤其批评他公然违反公司的规定,一周内三次早退,如果允许他在公司继续如此工作下去,将会影响其他员工。因此,鲁先生说要对张先生进行处罚,并警告说照这样下去他将被解雇。

张先生接到处罚报告后感到十分委屈。他曾试图向鲁先生解释缘由。然而,每次鲁先生都说太忙,没有时间同他交谈,只告诉他不许早退,并要求他提高工作效率。张先生觉得这位新上司太难相处,不禁感到万分沮丧。

（资料来源：康青.管理沟通教程.上海：立信会计出版社,2003）

二、思考与讨论

1. 张先生和鲁先生之间是否产生了倾听障碍？出现这一问题的原因应归于张先生、鲁先生、前任上司王先生,还是人事部门？

2. 如果你是张先生,你会怎么办？

案例 4：用心倾听的邱次雪

一、案例介绍

蝉联过去 10 年台湾奔驰车销售前 3 名的超级业务员邱次雪就是因为懂得听，10 年卖出 500 辆奔驰车。"每个顾客都像一本书，你要用心听才能读得懂。"她说。

20 年前，她是个蹩脚的业务员。客户上门，3 句话后她就不离"车"，业绩总是倒数。直到有一次，一位顾客要她先闭嘴，对她当头棒喝。"后来，我都要求自己先不要说话。"她说，让客人先说话，才听得到他的需求与考量点，而不是先径自推销。

不久前，一位阔太太下巴抬得高高地走进店里看车。同事亲切地上前问候："您要看车吗？"女客户不悦地回答道："来这里不看车，还能看什么？"这时，只见邱次雪静静地端上一杯水，不发一语。女客户开口："你们业务员服务态度很差，卖的车又贵。"邱次雪虚心请教："那我们应该如何改善呢？"他挽着对方的手到贵宾室坐下，门一关，30 分钟后，一笔 60 万元的订单就到手了。

"在这个过程里我一直都没说什么，只是听她抱怨了 20 分钟。"原来，这位顾客早就锁定了一款车型，但逛了几间车行都没有碰到满意的业务员。邱次雪一边用心地听她抱怨，一边响应，同时也在整理自己的思绪。等客户气消后，她开始与对方聊起家庭生活的经验。不过 30 分钟，交易就完成了。

（资料来源：莫林虎.商务交流.北京：中国人民大学出版社，2008）

二、思考与讨论

1. 谈谈你对邱次雪"每个客户都像一本书，你要用心听才能读得懂。"这句话的理解。
2. 邱次雪为什么能够取得成功？本案例对你有什么启示？

实　训　项　目

1. 倾听技能训练

形式：集体参与。

时间：10 分钟。

场地：教室。

材料：任何一则包含一些数字或确切事件的新闻。

程序：

（1）事先从报纸或文摘上选取一则 200～300 字的故事，注意最好是有简单情节的故事，而不是评论性文章。在课上假装不经意地向学员提起，告诉他们你要为他们念一段很有意思的故事。

（2）大声朗读这则故事。

（3）结束后，你会发现学员们对这个故事毫无兴趣，露出厌倦和疲累的表情。

（4）这时拿出一个精致的礼品，说："故事念完了，现在我会就这个故事的内容提几个问题，谁能答对，我就把这个礼物送他。"

（5）然后问5～7个问题，都是一些关于故事的时间、地点、名字和简单情节的问题。

（6）尽管问题简单，你会发现几乎没有一个人能全部答对。

分享：

（1）既然大家都是具有一定素质的人，既然都听了这个故事，为什么却没有人能记得非常清楚？

（2）我们不去认真听的原因是什么呢？我们该怎样改进倾听技巧？

（3）如果事先把奖品拿出来，学员们的倾听效果会不会不一样？这是为什么？在没有物质刺激的情况下，我们应怎样提高自己的倾听效果？

（资料来源：谢玉华.管理沟通.大连：东北财经大学出版社，2010）

2. 倾听能力自测

你是一个善于倾听的人吗？

（1）你喜欢听别人说话吗？（　　　）

　　A. 喜欢，我从别人的谈话中可以得到许多信息。

　　B. 我不会花太多的时间听人说话，现在很多人说话都是口是心非。

　　C. 我不大关心别人说什么。

（2）为了要完整地弄清事情，你是否会广泛地听取各方意见？（　　　）

　　A. 我可没那么好的耐心。

　　B. 我会尽量多地听取意见。

　　C. 方便的话，会这样。

（3）有人在跟你说话时，你会注视着对方吗？（　　　）

　　A. 会的，我会一直给对方以应有的尊重。

　　B. 如果话题不感兴趣，我会东张西望地不耐烦的。

　　C. 我根本就不知道讲话时该看着对方。

（4）当别人希望通过谈话来缓解压力时，你会（　　　）。

　　A. 尽量鼓励他说下去

　　B. 忍不住地要抢话题

　　C. 不耐烦地打断他的话

（5）无论说话者是不是你喜欢的人，你都会认真地看着对方吗？（　　　）

　　A. 会的，我觉得这是对人基本的尊重。

　　B. 对不喜欢不欣赏的人不会这样，我不会有那么好的涵养。

　　C. 只能保持一会儿这样的状态。

（6）当别人的谈话不入你的耳时，你会（　　　）。

　　A. 由他去，不理他

　　B. 听他讲完后再回敬他

　　C. 不耐烦地打断他

（7）当你觉得对方说话比较幼稚时，你会（　　　）。

　　A. 毫不客气地打断他

　　B. 不搭理他

　　C. 告诉他比较成熟的观点

（8）当你和比你矮许多的人说话时，你会（　　　）。

　　A. 尽量地蹲下来，和对方平视

　　B. 仍站着和他居高临下地说话

　　C. 不理睬他，直视前方

（9）当对方说讨你喜欢的话时，你会（　　　）。

　　A. 理所当然地高兴

　　B. 冷静地思考一下此话的真实性

　　C. 觉得他真会哄人

（10）对方说话不论中不中听，你都会分析一下吗？（　　　）

　　A. 能理解就理解，不能理解就算了。

　　B. 会的，因为人们经常会说一些言不由衷的话。

　　C. 不用，他说他的，我做我的，否则多累。

（11）别人正在跟你说话时，你突然想起要打一个电话，于是你（　　　）。

　　A. 告诉对方，你忽然有一个很急的电话要打，请他等一会儿再说

　　B. 把对方晾在一边，只顾自己打电话

　　C. 打断对方，也不解释什么，拿起电话就打

（12）当对方的谈话中有一些是你听不懂的话时，你会（　　　）。

　　A. 能懂就懂，不懂就算

　　B. 仔细地询问一下，直到弄明白

　　C. 觉得重要的就问，不重要的就算了

（13）当对方说话有些犹豫时，你会（　　　）。

　　A. 鼓励他别急，耐心地等待他说完

　　B. 不耐烦地打断他

　　C. 尽量忍耐

（14）当你有听不明白的话时，你是否会重复说话者说过的话，弄明白了再问问题？
（　　　）

　　A. 干脆什么也不问。

　　B. 没弄明白就问问题。

　　C. 会的，这样不会造成误会。

（15）当你不是很明白对方的意思时，你是不是会把你理解的意思说出来，让他证实？
（　　　）

　　A. 多想想就是。

　　B. 按自己的理解方式办事就行。

　　C. 一般我会跟对方证实一下。

记分规则：

题号	(1)	(2)	(3)	(4)	(5)	(6)	(7)	(8)	(9)	(10)	(11)	(12)	(13)	(14)	(15)	总分
A	3	1	3	3	3	2	1	3	1	2	3	1	2	1	2	
B	2	3	2	2	1	3	2	2	3	3	1	3	3	2	1	
C	1	2	1	1	2	1	3	1	2	1	2	2	1	3	3	
得分																

（1）15～25 分　粗糙型

你是一个不善于倾听的人，这样的你会只是活在自我中，却难以从别人那儿学到新的知识，得到新的信息。

（2）26～35 分　马虎型

你是一个很马虎的听众，或者说是一个不怎么合格的听众。你不会完整地听完别人的叙述，也不会思考别人的谈话，你活在很浅的层次，难以进步。试试尽量把别人的话听完，看看你会有什么意外的收获。

（3）36～45 分　倾听型

你是一个优秀的听者，这会帮助你成为一个很了不起的人，一个优秀的听者随时都有提高自己、修炼自己的机会。试想，不要付学费就能学到很多东西，这种好处去哪里找。

（资料来源：张喜春等.人际交流.北京：清华大学出版社，北京交通大学出版社，2009）

拓展阅读：管理者倾听的艺术

1. 倾听是管理者的必备素质

倾听对管理者至关重要。当员工明白自己谈话的对象是一个倾听者而不是一个等着做出判断的管理者时，他们才会毫不隐瞒地给出建议，分享情感。这样，管理者和员工之间就能创造性地解决问题，而不是互相指责、推卸责任。

是否善于倾听是衡量一个管理者水平高低的标志。日本松下电器的创始人松下幸之助把自己的全部经营秘诀归结为细心倾听他人的意见。事实证明，倾听在管理工作中，确实有不可忽视的作用。在商品批量生产前，松下充分倾听各方面人员的设想和意见，在此基础上确立下一步经营目标。正是由于松下能充分认真听取各个层次的意见，所以处理问题时他才能够胸有成竹，当机立断，表现出敏锐的判断力。

管理过程本身就是调动人积极性的过程。倾听下属讲话，领导者能及时发现下属的长处，并使其发挥作用；倾听下属讲话，也是对提高下属自信心和自尊心的一种鼓励；倾听下属讲话，可以激发下属的工作热情，加深彼此的感情。虽然领导者不可能接受下属的每一项建议，但至少对每项建议做出反应，否则，领导者将听不到任何好的想法。

在很多情况下，倾诉者的目的就是倾诉，只是想一吐为快。日本、欧美很多企业的管理人员常常在工作之余与下属一起喝杯咖啡，就是让部下有一个倾诉的机会。

2. 倾听是一种技能

唐代贤臣魏征在劝谏唐太宗时更一针见血地指出"兼听则明，偏信则暗"。一项统计表明,商界60%左右的误会可以从不善倾听方面找到根源,而来自笔误的误会仅占1%。领导工作中的误听误信,决策、指挥的失误等,很多都与不善倾听有关。我们所谓的倾听并不是单纯意义上的听,不是单纯身体的反应。倾听是指弄懂所听到的内容,是需要做智力上和情感上的努力。

美国学者提出了改善倾听的10条指南:①自己不再讲话。②让谈话者无拘束。③向讲话者显示你是要倾听他的讲话。④克服心不在焉的现象。⑤以设身处地的同情态度对待谈话者。⑥要有耐心。⑦不要发火。⑧与人争辩或批评他人时要平和宽容。⑨提出问题。⑩自己不再讲话。第①条和第⑩条其实是相同的,也是最重要的,在领导者能够倾听意见之前必须保证自己不再讲话,当他人停止谈话前,决不开口。只有在准确地复述原先发言者的思想和感觉并感到满意之后,你才可以发言。

（资料来源:宁静.管理者倾听的艺术.北京:进出口经理人,2008(2)）

课后练习

1. 请总结一下你倾听时存在哪些不良习惯?

2. 为什么沟通过程中倾听占有十分重要的位置? 请谈谈你的体会。

3. 两个同学为一组,每个同学准备一篇有一定信息量的约800字的文章,一位同学将文章读给另一位同学听,倾听者要注意运用以上技巧使自己保持专注。文章宣读完毕,由倾听者陈述自己获得的信息,宣读者检查对方信息是否准确无误。然后,角色互换,再进行一轮。最后双方谈谈自己倾听中的感受。

4. "听"的能力训练

尽管"听"是我们与生俱来的能力,但是它并不是一件容易的事情。以下练习就是最好的说明。

练习1:教师对学生说:"请拿出一支铅笔,一张纸。在纸上画一条约10厘米长的垂直线。把你姓氏的第一和最后一个字母写在直线的上方和下方。"注意不要强调最后一个句子中的两个"和"字。教师会发现大多数人会把第一个字母写在线上方而最后一个字母写在线下方。

练习2:教师让学生迅速回答下列问题。

"有的月份31天,有的月份30天。那么有多少个月份有28天?"

不少学生会回答:"一个。"而事实上所有的月份都有28天。

（资料来源:史振洪,朱贵喜.秘书人际沟通实训.北京:人民大学出版社,2008）

问题:

(1) 以上两个小练习分别说明了倾听中的什么问题?

(2) 从以上练习中我们应该汲取哪些倾听经验?

5. 到养老院做义工,陪老人聊聊天,注意运用有效倾听的技巧,看看效果到底如何?

面谈与面试

管理沟通之所以不同于一些其他类型的沟通，在于它是为了达到一个具体的结果。它更像是走进一个商店下订单而不像告诉一个朋友你一天的生活。

——[美]迈克尔·哈特斯利

任务目标

- 了解面谈的含义、特性、作用以及优势和劣势，熟悉三种类型的面谈；
- 能够制订面谈计划，能够顺利有效地实施面谈；
- 了解组织面试的过程，掌握面试的技巧；
- 掌握应聘求职面试的沟通技巧。

沟通故事导入

宠物食品公司的面试怪招

江平在本校组织的招聘会上看中了一家生物工程公司，是开发动物食品的，从宣传资料上看，待遇也不错，江平想应聘动物营养方面的技术员，但僧多粥少，就业的压力使竞争异常激烈。

江平看到主考官面前的桌上摆了三包饼干。大都是主考官翻看完简历，交谈几句后，应聘者就品评一下饼干，连那些平日大大咧咧的男生也都小心翼翼分别捏起一片放到嘴里，神情严肃地咀嚼，然后很郑重地给主考官一个意见。

江平很纳闷，公司的产品全都是特殊的动物食品，尽管人食用也没什么大碍，按照一般的要求，动物食品的包装袋上都有"提醒人不要误食"的说明。关于这点公司展板上也有说明，但不知为何主考官却要做这样的要求。

轮到江平了，年轻的主考官仍然机械地重复着原来的动作，问了几个专业术语就向他指了指桌上的饼干。江平想这样的公司应聘不上也罢，就摇摇头说：对不起，这是给动物吃的，不是给人吃的，再说就是我爱吃，动物未必爱吃。年轻的主考官皱了一下眉头，又很快恢复了平静，告诉他回去等消息。

大家都在午休的时候，电话响了，说是找江平。江平拿起电话，话筒那边传来了爽朗的笑声：恭喜你，江平，你被我们公司录取了。

原来那饼干是用来考察应聘者的专业素质，作为一名技术员是否具备细心，以及对信息的接受程度,但认真读完公司展板的人却寥寥无几。

(资料来源：http://www.job5156.com/hr/11397.html)

一、组织面谈

1. 面谈的含义

面谈属于面对面的口头沟通,但不能把任何一种面对面的口头沟通都称为面谈,面对面的口头交流可以分为面谈和闲聊两种不同的形式。闲聊指交流对象之间没有明确目的的一种口头交流活动,轻松、愉快、随意、漫无方向是闲聊的主要特征。闲聊本身也并不是没有目的,人们之间闲聊的目的通常是打发时间、娱乐、联络感情。由于不具有说服的性质,闲聊过程中通常不会产生大的分歧和矛盾。由于没有明确的说服目标,在闲聊之后,大部分人都无法准确说出闲聊的内容。

面谈则是指组织中与工作有明确关系的、有目的的和受控制的两个人或多个人参与的面对面的沟通方式,是一种有组织、有计划的交换信息的活动。由于面谈是面对面的及时沟通,所以它需要比书面沟通更快的反应,在信息的组织和表达上也更灵活,对面谈者谈话内容、表情、动作等及时分析的技能也要求较高。

2. 面谈的特性

(1)目的性。面谈与普通的聊天、谈话是不一样的。一个简单的例子,当你逛街的时候碰到一个朋友,你们可能就在碰面的那个地方闲聊几句,这种聊天显然不是面谈,因为它是没有任何目的性的见面打招呼。

(2)计划性。当选择与某个人进行面谈前,一般情况下人们都会事先会做好准备。例如,了解对方的谈话方式、性别特点,从而选择适当的谈话策略与沟通策略。制订出一套面谈计划,既可以使自己在面谈中游刃有余,同时也能避免面谈中出现无话可说的尴尬局面。

(3)技巧性。面谈是一项极具技巧性的沟通方式。当进行面谈时,人们说话及思考语句的速度十分快,很多时候既要注意接受理解对方的谈话内容,同时也要在适当时候发表出自己的意见与看法,这在很大程度上靠的是谈话中的技巧性：快速的反应、灵活的信息组织技巧和及时的分析技能。

3. 面谈的作用

面谈的作用主要可以分为以下四个方面。

(1)信息的传播。探寻或传播特定信息是面谈最常见的目的之一。例如,教师向学生教授知识、新闻报刊记者的采访、产品介绍会等就属于这种情况。

(2)寻求信念或行为的改变。说服也是面谈常见的目标之一。例如,推销员与潜在顾客之间的面谈、领导对下属的指导、家长对子女的劝告、申诉等。大部分的商务面谈都具有说服的性质。

(3)进行评估和决策。进行评估和决策类型的面谈,以了解事实的真相、做出决定为特征,一般表现为招聘面试、绩效评估等。

(4)探求与发现新信息。探求与发现新信息的面谈是指采用某种统计方法获得有关某一问题的信息,如某种学术团体和社会团体所做的调查工作、市场调查、民意测验等。

4. 面谈的优势和劣势[①]

与双方互不见面的电话交流相比,面谈具有一些明显的优势和劣势。

(1) 面谈的优势。面谈的优势主要表现在以下几个方面。

在面谈过程中,除了利用语言信息外,还可以利用各种非语言信息。可以说,在面谈过程中双方可以采取任何一种沟通形式。这一点也决定了面谈适合于处理复杂的事情,特别是双方对讨论的问题知之甚少或者分歧比较严重的情况。

面谈有利于双方做出反馈,特别是非语言反馈。

在面谈过程中,可以综合运用各种沟通方式,如口头语言、书面语言、图画、示意图、手势。大家可以想象,要在电话里说明一幅图画会是多么困难的事情。

在面谈过程中,可以利用各种视觉辅助手段,如白板、投影仪、音像资料、模型等,这可以大大提高沟通的效率和趣味性。

面对面的沟通会给人以亲切自然、双方比较重视的感觉,会提高沟通成功的可能性。

(2) 面谈的劣势。在具有上述优势的同时,面谈也有一些劣势,主要表现在以下几个方面。

面谈通常需要比较多的时间。面谈双方要为见面以及面谈过程而花费大量的时间,包括必要的寒暄、可有可无的评论、反复的讨价还价等。这也许是因为面谈方式通常不涉及电话计时费用的缘故,或者是觉得见一面不容易等原因。

面谈对于时间和地点的要求比较高。首先,通常双方必须同时拥有一段比较长的时间才可能进行面谈;其次,面谈过程通常需要专门的场所,如谈判室、饭店房间、茶馆、酒吧等。

面谈过程中不利于掩饰。面谈过程中双方可以通过大量的非语言线索来判断对方所说话的真伪,不利于掩饰一些事情。因此,婉拒一类的事情不适合采用面谈的方式。

面谈过程中不容易控制情绪。面谈过程中非语言信号比较多、肢体接触也比较容易,在双方意见分歧和冲突比较大的情况下不容易控制各自的情绪,往往会导致过激反应,甚至闹得不可收拾。

面谈过程容易形成不良印象。面谈过程中各种非语言比较多,可以对对方进行全面的考察。另外,一般人对面对面沟通中的判断结果比电话等形式的沟通判断结果更加自信。

5. 面谈的类型

(1) 招聘面谈。采取招聘面谈的方式来选取适合岗位的人才,这是如今很多企业单位采取的方法。招聘面谈的过程,是企业与求职人员双向选择的过程,企业必须在招聘面谈过程中取得最高的效率。求职人员在进行工作的挑选时,除了薪酬和工作地点外,还要考虑公司的前景和自己的受重视程度。由于薪酬和工作地点可选择的变化很少,因此招聘人员要帮助公司在面谈阶段获得人心,首先必须本着对公司与求职人员负责的态度来工作。由于求职人员与公司的接触不多,也许是第一次接触,因此更多的是依靠自己在应

---

① 王浩白.商务沟通.杭州:杭州大学出版社,2011

征过程中的感受来辨别,所以,从一开始招聘人员就必须本着对公司与应征人员负责的态度来工作。在招聘过程中,不论何种情况,均必须热情、诚恳和耐心,千万不可采取高高在上的态度,切记求职人员就是我们的客户。例如不少企业在参加现场招聘会时,由于环境嘈杂引致心烦意乱,对询问的人员敷衍了事,甚至还有的随意遗弃求职者的个人简历,这样便给别人留下一个很坏的印象。

在经过初次甄选和二次面谈后,对有希望的人选可开诚布公地介绍更多情况,包括公司的期望、个人在公司可能的职业发展机会以及今后工作中可能遇到的困难等,还可以安排简单的公司参观。让求职人员更详细了解公司,免除了进入公司之后由于期望和现实的反差,造成新进人员快速离职,浪费双方的时间和精力。在招聘面谈时,不论心情如何恶劣,只要进行招聘面谈就要保持微笑,尽量使气氛宽松,将恶劣的心情抛到九霄云外。如果面谈气氛紧张,将难于让应征者进行自然的表露,造成衡量偏差。在招聘面谈的最后时刻,可以问问求职人员是否还有其他的问题,这样不仅可以加深互相了解,还可以避免一些疏忽,同时给应征者留下了公司非常诚恳的印象。如果条件许可,还可以为求职人员到公司面谈的来回路途提供一些便利。总而言之,负责招聘的人员一定要记住:求职者就是我们的客户。

以下是企业招聘面谈问话提纲(见表7-1),供参考。

表 7-1　面谈问话提纲

面 谈 项 目	评 价 要 点	提 问 要 点
仪表与风度	体格外貌,穿着举止; 礼节风度,精神状态。	
工作动机与愿望	对现在职员的更换与求职原因,对未来的追求与目标,本公司所提供的岗位或工作条件能否满足其工作的需要和期望。	(1) 谈谈你现在的工作情况,包括待遇、工作性质、工作满意程度。 (2) 你为什么要选择本公司? (3) 你在工作中追求什么? 个人有什么打算? (4) 你想怎样实现你的期望和目标?
工作经验	从事所聘职位的工作经验丰富程度,职位的升迁状况和变化情况,从其所述工作经历中判断其工作责任心、组织领导能力、创新意识。	(1) 毕业后的第一个职业是什么? (2) 在这家企业里,你担任什么职位? (3) 在这家企业你做出了哪些值得你骄傲的成绩? (4) 你在主管部门中遇到过什么困难? 你是如何处理的? (5) 请你谈谈职务的升迁和工资变化情况。
经营意识	判断应聘者是否具有商业意识、竞争意识及是否具备基本的商业知识。	(1) 应聘者是否具有应聘岗位所需要的专业知识和专业技能,或者相关的工作经验。 (2) 通过经营小案例来判断其是否有这方面的观念和意识。 (3) 询问一些营销术语和有关专业的问题。
精力、活力、兴趣、爱好	应聘者是否精力充沛、充满活力,兴趣和爱好是否符合应聘岗位的要求。	(1) 喜欢什么样的运动? (2) 你怎样安排你的休息日和节假日? (3) 你经常参加什么样的交际活动?

面谈项目	评价要点	提问要点
思维能力、分析能力、语言表达能力	对主考人员所提问题能否说理透彻、分析全面、条理清晰、是否能合理地说出自己的意见和观点，用流利的言语表达出来。	(1) 你如何面对成功和失败？ (2) 如果让你筹建一个新的部门，你将从何入手？ (3) 提出一些小的案例，你将如何解决？
工作态度	工作态度如何，谈吐是否自然流畅，是否诚实，是否热爱工作、奋发向上。	(1) 你曾经工作的公司要求严格吗？在工作中看到别人违反制度和规定，你是怎么做的？ (2) 你处理各类问题时经常向领导汇报吗？ (3) 你在领导与被领导之间喜欢哪种关系？
其他	应聘者是否能发现自己的优缺点，同时在遇到批评、挫折以及工作中的压力时，能否克服，理智对待。	(1) 你认为你的优势在哪里？ (2) 你准备如何改正自己的缺点？ (3) 为何要到本公司来？ (4) 你适合哪些工作？ (5) 你与同事相处得如何？ (6) 你喜欢和哪些人交往？

（资料来源：赵云龙.电话营销学.北京：中国经济出版社，2003）

（2）绩效面谈。绩效面谈是指在绩效管理过程中由管理者与其下属通过面谈的方式就下属绩效表现进行回顾，帮助下属总结经验，找出不足，商讨解决的办法，并就员工发展以及下一考核周期目标设置等方面进行的正式沟通。

面谈是最直接的沟通方式，沟通程度较深，可以对某些不便公开的事情进行交流，使员工容易接受，管理者可以及时对员工提出的问题进行回答和解释，减少沟通障碍，利于员工绩效与组织绩效有效结合。因此，绩效面谈不仅可以提高员工工作效率，而且还能增进员工和主管之间的沟通。

以下是绩效面谈的一般流程。

① 绩效面谈前的准备。面谈前的准备工作主要有以下几点：第一，明确面谈的目的。双方就被考核者的表现，达成一致的看法；指出被考核者优点之所在；辨明被考核者的不足与努力方向；共同为被考核者制订相应的改进计划。第二，安排合理的面谈时间。让进行面谈的员工有充分的时间做好准备，让他们能够对自己的工作进行审视、分析，以便在之后的面谈中有时间让他们提出自己的意见和看法。同时，面谈时间应该尽量安排在被考核者方便的时候。第三，安排合理的面谈地点。面谈地点地选择是十分重要的，一场轻松愉悦的面谈能够使双方将自己的真实想法表现出来，使面谈效果更为显著。面谈场所最好选择相对封闭、方便双方进行沟通、安静且不易被打扰的环境。

② 绩效面谈的进行。绩效面谈是一门艺术也是一项技术性很强的工作，它没有专门的固定模式，随着不同的交谈对象而呈现出不同的特点，因此，绩效面谈的进行需要掌握以下几个要点：一是谈话内容要具体；二是讲话要直接明了；三是让员工多开口；四是给员工制订工作计划。

（3）收集信息面谈。信息收集面谈是想要获取某一方面的信息资料或想要获得某种帮助时进行的面谈。若想了解某一方面的信息，就可以去该领域找相关人员进行面谈，为了准确有效地获取想要的信息，可以提前做好准备计划，包括目的、人员分析，安排时间、地点,准备预期问题等。在信息收集的面谈过程中应请注意以下问题。

① 面谈应结构化。在面谈前应确定收集信息的内容并制订详细的提问单,把握住所提问题与目的间的关系,并注意挑选参加面谈的人员。

② 面谈过程中应保持友好、亲善的态度。

③ 进行信息收集面谈的发起者应和有着较多经验或对该领域较为熟悉的人员进行面谈,从而使所获面谈资料更为准确可信。

信息收集面谈很像闲聊,有些时候在进行信息收集面谈时,谈话的对方可能都没有意识到你正在收集信息,因此,很多时候谈话的内容、主题会背离你的初衷。所以,作为面谈的发起人必须要灵活有技巧地进行谈话,循序渐进,引导对方向主题靠拢。

6. 面谈计划的制订

为了提高面谈效率,在举行面谈前应对面谈过程进行认真的计划。即使拥有高超面谈技巧的人也并不是天生具有这种能力,也是后天训练出来的。面谈者如果事先对各方面进行过细致的分析,再经过长期的训练,他们表面上会显示一派自然、轻松的姿态,好像所有一切都是自然流露。

尽管不同性质和目的的面谈过程千差万别,但其准备工作却大同小异,都是要对沟通的基本方面进行全方位的分析。

(1) 面谈目的分析。目的决定手段和策略。在进行面谈之前首先要分析自己和对方的目的是什么,具体来说,要搞清楚以下几个方面的问题。

① 面谈的目的是传递信息还是寻求对方信念或态度的改变?

② 解决问题的性质是什么?

③ 面谈的主要类型是什么?

④ 面谈中的主要信息类型是什么?

⑤ 面谈中的最高目标是什么? 面谈时的最低目标是什么?

⑥ 如果面谈失败,会产生什么样的后果? 如何进行补救?

(2) 面谈的对象分析。这里所讲的“面谈的对象”,不仅仅是指对方的名字是什么,更重要的是了解对方的背景和他们对所面谈的问题的可能看法。具体来说,主要包括以下几个方面。

① 面谈对象的年龄、教育、职业、民族、国籍等基本背景资料。

② 面谈对象的主要性格特点。

③ 面谈对象的主要兴趣点和禁忌。

④ 面谈对象对相关问题的看法。

(3) 面谈时间和地点的确定。面谈的时间和地点也就是面谈的场合问题,要通过询问下列问题加以明确。

① 面谈适合在什么时间进行? 办公时间还是业余时间?

② 地点安排在哪里比较好?

③ 如何保持环境的安静?

④ 面谈时间多长为好?

⑤ 如何避免可能出现的干扰(包括人员的走动、电话铃声等)?

（4）面谈主题的确立。面谈的主题也就是话题，或者说面谈的切入点，主要包括以下几个方面。

① 如何描述此次面谈的主要议题？

② 如何描述此次面谈对双方的好处？

（5）面谈方式的选择。面谈的方式是面谈计划的核心，涉及我们前面讲到的各个方面，例如：

① 以什么样的方式开始面谈？

② 如何切入主题？

③ 如何回应对方的质疑？

④ 是声东击西还是直奔主题？

⑤ 采取轰炸战术（不停地说），还是给予对方充分的时间思考？

⑥ 是从一般性问题谈起还是从具体问题谈起？

⑦ 如何促使对方表态？

表 7-2 是一份面谈计划清单，可以帮助你梳理要做的各项工作。

表 7-2　面谈计划清单

计 划 要 素	相 关 问 题
Why	1. 面谈的主要类型是什么？ 2. 面谈希望达到的目的是什么？ 3. 你寻求和传递信息吗？ 如果是，是什么类型的信息？ 4. 会寻求信念和行为改变吗？ 5. 要解决问题的性质是什么？
Who	1. 他们可能的反应和弱点是什么？ 2. 他们有能力进行你所需要的讨论吗？
When/Where	1. 面谈在一天的什么时候进行？ 2. 面谈可能会被打断吗？ 3. 面谈在何地进行？ 4. 面谈前可能会发生什么？ 5. 你在这件事情中处于什么地位？ 6. 需要了解事情的全貌，还是只需要提示一下迄今为止的最新情况？
How	1. 如何实现你的目标？ 2. 你应该如何表现？ 3. 以友好的方式和直接切入主题，哪一种更好？ 4. 你必须小心处理、多听少说吗？ 5. 先一般性再到具体问题，还是先详细信息再到一般性问题？ 6. 你如何准备桌椅？ 7. 如何避免被打扰？
What	1. 确定包括的主题和提问。 2. 被问问题的类型。

（资料来源：丁宁.管理沟通.北京：北京交通大学出版社，2011）

（6）面谈的问题设计。问题是面谈中获取信息的基本手段，在面谈中极为重要。面谈的问题设计要坚持两个原则。一是坚持依据面谈目的设计问题的原则。问题来源于目的,有什么样的目的就会有什么样的问题,问题的设计是为达到面谈目的服务的。二是坚持依据被面谈者的特点组织语言,使对方能听懂,加强相互之间的有效沟通的原则。面谈的问题设计所应考虑的具体方面如下:

① 综合运用开放式问题和封闭式问题,获取各具特点的信息。问题来源于你的目的,它是在面谈中获取信息的基本手段。任何访谈者都会提问,只有精心准备的访谈者才能提出来有效的问题,从而获取他们所需的信息。在准备问题时,很重要的一点是根据被访问者的特点组织语言,要用对方能懂的语言,加强相互之间的有效沟通,准备传达你的信息。在具体问题设计上,可采用两种类型的问题:开放式问题和封闭式问题。提问不同类型的问题可以达到不同的效果,获取各种信息。

开放式问题,如"你的工作干得怎样"或"新的规章对部门士气影响怎样",一方面可能是引出一般性的信息,而且可能让被访者感到谈话过程无拘无束,因为开放式问题允许被访者自由谈论他们有何感受,他们优先考虑的是哪些问题,以及他们对某一问题了解多少。另一方面开放式问题有利于发展沟通双方相互之间的关系。但必须记住,开放式问题往往回答比较困难,特别是在被访者滔滔不绝时,话题可能会不着要点。开放式问题也很耗时,频繁使用会使访谈者很难控制面谈进程。

封闭式问题,如"你最后一次在哪里就职"或"你是愿意在项目 A 还是项目 Z 中工作",这样的问题有助于引出你需要的特定信息。封闭式问题限定了被访者可能给出的回答。它们适用于当你时间有限或你想要弄清开放式问题的某一点信息的时候。

② 确定问题的结构或问题的顺序。最常见的顺序有三种。例如:

漏斗型:从一般到特殊,从大方面问起逐步缩小范围,称为漏斗型。如"有关在大楼内吸烟的规章,你认为怎么样? 这规章公平吗? 这些规章是否限制了员工的吸烟,实施状况如何?"

倒漏斗型:从特殊到一般,从小方面问起逐步扩大范围称为倒漏斗型。如"这些规章怎样限制了员工的吸烟状况? 这些规章公平吗? 对于有关在大楼内吸烟的规章,你认为究竟怎么样?"

这两种顺序是用一系列相关问题进行深入的了解。第三种是各个不相关问题的平行组合,称为隧道型。它适用于只要求获得对各种问题的最初答案,而不要求做进一步了解的情况。

7. 面谈的实施

(1) 开始面谈。

① 建立融洽氛围。一个有着融洽氛围的开头是所有成功面谈的基础,面谈对象、主题及目的的不同需要不同的面谈开始方式。面谈开始方式有很多种。但是它们围绕的原则只有两个:一个是开诚布公;另一个便是融洽氛围的营造。有资料显示,面谈开始时至少有 5% 的时间是要用来建立融洽氛围的。简短的题外话有助于迅速拉近彼此间的距离,可以融洽气氛、增进感情。题外话通常叫闲聊,也就是沟通。闲聊很关键,可以化解下属见上司的紧张情绪。说题外话的时间一分钟最佳,也可以开一句玩笑。如果能把第一句话说好,那么这个头基本上就开得很好了。

② 开始面谈的方式。不管面谈的目的如何,精心安排面谈的开始是最重要的,因为

每一次面谈的开始阶段,给予对方的初步印象和建立起来的面谈"潜规则"对于其后面谈的发展方向具有决定性影响。一般来说,开始面谈的方法有以下几种。

A. 开门见山法。这种方法就是开门见山讲问题,适用于双方对所讨论问题都有一定了解或具有良好沟通基础的情况。企业内部的大部分业务沟通都属于这种情况,企业与一些老客户的沟通可以采用这种方式。这种方式的优点是直奔主题,沟通效率高;缺点是不适合双方存在一定分歧或矛盾的情况。因为,如果双方存在一定分歧,而发起沟通一方对此一无所知,那么很容易导致沟通失败。

B. 循序渐进法。通过交流发现问题的过程,双方可以循序渐进地共同"发现"存在的问题。这种方法在形式上比较客观、公正,适用于双方在立场、利益不同的部分之间的沟通,可以减少可能出现的意见分歧。

C. 深入挖掘法。这是一种程度非常深的沟通方式。面谈开始时不谈问题本身,而只谈背景、原因和起因。这种方式适用于两种情况:一是问题比较复杂,只有寻根溯源才能够准确提出问题、界定性质并提出解决办法;二是双方存在比较大的分歧或对立情绪,拒绝直接讨论问题的情况。

D. 换位思考法。它是指向被面谈者举出采用你的建议解决问题的好处,这种方法从表面上看就是"换位思考"。为了避免对方的怀疑心理,这种方法最好用在双方关系比较密切或者对讨论的问题比较了解的情况下。

E. 虚心求教法。这是就特别问题征求意见或寻求帮助的面谈开始方式。由于大多数人都愿意处于强者的地位,采用这种方法比较容易被对方接受。但是这种方法要注意两个问题:一是所寻求的意见或者帮助对对方不应该是很困难或者很麻烦的;二是态度一定要真诚,切不可给人留下因有求于人才甜言蜜语的感觉。

F. 引人注目法。这是以耸人听闻或引人注目的事件、观点开始面谈的方法。这种方法最大的好处是可以迅速引起对方的注意。由于这种方法也容易引起对方的反感,因此,在使用过程中首先是注意技巧,巧妙过渡到正题,其次是要迅速切换主题。

G. 强调观点法。这是指在面谈开始时就提及被面谈者对特别问题已提出过的看法。它是一种比较高级的方法,任何人都喜欢自己观点、看法得到别人的重视、认同,采用这种方法可以使本来很陌生或存在歧义的双方迅速拉近心理距离。不足之处是,这种方法实施起来难度较大。其原因有两点:一是基本素材很难获得;二是不恰当的叙述和评论会引起对方的反感。

(2) 展开面谈。

① 面谈过程的控制。面谈是否成功一方面取决于是否经历了周密的计划,另一方面取决于对面谈过程的控制。不同类型的面谈所需要的控制程度不一样。按照面谈者对面谈过程控制程度的高低,可以把面谈分为非结构化的面谈、一般结构化的面谈、高度结构化的面谈和标准化的面谈四种①。

A. 非结构化的面谈。非结构化的面谈是指面谈过程预先没有准备具体的计划,只是对可能涉及的主题、目的进行简单考虑的面谈。非结构化的面谈也可以称为开放式面

---

① 王浩白. 商务沟通. 杭州: 杭州大学出版社,2011

谈,在这种面谈中双方都可以根据自己的兴趣、目的对面谈的主题进行调整。非结构化的面谈主要用于想对某具体事件有一般了解的情况。例如,商务伙伴初次接触,他们对于可能的合作都缺乏具体的认识,希望通过面谈建立初步的了解。之所以采用非结构化的面谈,主要是因为对面谈主题缺乏足够的了解。

B. 一般结构化的面谈。一般结构化的面谈是指对面谈目的、主题事先只进行了策略的计划,详细的内容需要在面谈过程中加以确定的面谈。例如,对于应聘对象的初试、与销售对象的初步接触等。一般结构化的面谈主要适用于事先无法确定面谈对象具体情况的情形。

C. 高度结构化的面谈。高度结构化的面谈是指对面谈目的、主题、问题等内容事先都进行了详细计划的面谈,如考试面谈,特定对象的销售面谈、咨询面谈等一般都采用高度结构化的面谈形式。

D. 标准化的面谈。标准化的面谈是指事先不仅对面谈的问题进行了详细的计划,并且预先给出了可能的答案,被面试者只能从限定的答案中选择和决定的面谈,如很多调查数据的采集都采取标准化的面谈形式。

② 进行提问。进行提问是面谈的主体阶段,在这一阶段中应做到提出和回答问题、寻求问题的答案、努力说服被面谈者接受你的观点或产品。不同问题类型其作用是不一样的,因此在提问时运用的技巧也是不一样的。

A. 直接提问法。提问者从正面直接提问,开诚布公、干脆利落、直截了当地讲明询问目的,开门见山地提出问题。在运用正面提问法时要注意情感的铺垫,使对方心理上会舒缓一些,也能合作一些,同时防止提问过于直白的问题,以免显得过分生硬,容易造成询问对象的心理排斥,难以获得有价值的信息和材料,而且还会给人一种笨嘴拙舌的感觉。

B. 限定提问法。人们有一种共同的心理——认为说"不"比说"是"更容易也更安全。所以,在一般在沟通过程中,提问者向回答者提问时,应尽量设法不让对方说出"不"字来。提问者在问题中给出两个或多个可供选择的答案,此时可采用限定提问法,即两个或多个的答案都是肯定的。

C. 迂回提问法。迂回提问是指从侧面入手,采用攀谈的形式,然后逐步将问答引上正题。这种提问方式一般时间性不太强,谈话也不受特定场合的限制。当沟通对象感到紧张拘束,或者思想有所顾虑不大愿意交谈,或者虽然愿意谈,却又一时不知该怎么谈的情况下,提问者可以采取侧面迂回的提问方式,逐渐将谈话引上正题。应当明确的是,旁敲侧击只是一种手段而不是目的。因此,攀谈的内容应当是有目的、有选择的,表面上似乎和面谈的主题无关,实质上应该是有关联的。

D. 诱导提问法。当遇到询问对象了解许多信息,却因谦虚不大愿意说,或者由于性格内向不会说,或者要谈的事情需要一番回忆,或者对方想说又不便自己主动说等情况时,都可以采取诱导提问方法。采用启发诱导的方式,可以引导对方的思路,又可以诱发对方的情感,进一步引导对方明确沟通的范围和内容,渐渐打开对方的"话匣子",也可以激活对方的思路,引起对方的联想,从而有针对性地把沟通对象掌握的信息引导出来。

E. 追踪提问法。所谓"追踪提问法",是指提问者把握事物的矛盾法则,抓住重点,循着某种思路、某种逻辑,进行连珠炮式的提问。这种提问既要按照事物的内在联系,把基本情况和事实真相了解清楚，又要抓住重点，深入挖掘，达到应有的深度。一般来说，提问者对于触及事物本质的关键性材料，以及对方谈话中的疑点，或者从对方谈话中发现的有价值的新情况、新线索，往往会抓住不放，打破砂锅问到底，直至水落石出。但是追问，既要问得对方开动脑筋，又要让对方越谈越有兴趣，在态度、语气都要与谈话的气氛协调一致，不要把追问搞成逼问，更不要变成变相"审问"。

F. 假设提问法。假设提问法是指提问者通过假设的方式提出一些假设性的问题，是一种"试探而进"的提问方法。这种提问方法采用"如果"、"假如"一类的设问方式，不但可以了解面谈对象的观点、看法和见解，而且还能深入了解对方的内心世界。假设提问法往往用来启发沟通对象的思路，引导对方谈出对某个问题、某种事情的真实想法，或者设身处地地为对方着想，积极帮助对方回忆某种情景，或者用来调节对方的情绪，促使对方谈出一些不大想说、不大好说的事情或想法，或者由提问者对人物或事物进行合乎规律的推断、预测，促使对方产生联想和想象，或者提问者已经有了一定的认识，再提出一些假设性问题，同沟通对象开展讨论，促使自己认识的深化。

G. 协商提问法。协商提问法以征求对方意见的形式提问，诱导对方进行合作性的回答。协商型提问的时候，一般是针对某个既定的事实进行确认，但不使用强硬的语气，这对于回答者会比较容易接受。在协商型提问中，即使有不同意见，也能使沟通双方保持融洽关系，双方仍可进一步洽谈下去。

H. 错问提问法。错问提问法是指"以误求正法"，即指提问者故意提出错误的问题，以考察、试探、激发采访对象，以便了解真实的材料，探求事实真相。需要注意的是，运用错问提问法，可能会造成面谈对象的某些误解。因此，在沟通结束时，提问者应当说明原因，消除误解，以免留下后遗症。

I. 插入提问法。插入提问法就是在沟通过程中，做必要而适当的插入。比如重复、强调面谈对象说的某个重要问题或某句关键性的话；纠正对方的口误；对方没有讲全，需要及时补充的内容；对方没有谈到，需要及时提醒的内容；尚未听清、听懂的话，等等。在沟通过程中，插入提问法可以使沟通双方有效地抓住有价值的材料。

③ 准确核实。沟通对象在谈话过程中会透露出一定的信息，这些信息有些是无关紧要的，而有些则对整个沟通过程起着至关重要的作用。对于这些重要信息，沟通者应该在倾听的过程中进行准确核实。这样一方面可以避免漏洞或误解客户意见，及时有效地找到解决问题的最佳方法；另一方面客户也会因为找到了热心的听众而增加对谈话的兴趣。值得注意的是，准确核实并不是简单的重复，它需要讲究一定的技巧，否则就难以达到鼓励客户谈话的目的。核实的方法有下述几种。

A. 重述。重述指的是复述刚刚所听到的话，这是一种很重要的沟通技巧。我们的反应可以让对方知道我们一直在听他（她）说话，而且也听懂了他（她）所说的话。

B. 听取关键词。所谓的关键词，指的是在谈话时描述具体事实的重要词语，这些词语透露出某些信息，同时也显示出对方的兴趣和情绪。透过关键词，可以看出对方喜欢的话题，以及说话者对他人的信任程度。另外，找出对方话中的关键词，也可以帮助我们决定如何回应对方的说法。

C. 梳理各种暗示。很多人都不敢直接说出自己真正的想法和感觉，他们往往会运用一些叙述或疑问,百般暗示,来表达自己内心的看法和感受。但是这种暗示性的说法有碍沟通,因为如果遇到不佳的听众,他们话中的用意和内容往往会被人曲解,最后就可能会导致双方的失言或引发言语上的冲突。所以一旦遇到暗示性强烈的话,就应该鼓励说话的人再把话说得清楚一点。

④ 注意的问题。在面谈过程中要注意避免一些影响有效沟通的问题发生,例如:

面谈的时间过长。人们的注意力都是有限的,很多人的时间是宝贵的,过长的面谈会使人感到疲劳,给人精神折磨的感觉。

把讨论重点放在了枝节问题上。面谈的重点要放在对核心问题的讨论上。事实上,很多时候枝节问题比核心问题更复杂、更难以确定。

整个面谈过程成为一言堂。谈话中一方说得过多,而不让另一方插嘴,会给人一种强加于人的感觉。

面谈未取得预期结果时大发雷霆,表达不满。谈话是一个交流的过程,一次谈话不能说服对方接受自己的意见和想法是很正常的,以后可以反复说服。如果在未取得预期结果时立即表达不满,会引起对方的抵触情绪,使得以后的说服变得更加困难。

努力隐瞒面谈目的,让对方摸不着头脑。这种做法会使对方怀疑你有其他目的,从而拒绝进行有效的沟通。

使面谈陷入一场争论甚至变成相互攻击。沟通的目的就是求同存异,要从相同的地方入手,寻求共同点。

(3) 结束面谈。

① 掌握结束面谈的恰当时机。当时间已到,当已得到所需信息,当已设法说服被面谈者接受你的建议或购买你的产品,当问题已经解决,或者由于需要更多的信息或还要与其他人面谈,该面谈再进行下去显然无益时,就应该结束面谈。

② 简要总结面谈结果。长时间的谈话会使双方头昏脑涨,甚至双方分别做出了哪些让步、取得了哪些共识都记不清楚了。因此,为了有效保证面谈的成果,在面谈结束时应总结面谈的成果或者重复自己的看法。

③ 感谢被面谈者参与。无论结果如何,面谈双方都付出了时间与努力,对这一点要充分理解。因此,在面谈结束时向对方表示感谢,有助于双方在今后建立更加紧密的关系。

④ 商定下一步行动。一次面谈不一定能够解决全部问题,有必要在面谈结束时商定下一次的会面时间和地点。即使面谈有了一定结果,也要考虑实施和评估的问题,这都需要在面谈结束时约定。

(4) 面谈的跟踪。面谈有很多种类,有些面谈,如绩效考评面谈,往往需要进行事后的跟踪。面谈后的跟踪往往是对面谈的继续,以及对面谈中商议的事项的落实。一般情况下,人们采取的跟踪方式主要有以下几种[1]。

① 核对面谈后的结果是否符合自己的计划目标。尽管有些时候很好地计划了这次面谈,并将事前准备好的问题、疑问都提出了,并且对方也回答了提问,但是,由于谈话中

---

[1] 丁宁.管理沟通.北京:北京交通大学出版社,2011

信息量庞大，以至于有些时候忘记对方是怎么回答的了。这种时候，最好是麻烦对方做一次确认，以保证所获信息的准确性。

②　确保面谈中达成承诺的兑现和落实。在很多情况下，面谈双方的谈话很愉快，签署协议也很迅速，但是当真正到要做时往往很长时间才能得到落实。这种时候，进行跟踪是十分必要的，可以进一步确保面谈的成功。

③　对面谈后的结果及时做出反馈。面谈中提出的假设，在面谈后采取实质的行动，具体进展如何往往需要反馈，及时有效地反馈有利于双方信息的对称，进一步保证了双方面谈的成果。

④　查看是否还有新的疑问产生。面谈按照事前准备好的计划和步骤进行，也按照事前准备的问题进行研究，但是往往在面谈进行中会发现更多的问题，这些问题是临时的，也是必须解决的。

⑤　对于谈话者提出的难题进行解答和帮助。在很多情况下，发起面谈的面谈者只考虑到了自己的情况，而忽略了对方的情况。在达成协议时，对方也可能有难处，这时，也要尽可能地为对方排忧解难，因为这不但是为对方解决问题，更是为大家的共同利益着想。

二、组织面试

面试是借助于面试考官个人观察和个人评价的结果，直接获取应聘者有关信息的常用手段，它是单位招聘的重要内容。如何有效地招聘适合自己的员工，成为企业一个重要的研究课题。

1. 面试的过程

（1）正确选择面试方式。招聘面试主要有以下几种方式①。

①　计划组织性面试。它是指在面试之前，将面试中应涉及的内容缜密计划，精心安排，使整个面试不脱离或遗漏所需了解的信息。这种面试方式常选用图表形式列出面试的内容，因此又被称为图表式面试，其所列问题一般要从以下三方面准备：一是职务和岗位规范说明书的有关问题；二是申请材料或推荐材料中的有关信息；三是从过去面试的经验中总结的有关问题。

②　启发式面试。它是指由面试考官以简洁、不明确的语句引导应聘者充分表现自己的一种面试方式。这种面试方式的优点是：可以使应聘者在无意识的条件下充分暴露自己的特点，从而使面试考官能真实全面地了解应聘者。

③　深入式面试。它是指通过对某一重要性质的特定问题进行深入细致的考察，从而达到对应聘者的背景和思想意识的深入了解的目的。这种面试方式的提问特点是多问几个"为什么"。

④　分组面试。它是指由一名或多名面试考官向一组应聘者提问或者由一组面试考官和一组应聘者讨论某一特定问题的一种面试方式。这种面试方式的优点在于：第一，可以节省面试考官的时间；第二，有利于比较鉴别，从应聘者中选出最优秀的人员。

---

①　位尊权.组织好一场有效的面试.中国人力资源开发，2004(03)

⑤ 综合面试。这是指人力资源部门和用人部门同时参加的一种面试方式。在这种面试方式中,人力资源部门负责了解应聘者的背景和非智力因素,用人部门则负责了解应聘者的专业知识和岗位技能。综合面试适合应聘人员比较集中或比较少时进行。

此外,还有逆向式面试、结构化面试、非结构化面试等,应该根据客观需要和单位的实际情况选择。

(2) 组成招聘面试考官小组。面试考官小组 5~7 人为宜,应由人力资源专家、董事会代表、分管领导、部门主管等人员组成。主考官应选择阅历较深、知识面宽广、经验丰富、公平正直的人力资源管理专家。面试考官小组一旦成立,即由人力资源专家进行面试考官培训。

(3) 挑选简历。招聘人员面对大量简历,能够在较短的时间内挑选出合适的应聘者进入下一轮测试,对于有效的招聘来说有着决定性意义。招聘工作只有做好简历筛选工作,才有可能高效地推进人员招聘工作。

① 优先考虑硬性指标。不同的岗位有不同的用人要求。有些岗位对硬性指标有非常严格的要求,如前台人员通常为女性,研发人员对专业学历要求较高,管理岗位要求有工作经验,酒店服务生对年龄有要求等,招聘人员在筛选简历时首先就要关注这些硬性指标,如果这些硬性指标不符合职位要求则可以把该简历直接筛选掉。

② 警惕"含糊"信息和"遗漏"信息。求职者在撰写简历时常常会运用含糊的字眼隐藏一些不利信息,夸大一些有利信息,招聘人员要善于甄别。例如一位大学毕业生的简历有这样的描述:"英语水平:具有较强的听说读写能力",用这种含糊的表达方式来描述自己的技能水平,基本可以推测该学生在大学期间没有通过最基本的大学英语四级考试。此外还要注意"遗漏"信息,如注意简历中有没有空当,即在某一时间段,应聘者没有写他(她)在干什么。

③ 分析"逻辑性"。在审查简历时,要关注简历中有关信息的逻辑性,如简历中的描述是否符合逻辑性、是否符合应聘者的真实身份、是否有相互矛盾的地方。例如,一位求职者在描述自己的工作经历时,列举了一些著名的企业和一些高级职位,而他(她)所应聘的却只是一个普通职位,这种不合常理的现象就需引起注意。

④ 关注"匹配性"。求职者的个人基本情况与应聘岗位、公司的发展状况是否匹配是审查简历时必须要考虑的问题,这包括求职者能力、个性、专业与所应聘的岗位的匹配,也包括工作背景、工作地点、期望薪资、就职稳定性等方面需要匹配的问题。

⑤ 借助电话审查简历。借助电话审查简历主要适用于两种情况:一是对初次筛选时模棱两可的简历,这类简历个别情况不符合要求,招聘人员难下决心,这时可借助电话帮助筛选。例如:如果一位求职者各方面情况与所应聘岗位非常匹配,但是却发现其期望的工作地点与应聘职位所要求的工作地点有冲突,这时可考虑通过电话来确定原因,帮助筛选。二是招聘职位语言表达能力要求很高,如产品宣传员,对于这类职位求职者的简历可以结合电话来进行初步审查。

(4) 通知面试。一般通知面试有很多种方式,包括邮件、短信和电话等。权衡考虑不同方式带来的利弊,一般采取电话通知的方式。电话通知面试时,注意电话礼仪是十分重要的,常用的专业规范的礼貌用语是:"您好,是××先生/女士吗?我是××公司负责招聘的×××,我们在××收到您的简历,您符合我们公司招聘的××岗位要求,为此特邀请您来面试。"在对方确定有意向来面试后,与应聘者约好面试时间和地点,最好用手机短信方式告知对方面试地点的乘车路线,并主动告知对方来面试时的联系方式等信息。

(5) 正式面试步骤。这包括如下几个方面。

① 求职者到达公司等候面试的时候,应该先让其坐下,然后倒上茶水。

② 一般情况下,一位求职者的面试时间大概为 30 分钟,在进入正式面试的提问面谈时,前面用来与求职者寒暄的时间一般不能超过 3 分钟。

③ 在寒暄过后,最好简要地向求职者说明本次面试的相关内容,包括面试时间、面试对象、面试考核的环节及考核标准等,这些约花费 1 分钟,然后再用大约 2 分钟的时间简要地向求职者介绍公司的基本情况。

④ 对求职者在简历上存在的疑问,正式向其提出并核实,时间大概控制在 8~10 分钟。

⑤ 不同的职位特点需要的面试时间是不一样的,对于有些职位,如果需要的应聘人数比较多,可以将面试时间控制在 20 分钟之内,并采取一些其他的考核方法,如情景模拟、无领导讨论、专业问题笔试、职业性格测试等。

⑥ 对面试或考核后的结果给出结论,如果面试者有录取的资格,可以根据面试的结果及时给出回复;如果面试者没有录取的资格,并且需要对求职者进行更进一步的考核,也需要及时对求职者进行回复。

⑦ 有时面试不是简单地对求职者进行提问,许多企业比较欣赏那些能对公司进行提问的求职者,因为往往在他们在提问中,能够发现求职者的很多闪光点,同时很多问题也正是公司没有意识到的隐患。

(6) 小结与建议。一场面试结束后,最好能够对求职者的现场表现做个小结,让他们知道自己描述的工作经验等内容中存在的缺点,当然最好是以一种委婉的方式对他们进行合理的建议,即便公司没有录取他们。这种做法一方面可以促进求职者的成长;另一方面能够使求职者觉得该公司比较负责任,能起到为公司进行宣传的作用。

(7) 面试回复和跟踪。在面试结束后,很多公司会对那些自己比较满意的求职人员留下联系方式和联系时间。所以,待选拔完毕之后,应主动和求职者进行联系。那些在面试中明确表示要进行随后斟酌的求职者更要及时联系和回复跟踪。

2. 面试技巧

(1) 精心准备。俗话说,"有备无患",精心的准备是成功面试的开始。首先,选择一个双方都合适的时间和场所,以保证面试过程不会被打断。在具体时刻的安排上,还要考虑人每天的生物钟周期。通常来讲,面试官和应聘者的反应能力在上午 11 点左右达到高峰,下午 3 点左右出现低谷,下午 5 点时又会出现另一个高峰,所以面试时间的安排最好避开低谷阶段,以提高面试的效率。对于面试场所,一般来说,较高职位的面试适宜选择小一点的场所,便于交谈的时间长一些和交流的内容深一些。会场的布置往往被人忽视,通常是面试官坐在宽大老板桌后面的老板椅里,而应聘者坐在小小的折叠椅上,与面试官正对,这种面试可以称之为"审判式"面试,往往会造成应聘者紧张。心理学研究表明,当应聘者和面试官对坐时,心理距离最大,而应聘者和面试官成 90° 坐时,心理距离最小,这可以为安排会场提供借鉴。当然,如果是采用压力面试,"审判式"面试不失为一个好的方法。其次,确定合适的面试人数,企业界公认的黄金比例是 1∶3,即如果要录取 10 人,就要让 30 人来面试;还要确定面试的内容,即面试要考什么。面试的时间有限,不可能在有限的时间里面面俱到地考察应聘者,只要把需要考察的技能大致分一下类,找出那些必需的技能进行考察就可以了。这些必需的技能面试官必须心中有数,最好是列出来。再次,注重自身细节。面试官要好好地"梳妆打扮",在面试时关掉手机,以示对应聘者的尊重;把自己的名片放在随手可拿的地方,以免到时手忙脚乱;把将要应聘者的简历放在桌上,把其他人的简历放在抽屉或其他隐蔽的地方,以免应聘者看到简历很多,感到紧张。

(2) 营造和谐气氛。在面试中,应聘者总是免不了有些紧张,和谐的气氛就显得尤为重要。一般情况下,尽可能在面试刚开始时,问应聘者一些比较容易回答的问题,如让应聘者进行一般性的自我介绍,询问过去学习与工作的经历等,以缓解面试的紧张气氛,使应聘者在从容不迫的情况下,表现出其真实的心理素质和实际能力。

(3) 正确地提问题。通常,应聘者在简历上写的都是一些事情的结果,描述自己做过什么,取得了怎样的成绩,比较笼统和宽泛,面试官需了解更加具体的东西,问清楚发生在应聘者身上的每一件事的来龙去脉,可以运用 STAR 技术。S——Situation,在什么样的情景下,发生了这件事;T —— Task,任务是什么;A —— Action,为了完成任务,采取了哪些行动;R——Result,结果怎样。通过运用 STAR 技术,不断追问,可以全面了解应聘者的知识、经验和技能的掌握程度以及工作风格、性格特点等。

例如:要了解关于应聘者在"客户至上"这方面过去的表现可以这样提问。

① 客户的需求对你的计划或工作有哪些影响? 请举些你亲身经历的实际例子。

② 你最近给客户提了哪方面的改进意见或建议? 为什么? 客户对你的建议反应如何?

③ 有些客户可能让你情绪沮丧或是难以应付。举一些你发觉自己不能令客户满意的具体例子。

④ 在与客户接触时,你曾有过情绪沮丧或是缺乏耐心的时候吗? 举一些例子说明。

⑤ 你最成功的客户访问是什么? 为什么?

又如:要了解关于应聘者在"沟通"这方面过去的表现你可以这样问。

① 描述一下你工作上喜欢的沟通方式,你因人不同而采用不同方式吗?

② 你曾帮助过别人增加相互的沟通理解吗? 你是怎样做的? 为什么要这样做?

③ 你遇到的向别人解释的最复杂的规则、程序、情况是什么? 你做得怎样?

④ 你遇到的通过电话向别人解释的最复杂的意见、规则、程序是什么?

⑤ 你怎样使别人对你消除顾虑和你交谈?

把这些问题问全之后,就可以很快把应聘者"客户至上"、"沟通"过去的行为表现了解到了。

另外,还要留出时间让应聘者来问,面试官来回答。

(4) 善于倾听。优秀的面试官会把面试 85% 的时间留给应聘者陈述,可见面试官学会"听"是很重要的。通过"听",面试官判断应聘者的素质和能力,发现应聘者的问题。第一,听应聘者的陈述和简历上的内容是否一致,哪怕是一个时间或地点。第二,听哪些是应聘者的行为表现,哪些是应聘者的期望和想法。行为表现即应聘者过去发生的行为,它往往比期望的行为可以更好的预测应聘者未来的行为。第三,避免打断应聘者的陈述——"噢,我知道了,你不用说了。"如果应聘者陈述太多了,实在没有必要了,面试官可以采用动作暗示的方法,比如,频繁的点头,注意是频繁的点头,否则表示赞同;手心向下挥手,也可以表示"你说得够多了,该打住了"。第四,避免显得太忙或不耐烦,一会儿看看手机,一会儿看看表,这是对应聘者的极大不尊重。第五,忽略非语言的信号。因为面对面交谈时,肢体语言有时更能真切地表达应聘者的意思。忽略非语言信号是一个倾听陷阱。第六,在倾听的过程中要注意记录。要记录应聘者所讲的事实,不要记录面试官自己下的结论。在面试的过程中,面试官会对应聘者进行评论,而这时的评论往往存在很多心理误区,造成评论错误,因此面试官不如记下应聘者所讲的事实,等面试全部结束以后再下结论也不迟。

(5)积极的非语言暗示。在面试时,坐在面试官对面的应聘者也在观察着面试官。这时面试官要意识到自身的一些暗示,例如,经常显得不耐烦、皱皱眉、下意识地摇头。虽然可能面试官一再对候选人说:"你做得很好,说得也非常好。"但是面试官的摇头、皱眉、看表、不耐烦、跷着二郎腿等这些非语言性的暗示却都在明显地告诉对方"我对你不感兴趣"。如何体现出积极的非语言性暗示,面试官可以这样做。

① 友善地直视对方的眼睛。

② 自然地运用手势。鼓励——手心向上;足够了——手心向下,当然语言上要肯定对方的表述。

③ 身子要前倾,表示尊重和倾听。

④ 适当地微笑和点头,表示真心地赞许。

⑤ 适当的手势。双臂交叉于胸前表示拒绝;双手交叉于桌上表示友善。

⑥ 要适时地附和对方,如"唔"、"好"、"对"、"那么……",以鼓励对方不断地往下说。

(6)走出面试心理误区。面试结束之后,面试官对应聘者如何做出可靠的、客观的评价,关键是要注意走出面试的心理误区。

① 晕轮效应。晕轮效应是指根据不完全的信息做出以偏概全的判断,如果应聘者穿着举止得体大方,画着淡妆,令面试官怎么看怎么喜欢。如果是来应聘秘书的话,面试官极有可能认为她最合适。因为她这个方面太突出了,就像一个光环一样掩盖了她的其他方面,帮她胜过了其他应聘者,会让面试官忽略这个人其他方面的素质。这就是在面试中应注意克服的晕轮效应。

② 像"我"。面试官觉得应聘者在某个方面"像我"而认为对方最合适。如果面试官发现自己跟候选人有这种关联的话就一定要警惕,因为发现"像我"的人面试官给他(她)评估的分数就可能要高一些,这个误区基本上去不掉。所以面试官必须随时保持警惕,为了避免这个误区,笔记要记得更真实、更客观。

③ 首因效应。首因效应是指第一印象的强烈影响。许多面试官在招聘面试的时候很在乎第一印象,第一印象好就留下,不好就拒绝对方。有科学研究表明,85%的面试官在面试之前,对前来面试的应聘的资料简历或形象就已经形成了自己的看法。这种由首

因效应引发的不公平十分有损面试的有效性和公平性。怎么能避免这个误区呢？你一定要给每个候选人做很专业的面试计划,记很专业的面试笔记。

④　对比效应。面试官相对于前一个接受面试的申请者来评价目前正在接受面试的申请者的倾向。如果第一个申请者得到极好的评价,而第二个申请者的评价为"一般",则面试者对第二个申请者的评价比本应给予的评价更差;如果第一个申请者的表现一般,而第二申请者表现出色,则他(她)得到的评价可能会比他(她)本应得到的评价更高。怎么能避免这个误区呢? 那就是要客观地与事先所制定的面试评价标准认真地进行对照后得出结论。

⑤　顺序效应。面试顺序效应是指在面试的过程中,如果连续面试了好几个表现得十分突出的应聘者,接着面试一个中等水平的应聘者,那么面试官一般给这个中等水平的应聘者的评价会普遍低于其真实水平。同样,如果连续面试的是表现较差的应聘者,那么当一个中等水平的应聘者出现时,面试官给其的评价往往会高于其真实水平。

⑥　以偏概全的评价模式。所谓以偏概全的思维模式,是指面试官根据自己对应聘者某一方面的喜好而决定自己对应聘者的态度和看法。例如,应聘者在面试的时候经常习惯做某个动作,而恰好面试官对这个动作十分反感,于是在随后的面试中,面试官带着对其很大的成见看待其整个的面试表现。这种以偏概全十分不利于面试的有效性和可信度。

⑦　不控制说话的时间。在一些面试中,很多面试官利用面试的时间侃侃而谈,让应聘者在那里听其讲话。这种情况的结果是极大地耽误了其他面试官和应聘者的时间。或者在面试的过程中,应聘者由于激动或其他原因高谈阔论、夸夸其谈,不注意自己的时间。

(7)　客观地做结论。面试的最终目的就是"选",可是面试完毕之后,很多面试官感到难下结论。这里至为关键的是要客观地与事先所制定出来的评价标准认真地进行对照,从而得出人选结论。要注意:第一,吹牛大王不能要,很多应聘者把自己说得天花乱坠,却无视自己的缺点,这样的应聘者一定要拒之门外。第二,最优秀的人不能要,很多招聘者认为应该从最好的开始选,选到哪里算哪里。其实不然,最优秀的不一定是最合适的,我们要的是最合适的。人才争夺战愈演愈烈,优秀的人有着更多的机会,当你满足不了他(她)的要求后,必然萌生去意。何况,优秀的人来面试不代表他(她)真心想来你的单位,甚至他(她)只想把你的面试当成他(她)去其他单位面试的彩排。第三,价值观与企业文化相悖者不能要。有的应聘者能力上乘,知识丰富,但这并不代表他(她)来到你的企业后会把他(她)的知识能力变成工作绩效,为企业做出贡献。只有员工的价值观和企业的理念、文化融合在一起,员工才能把他(她)的才能发挥得淋漓尽致。价值观是一种相对稳定的思想观念,可塑性很差,不要奢望对其进行太大的改造,所以对价值观与企业文化相悖者最好不予录用。

三、应聘面试

1. 应聘面试沟通的原则

(1) 尊重对方。求职面谈时,首先,要尊重对方,不能因为招聘者的学历、职称、年龄或资历不如你优越,你就轻视对方。尊重对方、赏识对方,可以使招聘者增加对你的好感;第二,要善解人意,无论对方提出什么问题,你都应该从积极的角度去理解,而不是一味地产生对立情绪,认为是故意刁难你。如某科学院一名博士生毕业时向北京一所高校发出了求职信,并接到了面试的通知书。这位博士生读博士前就已被评为讲师,只是家属工作单位在外地。面谈前,高校的人事干部做了大量的工作,疏通了各种渠道,初步办好了接收工作。可是见面交谈时,这位博士发现坐在自己面前的是一位不足 30 岁的年轻小伙子,于是他不仅流露出了不尊重对方的神情,而且还刨根问底地询问对方,处处显示出优于对方、待价而沽的情绪,引起了对方的反感,结果毁了一桩好事。这位博士抱着"此处不留爷,自有留爷处"的自信转了十几个单位,可是,不是因为名额已满,就是因不能解决夫妻两地分居的问题而告吹。当他再次找到这所高校时,对方已录用了另外一名硕士毕业生,他只好打包行李回到老家。其实那位和他面谈的年轻人正是录用他的关键人物。虽然看上去年轻,却已是留美博士生,并且是某个国家重点项目的负责人。人事部门有意安排他来负责招聘,主要是从将来开展博士后研究的角度着想的。事后,这位年轻人说:"这位求职者不仅外语水平不符合要求,关键是妄自尊大,目空一切,好像不是他在求职,反倒是我在求职,这种人即使在国外也不会找到合适工作的。而我们现在录用的这个研究生,家也在外地,不但专业水平和外语水平较高,关键是人很谦虚,很有发展前途。"

(2) 充满自信。求职口才既要自知,更要自信。求职过程中的自信表现,是在自大与自卑之间选择合适的一个度,既不过分张扬,也不过分卑下,是指围绕着求职、面试的主题,进行自我介绍并回答面试考官的问题,也是指在适当的时候,借题发挥,进一步展示自己本身的能力与才华。在自信的基础上,加以训练,能够使求职者在真正的面试舞台上,超水平发挥。

(3) 双向交流。富兰克林在其自传中讲过:"说话和事业的发展有很大的关系,你出言不慎,将不可能获得别人的同情、别人的合作、别人的帮助。"在求职过程中,正确使用语言进行表达,无论是描述自己的情况、成绩或意向,还是回答面试考官的问题,都是非常重要的。同样,通过求职交流,也会使求职者获得招聘公司的相关信息,只会答、不会问的求职者正在慢慢被淘汰。因为无法发问就无法进行双向交流,这就意味着一名求职者因为没有自我思考的能力而无法达到面试考官的要求。

2. 应聘面试的沟通技巧

(1) 仔细聆听。在面试过程中,要仔细聆听。为了表示你在耐心倾听,要伴随适当的肢体动作(如微微点头)或简单的附和语(如"噢"、"嗯")。回答问题前必须确认已经听清、听准对方的提问,如果对讲话重点不是十分有把握的话,建议用复述性提问加以确认,比如,"您的意思是不是说……"、"如果我没猜错的话,您是想问我……"。

(2) 谦虚诚恳。在面谈中,应聘者如果能谦虚诚恳,则可立于不败之地,从而成功地叩响就业之门。因此,在求职过程中,求职者的真实与诚恳是成功应聘的首要条件,在真实诚恳的基础上,还要力求使自己的就业意向与应聘行业的职业要求相一致,在面谈中尽量回避对自己不利的话题。比如,某设计院是国家甲级设计院,任务多,待遇高,不少应聘者竞相涉足,企求获得一职之位。其中,一名毕业于该市三流大学的毕业生前来应聘。他先自报所学的是机械制造专业,然后非常认真地询问对方有什么样的要求。设计院的一位老工程师告诉他主要是绘图工作。这位青年马上说："这是我最拿手的,我课余就帮人家绘图,三天一份,您可以当场试我。"老工程师露出了笑容。因为绘图虽然容易但也并非易事,这种工作单调、枯燥、乏味,年轻人如果肯干,看来不是个眼高手低者。老工程师又问:"你搞过设计吗?"

"搞过四个设计,都获得了优秀,还有一个被实习工厂看中了。"他拿出了证书和获奖图纸。

老工程师饶有兴趣地边看边聊:"搞设计要下现场,有时'连轴转',你行吗?"小伙子拍着厚实的胸脯说:"没问题,让干什么就干什么,只是希望有机会再读个本科。"

"没问题!"这回是老工程师拍着胸脯了。

这位非名牌大学的毕业生之所以能顺利进入名牌设计院,关键在于他语言朴实但又不过分谦虚,表现出诚实稳重的品质。他当然知道自己应聘的职业要求是擅长绘图、吃苦耐劳,就将自己在绘图方面的经验、成果,以及身体强壮、不怕辛苦等优势加以强调,至于自己是来自三流院校、甚至专业并不对口的事实就避而不谈了。

(3)毛遂自荐。在求职过程中,如何在众多的竞争对手中脱颖而出很重要,哪怕只是引起招聘者的注意。当我们在运用求职语言艺术时,"单刀直入、毛遂自荐"也不失为一种方式。我们可以开门见山,对招聘者直截了当地表明自己的选择意向。如果对方针对你的能力或学历提出任何异议的时候,别担心,这恰恰是给了你一个说明和展示的机会。

在某市的大学生供需见面会上,市公安局某研究所的招聘桌前,围满了前来求职的大学生,大部分是男性。一位年轻的女学生硬是挤到招聘桌前,向招聘人员表明自己渴望从事刑事检验分析研究的工作。

招聘人员面露难色,因为这个研究所从来没有女工作人员,有的只是清一色的男性。可是,面对姑娘恳求的目光,招聘人员决定破例给这位姑娘一个机会。他说:"工作人员需要下案件现场,遇到的尽是血淋淋的场面,姑娘家哪敢去呢?!"

"我就敢去!"这个姑娘快言直陈,毫不含糊,"让我抬死人,我也不怕。"

"你可别说大话,干这行没黑夜没白天,得随叫随到。"

"嘿,我假期打工就是给人家开车,跑起路来没点胆儿行吗?"说着她掏出了驾驶证。人事干部与研究所的干部当场拍板,并与之签订了聘用合同。

这个例子中的女大学生就是借用对方的"发难",适时地用行动或语言展示了自己的优点和长处,反败为胜!

(4)巧用反问。在面试过程中,有些招聘者会针对你的薄弱环节进行发问,其目的有两点:一是确实发现你有不足之处,想得到你的解释;二是想看看你的应变能力和回答技巧。这时,应聘者一定要沉着冷静,迎难而上,用反问的形式巧妙地回答问题。

例如,已婚的刘女士到一家中外合资企业面试,公司经理对她很满意,只是担心她已婚且孩子还小会影响工作,下面节选了这次成功面谈的片段。

总经理:"刘女士,你的各方面素质都不错,只是……你孩子还小,这一点公司方面还得考虑一下。"(总经理实际上内心已经准备淘汰她了。)

刘女士:"我认为总经理的意见有一定的道理。如果我是总经理,可能也会这么想。"(总经理听到这里,有点意外,微微点头。)"公司的任务重,工作忙,谁也不愿意员工拖儿带女、东牵西挂地来上班。"（总经理听到这里哈哈大笑。）

"但是，"刘女士话锋一转，"我想，事情还有另外一面，虽然我的想法不一定对，不过，还是想说出来请总经理指正。因为从公司来说，最重要的是要求职工有责任心。但是不当家不知柴米贵，不养儿不知父母恩，在生活中都没有经过责任心训练的人，在工作中能有很强的责任心吗？我想，这就是一个母亲与一个未婚女子的最大区别，她们对生活、工作和责任心的理解是不会相同的。"（总经理听到这里开始沉思了。）

"况且，"刘女士趁热打铁，"我家里还有老人退休照料家务，我绝不会因家庭琐事而影响工作的，这一点总经理还有什么不放心的？"

总经理最终拍板录用了刘女士。

当然，要想达到预期的求职目的，光有迎难而上的勇气是不够的，还要善于"打太极拳"。当对方猛然向你发来一个快球，大有一击点中要害之势，不要回避，顺势接下，如同上述例子中的主人公，先肯定招聘者的判断，承认自己的"软肋"，进而将球轻柔而有力地推回对方——不卑不亢地分析现状，表明自己的特长和优势，以消除对方的顾虑，最后用反问的形式促使招聘者做出回答。

（5）少用"我"字。由于面试的过程是一个对"我"进行考察的过程，因此，无论是在自我介绍还是在面试谈话过程中，求职者的语言和意识往往会以"我"为中心。例如，"我"的学历、"我"的理想、"我"的才华，以及"我"的要求……殊不知，这样做对方会认为你"以自我为中心"、"自我标榜"、"自以为是"、"自我推销"……尽管事实并非如此。例如：袁女士，35岁，应聘某公司的机械检验员，招聘者问她："这个工作经常要出差，到湖南、湖北、四川等地，条件会比较艰苦，你行吗？"袁女士答道："我是不是看上去比较娇气了一点？我从前在矿山做机械工的时候，可是常在管道里面爬上爬下的，而且我还在装配车间做过检查工作，我想工作再苦都没问题。别看我是女的，我在装配车间干过一年，在铆焊车间干过半年，我在试验场还做过现场施工。当时我在甘肃，现在想起来我真的不想回去，因为机械管道里的味儿很难闻，100米长的管道，我就在里面爬上爬下……"

要不是被招聘者及时打断，袁女士还不知要说出多少个"我"字来。在这个案例中，袁女士的回答本来就不够简洁，再加上"我"字不离口，有强迫性的自我推销之嫌，使得招聘者顿生反感，面试结果可想而知。

（6）灵活应变。最后一条原则，就是"没规则"，不要有那么多的条条框框，记住：在任何情况下，招聘单位都会垂青那些有较强角色意识和应变能力的人。而这种能力多半是书上没有的，要在实践中不断地锻炼，这就是为何有些招聘单位很看重工作经验的原因。

沟通小故事

国外一家旅馆老板测试三名应聘侍者的男子。

问："假如你无意中推开房门，看见女房客正在淋浴，而她也看见你了，这时你该怎么办？"

甲答："说声'对不起'，然后关门退出。"

乙答："说声'对不起,小姐',然后关门退出。"

丙答："说声'对不起,先生',然后关门退出。"

结果,丙被录用了,为什么呢?

因为他的这种故意误会的说法,维护了女房客的尊严,他用非常得体的语言表现出一名侍者应该具备的职业素质。

(7)成功地进行自我介绍。求职者自我介绍的根本目的,是使面试考官对自己有个初步的、大概的了解,并且尽可能留下好的印象以使面试能够深入进行下去,最终赢得面试的成功。求职面试的自我介绍必须讲究技巧,成功的自我介绍往往会给面试考官留下深刻的印象,求职就成功了一半。在人的思想意识中,往往存在这样的误区,认为最了解自己的人一定是自己,把介绍自己当成是一件很容易的事。其实不然,说人易,说己难。在求职面试中,介绍自己是最难的部分,要成功地进行自我介绍,要从以下5个方面着手。

① 礼貌地问候。在进行自我介绍之前,求职者首先要跟主面试考官打个招呼,道声谢,这是最起码的礼貌。比如:"经理,您好,谢谢您给我这个机会,现在,我向您做个简单的自我介绍……"介绍完毕以后,要注意向主面试考官致谢,并且还要向在场的其他面试人员致谢。

② 主题要鲜明。求职面试中的自我介绍一般包括这些基本要素:姓名、年龄、籍贯、学历、学业情况、性格、特长、爱好、工作能力和工作经验,等等。因此,不必面面俱全,而是一定要做到主题鲜明,直截了当,切入正题,不要拖泥带水,对于材料的组织要合理,做到详略得当,重点突出。一般来说应按招聘方的要求来组织介绍材料,围绕中心说话。假如招聘单位对应聘人的工作能力和工作经验很重视,那么,求职者就得从自己的工作能力及经验出发做详细的叙述,而且整个介绍都是以这个重点为中心。

沟通小故事

下面是某家工艺品总公司招聘业务员的一则对话。

面试考官:我公司主要是经营有地方特色或民族特色的工艺品,如北京的景泰蓝、景德镇的陶瓷和湖州的抽纱等。这次招聘的对象主要是能开拓海内外业务的湖州抽纱的业务员。现在,请你介绍一下自己的情况。

求职者:我叫李伟,今年24岁,是湖州市人。今年毕业于湖州市商业学校,读市场营销专业。我一直生活在湖州,小时候就经常帮妈妈和奶奶做抽纱活,对于传统的抽纱工艺可以说是比较了解的。在商校学习的两年中,我掌握了营销方面的专业知识,这是我将来搞好业务的资本。我的口才较好,曾参加省属中专学校的求职口才竞赛,得了二等奖,并且还具备一定的英语口语能力。我这个人的特点是头脑灵活、反应快,平时喜欢看报纸,对国内外的经济发展动态很感兴趣,喜欢从事具有挑战性的工作。

应聘的求职者一般应从最高学历讲起,只要面试考官不问,完全没有必要谈及小学、中学甚至是大学。谈所学的专业、课程,没有必要说明成绩。谈求职的经历,不要漫无边际,东拉西扯,最好在1到3分钟之内,完成自我介绍,简洁、明快、干脆、有力。

③ 让事实说话。在面试时,有的人为了能给面试考官留下深刻的印象,往往喜欢对

自己进行过多的夸张,动辄就"我的业务水平是很高的"、"我的成绩是全年级最好的",其实,这样反倒会给面试考官留下不好的印象。现在的用人单位往往更注重应聘者的真本事。"事实胜于雄辩",虽然面试的时间很有限,不可能完全展示出求职者的才能,但是,求职者可以通过实际的事例来证明你的能力,把你的才华展示给面试考官。

某大学中文系学生小刘,毕业后到报社应聘记者,面对着上百个新闻专业出身的应聘者,可以说小刘并没有什么优势。但小刘对此早有准备,她对面试考官介绍自己时是这样说的:"我叫刘晓明,山西人,毕业于××大学中文系。虽然我不是新闻专业的,但我对记者这个行业却十分感兴趣。在大学期间我是学校校报的记者。4年间,进行了许多次较为重大的校内、外采访,积累了一定的采访经验,再加上我的中文功底,我相信我可以胜任贵报的工作。这是我在大学期间发表过的报道稿,请各位编辑领导批评指正。"

面试考官们看过小刘的报道材料后,觉得眼光独到、语言深刻,都很满意。结果小刘击败了众多的竞争者,不久就收到了录用通知。

④ 给自己留条退路。面试中的自我介绍既要坦诚,又要有所保留;既要介绍自己的能力,也不要把自己搞成事事皆能,使自己进退维谷。在自我介绍中,求职者要尽可能客观地显示自己的实力,但同时应尽可能地避免使用保证式或绝对式的语言,如"我非常熟悉这项业务"、"我保证让部门改变面貌"这些话往往没有具体内容,反倒会引起面试考官的反感。如果遇到较为平和、内敛的面试考官,也许不会为难你。但是如果遇到个性较强的面试考官进行追问时,求职者会因无法回答而张口结舌,尴尬万分。

小赵去面试一家国际旅行社的导游。他自我介绍说:"我这个人喜欢旅游,熟悉各处的名胜古迹,全国的风景名胜几乎都去过。"面试考官很感兴趣,就问:"那你去过云南大理吗?"因为面试考官就是大理人,对自己的家乡再熟悉不过了。可惜小赵根本就没去过大理,心想若说没去过这么有名的地方,刚才的话,不就成了吹牛了吗? 于是硬着头皮说:"去过。"面试考官又问:"你住的是哪家宾馆?"小张再也回答不上来,只好说:"那时我是住在一个朋友家的。"面试考官又问:"你的这位朋友家在大理的什么地方啊?"小赵这下没词儿了,东拉西扯答非所问,结果自然可想而知。

(8) 得体地回答。在面试过程中,要注意以答为基础,以问为辅助的沟通技巧。尽管不同的公司面试的程序和模式有所不同,面试考官的风格各异,但是有些特定的问题是面试考官们都比较喜欢问的。应聘者一定要对这些问题有所准备,知己知彼才能百战不殆。

一般来说,招聘方提出的问题可分为两类:一类是规定性提问,也就是招聘方事先准备好的,对每一位招聘者都要发问的问题;另一类是自由性提问,亦即招聘方随意穿插的问题,这些问题往往是千变万化,涵盖宽泛,招聘方可以从应聘者不经意的对答中发现其闪光点或缺点。无论是哪类问题,应聘者回答时都应当掌握以下基本技巧。

① 不要遗漏表现自己才能的重要资料。

② 保持高度敏锐和技巧灵活的思维状态。

③ 回答既要表现自己的个性气质,又要表现出对招聘方的尊重与服从。

④ 认真倾听对方的提问,并注意对方的反应,以便及时调整自己不恰当的回答。

⑤ 避免提及"倒霉"、"晦气"、"不幸"、"疾病"之类可能招致对方反感的字眼。

(9) 讲究无声语言艺术。无声语言能体现出一个人的教养、身份、风度、内在气质和人格。在求职面试中,招聘人员常常通过求职者的举手投足、坐姿站态、一动一静、一颦一笑去判断其心理素质、文化修养甚至性格特征。"第一印象"在面试中非常重要,有时甚至决定了求职能否成功。优美的体态风度能帮助求职者树立良好的形象,从而起到事半功倍的作用;假如求职者不修边幅、大大咧咧,或者拘谨胆怯、体态不自然,必然会有损求职者在招聘人员心目中的印象,而影响面试成绩。无声语言艺术在求职面谈中的具体运用体现在如下方面。

① 表情语。面试中表情语尤其要注意微笑和眼神的运用。

微笑是求职面谈中最不可缺少的表情,微笑可以使求职者显得友善、有亲和力,可以迅速缩短与面试官的距离,使对方更容易接受自己。如果求职者在面试中表情淡如清水,不苟言笑,那么传递给对方的是不尊重、不友好、不自信、不大方的信息,气氛沉闷压抑,就难以获得满意的面谈结果。

在求职面谈中,求职者要敢于和善于同面试官进行视线接触,这既是一种礼貌,又能帮助维持的一种联系,使谈话在频频的视线接触中持续下去。一般情况下,视线接触的范围是双眼与嘴部之间的三角形区域,这样既保持了接触又避免了因直直地盯着而引起对方的不快。正确的运用眼神目视对方,体现了自身的礼貌,说明对话题有兴趣而且不怕挑战。有的求职者总习惯于低着头看地板,几乎不看招聘方,或者左顾右盼,还有的总是窥探面试官的桌子、稿纸或笔记本,这些行为会传递出求职者性格不稳定、不诚实、怯懦、缺乏自信心等信息,很不利于面谈。

② 手势语。在运用手势语时要注意紧密配合有声语言,做到协调一致"该出手时就出手",不要"想出不敢出",反倒给人胆小拘谨之感。手势还要大方自然,幅度适中。手势过大让人觉得性格不稳定,无节制地挥手或无规律地乱摆都会让人觉得说话者的轻浮或狂妄;过小则显得呆板,缺少风度。此外,一些下意识的举动,如搔首弄姿、拉耳掰手、扯衣挠发、腿无意识抖动等,这些都可能反映出求职者内心的不安、慌张、窘迫。

③ 体姿语。求职者如果是站着回答问题,应该保持正确的站姿,如头要端正,腰要直,肩要平,挺胸收腹,重心放在脚底中央稍偏外侧的位置,双手自然下垂或拿文件夹之类的放在身前。这样才能显得精神振奋、充满信心。

坐的姿势要求文雅端庄,给人以沉稳、可信任感。面试官请你入座前不要随便坐下,入座要稳要轻,不可猛起猛坐,以免发出声响,一般坐在椅子的前半部分。入座后,手可平放在腿上或扶手上,上身端正挺直,"二郎腿"不要跷得太高,更不可抖动。女士可以采取双膝并拢或小腿交叉的姿态,但不可向前直伸,面谈中,两眼平视和你交谈的招聘人员,身体稍向前倾,以显对谈话的兴趣和对对方的尊重,身体不要过分前倾,给人一种阿谀逢迎的感觉。

步姿是在站姿的基础上展示人动态美的极好方式。对于求职面谈而言,展现步姿主要是指从进入面谈室到入座或站定和面谈结束后离开房间的两个过程。求职者要注意,步入面谈室前先轻轻敲门,听见"请进"后,再轻轻推开门,并主动向屋内的人打招呼,然后神态自然、步履稳健、面带微笑地走进房间。面谈结束后,不管自己对于面谈的预感是怎样的,步履仍然应该自信从容,到门口时再轻轻把门带一下,切记不可失去常态,慌慌张张地快步走出,也不能漫不经心一步三晃地下去,这样可能会使面试官对你的整个面谈失去好感。

④ 服饰语。求职面谈是一种正式场合,求职者的服饰穿戴关系到招聘人员对其第一印象,因而应当认真对待。一般来说,求职者的服饰要同自己的身材、身份、年龄等相符合,做到大方得体、整洁明快。在着装时,一要关注细节,比如衣服不必太贵,但要烫得平整,色彩要协调,扣子要扣对,皮鞋要擦亮,不要佩戴款式夸张的首饰。二要注意求职者的装扮须与希望的职业身份相协调,比如你面试的职业是教师、会计、工程师等,打扮就不能过分时髦,而应该选择庄重、素雅的着装,以显示出稳重文雅的职业特性。另外,所选的服装不一定要最漂亮的,而是要选能衬托你内在气质的、穿感舒服的,这样就不会因为服饰而产生潜意识的拘束和不自然。头发要梳理整齐、干净、头饰不宜多。男士的胡须一般都要求刮净。女士可着淡妆。总之,在求职交际中,求职者要力求把内心的美和外表修饰的美都展现出来。

案例 1:怎样面谈更好

一、案例介绍

凯茜是一个项目团队的设计领导,该团队为一个有迫切需求的客户设计一项庞大而技术复杂的项目。乔是一个分派到她的设计团队里的工程师。

一天上午九点左右,乔走进凯茜的办公室,凯茜正在埋头工作。

"嗨,凯茜,"乔说,"今晚去观看联赛比赛吗?你知道,我今年志愿参加。"

"噢,乔,我实在太忙了。"

接着,乔便在凯茜的办公室里坐下来,说道:"我听说你儿子是个非常出色的球员。"

凯茜将一些文件移动了一下,试图集中精力工作。她答道:"啊?我猜是这样的。我工作太忙了。"

乔说:"是的,我也一样。我必须抛开工作,休息一会儿。"

凯茜说:"既然你在这儿,我想你可以比较一下,数据输入是用条形码呢,还是用可视识别技术?可能是……"

乔打断她的话,说:"外边乌云密集,我希望今晚的比赛不会被雨浇散了。"

凯茜接着说:"这些技术的一些好处是……"她接着说了几分钟,又问:"那么,你怎样认为?"

乔回答道:"噢,不,它们不适用。相信我,除了客户是一个水平较低的家伙外,这还将增加项目的成本。"

凯茜坚持道:"但是,如果我们能向客户展示这种技术,能使他省钱并能减少输入错误,他可能会支付实施这些技术所需的额外成本。"

乔惊叫起来:"省钱!怎样省钱?通过解雇工人吗?我们这个国家已经大幅度裁员了,而且政府和政治家们对此没有任何反应。你选举谁都没关系,他们都是一路货色。"

"顺便说一下,我仍需要你提供编写进展报告的资料,"凯茜提醒他,"明天我要把它寄给客户。你知道,我大约要 8 到 10 页。我们需要一份很厚的报告向客户说明我们有多忙。"

"什么？没人告诉我。"乔说。

"几个星期以前,我给项目团队发了一份电子邮件,告诉大家在下个星期五以前我需要每个人的数据资料,而且你为明天下午的项目情况评审会议准备的材料可能要用到这些。"凯茜说。

"我明天必须讲演吗？这对我来说还是个新闻。"乔告诉她。

"这在上周分发的日程表上有。"凯茜说。

"我没有时间与篮球队的所有成员保持联系,"乔自言自语道,"好吧,我不得不看一眼这些东西了。我用我 6 个月以前用过的幻灯片,没有人知道它们的区别。那些会议只是一种浪费时间的方式,没有人关心它们,人人都认为这只不过是每周浪费两个小时。"

"不管怎样,你能把你对进展报告的资料在今天下班以前以电子邮件的方式发给我吗？"凯茜问。

"为了这场比赛,我不得不早一点离开。"

"什么比赛？"

"难道你没有听到我说的话吗？联赛。"

"或许你现在该开始做这件事情了。"凯茜建议道。

"我必须先去告诉吉姆有关今晚的这场比赛,"乔说,"然后我再详细写几段。难道你不能在明天我讲述时做记录吗？那将给你提供你做报告所需的一切。"

"不能等到那时,报告必须明天发出,我今晚要很晚才能把它搞出来。"

"那么,你不去观看这项比赛了？"

"一定把你的资料通过电子邮件发给我。"

"我不是被雇来当打字员的,"乔声明道,"我手写更快一些,你可以让别人打印。而且你可能想对它进行编辑,上次给客户的报告好像与我提供的资料数据完全不同,看起来是你又重写了一遍。"

凯茜重新回到办公桌并打算继续工作。

(资料来源：谢玉华,李亚伯.管理沟通.大连：东北财经大学出版社,2010)

二、思考与讨论

1. 交流中的问题有哪些？

2. 凯茜应该怎么做？

3. 你认为乔要做什么？

4. 凯西和乔怎样处理这种情况会更好？

案例 2：罗芸的问题

一、案例介绍

罗芸在汇丽食品公司担任地区经理快一年了。此前,她在一家名牌大学获得过 MBA

学位,又在公司本部科室干过四年多的职能管理工作。她分工管理 10 家供应站,每站有一名主任,负责向一定范围内的客户销售和服务。汇丽公司主要向成批订购盒装中、西餐的单位提供所需食品。供应站主任主要负责计划、编制预算、监控分管指定客户的销售服务活动。罗芸上任的头一年,主要是巡视各供应站,了解业务情况,熟悉各站的所有工作人员。通过巡视,她收获不小,也增加了自信。罗芸手下的 10 名主任中资历最老的是陈万龙。他只念过一年大专,后来进了汇丽公司,从厨房代班长干起,直到三年前当上这个供应站的主任。老陈很善于与他重视的人,包括他的部下搞好关系。他的客户都是铁杆,三年来没一个转向汇丽的对手去订货的。

他招来的部下,经过他的指导培养,有好几位已经提升,当上其他地区的经理了。不过,由于他的不良饮食习惯给他带来了严重的健康问题,身体过胖,心血管病加胆囊结石,使他一年中请了三个月的病假。

其实医生早就给他提过警告,但他置若罔闻。再则,他太爱表现自己了,做了一点小事,也要来电话向罗芸表功。他给罗芸的电话次数,超过其他 9 位主任的电话总数。罗芸觉得过去的同事中没有一个是这样的。

由于营业的扩展,已盛传要给罗芸添一副手。老陈公开说过,各站主任中他资格最老,他觉得地区副经理非他莫属。但罗芸觉得老陈来当她的副手,真叫她受不了,两人管理风格太悬殊;再说,老陈的行为准会激怒地区和公司的工作人员。

年终的绩效评估到了。公正地讲,老陈这一年的工作,总的来说,是干得不错的。汇丽的年度绩效评估表总体是 10 级制,10 分最优;7~9 分属良,虽然程度有所不同;5~6 分属于中等、合格;3~4 分是较差;1~2 分为最差。罗芸不知道该给老陈评几分。评高了,他就更认为该提升他;太低了,他准会发火,会吵着说对他不公平。

老陈的自我感觉良好,觉得跟别的主任相比,他是鹤立鸡群。他性格豪迈,爱去走访客户,也爱跟手下人打成一片,他最得意的是指导部下某种操作方法,卷起袖子来亲自下厨,示范手艺。跟罗芸谈过几次后,他就知道罗芸讨厌他事无巨细,老打电话表功,有时一天三四次,不过他还是想让她知道自己干的每项成绩。他也知道罗芸对他不听医生劝告,饮食无节制有看法。但他认为罗芸跟他比,实际经验少多了,只是多学点理论,到基层来干,未见得能玩得转。他为自己学历不高,但成绩斐然而自豪,觉得这副经理的职位是非他莫属,而这只是他实现更大抱负的又一个台阶而已。

考虑再三,罗芸给他的绩效打了个 6 分。她觉得这是有充分的理由的:因为他不注意健康,病假三个月。她知道这分数远远低于老陈的期望,但她要用充分的理由来支持自己的评分。然后她开始给老陈的各项考评指标打分,并准备怎样和老陈面谈,向他传达所给的考评结果。

（资料来源:魏江,严进.管理沟通:成功管理的基石.北京:机械工业出版社,2006）

二、思考与讨论

1. 罗芸对老陈的绩效考评是否合理?罗芸在面谈前应做好哪些准备?
2. 预计老陈听了罗芸对他的绩效评定,会做何反应?罗芸怎样处理?
3. 如果你是老陈,对罗芸的考评结果会采取怎样的态度和做法?

案例 3：研修生的选派

一、案例介绍

派尼家用电器有限公司是由派尼集团洗衣机有限公司与日本松下电器产业株式会社洗衣机事业部合资组建的，以制造、经营家用洗衣机、干衣机、洗碗机等家用电器为主的合资企业，成立于 1994 年 10 月。公司成立以后，全面引进日本松下的管理模式，同时不断引进其先进的技术，开发、制造和销售最新科技含量的新产品。有些新产品还做到了与日本松下同步开发的目标，加快了新产品开发速度，使公司的竞争力得到了极大提高。

我担任公司技术部的负责人。技术部的主要任务是致力于先进技术的研究，不断开发更完善、更先进的家用电器产品，为用户提供满意的服务。公司成立之初，年轻的技术部人员以新进大学生为主，实际工作经验比较缺乏，为加快提高设计人员的设计水平，以提高整个技术部的技术能力，1995 年末公司决定派两名设计人员赴日本松下进行为期五个月的研修，结合公司的新产品开发任务。这个消息通过正式渠道在一次部门工作会议上向全体部门人员进行了说明。

由于这是首次派设计人员去松下进行较长时间的研修，因此选派人员的选拔问题必须慎重考虑。从部门情况看，设计人员当初只有 10 名，进公司时间最长的有七八年（包括进合资中方的公司）的有三人。其他的一般只工作一两年，按惯例好像应该优先安排老同志去，因为研修还多少带有奖励的作用，老同志在公司工作时间长，贡献也多，理应先去研修。我通过与一些科员接触了解，大家均或多或少地认为此安排较合适，各方面能摆平。由于考虑到部门人员的具体情况，当时我考虑若选派老同志去有其优势，因为他们有产品设计的经验，并多少积累了点技术经验，到日本松下后可以学习到更多的技术，但是他们的弱势是由于老同志工作的方式基本定型，是否能够把学到的东西（特别是日本人认真工作的方式）带回来；若选派新同志去也有其优势，他们除了能够学习到产品设计方面的知识外，还能够培养起日本人认真严谨的工作方式，但其弱点在于工作时间较短，工作经验少，可能会影响到学习的效果。权衡再三，并结合了部门发展的目标，即尽快积累经验，走自主开发之路的目标，决定选派老同志袁安付带新员工刘敏赴日本松下研修。

为了稳妥起见，我决定先把袁安付和刘敏两人的名单报送公司领导审批下来后再在部门内宣布，然而在送审批后不久，通过非正式渠道，部门的一些人员得悉了此消息，终于在一次部门聚会中，另两位老同志陈寿春和陈文戎，提出了自己的看法。总的看法是派袁安付去没什么意见，但为什么要派刘敏去呢？刘敏他什么都不懂，派刘敏去对部门来说，是"浪费"一个研修名额。最后，他们还建议应该派他们俩去比较合适，其中陈寿春还在沟通过程中流露出自己的担心，虽然在上次关于选派两名研修人员的会议上我也强调这是首次派人研修，以后将每年派人去日本松下研修，但他还是担心以后将没有研修机会了。

出了这件事，我想主要是在上报名单前未能充分地在部门内进行有效的沟通所致，虽然也为此召开过会议，但群众的接受程度、理解程度未能很好把握，而且最关键的是没有转换角色，站在群众的立场去加以解释，让反对者同意或者中立，决策能给部门的发展带来益处。因此,我决定找陈寿春和陈文戎二位老同志沟通一次,希望就选派人员的决策获得他们的理解和支持。

后来,通过我与陈寿春和陈文戎的沟通,问题基本得到解决。但没料到接下来的一件事又为人员选派带来麻烦。当我把名单上报后,公司领导认为我选派的袁安付不合适,因为他以前曾有些事情处理不当,给公司领导留下了不良的印象。另外,据分析,也有些对其不利的信息传到了领导耳朵里,故公司领导要求我重新提供出国研修的名单。这件事是我开始所没有想到的,因为袁安付在部门内的表现还是相当不错的,并且其也知晓了我的推荐,这样要换的话,对其打击会更大,再加上前期其晋升的事被领导否决了。因此,怎样向其解释沟通为好,又要费一番心思。公司领导不同意,出国的名额也不能少,不然会影响新产品开发的进展,所以经各方面的权衡,还是决定换上另一位老同志。这次在上报前也去公司领导处询问了看法,在征得领导同意的前提下,换上了陈寿春,最后上报的名单被领导批准下来了。在正式宣布名单之前,我又单独找了袁安付进行了沟通。沟通过程中,袁安付提出了要求调换工作岗位的要求,我考虑之后,把袁安付从原来的设计科调到了技术管理科做暂时的负责人,让其在新的工作岗位上能够努力工作。后来经过两年的努力,在技术管理岗位上得到晋升。除此之外,我当时也找了陈文戎进行了私下沟通。通过沟通后,取得了陈文戎的理解,而且,他开始刻苦学习日语,成为部门内除翻译外日语水平最高的设计人员之一。

（资料来源：魏江,严进.管理沟通：成功管理的基石.北京：机械工业出版社,2006）

二、思考与讨论

1. 在第一次决定选派袁安付和刘敏去日本松下研修的决定被透露后,"我"应该采取什么策略与陈寿春进行面谈？面谈的目的是什么？在面谈过程中要注意自身哪些问题？

2. 当第一次上报名单没有被领导采纳后,"我"决定换上陈寿春。在这样的背景下,我与陈文戎、袁安付又如何面谈？面谈的目的是什么？采取怎样的沟通策略？

3. 在与陈文戎、袁安付面谈时,"我"如何安排沟通的信息内容？

案例4：广州丰田公司的选拔计划

一、案例介绍

广州丰田公司选拔计划的目的就是招聘最优秀的有责任感的员工,为此公司做出了极大的努力。广州丰田公司招聘大体上可以分成六大阶段,前五个阶段招聘大约要持续5～6天。

第一阶段广州丰田公司通常会委托专业的职业招聘机构,进行初步的甄选。应聘人员一般会观看广州丰田公司的工作环境和工作内容的录像资料,同时了解广州丰田公司的招聘体系,随后填写工作申请表。1小时的录像可以使应聘人员对广州丰田公司的具体工作情况有个概括了解,初步感受工作岗位的要求,同时也是应聘人员自我评估和选择的过程,许多应聘人员知难而退。专业招聘机构也会根据应聘人员的工作申请表和具体的能力和经验做初步筛选。

第二阶段是评估员工的技术知识和工作潜能。通常会要求员工进行基本能力和职业态度心理测试,评估员工解决问题的能力、学习能力和潜能以及职业兴趣爱好。如果是技术岗位工作的应聘人员,更加需要进行 6 小时的现场实际机器和工具操作测试。通过前两个阶段的应聘者的有关资料转入到丰田公司。

第三阶段广州丰田公司接手有关的招聘工作。本阶段主要是评价员工的人际关系能力和决策能力。应聘人员在公司的评估中心参加一个 4 小时的小组讨论,讨论的过程由丰田公司的招聘专家即时观察评估,比较典型的小组讨论可能是应聘人员组成一个小组,讨论未来几年汽车的主要特征是什么。实地问题的解决可以考察应聘者的洞察力、灵活性和创造力。同样在第三阶段应聘者需要参加 5 小时的实际汽车生产线的模拟操作。在模拟过程中,应聘人员需要组成项目小组,负担起计划和管理的职能,比如如何生产一种零配件、人员分工、材料采购、资金运用、计划管理、生产过程等一系列生产考虑因素的有效运用。

第四阶段应聘人员需要参加一个 1 小时的集体面试,分别向广州丰田的招聘专家谈论自己取得过的成就,这样可以使丰田的招聘专家更加全面地了解应聘人员的兴趣和爱好,他们以什么为荣,什么样的事业才能使应聘员工兴奋,更好地做出工作岗位安排和职业生涯计划。在此阶段也可以进一步了解员工的小组互动能力。

通过以上四个阶段,员工基本上被广州丰田公司录用,但是员工需要参加第五阶段一个 25 小时的全面身体检查。了解员工的身体一般状况和特别的情况,如酗酒、药物滥用的问题。

最后在第六阶段,新员工需要接受 6 个月的工作表现和发展潜能评估,新员工会接受监控、观察、督导等方面严密的关注和培训。

(资料来源:http://topic.yingjiesheng.com/gac-toyota/jingyan/0Q925E2H008.html)

二、思考与讨论

1. 面试在广州丰田公司的选拔计划中具有怎样的地位?
2. 如何开展集体面试?

实 训 项 目

1. 怎样与老赵面谈

实训目的:掌握面谈的过程和技巧,有效地开展面谈。

实训学时:2 课时。

实训地点:教室。

实训背景:

YY 公司在年末审计中发现,销售代表老赵在这一年中未经允许私自打了话费总额为 8000 元的个人电话。老赵是公司的一位老员工,因为他能力突出、人缘极好,在销售人员中威信很高,公司副总老方很器重他,近期还向公司推荐老赵担任公司负责销售的副总监。在任职的 6 年中,老赵在职员、顾客、社区居民中都交了许多重要的有影响的朋友,许多客户对他评价极好,表示只跟他做生意,更重要的是,他拥有的客户最多。

有员工认为以老赵的表现和贡献,这一点点话费算不了什么;也有人认为,不管贡献大小都应该公私分明;也有人不相信,认为老赵不是那种爱占便宜的人,也可能审计搞错了。

老赵听到消息后,情绪波动很大,工作明显受到影响,在下达下半年的销售计划时他表现出明显的抵触情绪。

公司董事长要求副总老方用最快和最佳的方式解决老赵的电话费问题,并且要求他尽快和老赵进行一次面谈,既要申明公司的纪律,又不能影响他个人工作热情和工作效益,方副总立即查找了公司所有规定,公司过去只颁发了一些原则性的文件规定,对于个人利用公司电话打长途的界定也不清晰,对此类事件的具体条款也不清楚,他感到压力很大,不知道如何开展这场面谈。

实训方法:

(1) 两两同学一组,分别扮演老赵和老方进行这次面谈情景演练。

(2) 选择有代表性的一组在全班公开表演,师生共同点评。

(资料来源:武洪明,许湘岳.职业沟通教程.北京:人民出版社,2011)

2. 模拟面试

请阅读下面短文,然后组织几个同学,3 人一组模拟松下幸之助的面试场面。

松下幸之助的求职经历

被称之为"经营之神"的松下幸之助,当他还只是一个 9 岁的小学四年级的学生时,因为家里贫穷,就不得不告别母亲,和父亲一起到大阪去打工,过着一种自己养活自己的生活。十四五岁的时候,他到一家大阪电器公司去应聘,当公司的总经理看到站在他面前的还是一个衣着破烂又有些瘦弱的孩子时,总经理从心里不想要他,但又不好意思让这个少年太伤心,就随口说了一句:"我们现在不缺人手,你过两个月再来吧。"

过了两个月,松下果然来了,总经理又推辞说:"我们需要的是一个懂电器知识的人,你懂吗?"松下老实地告诉他说自己不懂。

回到了家里,松下就买了几本有关电器知识的书,看了两个月后,又来到了这家公司,并告诉那位总经理说:"我已经学会了许多电器知识,并且以后我一边工作还可以一边学习。"谁知听了这话,那位经理反而皱了皱眉头说:"小伙子,出入我们这家公司的都是很有点绅士派头的人物,你看你这身脏兮兮的衣服,我们怎么要你呢?"松下听后,笑了笑说:"这好办!"

回家后,他就让爸爸拿出所有的积蓄,给他买了一身漂亮的制服,就又一次来到了这家电器公司,这一下那位总经理可真算服了松下,他一边用欣赏的目光看着松下,一边笑着说:"像你这样有韧劲的求职者,我可是第一次遇到啊,就凭你的这股韧劲,我也不能再不要你了啊!"

从不向失败低头,这正是松下幸之助最后走向成功的秘诀!

(资料来源:http://www.512zhaopin.com/News/820099810620.html)

3. 举行模拟招聘会

实训目标：锻炼学生自我推销能力,积累应聘经验,掌握应聘礼仪,增强自信心,全面认识自我。

实训学时：4 学时。

实训地点：实训室。

实训准备：模拟招聘企业情况、需求岗位、面试问题、面试桌椅等。

实训方法：

（1）选 3～4 名学生担任某企业面试考官,其他同学担任求职者。

（2）面试考官先介绍单位及岗位需求情况,然后求职者依次进行 1 分钟自我介绍,面试考官提问,求职者回答问题。

（3）最后教师总结、点评。

拓展阅读：面试常见问题及回答思路

以下是首席大学生就业顾问、著名职业生涯规划专家李震东老师向大家介绍面试问题及回答思路,供参考。

问题一："请你自我介绍一下。"

思路：

（1）这是面试的必考题目。

（2）介绍内容要与个人简历相一致。

（3）表述方式上尽量口语化。

（4）要切中要害,不谈无关、无用的内容。

（5）条理要清晰,层次要分明。

（6）事先最好以文字的形式写好背熟。

问题二："谈谈你的家庭情况。"

思路：

（1）自我介绍对于了解应聘者的性格、观念、心态等有一定的作用,这是招聘单位问该问题的主要原因。

（2）简单地罗列家庭人口。

（3）宜强调温馨和睦的家庭氛围。

（4）宜强调父母对自己教育的重视。

（5）宜强调各位家庭成员的良好状况。

（6）宜强调家庭成员对自己工作的支持。

（7）宜强调自己对家庭的责任感。

问题三："最能概括你自己的三个词是什么?"

思路：我经常用的三个词是：适应能力强、有责任心和做事有始终,结合具体例子向主考官解释,使他们觉得你具有发展潜力。

问题四："你有什么业余爱好?"

思路:

(1) 业余爱好能在一定程度上反映应聘者的性格、观念、心态,这是招聘单位问该问题的主要原因。

(2) 最好不要说自己没有业余爱好。

(3) 不要说自己有那些庸俗的、令人感觉不好的爱好。

(4) 最好不要说自己仅限于读书、听音乐、上网,否则可能令面试官怀疑应聘者性格孤僻。

(5) 最好能有一些户外的业余爱好来"点缀"你的形象。

(6) 找一些具有团体合作精神的爱好。这里有一个真实的故事:有人被否决掉,因为他的爱好是深海潜水。主考官说:因为这是一项单人活动,我不敢肯定他能否适应团体工作。

问题五："你最崇拜谁?"

思路:

(1) 最崇拜的人能在一定程度上反映应聘者的性格、观念、心态,这是面试官问该问题的主要原因。

(2) 不宜说自己谁都不崇拜。

(3) 不宜说崇拜自己。

(4) 不宜说崇拜一个虚幻的、或是不知名的人。

(5) 不宜说崇拜一个明显具有负面形象的人。

(6) 所崇拜的人最好与自己所应聘的工作能"搭"上关系。

(7) 最好说出自己所崇拜的人的哪些品质、哪些思想感染着自己、鼓舞着自己。

问题六："你的座右铭是什么?"

思路:

(1) 座右铭能在一定程度上反映应聘者的性格、观念、心态,这是面试官问这个问题的主要原因。

(2) 不宜说那些易引起不好联想的座右铭。

(3) 不宜说那些太抽象的座右铭。

(4) 不宜说太长的座右铭。

(5) 座右铭最好能反映出自己某种优秀品质。

(6) 参考答案——"只为成功找方法,不为失败找借口。"

问题七："谈谈你的缺点。"

思路:

(1) 不宜说自己没缺点。

(2) 不宜把那些明显的优点说成缺点。

(3) 不宜说出严重影响所应聘工作的缺点。

(4) 不宜说出令人不放心、不舒服的缺点。

(5) 可以说出一些对于所应聘工作"无关紧要"的缺点,甚至是一些表面上看是缺点,从工作的角度看却是优点的缺点。绝对不要自作聪明地回答"我最大的缺点是过于追求完美",有的人以为这样回答会显得自己比较出色,但事实上,他已经岌岌可危了。

问题八:"谈一谈你的一次失败经历。"

思路:

(1) 不宜说自己没有失败的经历。

(2) 不宜把那些明显的成功说成是失败。

(3) 不宜说出严重影响所应聘工作的失败经历。

(4) 所谈经历的结果应是失败的。

(5) 宜说明失败之前自己曾信心百倍、尽心尽力。

(6) 说明仅仅是由于外在客观原因导致失败。

(7) 失败后自己很快振作起来,以更加饱满的热情面对以后的工作。

问题九:"你想过创业吗?"

思路:这个问题可以显示你的冲劲,但如果你的回答是"有"的话,千万小心,下一个问题可能就是"那么为什么你不这样做呢?"

问题十:"你参加过义务活动吗?"

思路:现在就着手做一些义务活动,不仅仅是那些对社会有贡献的,还要是你的雇主会在意的,如果他们还没有一个这样的员工,那么你会成为很好的公关资源。

问题十一:"你为什么选择我们公司?"

思路:

(1) 面试官试图从中了解你求职的动机、愿望以及对此项工作的态度。

(2) 建议从行业、企业和岗位这三个角度来回答。

(3) 参考答案——"我十分看好贵公司所在的行业,我认为贵公司十分重视人才,而且这项工作很适合我,相信自己一定能做好。"、"我来应聘是因为我相信自己能为公司作出贡献,而且我的适应能力使我确信我能把工作带上一个新的高度。"

问题十二:"对这项工作,你有哪些可预见的困难?"

思路:

(1) 不宜直接说出具体的困难,否则可能令对方怀疑应聘者不行。

(2) 可以尝试迂回战术,说出应聘者对困难所持有的态度——"工作中出现一些困难是正常的,也是难免的,但是只要有坚忍不拔的毅力、良好的合作精神以及事前周密而充分的准备,任何困难都是可以克服的。"

问题十三:"如果我录用你,你将怎样开展工作?"

思路:

(1) 如果应聘者对于应聘的职位缺乏足够的了解,最好不要直接说出自己开展工作的具体办法。

(2) 可以尝试采用迂回战术来回答,如"首先听取领导的指示和要求,然后就有关情况进行了解和熟悉,接下来制订一份近期的工作计划并报领导批准,最后根据计划开展工作。"

问题十四："如果与上级意见不一致,你将怎么办?"

思路:

(1)一般可以这样回答:"我会给上级以必要的解释和提醒,在这种情况下,我会服从上级的意见。"

(2)如果面试你的是总经理,而你所应聘的职位另有一位经理,且这位经理当时不在场,可以这样回答:"对于非原则性问题,我会服从上级的意见,对于涉及公司利益的重大问题,我希望能向更高层领导反映。"

问题十五："我们为什么要录用你?"

思路:

(1)应聘者最好站在招聘单位的角度来回答。

(2)招聘单位一般会录用这样的应聘者:基本符合条件、对这份工作感兴趣、有足够的信心。

(3)比如,"我符合贵公司的招聘条件,凭我目前掌握的技能、高度的责任感和良好的适应能力及学习能力,完全能胜任这份工作。我十分希望能为贵公司服务,如果贵公司给我这个机会,我一定能成为贵公司的栋梁!"

问题十六："你能为我们做什么?"

思路:

(1)基本原则上"投其所好"。

(2)回答这个问题前应聘者最好能"先发制人",了解招聘单位期待这个职位所能发挥的作用。

(3)应聘者可以根据自己的了解,结合自己在专业领域的优势来回答这个问题。

问题十七："你是应届毕业生,缺乏经验,如何能胜任这项工作?"

思路:

(1)如果招聘单位对应届毕业生的应聘者提出这个问题,说明招聘单位并不真正在乎"经验",关键看应聘者怎样回答。

(2)对这个问题的回答最好要体现出应聘者的诚恳、机智、果敢及敬业。

(3)比如,"作为应届毕业生,在工作经验方面的确会有所欠缺,因此在读书期间我一直利用各种机会在这个行业里做兼职。我也发现,实际工作远比书本知识丰富、复杂。但我有较强的责任心、适应能力和学习能力,而且比较勤奋,所以在兼职中均能圆满完成各项工作,从中获取的经验也令我受益匪浅。请贵公司放心,学校所学及兼职的工作经验使我一定能胜任这个职位。"

问题十八："你希望与什么样的上级共事?"

思路:

(1)通过应聘者对上级的"希望"可以判断出应聘者对自我要求的意识,这既是一个陷阱,又是一次机会。

(2)最好回避对上级具体的希望,多谈对自己的要求。

(3)比如,"作为刚步入社会的新人,我应该多要求自己尽快熟悉环境、适应环境,而不应该对环境提出什么要求,只要能发挥我的专长就可以了。"

问题十九："告诉我三件关于本公司的事情。"

思路：你应该知道十件和公司有关的事情，他问你三件你回答四件，他问你四件你回答五件。说几件你知道的事，其中至少有一样是"销售额为多少多少"之类。

问题二十："你为什么还没找到合适的职位呢？"

思路：别怕告诉他们你可能会有的聘请，千万不要说"我上一次面试弄得一塌糊涂……"。指出这是你第一次面试。

（资料来源：http://jiaren.org/2008/02/28/interview-questions-key/）

课后练习

1. 面谈的含义和特性是什么？

2. 系统阐述一下面谈的过程。

3. 在工作中、生活中、小说中、影视中有不少成功面谈或失败面谈的范例。结合本任务有关内容法分析这些案例，并且与其他同学一起交流体会。

4. 2 名同学一组，每组同学相互谈谈自己在与他人交谈时，有过哪些沟通的不良体验？造成了什么后果？对自己有什么启发？

5. 与你的同伴就如下情景练习面谈。

（1）你的老板突然对你变得很冷淡，却又没有任何解释，你想问问发生了什么事。

（2）你用了很长时间完成的一份报告却被领导贬得一无是处，你想当面解释。

（3）新学期开始，班上一位同学因为家境贫寒，生活拮据，产生自卑感，不愿和大家交往，性格有点孤僻。一次，班级组织大家春游，大家都踊跃报名，只有他一声不吭待在寝室里。班主任让你找他谈谈，动员他参加这次集体活动。你面对他打算从哪里谈起？

6. 成功地组织一场面试应从哪些方面入手？

7. 招聘单位如何确保面试的有效性？

8. 面试官问："关于工资，你的期望值是多少？"求职者反问："你们打算出多少？"如果是你，会这样反问面试官吗？为什么？

9. 一位男性应聘者听到面试席上两个人窃窃私语，好像是说自己个子太低、形象不佳，不适合到该公司求职，假如你是这位求职者，你会怎样扭转对自己明显不利的局面？

10. 你和几位同学一起打算到一家公司实习，在公司的接待处，该公司前台接待说："我们公司一向不接受实习学生。我不能够去帮你们请出我们的经理来，如果我请他来，过后他一定会责罚我！"这时假如同学们推选你做代表跟她交涉，你该怎么办？

会 议 沟 通

当人们之间存在上、下级关系时,他们的对话就会不自觉地显现出下级对上级权威的承认……出于这种考虑,在对话中下级不会自由和坦率地发言,他们会自觉不自觉地以一种精心安排的方式参与讨论,以获取上级的赞扬。

——[美]乔治·普林斯

任务目标

- 能够组织企业的各类会议;
- 了解会议的含义和特征;
- 掌握主持会议的技巧。

沟通故事导入

动物园里新进了几只袋鼠

动物园里新进了几只袋鼠,这让动物园又增添了许多游客。于是动物园的领导高度重视,并指派了人员来专门看守袋鼠。

可有一天,动物园管理员们发现袋鼠从笼子里跑出来了,经过一番"奋战"后才将跑出笼子的袋鼠归位。因为这件事,动物园的领导们特意开会讨论,一致认为是笼子的高度过低。经过商讨,决定将笼子的高度由原来的 10 米加高到 20 米。

出乎意料的是,第二天他们发现袋鼠还是跑到外面去了,所以他们又决定将高度加高到 30 米。

没想到隔天后,居然又看到袋鼠全跑到外面。

这可令动物园的管理员们大为紧张。于是领导们再次开会来讨论这件事。又一次经过长时间的讨论,终于决定一不做二不休,将笼子的高度加高到 100 米。

一天,长颈鹿和几只袋鼠们在闲聊,"你们看,这些人会不会再继续加高你们的笼子?"长颈鹿问。

"很难说,"袋鼠说,"如果他们再继续忘记关门的话!"

(资料来源:魏江,严进.管理沟通:成功管理的基石.北京:机械工业出版社,2006)

一、会议概述

1. 会议的含义

通常人们把会议简称为会。严格来说,聚而不议(不讨论、不交换意见或看法)者谓之会,聚而又议(讨论、协商、交换意见)者称之为会议。会议是人类社会发展的产物。分析上述关于会议的定义,可以看出它包含下述五层含义。

第一,会议是人类社会发展的产物。会议同人类社会的其他社会现象一样,是人类历史发展的产物,也是人类群居生活习性的产物,普遍存在于人类的各种社会形态之中。早在人类原始氏族社会时就已经存在会议了。随着社会的发展、人类文明的进步,会议在现代社会中的地位不断提高,作用不断增强,已经成了不可缺少、不可取代的一种活动形式,这是人所共知的事实。

第二,会议是人类社会的一种集体活动形式。会议的定义中明确指出,会议必须是至少两个人以上的活动。在这样的集体活动中,大家就某个问题充分地发表自己的意见并进行讨论,然后根据讨论的情况进行进一步的决策。

第三,会议是有组织的集体活动。任何会议的进行都是有目的的,而不是漫无边际的。开会通常是为了解决一个或多个特定的问题。

第四,会议是有目的的集体活动。单独几个人的聚会,不讨论问题,不叫会议;为了解决某个或某些特定的问题,但却是某个人的单独思考也不叫会议,必须是二者皆有才叫会议。

第五,会议是短时间聚集的集体活动形式。会议的召开一般有一个时间界限,在日常生活中,除了特殊情况外,一般的会议是以小时来计算的,充其量是以天来计算的。所以,从总体上说,会议是一种短时间的集体活动。

2. 会议的基本特征

根据对各种各样会议的深入研究,发现会议有如下四个基本特征。

(1)普遍性。所谓普遍性,一是从时间上看,它存在于人类的一切社会形态之中;二是从空间上看,凡有人群活动的地方都存在这种活动形式;三是每一个人(或者说,一切有正常社会活动能力的人)都会不可避免地、或多或少地要参与这种活动形式。

(2)目的性。所谓目的性,指的是这种活动形式的发生不是盲目的、无意识的,而是有一定目标和愿望的,是为了某种共同目的而聚集在一起的。

(3)组织性。所谓组织性,指的是这种活动形式一般都是有号召、有发起人、有领导的,且有时间、空间的约束,而不是自发的、"无边无际"的、无规则的"集合"。

(4)集体性。所谓集体性,指的是通常所说的会议都是多人参与的。它既不是一个人的单独活动,也不是指两个人的活动(对仅有两个人参与的活动有其确定的意义,如约会、会见,指的是见面谈话),而是一种集体性质的活动形式。

3. 会议的功能

安托尼·杰伊(Antony Jay)著,李维安等译的《如何召开会议》中描述了会议沟通的六大功能,这些功能将有助于我们理解会议的意义。

（1）会议通过最简单和最基本的方式界定了团队、群体或单位。那些出席者属于这个会议，而未出席者则不属于。当每个与会者环顾四周，感知整个集体时，能体会到那种属于该集体的认同感。

（2）会议为群体成员共享知识或经验提供了场所。聚集在一起的一群人经常可以比单一个体或一定数量但各自独立工作的个体提出更好的想法、计划和做出更好的决策。当然，如果是一个糟糕的会议，也可能根本没有结果或产生更坏的结果。当用几个人的经验、知识、判断和想象一起来解决问题时，可以更有效地改进计划和决策。最初的想法，经过大家的讨论，可能被测试、扩充、提炼并成形，进而能满足更多的需求，说服更多的反对者。

（3）会议帮助每个人去理解该群体的集体目标，去理解通过什么方式个人的工作能够有助于群体的成功，从而帮助群体找到实现目标的最佳途径。

（4）会议也使所有出席者为最终制定的决策和追求的目标而承担义务，即使是不同意见者，他们可能会遗憾他们的意见未能被采纳，但是，他们会接受结果。而且，正是由于群体的决策约束了集体中所有的成员，因此，会议所制定的决策往往比单一经理做出的决策具有更高的权威性。

（5）在一些工作群体中，团队的领导通过他的出席来指导团队，即会议更好地体现领导者的角色和作用。在管理界，通常的情况是，会议是团队或群体实际存在并作为群体工作的唯一场合。

（6）会议上能更好地发现成员地位上的差异。回避成员之间地位上的差异这样的问题是不现实的，这是人性的一个侧面。通常，会议往往是其成员获得机会、明确相互立场和工作关系的重要时机。

尽管会议可以拥有所有上述六个功能，但并不能保证会议在任何情况下都能实现这些功能。任何一个会议都可能成为一种对时间的浪费、一种导火索或一种影响实现组织目标的障碍。

4. 会议的类型

从不同的角度可以对会议进行多种不同的分类，下面就介绍几种主要的会议分类[①]。

（1）按照举办方的性质划分。按照举办方的性质不同，会议可以被划分为三大类：社团协会类会议、公司类会议和其他性质的会议。

① 社团协会类会议。社团协会类会议是非常常见的一种会议类型。这类会议有时会将展览融合其中，例如，"上海国际电机产业展览会暨技术交流会"、"上海国际骨科器材展览会暨学术研讨会"等，所以可以对这类会议再进行详细的归类，有专业协会会议、行业协会会议等。近年来，行业协会被许多专业开发展工作的有关人士关注，因为它们是会议业中最具商机的市场之一，因为许多成功管理人员就出入这样的协会。

② 公司类会议。公司类会议是公司内部最基本的传递信息的方式，小到基层小组，大到董事会，公司里上上下下每天都会有数不清的会议。这类会议的目的通常是为了了解有关技术问题、协调相关人员开展工作、对上级指示进行传达等。具体包括技术会议、

① 冯光明.管理沟通.北京：经济管理出版社，2012

股东会议、销售会议等。

③ 其他性质的会议。电视上经常看到的政治性会议就属于这种会议,这种会议在省市级政府机构中出现得比较频繁,也是一种典型的会议形式。该形式会议呈现在大多数人眼中的一般是大会场,但是在其背后的小型会议室等各种会议设施、仪器也是相当繁杂的。

(2) 按照与会人数划分。根据参加会议的人数的多少,可将会议分为小型会议、中型会议、大型会议及特大型会议。一般对其进行如下的分类。

① 小型会议。出席的人数是几个人,不多于 10 人。由于会议与会人员比较少,大家可以充分发表自己的意见,好的创意会更多,这样也便于控制,沟通起来会更容易。

② 中型会议。出席人数是几十人。由于会议人数已经不像小型会议那样容易控制,所以一般情况下是不能有太多自由发言、讨论的,否则可能会出现没办法控制的局面。就算有发言,也是要有一定的先后顺序。

③ 大型会议。人数在 100～10 000 人。大型会议里的大多数与会者是充当听众的,也就是说,会议的举办方会选择极少数发言者来宣读某些文件或者让与会人员进行投票选举等这样的形式出现得比较多。通常,这样的会议会运用特殊性标志,如会标、会旗、会议主旨口号等,来烘托出整个会议的氛围。

(3) 按照会议性质和内容划分。按照会议性质和内容一般划分为:培训性会议、代表会议、年会、专业会议、论坛、讲座等。

① 培训性会议。会议长达一天到几周不等。这种培训会议需要在选择会议场所时有所注意,培训师会根据培训内容的不同、培训人员的不同,进行有针对性的培训安排。

② 代表会议。我们可能听说过“职工代表大会”、“研究生学生代表大会”等这样的会议,部分代表来参加会议以便对某些问题进行探讨。但对美国社会,这个词的用法需引起重视,因为它在美国被用来指立法机构。代表大会的出席人数差别很大。

③ 年会。一般以周期性为特点的年会主要是就某一特定主题展开讨论的聚会,例如可能会涉及教育、经济、政治、技术等领域。多数年会是一年一次,年会可能包括不止一次的会议,主要是一次全体会议和几个小组会议。参加年会全体人员如果比较多,一般要选择借用或租用召开会议的专门会议厅。如果人数少或进行小组会议时,就可选择较小的会议室了。

④ 专业会议。对某领域内的某些具体问题进行专业性讨论的会议就是专业会议。专业会议的规模根据人数的多少而定,弹性比较大。

⑤ 论坛。一般来说,主持人在这样的会议中起到的作用是非常大的。讲演者可能会有不同的观点,听众可能会进行提问,进行较为深入的讨论,主持人要控制好整个会场的局面,最后总结双方观点。这些都要求会场内设备要齐全。这里需要指出的是,如果论坛规模变大,更加正式的话,就会衍生出座谈会、专题讨论会这种形式的会议,如果规模不是很大,与会人员都有平等交换意见的机会时,就可能衍生出研讨会、专家讨论会、讨论会这样的会议。

⑥ 讲座。我们对讲座应该都不陌生。在大学中比较常见的讲座,是非常受欢迎的。经常是某位专业人士、名人、名师等进行发言,讲座结束后根据时间安排来决定观众的提

问时间。

5. 会议沟通的原则

会议沟通的原则在一般情况下主要有以下四项。

(1)目标明确。会议目的,就是召开会议的原因。会议的举办是为了通过会议的影响力、特点等达到某一目标,进而采取相应的策略来推动事态的发展。任何一个会议在沟通行为发生之前,都必须明确会议的沟通目标。

(2)把握时间。开会时间长短的选择是一项不可忽视的任务。会议的主要内容应该分配给多长时间、会议进程中讨论时间的控制等都是时间约束的体现。会议沟通的这一原则要根据会议的具体情况具体分析,绝不能一概而论。

(3)准备充分。会议召开前的准备工作非常重要,会议计划要处理的问题、会议议程、会议的目标、时间的选择、地点的安排、会议通知函的起草、发出,房间内座位、文件、烟灰缸等,这些工作都需要会议主办方做好充分准备。会议的准备工作是会议成功的前提条件,只有完成了这一步才可能成功地进行沟通。

(4)重视细节。在会议总体思路、方案确定以后,工作细节决定成败。必须高度重视每一项工作、每一个细节,努力把工作做实,把小事做细。重视会议前期、中期和后期的每一个细节,力求做到万无一失。

二、会议的组织

1. 会议的安排

(1)会场选择。大型会议的会场选择与会议主题的深化有密切关系,对与会者参会的情绪也有很大影响。举办会议首先要选准会场会址。要考虑交通便利、设施齐全、环境安静、停车方便、大小适中、费用合理等因素,使与会者能够方便地到会、安心地开会。

(2)会场布置。对于一般的小型会议,会议室只要清洁、明亮,有足够的桌椅让与会者方便地看文件、做记录、讨论发言就行了。而大型会议的会场准备则比较复杂,需要体现会议的主题,应注意会场内座位的布局、主席台的布置以及其他可以渲染和烘托气氛所做的装饰等,一定要讲究科学性、合理性和艺术性。

① 会标。会标即会议全称的标题化。应将会议全称用大字书写后挂在主席台的正上方,一般用红底白字,也可以用红底金字。这是会议礼仪十分重要的一点、点睛的一点。它能增强会议的庄重性,揭示会议的主题与性质,使与会者一进会场就被会标引导,容易进入会议状态。

② 会徽。会徽是体现或象征会议精神的图案性标志。要选择具有强烈感染和激励作用的图案,重大会议的会徽可向社会征集,也可在单位组织内部征集。会徽图案要简练、易懂、寓意丰富。

③ 标语。标语当然是会议主题的体现,会场上的气氛往往就是被恰到好处的标语、旗帜等渲染起来的。标语在准备会议文件时就应拟就、并报请领导批准。会议标语要集中体现会议精神,使其简洁、上口、易记,具有宣传性和号召力。

④ 旗帜。会议的旗帜包括主席台上悬挂的旗帜和会场内外悬挂的旗帜。主席台上

的旗帜应围挂在会徽两边,显得庄严隆重;主席台的两侧插上对应的红旗或彩旗,又可增添喜庆气氛。而会场门口和与会者入场的路旁插上红旗或彩旗,使会议的热烈气氛洋溢在会场内外,以衬托会议的隆重。

⑤ 花卉。花卉是礼仪不可缺少的重要道具,在会场上,花卉还能起到解除与会者疲劳的作用。选用花卉应突出中华民族的文化特色,以梅花、牡丹、菊花、兰花、月季、杜鹃、山茶、荷花、桂花、水仙十大名花为代表的中国原产花卉,早已被赋予浓重的文化色彩,以这些花为主构成的花卉艺术品如插花、盆景等都能以无声的语言向人们传播中华民族的文化,表现民族精神。因此,越是重大的会议,越应选取有代表性的中国原产花卉作为摆放的主体花卉,并将中国传统艺术花卉的插放造型作为会议花卉的礼仪形式。

⑥ 灯光。会议场所的灯光应该明亮、柔和,既给人适宜的照明,也可减缓因会议时间过长而带来身体或精神上的疲劳。大型会议的会场灯光应设计几套,以便于会议颁奖、照相、演出等多种需要。

⑦ 座位[①]。会场内座位的布局要根据会议的不同规模、主题,选择合适的摆放形式。"而"字形的布局格式比较正规,有一个绝对的中心,因此容易形成严肃的会议气氛,参见图 8-1。一些小型的、日常的办公会议以及座谈会等通常在会议室、会议厅进行,可以根据需要将座位摆放成椭圆形、圆形、回字形、T 字形、马蹄形和长方形等,这些形式可以使参加会议的人坐得比较紧凑,彼此面对面,容易消除拘束感,参见图 8-2。座谈会、小型茶话会、联谊会等多选择六角形、八角形或者半圆形等布局形式。

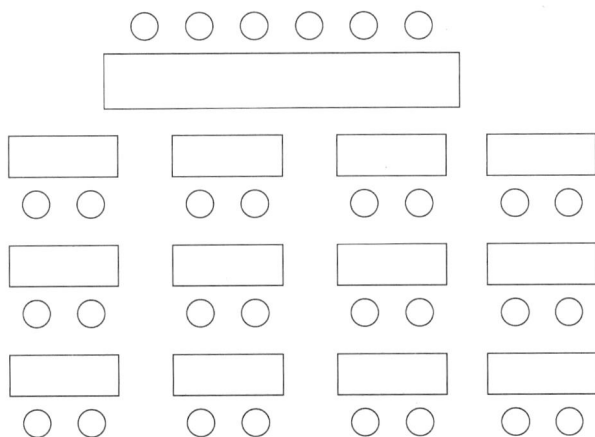

图 8-1 "而"字形会议室布局

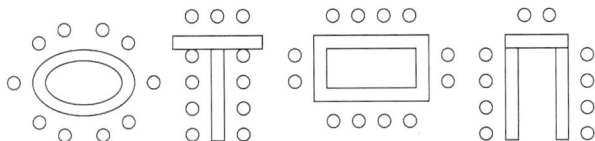

图 8-2 椭圆形、T 字形、回字形、马蹄形会议室布局

---

① 杨海清.现代商务礼仪.北京:科学出版社,2006

（3）主席台布置。主席台是会议的中心，也是会场礼仪的主要表现位置。主席台布置应与整个会场布置相协调，并作强调突出。

① 座位。主席台座位要满座安排，不可空缺。倘原定出席的人因故不能来，要撤掉座位，而不能在台上留空。主席台座位若有多排，则以第一排为尊贵。第一排的座位以中间为贵，依我国传统一般由中间按左高右低顺序往两边排开，即第二领导坐在最高领导左侧，第三领导坐在最高领导右侧，以此类推。如果人数正好成双，则最高领导在中间左侧，第二领导在中间右侧，以此类推。但目前国际上流行右高左低，因此安排涉外会议时，也要灵活依据有关规矩。时下一般处理方式为：开会以左为尊，宴请以右为尊。每个座位的桌前左侧要安放好姓名牌，既方便入座，也便于台下与会者和新闻采访人员辨认熟悉有关人士。主席台座位不要排得太挤，桌上也不要摆放鲜花之类，以免阻碍视线，要便于主席团成员打开文件、做记录、翻阅讲话稿，并放置笔、茶水、眼镜等物。

② 讲台。主席台的讲台应设于主席台前排右侧台口，讲台不能放在台中央，使主席团成员视线受妨碍。讲台上主要放话筒，也可适当放上一盆平铺的花卉。讲台桌面要便于发言者打开讲话稿或摆放相关材料。整个主席台的台口可围放一圈花卉，但要选低矮些的绿色品种。

③ 话筒。发言席和主席台前排座位都应设有话筒，以便于发言者演讲和会议主持人或领导讲话。一般发言席和主持人话筒专用，其他主席台前排就座者合用两三个话筒，并且一般置放于主要领导面前。

④ 后台。一般在主席台的台侧与后台，应设为在主席台就座领导和与会者的休息室，以便于安排他们候会，并尽可能在后台排好上台入座次序，以免造成混乱。有时会议也许会发生了一些小意外，后台还可以供有关人员作商量对策、排除困难之用。主席团成员开会也可利用后台休息室。所以，秘书人员切不可忽视后台的作用。

（4）会议其他用品。为方便会议进行，秘书人员应为会议准备各种工作文具用品，如纸、笔、投影仪、指示棒、黑白板、复印机、电脑数据库以及投票箱等。不同会议有各种不同的需求，满足与会者的需求是有关人员在安排会议、布置会场时必须考虑的。

2. 会议准备阶段的工作

（1）时间选择。开会时间选择要合适。大型会议尽可能避开公众节假日。同时注意会期不能安排太长，否则会影响与会者的日常工作，当某些紧急事件发生时，可以取消或延期举行会议。

（2）邀请对象。选择出席会议的对象要考虑各种因素，与会者既要有与会资格，又要有参与能力和修养。如果被邀与会者不能完成会议的有关任务，会感到痛苦或尴尬，使与会成了一次不愉快的经历，对会议组织者来说，这也是礼仪考虑不周的表现。

（3）详尽通知。会议通知的发送要做到：发得早——既便于与会者安排手头工作，又便于与会者为会议内容做准备；内容细——会议名称、届次、主要议题议程、出席范围、与会者应递交什么材料或做哪些准备、会期、会址等都应明明白白告知，便于与会者有备而来，从而提高会议效率；交代明——食宿如何安排、费用多少、交通线路怎样，都要交代清楚，以免造成麻烦。对特邀贵宾的通知，应派专人登门呈送，以示郑重。

3. 会议召开阶段的工作

（1）接站。一般会议都规定了报到日期。报到日期应安排好接站。在车站、码头、机场等主要交通站点，用醒目的牌子标明"××会议接站"，使与会者到站就看见接站牌而安心。对接到的与会者要表示欢迎，并慰问其旅途劳顿。

（2）登记。对到达报到地点的与会者，首先要做好签到、登记、收费、预订返程票、发放会议资料、发放会议身份证件等工作。这一过程应尽量在登记处一揽子解决，并应迅速办理，让与会者早点到客房休息。登记时，对与会者的合理要求应尽量予以满足。大型会议的东道主应在会议召开前一天晚上，到会议各住宿地看望与会者，尤其是特邀贵宾和与会领导。

（3）联络。会议进行期间要注意与各小组联络，不要使一位与会者有被冷落的感觉。会议简报要对各小组相对均衡报道，不要只将视点聚焦于有大人物、有热点的小组，使其他小组产生不愉快心绪。

（4）安全。要确保每一个与会者的安全，包括其人身安全、财物安全以及食品卫生。涉密会议还必须强调文件安全。秘书人员要尊重每一个与会者，但涉机密时，必须按章办事。

（5）娱乐。若会期较长，在会议期间可安排一些影视放映和文艺演出，以调剂精神。也应鼓励与会者主动参与文体活动。可组织一些自娱自乐的卡拉OK演唱或球类、棋牌活动等，活跃会议气氛，调节与会者情绪。还可适当组织与会者参观游览，使会议节奏张弛得当。

4. 会议结束阶段的工作

（1）照相。如果会议有照相一项应早作安排，免得个别与会者提前离开而不能参与。早安排也可使与会者在离会前拿到照片。

（2）材料。发给与会者的材料要有口袋，以便于集中携带。如需收回的材料要早打招呼，发现有人未交，应尽早查问。不一致的意见不要写到会议的决议或纪要中去。要乐于为与会者提供复印材料，邮寄材料或其他物品等有关服务。

（3）送客。将与会者所订票交给其本人时，要仔细核对车次、航班或船期，并仔细向与会者交代。若有不对或不周处，应主动承担责任。如果有人需要照顾而影响到了其他人，应向其他人解释，以争取大家谅解。在每一个与会者离开时，都要热情相送，对集中离开的与会者，要尽可能准备车辆送他们去车站、机场或码头，对贵宾则必须送至机场登机处。

三、会议的主持技巧

1. 做个精彩的开场白

精彩的开场白往往能像磁铁一样紧紧地吸引住听众，增强与会者对会议的兴趣。就像人们看一部电影一样，如果开始就兴味盎然，引人入胜，那么人们自然急于了解接下来的情节了。所以，有经验的主持人，都非常注意会议的开场白，他们多是经过反复推敲、认真琢磨，力求给与会者一个好的印象。开场白要陈述的内容，包括会议的背景、主题、目的、意义、议程等,会议主持人要根据这些内容和要求设计开场白。

首先要欢迎并介绍与会者。应该用洪亮的声音对每个到来的人表示热烈地欢迎,并且介绍与会者。然后说明会议的目的和议程。说明会议的目的要注意使用团队口吻,而非领导或者上级的口吻,要拉近与大家的距离,让人们尽快进入到会议的状态中去。还要说明一下会议的规则,如"请所有的人把手机关掉,不准吸烟,不要随便走动,每人发言时间不能超过5分钟"等。

总之,会议开场白要遵循"能安定公众情绪、恰当介绍会议内容、形式新颖"为原则,因地制宜,精心构思,尽量避免陈旧死板、千篇一律。

2. 让与会人员广泛参与

作为会议主持人,除了要注意会前沟通,使大家明白开会的用意外,还要注意在主持中尽量少说话,把说话的机会让给大家。主持人少说话,与会人士才能多说话。对多说废话的人要有办法加以控制和制止;对有宝贵意见而未发言的人要请他发言,以提升会议的品质;听到相同或不同的意见不能喜形于色,更不可以立即加以批判,以免影响大家的发言。主持人不要亲自提出议案,免得大家碍于情面,做出不合理的决定。主持人也不要以裁决者自居。任何人的意见都不必急于由自己来解答,应该隐藏自己的意见,让其他的人有机会表达相同或不同的看法,以便集思广益。

遇到无人发言或某一部分人毫无反应的现象,会议主持人分别对待,针对不习惯或害怕在人数众多的会议上发言的与会者,要鼓励他们发言,可以进行主动提问,并告诉他们说错也没关系;针对阅历较深,处世比较严谨的与会者,主持人要善于点拨,多给他们一些尊重。在对某个问题进行讨论时,与会者往往各持己见,据理力争。但在观点已趋向集中、明确时,主持人就应及时终止论辩。如果争议双方都已偏离议题,主持人就应择机加以阻止,或说时间有限,暂不深入讨论或先谈到这里而加以间接地制止。

3. 善于控制发言时间

当有人发言超出规定时间,越谈越离谱可能影响别人的有效发言时,主持人可以直接告诉他"我们的时间有限"或者"我们还有其他的事有待解决"。有时为了避免尴尬也可以采取委婉的方式,如当长谈者略作停顿时,可以向另一个人提起话题,"老王,我觉得这个问题与你有关,你怎样看?"这样,不担保全了对方的面子,而且把发言权交给了另一个人,推动了会议进程。

4. 机智处理会场的意外情况

任何会议在进行的过程中,都有可能出现一些意想不到的情况。对于这些情况,主持人一定要沉着冷静,靠自己的应变能力恰当地加以处理。

(1) 如何应对会议开始时冷场。冷场是会议活动中一种常见而又使会议主持人颇感难办的问题。冷场的原因很多,我们应针对不同的原因,采取不同的措施。

① 与会者无思想准备,一时难以发言。特别是事先没有打招呼,临时召开的会议就很容易出现冷场,这时会议主持人可以鼓励大家先谈不成熟的意见,在讨论中再补充完善。也可以让大家先做短暂的准备,然后发言。

② 与会者对所讨论的议题不理解、不明白而感到无从开口,会议主持人应详细、明确地交代议题,对与会者进行耐心启发。

③ 会议议题直接涉及与会者多数人的利益,因为有太多顾虑而造成冷场。会议主持人应先启发与其利益关系不太大的,或者是大家公认比较正直、公道的人发言,然后再逐步深入。只要有人开了头,冷场的情况就会好转。

④ 会议议题有一定的难度和复杂性,一时不易提出明确意见而出现冷场。这时会议主持人可以由浅入深,启发大家开动脑筋,逐步接触问题的实质,也可以选择分析能力强、比较敏锐的同志率先发言,打开突破口后,再引导大家讨论发言。

(2) 巧妙打破部分人的沉默。当一部分人在会议上沉默时,主持者应当考虑沉默的原因,有针对性地采取一些措施。会议中的沉默通常有以下几种情况。

① 顾虑、害羞的沉默。对此,会议主持人要寻找机会鼓励这些人发言,表示出对他们的发言很感兴趣,促进他们大胆发言。

② 持少数意见者的沉默。当会上多数人同意某种意见,出现了一边倒的情况,持少数意见的人知道自己的意见已经被孤立,也就不讲了。在这种情况下,主持人不应急于表态同意多数人的意见,应当耐心地、热情地请有异议的人讲出自己的见解,以便比较。

③ 无所谓的沉默。当会议议题与部分人关系不大时,有人会认为议题于己无关,抱着无所谓的态度而不愿意开动脑筋。会议主持人应采取恰当的方法把他们引导到会议议题上来,促使其思考问题。

④ 对立沉默。有的人会对会议主持人或会议议题有对立情绪,会出现不予理睬的态度。如果他们的意见确实有必要公开出来,会议主持人应主动、热情地引导他们发言,即便是对立的意见也应给予鼓励支持。

当然,会议中还有一些出自其他原因的沉默现象。如有的人不吭声可能是表示同意,有的人暂时不表态可能是想听别人的意见后再说,有的人不表态是没有新的意见等,这些情况均属正常,不必在意。

(3) 善于控制离题发言。在会议发言中还常会出现跑题的现象。这种现象与冷场恰恰相反,可以算是会议“热烈”得过了火。离题时不可强扭,也不能不扭。强扭会挫伤积极性,不扭就可能开成无效的会议。

出现离题发言主要有两种情况。

一种是闲话式的离题。会议讨论中谈论传闻、轶事及与议题无关的闲话,而且喜欢海阔天空、津津有味地谈论,越谈离议题越远。这种现象通常是因为与会者认为议题与自己无关,不感兴趣而出现的;也有的人认为议题不好发言,而沉湎于题外话。这时主持人应该采取措施:一是接过讨论的某句话,顺势巧妙自然地引回到正题上来。二是联系议论的某一层意思,提出新的话题引入到正题中。三是用一句善良的话或风趣的话截住闲谈,而引入正题。

另一种是发挥式的离题。发言者为表示自己的才能,或显示自己的见解,自觉或不自觉地讲与议题无关的内容。对这种离题现象的处理也不能简单粗暴,而应尽可能采用不影响情绪和气氛的方式,用礼貌的形式提醒发言者。

5. 做好会议总结

会议达成决议之后,主持人还要在散会前做出总结,这才算是圆满地主持了一个会议。主持人要提纲挈领地将会议中提及的重点加以强调,提醒与会者不要忘记这些重点,并且要明确下一步的行动内容、时间、负责人、时限和检查方法等。最后要感谢与会者对会议的贡献。

案例 1：一言堂

一、案例介绍

作为京德制造有限公司的总裁,李曼如十分清楚不断让员工了解公司发展状况的重要性。最近,由于竞争激烈,公司产品价格持续下跌,她意识到公司正步入严峻的时期。为了保持市场份额,她认为必须采取降价策略。

她相信自己每月给每个员工寄一封"来自总裁办公室的信"是一条很好的充分传递信息的途径。然而,现在重大危机爆发了,她召集了所有的部门经理在公司装饰简朴却不失威仪的董事会议室开会。选择董事会议室本身就向部门经理发出了重要信息——他们是管理层的一员,正在参与重大决策。关于参加此类会议大家都达成了默契,所有与会者必须在预定的时间前就座,当总裁步入会议室时,全体起立,直到总裁示意他们坐下。这一次,当李曼如进入会议室时,她点头示意起立的各位坐下。

"我之所以召集各位出席这次会议,是想说明一下我们目前所面临的严峻形势。我们正与那些瞪大眼睛窥视着我们的市场的'狼群'狭路相逢,他们迫使我们不断降价,不断缩短发货时间,已经让我们感到喘不过气来。如果我们这个伟大的公司——一座自由企业的堡垒——继续生存下去,就必须团结拼搏。"讲完开场白,李曼如注视着每一位正襟危坐的与会者,知道他们不敢随便发言。的确,没有人说话,因为每一个人都知道,在这种场合下开口发言就意味着与李曼如唱对台戏。

"让我进一步解释我的意思。首先,我们需要发挥想象力。我们需要积极思维,所有人都必须同仇敌忾。我们必须优化生产,要绞尽脑汁,不放过任何一个环节,削减成本。为了实施这一项削减成本的紧急计划,我已经在外面物色了一位高级生产经理来协助我们。

"其次,我们要提高质量。在本公司,质量意味着一切。每一台机器、设备都要由生产主管负责定期检修。当机器轰轰作响开始生产,就表示主管已经对该机器的质量、性能表示认可。在质量上,任何问题都不可被视为芝麻绿豆般的小事,微不足道,可以轻视。

"再次,我认为值得一提的是,要加强我们的销售队伍。客户是我们的生命线,尽管他们不一定总是对的,但我们仍然要像安抚绵羊一样温和地对待他们。我们的销售代表都要学会'推销自己',要使每一位拜访者都有建树。我们对销售代表的补偿是非常公平的,即便如此,我们仍将努力做到'锦上添花'——对那些困难重重、进展缓慢的项目提高销售代表的佣金。我们将在董事会上讨论具体事宜,当然,不会超出成本预算。

"最后,是团队精神,这是特别应当强调的。除非我们抱成团,否则别想成功。领导风范精神就是团队精神,团队精神就是为实现共同的目标拧成一股绳。你们是管理层的代表,非常清楚我们的目标。现在就让我们上下同心,齐心协力,来渡过这一危机。记住,我们是快乐的大家庭。"

当李曼如结束其掷地有声地总结时,每一位部门经理马上起立,恭敬地站在椅子旁,注视着总裁收拾文件,离开会议室,通过小门走进她的办公室。

（资料来源：康青.管理沟通.北京：中国人民大学出版社,2009）

二、思考与讨论

1. 你是否经历过类似上述案例中的会议？
2. 你将如何评价该会议的有效性？
3. 这个貌似紧凑、高效的会议沟通最终能达到其预期的目的吗？
4. 什么因素阻碍了沟通的有效进行？
5. 你将如何主持上述会议,使之成为一次高效的双向沟通？

案例 2：一次创意激发讨论会

一、案例介绍

保险公司,一个工作小组正围绕汽车保险业务的索赔流程改造问题展开激烈讨论。

"我认为应该把那些有人受伤的索赔案同那些没人受伤的案子分开,"小王提议说,"我们理赔最多的,就是那些有人受伤的案子。"

他邻座的小李说道："那么,为什么不依照理赔额的高低来分类？"他指出,"除了小案子、大案子外,有时,也可能有某些人员受轻伤或没受伤但却导致大笔财物损失的案子。"

"好,"小组长孙扬说,"我们可以依理赔额的高低,来决定案子的大小。不过,究竟什么叫小案子？就这么说吧,没人受伤或仅受轻伤,而且财物损失不严重的,就叫小案子。至于其他的,全都算是大案子。如果我们做了这种分类,下一步要怎样？我们该如何以不同的方式来分别处理这两类案子呢？"

"嗯……"对面的女组员小张说话了,"目前,把间接成本以及其他零杂的花费都计算在内,处理一个小索赔案,每小时的费用和处理一个大案子的费用几乎不相上下。因此我认为,我们应尽快处理完那些小案子——把那么多的时间花在它们上面,实在不值得。"

"要是我们根本不处理这些小案子呢？"坐在桌旁的小徐问道,"如果小于某个金额的索赔,我们全都如数照付,会怎样？"

"我不知道,"孙扬问大家,"假使我们真这么做,会怎样？"

"让经纪人去办,"小徐说,"要是索赔小于某个金额,那就让经纪人去处理。经纪人可以理赔。这样一来,事情很快便能摆平,同时,经纪人与顾客间的关系也会更加巩固。至于我们,根本就不必在那上面花时间了。"

正当小组长孙扬将大家的建议概要地写在黑板上时,坐在窗户边上的小陈突然高声说："让修车厂去处理！"

听到他的话,每个人都将眼光集中在他身上。有没有搞错？按照传统,修车厂和保险公司几乎是"势不两立"。

孙扬愣了几秒,终于吐出一句话："让修车厂去处理？真有趣！"

"不错,"小陈接着说,"反正修理费是他们开出的。或许我们可以化敌为友,省得顾客动脑筋设法来诈钱。"

这想法疯狂吗？在座各位心里盘算着：就目前情形来看，每当投保人的汽车毁损时，保险公司便会指派鉴定员去验车并结算修车费。另外，顾客也自有一套估价。因此，保险公司与顾客之间总是为了修理费而争执不休。最后，是谁满意呢？通常地，是双方都不高兴。

来自推销部的小顾说，他认为这个主意并不疯狂。"现在我们给顾客的是什么？"他自问自答道："是一张支票。不过，顾客真正要的是什么？一辆修好的车！我们不妨把这些索赔做这样的分级：如果投保人并未受伤或仅受轻伤，那么，我们便可以告诉顾客，只要把车送到这个修车厂去，他们就会帮你处理。或者更好一些，你甚至可以告诉顾客，这儿有张特约修车厂的名单，选一家对你最方便的，他们会替你处理妥当的。"

当然，有人也问道："若有欺诈——比如修车厂造假账，或者顾客捏造意外来索赔——情形会怎么样？"紧接着，一连串的讨论便随之展开。而整个计划的框架也基本上成形：首先，公司可以委托那些珍惜固定生意并想维持这些生意的修车厂，让它们负责估价和修理。而这些与保险公司合作的修车厂，要定期接受报价及修车质量的检验。至于对那些不诚实的顾客，公司将审核其索赔和额度是否合理。

"很好，"小组长试着总结，"这儿有个计划，我们认为或许可行。我们拟定了分级制。假设我们接到一个索赔案，投保人未受伤，车子也仅有一点毁损，而且这位顾客已经多年没索赔，那么，我们便可以假定这案子不是捏造的。因为其间并未涉及太大的理赔额，同时我们将进行统计查账，所以，也相当肯定修车厂不会坑我们。这样，我们就可以给顾客一张特约修车厂名单，他们若有索赔的车子送修，我们就付账。而这一切，不但能直接省下一大笔行政管理开销，并且也缩减了处理顾客索赔的时间。"

孙扬在黑板上又写了一会儿，然后问大家："在加速处理索赔上，目前是否还有待改进的地方？"

大家都承认，在传统的保险索赔处理中，一般认为时间越长对公司越有利，大多数保险公司在处理索赔时，往往以为理赔速度越慢越好，因为这样他们便可以充分调度资金做其他投资以获得更多的利润。

针对这一点，孙扬问道："我们为何要加速理赔？"问完，他环视在座的成员，于是，坐在侧角始终未发一言的小葛开口了。

"我来告诉你为什么，"他说，"因为这么做可以让顾客离律师远些。就整个汽车保险业来说，统计显示，只要有律师插手，其理赔的金额一定比没有律师插手的多出好几倍。"

"顾客什么时候最可能去找律师呢？"小葛有点夸张地说："就是一开始的时候。你碰上车祸，打电话给保险经纪人。你当时又紧张、又气愤，一肚子不高兴。没错，经纪人是记下了一堆资料，但是又怎么样！还不是一点眉目也没有。而我们呢，则用一周左右的时间展开复杂的公文旅行。至于索赔者呢？根本就无法得到音信。这也难怪他们会找上律师！"

"在开头的那些天里，究竟发生了什么事？"孙扬提醒其他成员，"那些报告，或许给搁在篮子里了。我们总得找对索赔代表，不过，他们可能度假去了，要不然就是在忙别的案子。虽然事情正在处理之中，但顾客却注意不到。结果，我们吃力不讨好，换来的却是额外的索赔费。好了,我们若想加速这一流程,该做些什么呢?"

于是有人提议,公司该设一条免费服务热线,并广为宣传,鼓励顾客有问题就打电话来。另外有人建议,公司应该设个意外调查小组,24 小时轮班待命。还有人说,公司该试着与警方的通信系统连线,随时掌握车祸报告。

"很好,很好,"小组长边忙着将这些意见一一记在黑板上,边说,"这主要的思想就是,要尽快得知车祸的发生,并将索赔案分类处理。简单的案子可让保险经纪人去理赔,或者让顾客将车子送到修车厂去。对那些我们无法迅速脱手的案子呢,我们该怎么办? 谁有什么主意?"

小组讨论继续下去。在七嘴八舌的议论之中,有人提出对大的案子要创设一个叫专案经理人的职务,让他全面负责与这个案子有关的一切事宜……

(资料来源:魏江,严进.管理沟通:成功管理的基石.北京:机械工业出版社,2006)

二、思考与讨论

1. 保险公司的创意激发讨论会开得成功吗? 为什么?
2. 本案例对你有何启示?

案例 3:上海诺凯有限公司的跨部门工作会议

一、案例介绍

2005 年 4 月 12 日上午 10:00,上海诺凯有限公司所属工厂办公大楼三楼会议室里,工厂的生产计划协调会正在举行之中,厂长钟海彪主持会议。

会上的争论

这次会议的中心议题是讨论 4 月份生产计划的落实情况。当物流采购部经理陈丽红谈到一个大宗出口订单将在下周一装集装箱时,厂长钟海彪皱了一下眉头,立即打断了她的发言:"等一下,陈经理,这个订单国外不是催得很急吗? 为什么要到下周才装箱呢?"

"生产配制部要到本周四才能完成订单的生产,所以我们只能安排在下周了。"陈经理回答。

"这是怎么回事? 王经理,请你解释一下。"钟厂长问道,并将目光转向了坐在对面的生产配制部经理王亚龙。

王经理愣了一下,随即将求助的目光投向了坐在身边的配制值班长吴亮。

"是这样的,钟厂长,我来解释一下,"吴亮接过话题,"车间已经在满负荷运转了。从上周开始,按照您的意见,车间已开始三班倒。但连着上几个夜班,工人们总要休息一下吧? 况且其他几个国内的订单也要得很急,车间实在抽不出人手。"

"可这个订单在两个月前就定下了。"陈经理打断了他的话。

"但订单上只是说在 4 月月底发货,又没有确定具体的装箱时间。再说,如果不是进口原料订货迟了,晚了两周,这个订单恐怕早就完成了。"吴亮辩解道。

这时,会议室内一片寂静,大家都不说话了。大家都知道,因为这件事,陈经理在两周前的工作例会上受到了钟厂长的严厉批评。

上海诺凯有限公司

上海诺凯有限公司是由瑞士跨国集团诺凯公司于 1990 年和上海清源实业总公司共同出资兴建的合资企业,是中国一家较大的保健品专业生产厂。公司引进了整套先进的设备与技术,生产和配制各种产品,同时对国外进口产品进行分装。上海诺凯有限公司是国内首批通过农业部"兽药生产质量管理规范"审核的兽药生产企业,这意味着公司的产品质量绝对可靠,完全符合世界级公司的产品质量标准。公司产品不仅在国内销售,而且返销瑞士,并出口东南亚、非洲以及欧洲市场。

上海诺凯有限公司所属工厂共有八个部门:财务部、销售部、生产配制部、工程维修部、物流采购部、环保动力部、质控质检部和安全保卫部。生产配制部又分为合成车间和配制车间。合成车间的年度计划在年前由瑞士总部讨论决定,因为 90% 的合成产品将返销瑞士总部。配制车间的生产计划则由每个月的计划协调会决定。

生产计划协调会

公司的生产计划协调会由以下人员组成:工厂厂长、财务部经理、销售部经理(若销售部经理出差,则由他的秘书代表)、生产配制部经理和配制值班长、物流采购部经理和计划员、国外订单收单员。会议主要的任务是,根据销售部提出的下个月销售预测以及国内外订单的接受情况,讨论配制车间下个月每周的生产计划和原材料采购计划。

王亚龙是在 2005 年 1 月刚上任的生产配制部经理,他在公司工作了八年。最初他也在生产配制部工作,三年前被提拔为安全保卫部副经理。由于上一任经理跳槽去了另一家合资企业,公司管委会讨论决定,不从外面招聘,而从公司内部提拔生产配制部经理。这样,王亚龙又重新回到了生产配制部。不过,他对合成车间比较熟悉,对配制车间却比较陌生。因此,配制车间的管理工作主要由配制值班长吴亮负责,包括了配制产品每周的生产安排。吴亮已有三四年安排生产的经验,基本上没有出过差错,对此,王亚龙很放心。自王上任以来,生产情况一直都很稳定,王于是可以在上班的时候忙里偷闲干点自己的事,可没有想到 4 月份的生产计划却出了问题。

4 月份生产计划

在 4 月份的生产计划公布的时候,吴亮就去找过王亚龙经理,他认为计划协调会讨论的 4 月份每周计划安排得不合理。他说:"4 月份的第一周要生产三种产品,其中,A 产品需要七个人,B 产品需要六个人,C 产品需要六个人,而且这 19 人在这周必须满负荷工作才能完成生产任务,而配制车间现有员工一共才 15 人。在第二周,除了这三种产品外,还要加上 D 产品,而随后的两周则相对很闲。"吴亮又特别提出:"如果进口原料及时到位,C 产品早在一个月前就可以生产,而且那时的生产任务也不紧张。但计划协调会完全没有考虑到这一情况,仍然按照原先的设想安排计划。"

提到这个计划协调会,吴亮就满腹牢骚。他觉得会议制订的配制产品生产计划太"详细",实际生产的操作很难同步完成;计划员是物流部的,不了解配制车间的情况,基本上是按照销售预测加上他的主观判断来安排每周的生产计划。生产计划的一部分是完成已确认的订单,一部分是完成销售预测,一部分是在完成安全库存,实际上,其中变数最大的是销售预测的生产,因为销售预测的准确率基本在 60% 以下。吴亮曾向生产配制部经理建议：计划协调会的重点应放在确定配制车间下个月的大致计划、已确认订单的发货日期和告知生产部可能短缺的产品上，然后由生产配制部根据车间的实际情况组织生产。

王亚龙经理对吴亮的建议表示理解和支持。他表示会进一步向厂长反映，但目前没有办法，必须按照计划执行。

实际上，4月份的第一周，销售部就发出紧急订单：国内市场急需D产品，要求工厂立即发货。因此，吴亮就组织人员提前生产D产品，而把月底发货的C产品推迟了，结果就发生了案例开头的那一幕。

钟厂长的会议总结

会上，各有关部门对这次生产计划协调中出现的问题都发了言，回顾和检查了问题的原因。但是，每个部门都有自己的道理和客观情况。在会议即将结束的时候，钟厂长发表了几点意见。

（1）生产计划是经过计划协调会讨论决定的，生产部必须按照计划执行；若发现问题，应及时向上反映，不得随意更改计划。

（2）计划员应经常下车间询问生产的实际情况，并根据销售情况及时更改生产计划；在计划协调会举行之前，应先与配制值班长讨论下个月每周的计划安排，然后将该生产计划递交工厂计划协调会讨论决定。

（3）物流采购部应把已确认订单的发货日期及时告知生产部。

（4）计划员要把前几年的销售预测与实际发货作比较，计算出预测的准确率并告知销售部，提醒他们注意提高预测的准确率。

（5）立即从其他部门抽出一些人支援生产，必须保证这个出口订单在本周五之前装箱。

（资料来源：康青.管理沟通教学案例.北京：中国人民大学出版社，2007）

二、思考与讨论

1. 你如何理解该公司的这次跨部门工作会议、会议的主题、与会人员的情况以及会议中的主要矛盾？

2. 分析该会议在整个会议管理过程中存在哪些问题？产生这些问题的原因是什么？

3. 你认为如何才能将类似的跨部门工作会议开得更好？

实 训 项 目

1. 举行外经贸会议

实训目的：熟悉会议的流程，能够按照礼仪规范组织会议，会场服务符合规范。

实训学时：2学时。

实训地点：标准会议室。

实训准备：设置好签到台，设定上级领导或院方领导、来宾若干人；安排签到人员、礼仪服务行业从业人员、会议记录员若干人。

实训步骤：全班学生分成2组，以小组为单位进行。

（1）会前布置。签到表、座位牌的制作；签到台、座位牌的放置；会场环境布置等。

（2）签到、引导会议座次。签到人员、礼仪服务人员确定并准确地引导签到和座次，要求语言表达符合礼仪规范；与会人员进入会场在引导下签到、就座。

（3）统计到会人数。签到人员统计到会人数，并报告主席。

（4）会议组织控制。会议主持人确定，并要求语言表达流畅、应变协调能力强等；小组发言人角色扮演；自由发言。

（5）会务服务与材料整理。资料发放规范训练：方位、顺序、姿势、用语等；茶水服务，礼仪训练；会议记录，除会务服务组人员和主持人外，原则上每位学生均作记录；摄影等。

（6）实训考核。包括学生结果性材料与成绩考核，交会议签到表一份，占30%；会议人数统计表一份，占10%；交会议记录一份，占10%；过程表现，占50%。

2. 你的会议沟通能力如何？

你在会议沟通中是否具有以下行为要点？

（1）总是在会议开始前3天就已经安排好了会议的日程，并将该日程通知到每位与会者。

（2）当与会者询问日程安排时总是回答："还没定呢，等通知吧。"

（3）对于会议将要进行的每项日程都胸有成竹。

（4）会议开始前半个小时还在为是否进行某几个议题而犹豫不决。

（5）提前将每一项会议任务安排给相关的工作人员去落实，并在会议开始前加以确认。

（6）临到会议开始前才发现还有一些会议设备没有安排好。

（7）预先拟定邀请与会的人员名单，并在开会前两天确认关键人士是否会出席会议。

（8）自己记不清邀请了哪些人出席会议，会议开始前才发现忘了邀请主管领导参加会议。

（9）会议时间安排恰当，能够完成所有的议题。

（10）会议总是被一些跑题、多话者干扰，难以顺利进行。

（11）会议室布置恰当，令与会者感觉舒适又便于沟通。

（12）会议室拥挤不堪，令与会者感觉不快，大家都盼望着早点结束会议。

计分方法：

以上12个问题，可能是你在会议沟通活动中常见的表现，如果你对单数题号的题选择了"是"，请给自己加上一分；如果你对双数题号的题选择了"是"，请给自己减去一分。最后看到自己的总分吧！

解析：

（1）总分为3～6分：你的会议沟通技巧是值得称道的。

（2）总分为0～3分：你的会议沟通技巧也还不错，但需要进一步改进。

（3）总分低于0分：你的会议沟通技巧真不怎么样，赶快努力吧！

（资料来源：谢红霞.沟通技巧.北京：中国人民大学出版社，2011）

拓展阅读：会议十戒

（1）哪一个会议都有一个明确的目的，不开无目的的会议。

领导者在开会之前首先明白要干什么，还要让即将参加会议的成员明白这次为什么开会，以做好准备。如果没有明确的目标，就不要开会，特别是临时性会议。除此之外为了进行正常、连续的交流与接触，组织例会是不应该间断的。

（2）每个会议只应解决中心议题，不开有许多议题的会议。

可能有许多人不理解：开一场会，不是解决问题越多，效果越好吗？而且开一次会，召集、组织工作也要花时间。其实，多议题会议使与会者不能把握会议的重点内容，觉得这一点也重要，那一点也不能忽视，结果很可能只对其中某一点印象最深，而冲淡了其他的方面。一个会议讨论的点太多，特别是任务太多往往会引起厌烦情绪，达不到预期的会议效果。

（3）会议前必须有充分的准备，不开无准备的会议。

除非特殊情况，开会最好不要搞"突然袭击"。领导者要有准备，怎样主持好这个会议使之达到预期效果；与会者也要做好准备，以最清醒的姿态接受会议传递的信息并及时反馈。

（4）只开非开不可的会议，不开可开可不开的会议。

这里的"会议"和第一条一样是指临时性会议，不要芝麻大的小事也召集一次会议，因为这样久而久之，会降低与会者在会议上的兴奋程度。

（5）会议的参加者必须与会议的主题直接相关，与主题无关的人不要参加会议。

这里所讲的是会议的参与者的问题，不要有"会议闲人"的存在，不要让参与不参与都一样的人参加会议。

（6）开会时，不作离题的讨论而围绕中心发言，领导要发挥好引导的作用。

一旦发生发言离题的现象要及时纠正，把与会者的讨论焦点一直投在会议的主题上。

（7）表明观点应简洁明了，会议不能容许重复别人已经说过的话题。

会议不能容许重复别人已经说过的话题，这样领导者可以获得尽可能多的信息，也消除了与会者那种懒散、不求见解独到的心理。

（8）会议一定要有决议，不开无决议的会议。

即使本次会议暂时不能决议，也要宣布暂时休会，并应宣布下次会议的进一步要求，关照大家提前准备。

（9）会议应该杜绝两种相反观点的激烈争吵。

会议应该提倡各抒己见，但绝不能陷入两种相反观点无意义、无结果的争论之中。如果发生这种情况，领导者应让他们各自保留意见，在会后再作讨论，不要占用别人发言的时间。

（10）会议应该禁止与会者频频进出会场。

因为这样会影响与会者的情绪，分散注意力，影响会议的效率。会议的效果也会因此受到损害。

（资料来源：冯光明.管理沟通.北京：经济管理出版社，2012）

课 后 练 习

1. 举行一个会议需要进行哪些方面的准备？

2. 某职业技术学院为推荐毕业生就业,专门邀请了 10 家企业的领导进行会谈。请模拟演示这次会谈程序,最后安排企业领导与师生合影。

3. 五湖四海公司为了答谢新老顾客对公司的厚爱,决定在公司会议室举办一次座谈会。如果让你来组织,你将怎样做？

4. 请你借参加一个座谈会的机会,选定一位与会者,观察其在会议沟通时的语言和姿态,运用所学的知识进行分析,并指出其优缺点。

5. 假如你是一次会议的主持人,在会议遇到以下问题时,你会怎样处理？

(1) 让会议中的讨论热烈起来。

(2) 打断会议中的某项讨论。

(3) 几个与会者低声开小会。

(4) 两名与会者就一个观点发生争执。

任务 **9**

网 络 沟 通

谁掌握了信息,控制了风格,谁就能拥有整个世界。

——[美]阿尔文·托夫勒

天网恢恢,疏而不漏。

——老子

任务目标

- 了解网络沟通的特征;
- 熟悉网络沟通的主要工具;
- 掌握网络沟通的策略,提高组织网络沟通的效果。

沟通故事导入

电子邮件诽谤案

伦敦法庭要求英国一名男子向他的前雇主支付 26 000 英镑的损失补偿,这是英国民事法庭审理的首例匿名电子邮件诽谤案。另外,法庭还要求这位名叫大卫·弗兰克尔(David Frankl)的男子支付约 100 000 英镑的诉讼及调查费用。

现年 50 多岁的弗兰克尔一直否认他曾分别于 1999 年 4～6 月份向他原来任职的 Takenaka 建筑公司的伦敦总部发送电子邮件。这些电子邮件以克里斯蒂娜·里尔特(Christina Realtor)的化名指称该公司的副总经理布莱恩·科菲曾和"她"私通 18 个月,并拒绝抚养二人生下的一名男婴。这些邮件还指责科菲就公司的财产向"她"吹"枕边风",还说科菲经常说谎、对"她"进行殴打并威胁要杀死她。

伦敦高级法院法官埃利奥特最后判定这些邮件是由弗兰克尔捏造并发出的。他的这一裁决是在一位专家的调查报告的基础上做出的。这位专家通过每封邮件的唯一的"IP"识别码追踪到了土耳其 Thames Water 公司雇员所用的一台便携式电脑。当时弗兰克尔正在 Thames Water 公司工作,后来该公司认定他就是这些邮件的来源并将其解雇。

法官称行家提供的这些线索价值极高,这是英国法庭审理的首例匿名电子邮件诽谤案。法官判给了 Takenaka 公司 1000 英镑作为被诽谤为虚伪、采用双重标准以及冷酷无情的补偿。这位法官还说对科菲的诽谤要严重得多,尽管这些诽谤的传播范围被限制在公司的圈子内,他判给科菲 25 000 英镑。

伦敦最高法院 7 月份要求互联网服务提供商 Compuserve 协助追踪这些邮件的来

源,这样该公司和科菲才得以找到弗兰克尔并追踪到 Thames Water 公司。法庭要求弗兰克尔在 28 天之内支付这些损失补偿。

(资料来源: http: //tech. sina. com. cn/internet/international/2000-10-12/38766. shtml,2000-10-12)

一、网络沟通的特征

网络沟通就是以互联网为工具,以文字、声音、图像及其他多媒体为媒介的沟通方式。这里所指的网络沟通的主体是企业等组织,计算机网络是沟通媒介,对象是企业等组织的内部和外部公众。网络沟通是电子沟通的一种,需要借助计算机网络来实现相互间的沟通,主要手段包括建立企业网站、电子邮件传递,设立领导信箱、讨论区,建立信息管理系统,搭建即时通信工具平台等。网络沟通突破了时间与空间的界限,使人与人之间的沟通不再受时空的限制,人们步入了一种新型的沟通环境之中。在网络沟通中,由于网络覆盖了许多文化背景、经济背景以及教育程度不同的用户,交流中极有可能产生误解和对立,因此遵守网络沟通的规则和礼仪就显得十分重要了,如果无视网络沟通的规则和礼仪,就会像"导学案例"中的弗兰克尔那样受到惩罚。

网络作为继报纸、广播、电视之后出现的第四种具有超强影响力的传播媒介,具有其他媒介无法替代的功能,在信息沟通方面发挥着越来越独特的作用。网络沟通与传统沟通方式相比较,具有以下特点[①]。

(1) 信息资源的十分丰富、空间容量大。由于网络信息技术的不断进步,加之人们对网络的日益青睐,各种信息通过大型门户网站和搜索引擎等被加入互联网,使得互联网成为一个信息和知识的宝库。人们可以轻松地通过搜索引擎查到自己需要的文字、图像、视听资料。在以往传统的沟通方式中,无论是人际沟通还是大众沟通都会不同程度地受到时间、空间等各种因素的干扰和影响,而网络沟通空间巨大、容量无限,它不仅可以跨越地域、文化、和时空进行沟通,而且可以通过"超链接"功能把信息接到其他相关信息上,使互动式信息容量远远超过现实世界中的静态信息。

(2) 沟通交互性、多维性、即时性、直复性。网络沟通的一大特色是互动性,一方面网络沟通不仅仅是媒体作用于用户,更多的是用户可以作用于媒体,用户可以对网络信息进行阅读、评论或下载,进行加工、处理。网络沟通不仅能向用户显示文字资料,还能同时显示图形、活动图像和声音,人们可以通过留言,或直接通话,或直接视频沟通,实现即时交流。互动式媒体使用户有控制权和前所未有的影响力,不仅影响企业或组织提供给他们的服务,也影响这些服务提供的时间和地点。特别是随着网络技术不断向宽带化、智能化和个体化方向发展,用户在更广阔的领域内实现声、图、像和文字等一体化的多维信息的共享和人机互动。所谓直复性沟通是指企业和公众通过网络直接连接。它不像以往的沟通方式,往往要通过一定的环节,特别在新闻传播中,编辑、记者经常充当"守门员"的角色,经过层层审查才能与公众见面。而网络沟通则节省了编辑加工环节,立即可以发布信

---

① 郭文臣. 管理沟通. 北京:清华大学出版社,2010

息。企业也可直接面向消费者发布新闻或者通过查询相关的新闻组、网络论坛来发现新的顾客群，研究市场态势，直接得到大量真实的信息反馈等。

（3）空间开放性、虚拟性和相对平等性。网络空间面向每一个人，人人都可以利用网络发表自己的观点、见解，即可以利用网络展示自己的技能，也可以利用网络发表自己的"作品"（如博文）等。空间的开放性、虚拟性，决定了沟通的平等性。人们可以实名或匿名运用网络进行相对自由的沟通。

（4）沟通形式多样，可选择的沟通工具众多。人们既可以在网上浏览信息、阅读电子图书、进行英语对话交流、观看电视和电影，也可以玩游戏、作画、健身；既可以一对一交流，也可以群体交流。近年来，即时通信工具的种类越来越多、功能越来越强大、使用越来越方便，而且还十分经济，很多功能可以免费使用。

总之，网络沟通是一种全新的沟通方式，是一种集个体沟通（电子邮件）、组织沟通（如电子论坛或电子讨论组）和大众沟通于一体的沟通形式。网络沟通已经掀起了一场沟通方式的革命，它改变人们的沟通意识，对组织的沟通管理也提出了新的挑战。

二、网络沟通工具

现代网络运用电子媒介和各种电子沟通工具，为人们提供了经济实惠、方便快捷的信息服务。由于网络对于人们的生活、学习、工作等产生了巨大的作用和影响，网络技术开发也得到了高度重视，网络沟通工具无论在种类上、形式上，还是在数量上、质量上都以惊人的速度得到发展，新的网络沟通工具不断涌现，功能日益完善，使用者越来越多，影响范围越来越大。

网络沟通最常见的方式包括电子邮件、即时通信工具、电子论坛、博客和播客等。

1. 电子邮件

电子邮件（electronic email，E-mail）是互联网上的重要信息服务方式。通过网络的电子邮件系统，用户可以用非常低廉的价格或免费把信息发送到世界上任何你指定的、同样拥有邮件地址的另一个或多个用户。电子邮件内容可以是文字、图表、视听材料等。E-mail 具有使用简易、投递迅速、收费低廉、易于保存、全球畅通无阻等特点，已经成为利用率最高的沟通形式和沟通工具。

2. 即时通信（通讯）工具

（1）腾讯 QQ。这一最早的国产即时通信工具，集图文消息实时发送和接收功能于一体，为用户提供游戏社区、开放型聊天室的服务。在商用领域，由于员工使用 QQ 交流的不可控性会影响工作效率，QQ 分支 RTX 和 TM 相继出现，较早走上了即时通信的商用化道路，但起初效果不太理想，现在正在不断地改进和发展，客户数量在不断增加。

（2）微软 MSN。微软凭借其技术力量和服务体系，使 MSN 在 PC 的主流操作系统 Windows XP、掌上电脑、智能手机上使用。MSN 不仅具有实时图文发送、接收功能，用户还可以通过 MSN 从 PC 上与其他联系人进行语音交谈，或者通过计算机给其他联系人拨打电话、发送文件、召开多人联机会议，或进行 MSN Zone 网络游戏。同时，用户还可收到 Hotmail 的新邮件到达通知以及最新的 MSN BC 新闻头条等。MSN 使用独特的非

ID 号注册原则,用户不能随便搜索到在线用户,也不能随意猜测到其他 MSN 用户的 ID,因而有效地避免了商务用户不想被骚扰的问题。而且,MSN 白板功能及网络会议等功能的加入,可为企业提供类似于 RTX 的企业内部办公系统。

(3) 雅虎通(Yahoo messenger)。Yahoo messenger 因其集成了主流即时通信软件的绝大多数优点,而且首次实现了即时通信产品与搜索工具的融合,通过其搜索产品"一搜"与"雅虎通"的巧妙整合,推动了搜索向桌面的扩展。3721 加入雅虎通后,依托其庞大的企业资源库,再加上雅虎通本身的功能优势,基本实现了企业会员之间的商务沟通。

(4) 新浪 UC。新浪于 2004 年 7 月 1 日宣布收购"朗玛 UC",使新浪拥有了技术支持和庞大的用户群体。新浪凭借其国内门户的领先优势、良好的人气及广泛的娱乐服务与 UC 已有成就相整合,打造而成"新浪 UC"。但是,由于 UC 极强的娱乐色彩,再加上投身门户网站,服务于固定网络群体的限制,"新浪 UC"难以得到企业级用户的宠爱。

(5) 网易泡泡(POPO)。网易泡泡最先推出 IM 软件,但由于新浪与 UC 的合并,直接导致其运用于门户娱乐服务的 IM 市场占有率大幅下滑。但网易泡泡在商用领域表现出一定的生存能力,网易泡泡在网络连接和防火墙穿透方面拥有一定的优势,只要能浏览网页就能使用泡泡及其可以穿透任何防火墙的能力,使得它对经常在网上传输文件的商务用户形成极大的帮助。

(6) 搜狐"搜 Q"。搜 Q 出现较晚,侧重于娱乐,缺乏商用优势。

(7) 阿里巴巴"贸易通"。"贸易通"由全球最佳 B2B 网站"阿里巴巴"于 2003 年 11 月推出,是专为商人量身定做的免费商务即时通信软件。其从界面风格到服务内容都体现了商务用户对即时通信软件的需求。商务用户使用该软件不仅可以实现实时的在线交流,而且还具有由它发布即时商业供求信息以及随时查看最新商业资讯等功能。

(8) 电子名片 TraCQ。从 2003 年问世之初 TraCQ 便定位于商用即时通信领域。在商用领域,它开创了多项即时通信新模式:一是实名制注册,组织行为管理。这一创新要求企业在电子名片(TraCQ)的注册中必须遵循实名原则,并通过企业管理员统一管理。新原则的实施,可使企业免去使用传统娱乐 IM 软件公私不分的不可控性。统一有序的组织管理加上具体到位的实名账号,会使企业的沟通及工作效率得到大幅改善。二是 TraCQ 电子名片独创网页会话技术,一改传统 IM 软件必须通过 PC 桌面登录客户端并添加联系人方可交流的局限。企业只需将电子名片嵌入自己的网页,便可为访问企业网站的访客提供便捷的交流途径。访客无须下载安装任何客户端软件,只要点击企业网站上的工作人员名片就可直接进行全面的文本、短信及视、音频在线洽谈。这一交流模式的创新,从根本上突破了阿里巴巴"贸易通"只提供会员与会员间交流的弊端,使得会员与会员、客人与会员的交流变得更加直接有效,从而最大限度地增加了企业的成交机会。TraCQ 电子名片的出现,使即时通信软件与互联网的基础——网站的结合变得更加密切,使得点对点的沟通通过 IE 即可方便地实现。这可能进一步推动"静态网站"向"交互网站"的升级,开创即时商务的新时代。

(9) Skype。Skype 是网络即时语音沟通工具,具备 IM 所需的其他功能,如视频聊天、多人语音会议、多人聊天、传送文件、文字聊天等功能。它由 KaZaA 开发人员研发,采用 P2P(点对点技术)的技术与其他用户连接,目前不仅可以进行语音聊天,也可进行视频交流。Skype 是一家全球性互联网电话公司，它通过在全世界范围内向客户提供免费的高质量通话服务，正在逐渐改变电信业。美国联邦通信委员会主席 Michael Powell 说："当我下载完 Skype，我意识到传统通信时代结束了。"

3. 电子论坛

电子论坛(bulletin broad system，BBS)即电子公告系统，又名电子公告板、留言簿、布告版。它是网络内容的提供者如商业网站和个人主页，为上网者提供的自由讨论、交流信息的地方。它提供一块公共电子白板，每个用户都可以在上面书写，可发布信息或提出看法。电子公告牌按不同的主题、分主题分成很多个布告栏，布告栏的设立依据大多数 BBS 使用者的要求和喜好，使用者可以阅读他人关于某个主题的最新看法(几秒钟前别人刚发布过的观点)，也可以将自己的想法毫无保留地贴到公告栏中。在与别人进行交往时，无须考虑自身的年龄、学历、知识、社会地位、财富、外貌、健康状况，而这些条件往往是人们在其他交流形式中无可回避的。同样地，也无从知道交谈对方的真实社会身份。这样，参与 BBS 的人可以处于一个平等的位置与其他人进行任何问题的探讨。

4. 博客

"博客"一词是从英文单词 Blog 音译而来。Blog 是 Weblog 的简称，而 Weblog 则是由 Web 和 Log 两个英文单词组合而成，通常称为"网络日志"。Blog 是一个网页，通常由简短且经常更新的帖子(张贴的文章)构成，这些帖子一般是按照年份和日期倒序排列的。Blog 的内容涵盖广泛，有的是纯粹个人的想法和心得，包括新闻、日记、照片、诗歌、散文，甚至科幻小说；有的是对其他网站的超级链接和评论；有的是关于公司事务的公告、管理心得、述评；也有的是在基于某一主题的情况下或是在某一共同领域内由一群人集体创作的内容。Blog 是私人性和公共性的有效结合，它不是纯粹个人思想的表达和日常琐事的记录，它所提供的内容可以用来进行交流和为他人提供帮助，具有极高的共享精神和价值。撰写 Blog 的人叫 Bloggre 或 Blog writer。简言之，Blog 就是以网络作为载体，简易、迅速、便捷地发布自己的心得，及时、有效、轻松地与他人进行交流，再集丰富多彩的个性化展示于一体的综合性平台。Blog 的发展历史并不长，通常认为至今(2009 年)只有十多年的时间。2000 年博客开始进入中国，2005 年开始盛行。国内主要门户网站相继开设博客网，并免费提供博客网络管理服务。

博客类型主要包括个人博客(普通人博客、名人博客)、小组博客、家庭博客、商业博客(企业博客、产品博客)、知识库博客(K-LOG)等。

国内学者对网络通信工具的优缺点和适用范围作了比较分析，如表 9-1 所示。

表 9-1　几种主要网络通信工具的优缺点和适用范围比较

比较项目 网络沟通方式	主 要 优 点	主 要 缺 点	适 用 范 围
全球咨询网网页 (Webpage)	信息量大、传播范围广	保密性差、无确定主题、不确定性反馈	需要公开的、大范围传播的信息
电子邮件(E-mail)	流向清晰、发送速度快、传达准确、保密性好	邮件接收不及时、需要反馈等待	需要向特定主体(个体或群体)传递的或要求保密的信息

比较项目 网络沟通方式	主 要 优 点	主 要 缺 点	适 用 范 围
电子公告牌(BBS)	信息内容丰富、发布接收信息方便、信息公开透明	保密性差、谣言或不实信息迅速传播	需要向员工或其他相关人员公告的信息和需要讨论或征集意见的问题等
聊天室(chat room)	可以实现异地同步沟通、立即反馈、话题丰富、保密性好	受沟通对象是否在线的约束和文字载体的约束	员工或领导与员工之间工作之余的情感沟通
网络电话、传真	沟通及时、反馈无须等待、内容清晰、成本低	对通话时间有一定限度,对沟通内容也有一定的要求	紧急性的、需要当即回复的、内容简单、容易表达清楚的信息沟通
电子内部刊物	成本低、保留时间长、浏览方便、针对性强、更具时效性	信息传递的确定性和范围程度难以预知	专业性、针对性较强的信息沟通
网络会议系统	召集会议方便、省时、省力	互动效果相对传统会议较差,参会人员的精力投入不充分	不同地域人员参加的非大型会议或需要紧急召开的、有分散在各地人员参加的会议
即时通信工具	方便、即时互动、时效	受沟通对象是否在线的约束	员工或领导与员工之间工作之余的情感沟通
网络会议系统	召集会议方便、省时、省力	互动效果相对传统会议较差,参会人员的精力投入不充分	不同地域人员参加的非大型会议或需要紧急召开的、由分散在各地人员参加的会议

（资料来源：董玉芳，王德应.基于网络技术的企业管理沟通：选择与组合.江淮论坛，2005(5)）

三、网络沟通策略

1. 彼此尊重，以人为本

网络中需要彼此尊重。如在 QQ 聊天当中，有些不熟悉的人一上来就发视频请求，更有甚者你不接的话就不停地发，这类人的做法太可恶，是对对方极不尊重的做法。因为对方需要的是一个独立的个人空间。这种做法最后得来的结果便是被对方拉入黑名单或被直接删除。因此，网络交往必须以尊重他人为基础。网络礼仪的核心原则之一是适度。把握分寸正是人性与人心所能接受和需要的，能够有效地塑造个人形象与表现自己的修养和气质。

网络沟通首要的一条就是"记住人的存在"。虽然网络是虚拟的，甚至有种说法叫做"在网上谁也不知道你是一条狗"，但是既然你参与了网络，就应该以在乎自己一样的态度来在乎对方，尊重对方就等于尊重自己。聊天也好、发 E-mail 也好、跟帖也好，必须以不侵犯他人的言论权为基础，必须言谈举止都恰当才能树立你在网络中的实际形象，这样，你以后的待遇当然是备受别人尊重。

网络礼仪的根本就是"人",作为网络的主体,"人"应该放在礼仪中的首位:一切以"人"为中心,尊重所有网络人,方便所有网络人,快乐所有网络人!

2. 讲究礼仪,加强修养

由于网络使用者来自不同的文化背景与生活层次,而且网络使用者无法获得像面对面时可得知的交谈规范。这时为了表示尊重对方,展现自己使用网络的负责态度,以及避免带给对方使用网络的不便及无意间产生的误解,网络礼仪就显得非常重要。网络礼仪,英文名称为"Netiquette"(来自于 network etiquette),我们从字面上就可以了解到,网络礼仪是一般所谓的礼仪迁移到网络情境下所产生的新的名词。网络礼仪使网络使用者能够遵守网络公约,做一个有礼貌、有规矩,懂得保护自己,避免伤害别人的"网络公民"。

我国台湾地区的苏怡如总结了各种关于网络礼仪的提法,认为网络礼仪主要包括正确、简洁、清楚、安全与隐私以及友善与尊重五大内容,见表 9-2。我们在网络沟通时一定要遵守这些基本的礼仪规范。

表 9-2　网络礼仪的具体内容

五大精神	正　　确
正确	(1) 留意写作格式,检查文法 (2) 使用合宜的格式、用语和称谓 (3) 检查文法,注意用词、标点符号
简洁	(1) 别做重复的询问 (2) 用字宜简单明了,谨慎思考后才发送,有效率地回复信息 (3) 熟悉网络术语的简写 (4) 少用斜体字等花招 (5) 先停下来浏览先前的文章,看看是否已有相同的回应内容
清楚	(1) 写电子邮件时尽量写出清楚、完整的句子,使用结语和署名 (2) 在公开信息中要加入个人邮件地址以方便别人联络 (3) 使用电子邮件时,要写信件主题,主题中可以简述邮件内容,让人容易辨识
安全与隐私	(1) 不继续使用即时信息软件时,记得退出自己的账号 (2) 时时提醒自己:这里是公开场合 (3) 意识到网络上有其他观众与注意隐私 (4) 别把自己或者别人的密码、住址、电话、身份证号码给网络上的陌生人
友善与尊重	(1) 进入聊天室,跟大家打招呼是礼貌的,离开时最好也跟大家道别 (2) 版主、主持或者管理人,也该尊重所有成员,不滥用权力 (3) 注意大写英文字母带有吼叫之意 (4) 时时保持礼貌,别煽风点火 (5) 表情符号等标记可以缓和气氛

(资料来源:陈吉利.网络礼仪:信息技术课程新热点.中国信息技术教育,2008(3))

3. 特殊符号,增进交流

在网络中,为了方便交流,可以使用一些特殊符号。日常礼仪的表达常用人体动作,而网络现在无法做到这一点,所以只能把人类形体符号化。形象化的符号带给大家的是生动感和幽默感,另外从交流的角度来看非常简洁方便,是增进交流,缩短心理距离的重要体现。下面列举的这些符号已经是网络认同的,另外还有一些所谓的"火星文"也正在创新和被认同中。

：一）标准的笑脸。表示笑容和善意。

;一）眨眼笑。表示歪曲、讽刺或嘲笑。

一（ 撇嘴。表示令人不高兴的消息、令人悲伤的消息。

：一｜ 表示漠不关心。

：一0 表示惊讶、担心。

：一X 表示封嘴。

：一P 表示吐舌头,很有趣。

：一@ 作者在叫。

：一Q 作者在抽烟。

另外,还有一些常见的缩写。例如：

ASAP：As soon as possible,表示尽快。

BF：Boyfriend,男朋友。

BTW：By the way,随便说一下。

（资料来源：张睫,周延欣.网络礼仪的构建原则.新闻爱好者,2010(7)上半月刊）

这些简单明了的网络文字顺应了现代人追求简单生活的节奏,是人性化的符号,也是社会的符号,在网络沟通中不妨一用。

随着网络沟通工具的普及,人们越来越依赖这些新技术来传递信息,然而面对面的沟通仍然是最重要的沟通方式,因为网络沟通并不能替代人与人之间的直接交流,在直接交流中,可以观察到别人的表情等肢体语言,并确保沟通的有效性与反馈的及时,同时能够节约大量的时间。所以尽管有着快捷、发达、高效的电子沟通介质,组织或个人都不应该放弃传统的沟通方式。

案例 1：华普超市的信息化建设

一、案例介绍

早晨,当客户部经理小蒋走进办公室的时候,信息系统的数据仓库就已经开始为他准备好了这一天工作的所有必需品,从打开电脑到接收来自美国的电话会议录音、预订飞往巴黎的机票……

傍晚,当他下班回家的时候,信息系统的数据仓库又为他自动打卡、整理一天的工作任务、预订晚上公司酒会的位置、自动关机……

"别以为这些都是假想,它们已经切实地发生在欧美的一些大公司。管理水平决定信息化水平,单靠信息化建设是无法促进管理的。也就是说,只有管理水平达到了,信息化才能够发挥促进和优化管理的作用。"华普超市连锁有限公司（以下简称华普超市）信息部总监沈强开门见山地说道。

自中国加入世贸组织后,国际竞争特别是零售行业表现得尤为突出,像沃尔玛、家乐福等国际零售业巨头纷纷登陆中国。它们凭借丰富的运作经验、颇具规模的经营体系,给国内的本土超市带来了前所未有的"灾难"。在这些巨头面前,用信息化加强管理成为本土超市的必要手段。

1．"粗犷"式管理

自1997年进军零售业市场至今,华普超市的发展取得了骄人的业绩。产业规模迅速增长,企业规模不断扩张,分布遍及全国各大城市,已经成了本土零售业的一张招牌。随着发展步伐的加快,管理模式陈旧、老化,成为制约其发展的绊脚石,从华普超市信息化建设的总体情况来看,其信息化在企业中的运用已经有了一定的规模,已经构建了MIS系统、ERP系统、供应链和物流等管理系统。但是,这些系统只是企业管理中的某一纵向分支,对于企业日常事务的工作处理没有实现并行管理。

华普超市的经营地点分散,分支机构众多,总部与全国各地分部之间的信息有效互通是企业高效运作的有力保障。但是华普超市依然沿袭电话、传真、电子邮件等传统的沟通方式。由此,造成了总部与分部之间、部门与部门之间的信息难以同步进行,成为提高企业内部管理的又一障碍。

例如,信函、文件的收发,多层分支机构造成文件的收发过程冗长、审批过程复杂,经常出现文件无法及时送达执行部门手上,造成时间上的拖延。例如,门店间的调货,分部需要先与总部联系,总部再查找每个分部的货物情况,然后再分别通知两个分部进行调货处理。这样可能造成的后果是：货物调完,销量已经进入低谷;再有,可能甲分部派车到乙分部调货,由于乙分部没有及时接到总部下达的通知,不允许调货,结果人为地造成了时间、人员及车辆的浪费,进而延误了良好的商机,带来间接经济损失。这样的信息沟通滞后与脱节造成各部门之间无法得到紧密衔接,团队的协同能力无法得到及时有效的发挥、制约了整个企业健康、协同的发展。信息的无法互通,不仅使企业错失良多商机,更让其无法适应瞬息万变的市场竞争,因此,解决这些问题迫在眉睫。

2．OA系统对症下药

为什么信息化发展到了一定的阶段,还存在上述问题?中国软件行业协会顾问委员会主任杨天行教授对《当代经理人》表示："由于华普超市信息化技术应用还停留在日常的业务操作层面上。忽略了管理,尤其是内部信息沟通和共享机制,极大影响了企业管理整体水平的提升。"

华普超市的领导层及时意识到了这一问题的严重性,决定为企业建构一套系统的协同办公平台,来加强总部及各个分支机构的紧密联系,规范和优化办公流程,加强企业对市场信息的实时有效掌握,从而使企业内外资源达到最大化利用和最优化配置。

经过几番沟通,最终华普超市选择用金和的OA系统办公软件来进行精确管理。通过构建OA系统可以将日常行政管理、各种事项的审批、办公资源的管理放在一个平台上解决,实现了多人多部门以及多种信息的沟通与传递的协同办公。项目小组与华普超市各部门管理人员进行了深入的沟通和研究,最终根据华普超市自身的发展特点及实际需求量身定做了一套系统解决方案。

2005年7月,项目小组开始了协同办公平台的实施工作。经过一个多月的努力完成了实施计划中的所有项目,协同办公平台正式开始运行,华普超市开始逐步实现从内而外的精确化管理。

华普超市协同办公平台实施目标是搭建内部网络办公平台架构,完成数据中心的规划设置,实现企业内部日常办公流程的规范优化及监督可控性。主要分为两大模块:一是工作流程模块;二是个人业务模块。工作流程模块主要包括文件收发管理、通知、报告、合同会签、各种指令的下达、文件审批等事务;个人业务模块主要包括网络寻呼、工作日记、工作计划、总结等事务。例如,总部要向分支机构下达一则通知,以往的情况,是通过电话、传真或电子邮件形式。如果采用电话形式,总部的工作人员需要一个分部一个分部地打过去亲自通知,但很有可能发生 10 个分部里有 2 个分部没有接通电话的情况,这时候,就需要过会儿再次电话传达。半个小时以后,工作人员又打去电话,结果其中的一个分部又没有接通。这时工作人员有可能为了忙手上的其他工作而遗漏了一个分部没有通知到位。如果采取传真的方式,也会有类似的情况发生,比如分支机构众多容易产生文件漏发现象,还有不确定对方是否收到传真,也无法保证文件的清晰度等问题。电子邮件的形式更是无法得到保障,邮件地址发错、邮件丢失、病毒侵害等都是问题。

系统上线后这些都不再是问题,系统早已将各个分支机构的信息录入,如果要下达通知,只要将通知写好,选取所有分支机构相关负责人的名字,轻轻点击提交就可轻松完成。系统会自动显示出发件人的所属部门、职位、名字及发件时间,而另一方只要登录系统,就会利用寻呼功能自动弹出邮件,同时系统会将收件人登陆和查阅信息的时间记录在系统上。由此,通过收发文件管理能够实现收、发、查阅的痕迹保留,同时提供流程监控、跟踪、催办和查询,极大地缩短了收发文件的审核时间,保证了传输过程的安全性和稳定性。

在采访中,沈强还给记者在系统中演示了个人业务模块的应用流程,打开某分部员工的工作界面后,可以清楚看到这一员工一天做的所有工作,都按照系统格式一一具体显现出来。当看到新会员发展情况异常时,沈强立即拿鼠标点击批示按钮并把意见提交后,系统自动显示批示人的所属部门、职务、名字和信息发布时间。沈强说,当这名员工再次登录系统时,系统将自动弹出这则新信息。这就是"工作日志"在个人业务模块中的一个小模块,工作日志主要用来记录员工每天的工作情况,是为了便于领导通过管理权限对员工工作情况的随时查阅和批示;同时,也方便个人对工作的梳理使之有序。

系统的网络传呼功能结合了电话的即时性、邮件带附件的功能和短信的方便性,同时克服了电话不可重现、邮件技术壁垒、短信输入困难等缺点,它支持点对点、点对面、面对点的信息发送,还可召开网络会议,即使出差在外,也能随时实现沟通无障碍。沈强告诉《当代经理人》:"这一点,光在电话费方面,就节省了原来的 1/4 甚至 1/3,很大地节省了公司的运营成本。"

"信息化是管理的手段和工具,只有管理与信息化完美结合才能发挥最大的效用。"这是华普超市信息化建设中最深的感受。

(资料来源:冯光明.管理沟通.北京:经济管理出版社,2012)

二、思考与讨论

1. 华普超市信息化建设项目上马之前,企业内部沟通是怎样的?

2. 目前欧美国家信息化管理状况如何?

3. 华普超市协同办公平台实施后信息交换与共享的优势何在?

4. 请谈谈学习对于组织未来管理沟通的意义和作用。

案例 2：网络——沟通的桥梁

一、案例介绍

"现在我随时都会打开电脑瞧瞧学生们又往留言簿和邮箱里发来了什么。这已经成习惯了。"南海一中校长邓兵这样对记者说。近日，记者在南海一中采访时见到，上网已成为师生间常用的沟通方式。自从网络进入校园，3 年来仅邓校长一人，回复学生各种留言就超过 40 万字！网络正在校园德育中扮演着越来越重要的角色。记者了解到，在南海一中，学校主页留言簿和全校老师的电子邮箱都向学生公开。学校鼓励学生通过这种方式与老师们沟通，提出意见和建议。师生间每日里网上话题不断，从谈理想、论人生，到穿校服、住宿舍，即使是一些面对面难以开口的话题也不例外。

"学生的网上留言什么内容都有，谈心事的自然不少，还有很多牢骚和意见，甚至还有学生上网诅咒我的。"邓校长笑着说，"这些反映都有内在的原因，如果是发牢骚，一定是沟通不够，如果是提意见，就要检讨学校的规章是否合理。至于诅咒嘛，越来越少了。"如今，回复学生的各种留言与邮件成了邓校长和许多老师每日必做的功课，或安抚、或解释、或鼓励，三言两语却效果良好。

南海一中的主页留言簿，家长、校友们也喜欢造访。邓校长指着一个出现频率很高的网名"大蜜蜂哥哥"告诉记者，这个今年刚考上大学的学生，高三时就常在网上留言，如今毕了业还留恋这里。"这个'胆大包天'的学生在网上称呼我'小兵兵校长'。"邓校长笑着说。在最近的留言中，这个"大蜜蜂哥哥"说：永远也忘不了被自己称为"小兵兵"的校长和母校。

邓校长告诉记者，在实施网络德育以前，校长主要通过"校长信箱"与学生沟通，而老师们则更是要费不少口舌，往往枯燥又没效果。如今不论哪位同学写下的留言、提出的疑问，教师们的回答，全校师生都能在网上浏览，取得事半功倍的效果。邓校长还表示，"信息获取量的增加，眼界开阔了，整个人的素质也随之提高，并带动学校整体水平的提升。"

邓校长说，网络为师生架起了一座沟通的桥梁，将会越来越重要。

（资料来源：陈颖欣. 南海一中：网络架起师生心桥. 佛山晚报，2002-12-23）

二、思考与讨论

1. 你与老师、同学之间采取了哪些网络沟通方式？
2. 请为本校师生之间设计一个顺畅、合理的网络沟通渠道。
3. 试分析一下学校里哪些信息适合通过网络渠道发布？哪些信息适合通过传统沟通渠道发布？

案例 3：美国高管的网络沟通错误

一、案例介绍

一位美国公司的高管觉得员工太懒惰了，比如一上班就给自己冲咖啡，经常待在茶水间里聊天,下午不到 5 点经常有人偷偷下班。因此,他给全体员工发了一封 E-mail,邮件中说希望所有人早上 7 点到公司,8 点开会,晚上 5 点前不能离开。这封 E-mail 被一名员工传到雅虎网站,引起了轩然大波,因为美国文化是很反对高压管理的。结果这个公司的股价跌了很多,这名高管也因此辞职。

(资料来源:梁辉.有效沟通实务.北京:中国人民大学出版社,2010)

二、思考与讨论

1. 试分析这位高管在网络沟通中犯了什么错误?

2. 如果你是这位高管,你将采取什么样的沟通方式来达到严格要求员工的目的?

实 训 项 目

1. 制订网络沟通行为规范

实训目标:明确网络沟通的基本规则和礼仪。

实训学时:2 学时。

实训地点:教室。

实训方法:将全班学生分组,4～6 人为一组,要求其结合所学网络沟通的知识和自身使用网络的体会,制定出一份网络沟通行为准则。在课堂上分组进行交流,师生共同评价。

2. 你是网络沟通的高手吗?

(1) 你在回复朋友的邮件时,会在主题栏里( )。

    A. 根据具体内容重新拟定一个标题

    B. 习惯使用英文标题

    C. 总是用 Re、Re……代替

(2) 你认为电子邮件内容的篇幅应该是( )。

    A. 越短越好

    B. 越长越好

    C. 不计长短

(3) 有一个你认为很重要的邮件,于是你会( )。

    A. 给客户发送一份,然后打电话通知对方你已经向他发送了邮件

    B. 等待两天,如果没有得到回复,再发送一次

    C. 为了让对方及时收到,一连将相同内容的邮件发送几次

(4) 你对自己的电子信箱会做出如下处理吗?( )

    A. 每天打开信箱查看一次,及时处理所有邮件。

    B. 每周打开信箱查看一次,对全部邮件进行处理。

    C. 想起来就查看一次,有些邮件不必回复。

(5) 你在发送电子邮件前保持的习惯是( )。

    A. 发送前再认真检查一遍,确认无误后再发出

B. 为了节省时间,提高效率,写完后立即发送出去

C. 把收件人地址核对准确,信件内容不必检查

(6) 你是否喜欢在邮件里和好朋友开玩笑?(　　)

　　A. 是的,因为我们关系良好。

　　B. 是的,但在每次开玩笑时都标明"开玩笑"。

　　C. 不是,开玩笑容易被误解。

(7) 你用 QQ 聊天时,对方夸大事实,并且撒谎,你会(　　)。

　　A. 讨厌撒谎的人,立即拆穿他的谎言

　　B. 只要不是恶意的欺骗,没必要拆穿谎言,继续正常聊天

　　C. 不必拆穿谎言,但从此不再与他聊天

(8) 你与普通网友的 QQ 聊天方式是(　　)。

　　A. 对方问一句,你答一句,很少主动开口

　　B. 主动发问,不放过任何问题,包括对方的年龄、工资等

　　C. 保持主动,但有些个人隐私问题必须回避

(9) 遇到想深入交往的网友时,你会(　　)。

　　A. 礼貌地请求加其为好友,如被拒绝就不再打扰对方

　　B. 加其为好友,并索要对方照片

　　C. 请求加其为好友,没有得到回复就再三提醒

(10) 你与普通网友聊天时,对"真诚相待"的理解是(　　)。

　　A. 网络是一个虚拟世界,不可向任何人实话实说

　　B. 反正谁都不认识谁,说实话也无所谓

　　C. 以真诚为主,但不能什么个人信息都公布于众

得分规则:

题号 选项	(1)	(2)	(3)	(4)	(5)	(6)	(7)	(8)	(9)	(10)
A	3	3	3	3	3	1	1	2	3	1
B	2	1	2	2	1	2	3	1	1	2
C	1	2	1	1	2	3	2	3	2	3

测试结果:

(1) 将军级交流者(30 分)

你完全是一个网络交流的高手,你在网络世界里会左右逢源,游刃有余。

(2) 尉官级交流者(16~29 分)

你在网络交流艺术方面还存在一定欠缺,尚需要进一步努力,才能成为一个真正的网络交流高手。

(3) 列兵级交流者(10~15 分)

你对网络交流艺术掌握甚微,甚至还不清楚最起码的交流知识,在网络空间里不会受他人欢迎。你应该认真研究一下相关学问了,否则怎么能成为一个"将军"呢?

(资料来源:张喜春,刘康声,盛暑寒. 人际交流艺术. 北京:北京交通大学出版社,2009)

拓展阅读：网络语言的表现形式

网络交流语言的发生依赖于一定的话语主体和交谈情境，需要言语主体对其深入理解和感悟的同时，调动自己所有的感知觉储备，展开丰富的联想和想象，最终创设一个与现实情境基本一致的"虚拟情境"，这就有赖于多样性的网络交流语言。对于这种个性化色彩强、生动风趣、人情味浓、简洁省事的网络交流语词，我们可以把它大致划分为为八大类，若干小类。

1. 缩略简称类

（1）拼音字母缩略，如 PLMM＝piao liangmeimei(漂亮妹妹)，MM＝meimei(妹妹或美眉)，PMP＝paimapi(拍马屁)，TMD＝tamade(他妈的)。

（2）英语词语缩略，如 BF＝boy friend(男朋友)，GF＝girl friend(女朋友)，BT W＝by the way(顺便说)，CU＝see you(再见)。

2. 谐音替代类

（1）汉字谐音替代，如斑竹＝版主，指的是 BBS 的管理员；造砖＝用心写东西；见光死＝网恋后与网友初次见面感到不满意而迅速各奔东西；板斧＝版副，指网络管理员。

（2）数字谐音替代，如521＝我爱你，这是最常见的。886＝拜拜了，1314＝一生一世，8147＝不要生气，5377880＝我想亲亲抱抱您，53719＝我深情依旧。

（3）英语音译，如博客＝blog(网络日志)，3ku＝thankyou，烘焙鸡＝homepage。

3. 词义转换类

词义转换类也可以称为词义联想扩散，就是将日常语言中的词语，在网络上运用之后将其意义变为它的反意。如讨厌——讨人喜欢百看不厌；贤惠——闲在家里什么都不会。

4. 叠音词类

故意用重字法使音节产生一种和谐的美感与节奏感。在网络中，叠音词往往带有"童语"现象。如东东＝东西，漂漂＝漂亮，坏坏＝坏蛋。

5. 旧词引申类

将日常语言中的词语，在网络上运用之后另赋新义。如帖子——网络论坛上发表的文章或电子邮件，灌水——网络论坛中乱发帖子；潜水——聊天室里长时间说悄悄话。

6. 中英混合类

句子或词组里，同时用汉语词和英语词，甚至将一个英语词分解成英汉两部分，或取各自的义，或取各自的音。如小 case＝小事一桩，我 Love 你＝我爱你。

7. 符号组形类

指将标点符号、特殊符号、数字和字母等组合在一起，模拟一定的面部形态，表达自己的喜怒哀乐，象征某种意义。在网络中，由于无法面对面的直接交流，有符号代替表情就成为迫切要求。这些符号组形是一个常用字符组成的画，看起来像一张脸，这是一套眉目传情的文化，而且国际通用。这样的符号组形有很多，大致有如下几类。

（1）标点符号特殊符号组形，如!表示不屑的笑;&　:)表示头发是卷的;;{ 表示抿着嘴;(^ ^)表示不必歪头的欢呼;??表示瞪着眼睛。

（2）标点符号数字组形,如 8 }表示睁大眼睛;:7 表示火冒三丈;:1 表示平淡无味的笑。

（3）标点符号字母组形,如 q 表示正在抽烟;:P 表示吐舌头;:I 表示吸烟族;T T 表示流泪。

（4）特殊符号组形,如 ^@^表示小猪。

（5）键盘符号与英文单词结合使用组成的"克里奥耳"型图示,即在://后面加上英语中的动词,这个词就变成了一种言语行为。表示说话者的表情、动作和姿态。如://sign 叹气;://admire 表示羡慕的表情。

（6）近来,随着网络技术的完善又出现了一些更为形象的符号类词语,甚至还出现了各种各样的带有图像与声音合成的更为形象的具有动画效果的符号类语言,使网民之间的交流更具形象性和趣味性。

8. 句式随意类

除在构词法上的随意组合、任意搭配外,网络交流语言在句式的选择上也常常冒传统语言学天下之大不韪。如常采用港式语法的说法,像"累死掉了"、"走先（先走）"等。还常在文章的标题末尾添加相当于语缀的成分"……的说",如"今天晚上谁去听音乐会同去的说",其实"……的说"并无实在意义,这种句式的使用只是表明紧随时尚罢了。还在句末常用"喔"、"噢"、"的噢"等语气词作语缀,如"要记着去捧场噢"等。

（资料来源：张佳丽.网络交流语言的特色分析.内蒙古民族大学学报,2008(5)）

课 后 练 习

1. 结合自身感受谈谈网络沟通的特点。

2. 请谈谈讲究网络沟通礼仪的现实意义有哪些。

3. 使用电子邮件发送信息。在收件人一栏打上自己的电子信箱地址,给自己发一封公务的信件。然后作为信件接受方,感受一下信件格式、所用文字、预期是否恰当。

4. 或许你在网上对人有不礼貌的行为,或许别人对你有不礼貌的行为。请试举一例,并根据所学的知识和技术,提出解决问题的方案。

5. 搜集几个你认为办得好的企业网站,并与同学讨论。

任务 ⑩ 危机沟通

21世纪，没有危机感是最大的危机。

——[美]理查德·帕斯卡尔

我自己对于危机最基本的经验，可以用字概括："说真话，立刻说。"

——[美]诺曼·奥古斯丁

任务目标

- 明确危机的定义、特征和类型；
- 掌握危机生命周期的划分；
- 掌握危机沟通的概念和原则；
- 明确危机处理中的传播沟通策略；
- 能够开展危机处理中的内部沟通；
- 危机处理中能够做好正式和非正式发布新闻。

沟通故事导入

山羊与牧羊人

很多山羊被牧羊人赶到羊圈里。有一只山羊不知在吃什么好东西，单独落在后面。

牧羊人拿起一块石头扔了过去，正巧打断了山羊的一只角。

牧羊人害怕了，请求山羊不要告诉主人。

山羊说："即使我不说，又怎能隐瞒下去呢？我的角已断了，这是十分明显的事实。"

这个故事说明，不要试图去隐瞒事实。这也是危机传播管理中传播沟通攻略的核心。

（资料来源：http://chunlei406.blog.163.com/blog/static/12910169720109318457139/）

一、危机概述

在当今社会，由于企业构成因素复杂多样，所处的社会环境变化加剧，企业出现危机的可能性在不断增大。加之互联网迅速发展、全球化趋势日趋明显的背景下，海量信息的共享与通信技术的发达日益成为危机"崭露锋芒"的温润土壤，企业危机不仅未显颓势，反而愈演愈烈。企业危机一旦爆发会给企业造成严重危害，轻则影响企业正常运营，重则危及企业的发展甚至生存，并给相关公众带来极大的损失，给社会环境造成极大的破坏，因此，企业危机的预防和处理就成为企业经营管理工作最重要的一个方面，任何企业必须引起高度重视。

1. 危机的定义

英语危机（Crisis）一词源于希腊语 Krisis，意思是鉴别或判定。"危机"一词最初是一个医学术语，指人濒临死亡，游离于生死之间的状态；在神学里，采用该词来区别灵魂获得拯救或被罚入地狱；在现实生活中，它是指某一个连续发展过程的中断。16 世纪以来，该词就已经成为人们日常用语的一部分，被广泛应用到政治、社会、经济发展等众多领域。一些主要的工具书对"危机"都有相关的定义。

英文《韦伯辞典》将危机定义为：有可能变好或变坏的转折点或关键时刻。

《朗曼现代英语词典》对危机的解释是：①严重疾病突然好转或者恶化的转折点；②事物发生过程中的一个转折点、不确定的时间或状态、非常危险或者困难的时刻。

《牛津词典》对危机的定义是：①危险和非常困难的时期；②决定性的瞬间或转折点。

《现代汉语词典》对危机的界定：①危险的根由，如危机四伏；②严重困难的关头，如经济危机、人才危机。

在《汉语大词典》里危机的书面意思是指严重困难的关头或隐藏、潜伏的危险。摆在人们前面的是两种选择：要么消除危机，要么被危机击垮。

在学界，多年来许多学者在该领域不懈努力与探索，从不同的角度对危机进行过界定，其中比较经典的定义有如下一些。

早在 1961 年，美国词典编纂家韦伯斯特就利用临界点原理将"危机"定义为："一个更好或更坏的转折点，一个决定性的时刻，一段至关重要的时间和一个达到危急关头的情境。"这一定义，比较确切地把握了危机的含义和本质。

1972 年，危机研究的先驱郝尔曼（Hermann）给危机下了这样的定义："危机是威胁到决策集团优先目标的一种形势，在这种形势中，决策集团做出反应的时间非常有限，且形势常常向令决策集团惊奇的方向发展。"不过，对于这种"决策取向型"的定义，后来的学者认为过于狭窄。

美国危机管理专家艾·密乔夫（I. Mitroff）一直试图避免对"危机"做出准确和一般性定义，因为他坚持认为，管理危机要比定义危机更重要。尽管如此，他还是从危机对组织所产生的影响角度给出一个"指定性定义"："危机就是一个能使组织的整体产生影响或有潜在影响的事件。"

美国哲学家斯·库恩（Th Kuen）借助范式理论，指出危机就是"从常规科学走向科学革命、从旧范式向新范式过渡的一个阶段。"他认为，"当反常增多并发展到一定阶段，范式的调整同化再三失败时，就构成对范式的根本威胁，危机就将或已来临。"

经济学家巴顿（Barton）（1993 年）则从负面效应来定义危机，他认为危机是"一个会引起潜在负面影响的具有不确定性的大事件，这种事件及其后果可能对组织及其员工、产品、服务、资产和声誉造成巨大的损害"。巴顿这个定义包括了潜在危机，并且指出危机不仅会对组织造成有形的伤害，也会造成无形的伤害。

著名学者威廉斯（Williams）认为："（定义）不是必须学习的传统，不是必须接受的共识,不因为它是'我们的语言'而具有天然的权威性。在现实生活中,在各方不同的学说中,它是一种形成和重塑活动;我们应用一套词汇来寻找出路,并在我们创造的语言和历史的过程中,对它进行必要的修改。"威廉斯的主张,为我们界定危机的内涵提供了可操作的思路:概念界定是知识整理与特定的社会、历史环境相联系的过程,是历史与逻辑相统一的过程。

美国危机管理专家史蒂文·芬克(Steven Fink)从危机的变化状态来表述危机:"危机是指事件处于即将发生决定性变化的一段不稳定的时间或一种不稳定的状态。"

管理学家奥兰·杨从动因论出发,通过对过程的阐释来定义危机:"危机由一组迅速展开的事件组成,它使破坏稳定的力量在总的系统或其中任何子系统中的影响作用超过正常的水平,并增加在系统中爆发的危险。"他提出,"危机是这样的情境,对系统的控制和调节机制提出的要求急剧增加,进而引起反应,其效果是使提出这些要求的当事方采取更多的行动。"

英国危机管理专家罗伯特·希斯(Robot Heath)从危机的表现情境入手来定义:"危机涵盖了三种情境:对人员和资源的威胁;对人员、组织和资源造成可见的损失和失控;不可见的影响。"

福斯特(Foster)(1980年)发现"危机有4个显著的特征:亟须快速做出决策,并且严重缺乏必要的训练有素的员工、物质资源和时间来完成。"福斯特只是描述了危机情境中的4个特点:即"迅速的决策"、"人员紧缺"、"物质的严重匮乏"、"时间紧急",并没有对危机下一个定义。

罗森塔尔(Rosenthal)和皮内泊格(Pijnenburg)(1991年)认为:"危机是指具有严重威胁、不确定性和有危机感的情境。"罗森塔尔和皮内泊格指出了危机具有危害性和风险性的特点。

格林(Green)(1992年)注意到,危机管理的一个特征是"事态已发展到无法控制的程度"。他声称:"一旦发生危机,时间因素非常关键,减少损失将是主要的任务。"格林指出了危机的失控性、伤害性和时间紧迫性,因而他认为危机管理的任务是尽可能控制事态,在危机事件中把损失控制在一定的范围内,在事态失控后要争取重新控制住。

米托夫(Mitrimiff)和皮尔逊(Pearson)(1993年)认为,收集、分析和传播信息是危机管理者的直接任务。危机发生的最初几小时(或危机持续时间很长的最初几天),管理者应同步采取一系列关键的行动。这些最初的行动是"甄别事实,深度分析,控制损失,加强沟通"。

班克思(Banks)(1996年)对危机的定义与巴顿有近似之处,认为危机是对一个组织、公司及其产品或名声等产生潜在的负面影响的事故。

里宾格(Lerbinger)(1997年)将危机界定为对企业未来的获利、成长乃至生存发生潜在威胁的事件。认为,一个事件发展为危机,必须具备如下三个特征:一是该事件对企业造成威胁,管理者确信威胁会阻碍企业目标的实现;二是如果企业没有采取行动,局面会恶化且无法挽回;三是该事件具有突发性。

迈克尔·布兰德(Michael Bland)(1998年)认为危机是"严重意外事件造成企业的安全、环境或企业、产品信誉被不利宣传,使企业陷入危险边缘"。

斯格（Seeger）（1998 年）等认为危机是"一种能够带来高度不确定性和高度威胁的、特殊的、不可预测的、非常规的事件或一系列事件"。

唐纳德·A. 费希曼（Donald A. Fishman）（1999 年）认为危机是"发生不可预测的事件、企业重要价值受到威胁、企业对外回应的时间较短、危机沟通情境涉及多方面关系的剧烈变迁"。

日本学者龙泽正雄（Takizawa Masao）认为危机有五种内涵：①危机即事故；②危机即事故发生的不确定性；③事故发生的可能性；④危机即危险性的结合；⑤危机即预料和结果的变动。

日本学者增永久二郎（Zoueikyuu Jiro）对危机概念的界定是"危机即事故发生的可能性"与"妨碍到企业的存亡、高级干部和员工的生命"。

在我国，关于危机的含义也有几种有代表性的概括。

我国学者马建珍将危机定位为造成重大损失的意外事件："危机社会遭遇严重天灾、疫情，或出现大规模混乱、暴动、武装冲突、战争等，社会秩序遭受严重破坏，人民生命财产和国家安全遭受直接威胁的非正常状态。"

我国学者何苏湘着重从哲学角度阐述了对危机的认知，可以表述为：危机是企业发展过程中因若干方面的矛盾激化而导致的一种非常规的状态，是事物矛盾的一种特殊表现。

美国南加州大学的两位华裔学者鲍勇剑和陈百助博士（2003 年）则从控制论的角度将危机定义为"系统的失控和变态"。他们认为迄今为止人类发现和理解的任何系统都是在能量聚变之间循环，当循环达到稳定状态时，为正常状态；当系统循环受外部环境或内部因素变化的影响而无法保持稳定时，系统就可能是出现失控和变态现象。

清华大学学者薛澜等认为，危机"就是潜在的各种社会矛盾与社会问题积聚激化后的表现形式，或者说是冲突的人群试图通过非常规或极端的方式，促使有关政府部门解决没有预见或长期无力解决的问题"。

李云宏和吕洪兵（2000 年）将危机界定为："在任何组织系统及其子系统中，因其外部环境和内部条件的突变，对组织系统的总体目标和利益构成威胁而导致的一种紧张状态。"这是强调了危机是一种紧张状态，这种紧张状态是由于对组织的总体目标和利益受到威胁所致。

苏伟伦（2001 年）认为："'危机'一词是中性的，它表示由于内在矛盾的激化，企业已经不能按照原有的轨道发展下去；同时新的秩序又没有建立起来。新旧的摩擦，使新旧两种机制都不能发挥效用。因此出现大量的失控、失范、混乱、无序，这在本质上是旧机制的危机，危机根植于旧机制中，使其运转失灵。"苏伟伦把危机看成是新旧体制转化过程中的混乱状态。

国内研究者刘刚（2004 年）在综合国外研究成果的基础上，将危机定义为一种对组织基本目标的实现构成威胁、要求组织必须在极短的时间内做出关键性决策和进行紧急回应的突发性事件。

中国人民大学学者胡百精（2005 年）将危机界定为：危机是由组织外部环境变化或内部管理不善造成的可能破坏正常秩序、规范和目标，要求组织在短时间内做出决策，调动各种资源，加强沟通管理的一种威胁性形势或状态。

中央财经大学危机管理学院学者董传仪认为："危机就是风险事故,系指组织因内、外环境因素引起的一种对组织生存具有立即且严重威胁性的事件或情境。"

中国传媒大学广告学院学者邵华冬认为："危机是以对于组织声誉、生存发展目标或获利性产生威胁,并引发了外界相关利益群体感知,以突发性事件爆发为标志,要求组织在有限资源(有限时间、有限人力物力支持等)条件下做出反应,主要通过沟通管理、利益重建等手段加以解决的一种威胁性异化公共关系状态。"

以上所列举的定义是不同学者从不同的角度对危机的理解,有的定义是从企业危机管理的角度对危机进行描述,有的定义是从政府公共危机管理的角度对危机进行描述的,有的是根据不确定性、紧迫性、资源(人、财、物)匮乏、威胁性和潜在损害等危机构成的特征要素来给危机下定义。综合上述学者专家的意见,可以看出他们对危机的看法都存在一些共性的认识。综合以上定义,我们认为危机是对一个企业的既定系统构成严重威胁,要求企业及时做出决策和采取行动的情境状态。它是指在企业发展过程中,因企业内、外部环境的变化引起不确定事件的爆发,这些事件对企业的发展目标、基本价值和行为架构产生严重威胁和损害,要求企业在时间紧迫、资源匮乏和信息不充分的条件下,立即对这种紧急的情境状态做出关键性决策,采取特殊的措施和行动来应对。

2. 危机的特征

认识事物的特点,对于我们抓住事物的本质、进一步厘清事物的内涵有着举足轻重的作用。从上述危机的定义出发,我们发现危机具有如下辩证特征。

(1) 必然性与偶然性

危机的必然性是指危机不可避免。亦即"只要有企业存在,就会有企业危机";危机的偶然性是指危机的爆发往往是由偶然因素促成的。必然性是企业作为开放复杂系统的结果,偶然性则决定于系统的动态特征。

企业是个覆盖面广、结构复杂、层次众多的大系统,包含了许多彼此联系的复杂的子系统,是一个多输入、多输出、多干扰的多变量系统。加之企业诸要素中人员占主导地位的因素,使之成为典型的主动系统,而主动系统就更具复杂性与不确定性。从控制论角度而言,任何一个大系统的一个部件和子系统都要为实现一定的功能而形成多层、多级或多段控制结构,而信息则是控制过程不可缺少的因素,若缺乏足够的信息,控制会顿成无本之木。众所周知,信息传递是企业经营管理过程中不可或缺的因素,这一过程,从控制论角度看,未尝不是一种控制过程,即企业主体主动影响公众客体并希望达成和谐经营状态之目的的过程。从信息论角度看,就是信源通过信道向信宿传递并引发反馈的过程。信息在传递的过程中由于噪声的干扰势必产生失真现象,失真即有误差。古人云"差之毫厘,谬以千里",故误差导致错误,错误导致危机。任何策划和决策都是以信息为基础的,且方案或决策的执行过程也是一个信息过程,而信息失真现象的存在,就为这一系列活动埋下了无法避免的隐患。这就是危机必然性的根源。所以说危机具有不可置疑的必然性特征。无论企业系统采取何种控制结构形式,信息经过多层次、多渠道、多阶段的传输之后,其失真现象必趋于严重,结果自然是系统的稳定性减弱,暂时保持一种作为开放系统所必有的动态平衡局面,一旦震荡度加大,危机便接踵而至。

危机的偶然性也不难理解。由于企业大系统是开放的,每时每刻都处于与外界的物质、能量和信息的交换和流动之中,其任何一个薄弱环节皆可能因某种偶然性因素而致失衡、崩溃,形成危机。打个比方,这就像已枯死的树枝,暂时可以在原位保持原状,但由于它暴露在外界环境种种力量作用之下,就可因偶然事由导致其原有地位与状态的改变:它可能被一阵强风吹落,可能被一场野火焚烧,也可能因禽兽的碰撞或登临而断裂,如此等等。

（2）突发性与渐进性

企业危机总是在意想不到、没有准备的情况下突然爆发的,它具有突发性特征。在本质上企业危机的爆发是一个从量变到质变的过程,也就是说,酿成企业危机的因素经过一个累积渐进的过程,通过一定潜伏期的隐藏和埋伏后,如果未能得到有效控制,它就会继续膨胀,至一定程度后,就会形成企业危机的总爆发,并迅速蔓延,产生连锁反应,使公众与企业关系突然恶化,大量的顺意公众变成逆意公众,产生强烈不满。由于来得突然,又有很强的力度,往往使企业措手不及,给企业造成很大冲击,使之有突临泰山压顶之感。

危机的突发性与偶然性有关联,而渐进性与必然性有联系。认识这一特征,一方面可以使我们加强防微杜渐工作;另一方面则应随时准备应对突如其来的危机事件。

（3）破坏性与建筑性

危机在本质上或事实上固然起破坏作用,须尽力防范和阻止。但危机既然爆发了,一般足以表明系统中存在不可小看的问题,这就为企业审视自身状况做了最有利的提示。而福祸相依的辩证法告诉我们,危机的恰当处理也会带给企业新的收获。

这一特征可以从协同学角度来论证。协同学的创始人哈肯认为,一个系统的稳定性总是受两类变量的影响,一类变量在系统受到干扰而产生不稳定性时,它总是企图使系统重新回到稳定状态,起着一种类似阻尼的作用,且衰减得很快,简称之为快变量;另一类变量在同样的情况下总是使系统离开稳定状态走向非稳定状态,表现出无阻尼现象,且衰减得很慢,故称为慢变量。当系统处于不稳定状态时,快变量使系统达到一种新的稳定平衡状态。如果原来的稳定平衡状态是一个无序状态,那么这个新的稳定状态就意味着有序的产生与形成。如果原来的稳定状态已经是一个有序状态,那么新的稳定状态就意味着更新的有序状态的出现,意味着系统的进化。

协同学的这一观点既能说明危机的必然性特征,又说明了危机的建设性特征。在企业危机这种不稳定状态中,企业危机管理工作就起着快变量的作用——维持企业这一系统的稳定性。强有力的企业危机管理工作必定会在原本无序的经营状态中建构更佳的形象大厦,或使原本有序的经营管理更上一层楼。

认识危机的破坏性,才不会掉以轻心,麻痹大意。认识危机的建设性,才会采取主动姿态,沉着冷静而满怀信心地面对危机,从中寻找并抓住任何可能的机会。总之,只有勇于面对并善于应对危机者,才有可能正确地认识到企业危机,在破坏企业形象良好状态的同时,也为企业建立富有竞争力的声誉,树立企业的形象和处理企业的重大问题创造了机会。

（4）急迫性与关注性

企业危机总是在短时间内猛然爆发,具有很强的急迫性,一旦爆发即造成巨大影响,又令人瞩目。它常常会成为社会和舆论关注的焦点和热点。一时间,它可以成为一般公众街谈巷议的话题,成为新闻界追寻报道的内容,成为竞争对手发现破绽的线索,成为主管部门检查批评的对象等。总之,企业危机一旦出现,它就会像一枚突然爆炸的"炸弹",

在社会中迅速扩散开来,对社会造成极大的冲击;它就会像一根牵动社会的"神经",迅速引起社会各界的不同反应,令社会各界密切关注。因此若控制不力或行动迟缓,必然产生严重后果,所以必须牢记"兵贵神速"这一兵法格言,强调企业危机管理的时效性。

3. 危机的类型

对企业来说,危机的类型很多。区分危机类型有助于针对不同危机类型的特点、做出相应的预防与处理对策,有效地扭转危机局面,改善企业的经营状态。

(1) 按危机爆发剧烈程度和有意与否划分危机,如表 10-1 所示。

表 10-1　按危机爆发剧烈程度和有意与否划分危机

危机来源	剧　烈　的	非　剧　烈　的
自然原因	地震、森林大火等	干旱、瘟疫等
有意的	恐怖行径(包括产品的擅自改变)等	爆炸、敌意接管、内部交易、恶意谣言和其他非法行为等
无意的	炸弹爆炸、火灾、毒气泄漏和其他事故等	生产过程和产品原因造成的延误、股灾、商业失误等

(2) 按其他标准划分危机,如表 10-2 所示。

表 10-2　按其他标准划分危机

分类标准	类　型	内　容
形成过程	直接危机	指由企业自身行为本身的不当而导致的企业危机,如调查不深入、策划不得当、计划不周密、传播不真实、实施不得力等
	间接危机	指企业的其他经营行为不当或其他各种危机导致的企业危机,如经营危机、人才危机、资信危机、素质危机、政策危机、事故危机、灾变害危机等引起的形象危机
显露程度	显在危机	指已经爆发或爆发的势头已成必然的企业危机
	潜在危机	指尚未表露的仍处于隐藏和潜伏形态的企业危机
严重程度	一般危机	指仅对企业或其公众起局部影响或轻度危害的企业危机
	严重危机	指对企业造成根本损害或形成致命打击的危机,也称破坏性危机或特别危机
涉及范围	内部危机	指企业的领导、部门和职工之间因组织决策、人际关系、利益分配、环境条件方面的不良因素引发的企业危机
	外部危机	指企业与顾客、供应商、经销商、政府部门、财政信贷部门、新闻媒介及社区公众、竞争对手等因发生某种摩擦、纠纷、矛盾而引发的危机
预防程度	预防类危机	指原因在于企业,发生时能预测并制定对策或能事先设置危机发生之际的对应程序,并做好将危机损失减小到最低程度的准备
	半预防类危机	指原因在于企业,发生虽能预测,但无法制定像"预防类危机"那样完备的对策,但是能事先设置危机发生之际的对应程序,并做好将损失减少到最低限度的准备
	非预防类危机	指并非单以企业为对象的,难以预测的突发性危机,在应对危机之际,单靠自己的努力不足以解决问题的企业危机

4. 危机的生命周期

危机从其潜伏直至消亡,就是完成了一个生命周期,因此,危机呈现出周期性特征。所谓危机的周期性特征是指危机在其产生和结束的过程中,可以划分为不同的阶段,每个阶段又可以表现出具体的特征。危机事件在整个生命周期里,其危害性是不断发展变化的,因而与之对应的管理方法和措施也有所不同。鉴于此,为了便于有效管理危机,专家和学者们常常将危机事件的生命周期划分成不同的阶段。有的学者将危机的生命周期划分为三个阶段——潜伏期、发生期、消除期;有的学者将危机的生命周期划分为四个阶段——潜伏期、爆发期、持续期和解决期。这里我们将危机的生命周期划分为五个阶段,即潜伏期、爆发期、蔓延期、恢复期和消除期,如图 10-1 和表 10-3 所示。

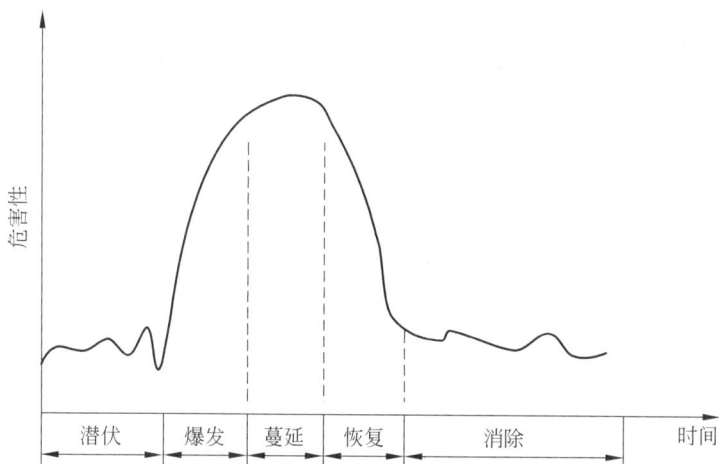

图 10-1 危机生命周期的五个阶段

表 10-3 危机生命周期的划分及各阶段的特征

危机阶段	特　征
潜伏期	不易察觉、识别,隐藏性强,危害性小
爆发期	危机事件突发,危害性很强,破坏了系统的平衡,影响巨大
蔓延期	危害继续蔓延,产生连锁反应
恢复期	危机被控制,影响范围缩小,不良影响逐步消除,系统开始修复
消除期	危机影响消除,系统恢复正常运转

(1) 潜伏期。通常情况下,危机在潜伏期阶段会出现一些征兆,但是,这些征兆往往具有很强的隐秘性,人们不容易觉察到,也很难进行识别和预测。因此潜伏期就是一些诱发危机发生的因素积聚的过程。这些因素相互作用,不断地积累具有破坏性和毁灭性的能量,达到一定程度时会喷发而出,危机随之而爆发。有时,人们觉察到了一些征兆,却往往又忽视它们。因此,危机的爆发常常使人们措手不及。假如人们能够在危机的潜伏期内就发现这些征兆,并对它们进行正确的判断和评估,及时采取措施,就可以化解和遏制危机的爆发。

然而,在现实社会和生活中,要在危机的潜伏期就发现危机征兆并化解危机是十分困难的,主要决策者们往往会忽视已出现的危机征兆,或是有了征兆而又很难判断什么因素会真正导致危机发生。此外,危机爆发的另一个重要原因是人们忽视或者不能真正认清已出现的危机征兆。

(2) 爆发期。当潜伏期的危机不能被察觉或消除,一旦危机的诱因产生的危害积聚到一定程度时,危机就会突然爆发,所积聚的破坏能量就会得到释放。危机往往使组织的正常工作秩序完全被打乱,给整个社会系统或组织系统造成很大冲击与破坏,使社会生产和生活偏离正常轨道。危机爆发时会给政府、社会、组织以及公众都带来特别强烈的震撼和巨大的压力,使人们产生恐慌。

(3) 蔓延期。危机一旦爆发后不会马上结束,状况仍会继续恶化。这时,危机会带来一系列的连锁反应,其影响会延伸到组织的方方面面,并继续产生危害,而且危害性可能比爆发阶段更严重。例如,美国的"9·11"恐怖袭击事件发生后,不仅直接造成几千人失去生命和巨大的财产损失,还由此引发了全世界股市的暴跌、世界贸易量的减少、美国社会的恐慌、航空业的亏损及大裁员等。

危机所产生危害的程度与危机蔓延期的长短有直接的关系,蔓延期的长短则取决于组织外部状况的变化和内部状况的处理;同时,还与科学技术发展水平密切相关,因为科学技术的发展可以使人类控制危机的手段及物质条件不断得到改善,人类能更有效地遏制危机的蔓延。

(4) 恢复期。在恢复期,危机事态已经得到控制,危机爆发后所引起的各种显性化问题基本得到解决,危机风暴已经过去,组织管理层所承受的压力减弱。此时,组织要谨防就事论事,要善于通过危机的现象,寻找危机发生的本质原因,并提出有针对性的改进措施,防止危机可能引起的各种后遗症卷土重来。

(5) 消除期。也有的学者把它称为善后期,这一阶段危机状况已经基本被平息,是组织在危机解除之后自我分析、自我检讨的疗伤止痛期,聪明能干的决策者会睿智地利用这段时间,做好进一步的"危机处理计划",分析问题出在什么地方,并尽可能采取补救措施。这个时期的长短不定,但其重要性不可忽视,如果处理不当,很可能成为新危机的发展期。

上述危机的发展阶段是危机生命周期的一般状况,但并不是所有危机的必经阶段。有些危机的爆发可能没有任何征兆,或者危机征兆的持续时间极其短暂,跳过了潜伏期;有些危机在潜伏期就被组织所觉察并迅速采取了相应的措施,使危机被遏制在萌芽状态,不再进入爆发期;有些危机不能得到妥善解决,则可能导致组织的破产、倒闭,因此,危机没有解决的这段时期也称为恢复期。

二、危机沟通的概念和原则

1. 危机沟通的概念

危机的突发性、危害性、公众性、紧迫性和二重性这五个基本特征,使任何组织都不敢忽视危机管理的重要地位。而在危机管理中,沟通则作为危机处理的基本手段和工具,享有其他任何手段和工具都无法替代的崇高地位。组织的声誉需要通过长期谨慎小心地制定决策,并对宣传传播进行大量投资才能获得。一个重大的危机处理不当,危机期间或危机后没有与公众进行有效的传播沟通,组织的声誉会在几天甚至几小时内就全部毁尽。然而,成也沟通,败也沟通,善于沟通能起到点石成金、化干戈为玉帛的神奇作用,而不科学的危机沟通策略则可能会加剧事态,使组织在公众心目中的形象一落千丈。

危机沟通指的是以沟通为手段、解决危机为目的所进行的一连串化危与避危的过程。危机沟通可以降低对组织的冲击,而且通过危机沟通就有可能化危机为转机。反之,如果没有适度的对外、对内的沟通,小危机就可能变成大危机,大危机就有可能导致组织一蹶不振。在组织遇到重大转折之际,危机沟通在一定程度上起着关键作用。

2. 危机沟通的原则

关于媒体沟通,英国危机公关专家里杰斯特提出了著名的"三 T 法则"。

(1) 以我为主提供情况(Tell Your Own Tale)。如果企业针对媒体的信息沟通渠道超过一个,那么随时有可能因为主渠道之外那些渠道的一个微小的错误而使企业陷入被动。在企业危机发生之后的 24 小时内,媒体的实时监控更容易造成信息泄露,尤其在互联网空前发达的今天,所有信息都有可能在最短的时间内到达任何一个角落。这时企业内部高层领导唯一可做,同时也必须做的一点就是:企业内部所有针对媒体的信息沟通渠道只能保留一个,这个渠道或者是 CEO,或者是指定的新闻发言人,以任命指定的新闻发言人最为恰当。

(2) 提供全部情况(Tell It All)。有关企业危机的第一篇报道出炉后 24 小时内,会爆出无数的带有臆想色彩的信息。如果这时的企业领导者比媒体晚一步了解更多的信息或者事实真相,那么媒体危机公关将非常吃力。但不管企业领导者是否了解得比媒体多,这时作为新闻发言人,他所能做的就是提供其所了解的全部事实,并且必须强调其所确认的事实和观点。不过对于那些暂时还无法回答的猜测和疑问,必须真诚地说:"我们暂时还没有确认你说的这些情况是否属实,不过我们会很快调查清楚,并给大家一个准确的答复。"

(3) 尽快提供情况(Tell It Fast)。在危机出现后的 24 小时内是应对的最佳时机,也被称为危机处理的"黄金 24 小时"。原因不仅仅因为媒体的猜测会在这段时间里大量涌现,如果拖延,对企业的损失将呈几何级数放大。最极端的一个例子就是埃克森石油公司,该公司的一艘油轮于 1989 年 3 月 24 日在威廉王子湾发生泄漏,作为最高领导人的董事长劳伦斯·G. 莱尔却在一周内未向媒体做任何解释。这个看似简单的危机最终却让埃克森公司用了几年时间才解决,其代价则是 25 亿美元之巨!

三、危机沟通策略

传播沟通在管理的任何时候都十分重要,缺乏良好的沟通,任何的管理行为都无法有效地实施。企业危机发生后更离不开传播沟通,它是迅速处理企业危机的关键。

1. 危机处理中的传播沟通策略

企业危机事件发生后,为了求得公众的准确了解、深入理解、全面谅解,很有必要向广大公众传播有关信息。因此,在形象危机的处理中,为了增强信息传播的有效性,策划者必须提出一定的传播对策,以确保企业危机处理的顺利进行,取得良好的危机处理效果。

（1）迅速开放信息传播通道。企业危机事件的出现,往往会引起新闻媒介和广大公众的关注和瞩目,这时企业必须做到迅速开放信息渠道,把必要的信息公之于众,让公众及时了解危机事态和企业正在尽职尽责地加以处理的情况。面对新闻界的竞相报道和社会公众的刻意打探,如果企业组织在这时隐瞒事实,封锁消息,不仅不会给企业带来什么好处,反而会引起新闻界和公众的猜疑和反感,促使他们千方百计地从各种渠道收集材料,挖掘信息,这就很容易出现失实和不利的报道,从而更有可能给该企业的危机处理带来麻烦,产生新的形象危机。这时的社会公众也是最容易产生猜疑、误传或者轻信不良情况的,这更会给企业造成不利的社会影响。因此明智的做法是,开放信息传播渠道,公布事实真相,填补公众的信息空白,让新闻界传播客观真实的信息,让广大社会公众接受客观真实的信息。当然,开放信息传播渠道并不是让企业危机事件及其处理情况的有关信息放任自流,而是要让其有秩序地传播。这样,便要求企业做好信息传播的基础工作。

① 准备好要传播的信息。这主要包括信息的搜集、整理、分析、加工等内容。一是信息的搜集,信息的搜集一定要全面,要通过有关途径取得完整的企业危机事件及其处理情况的一切信息。二是信息的整理,其关键的问题是对已搜集的信息进行分类存档,以备查用,或为新闻界提供原始材料。三是信息的分析,即分析各种信息的真实性、可靠性,以及有这些信息反映的企业危机事件及其处理过程的发展情况,此外还要对这些信息中哪些应尽早传播,哪些应稍缓传播,哪些应大范围传播,哪些应控制范围传播等做出具体分析,拿出具体意见。四是信息的加工,即对需要的信息进行内容和形式的加工,其目的是确保信息传播的真实性和准确性,帮助新闻界做出正确的报道。

② 确定信息的发布者。即确定企业危机事件及其处理情况的正式发言人。发言人最好由危机处理专门机构正式确定,也可以临时委任。发言人的人选应视危机事件的性质和严重程度而定。在发生重大危机事件的情况下,一般由总经理担任。在发生一般危机事件的情况下,一般由公关部经理担任。确定发言人的目的是确保对外传播信息的准确性和权威性,因此,在企业危机处理的过程中,危机处理专门机构的信息要全部汇向指定的发言人,发言人要完全了解和明白企业将要发布的信息。

③ 设立一个信息中心(PIC)。在企业危机事件,尤其是重大的危机事件发生后,前来采访的记者会很多,前来咨询的公众也会川流不息。这时必须考虑设立一个信息中心。信息中心的任务是负责接待前来采访的记者和前来咨询的公众;负责为新闻记者指引采访的路径,并为其提供通信、休息乃至食宿的方便;负责向公众解答有关的咨询问题,并将公众的意见做好记录;在危机处理专门机构的统一部署、统一指挥下,负责公布危机处理的进程。信息中心的负责人一般由危机处理专门机构委派的发言人担任,也可以由企业公关部经理担任。

④ 始终坚持两个原则。在企业危机处理的过程中,整个传播过程都要贯彻两个基本原则：一是统一口径原则（one-voice principle）；二是充分显露原则（full-disclosure principle）。危机处理的传播工作很重要,因为一言既出,事关全局,影响甚大,传播出去,驷马难追,所以必须注意统一口径,避免企业人员的言辞差异。坚持统一口径原则还能给公众留下企业是团结战斗的整体,企业领导人有能力、有决心、有诚意处理好这一危机的美好印象;还要坚持充分显露原则,对有关危机事件及其处理的信息知道多少要传播多

少,不要有所取舍,更不要隐瞒或歪曲。

(2) 有效控制新闻传播走向。开放的信息传播通道有利于避免新闻记者和广大公众的猜疑、误传,为人们提供了可靠的信息来源。但是,由于新闻记者和广大公众对于企业危机事件所持的态度不同,看问题的角度不一,因而也有可能使信息传播朝着不利于企业危机顺利处理及企业形象恢复重建的方向发展。所以,在开放了信息传播通道后,还必须有效控制信息传播的走向。

① 尽力进行事前控制。这是指在新闻媒介发布有关信息之前所进行的新闻传播走向控制,它是新闻传播走向控制的最为主动的办法和最为有效的措施。具体办法有:请权威人士发布信息;以书面形式发布信息;制作完整的新闻稿件,聘请权威新闻机构的新闻记者担任新闻代理人;邀请政府官员出面发表见解等。企业若能做好事前控制,对尽快摆脱危机,恢复正常的经营状态是十分有利的。

② 适当进行即时控制。这是指新闻媒介即将发布有关信息之时进行的新闻传播走向控制。这种控制一般难度较大,原因是记者将如何写一般不容易知道。所以必须多动脑筋,设法进行。一般的,主要掌握前来采访记者的情况,如有哪些记者曾前来采访过,他们是哪些新闻机构的记者。在此基础上,可通过两条途径进行控制:一是通过向新闻机构及时传达信息,达到对偏向新闻进行及时纠偏的目的;二是通过原来与新闻机构建立的各种联系,借助于内线人物达到对偏向新闻进行纠偏的目的。

③ 设法进行事后控制。这是指新闻界在发布了有关偏向信息之后所进行的新闻传播走向控制。这方面的办法主要有:当新闻记者发表了不符合事实真相的报道时,可尽快与新闻机构接洽,向其指明失实之处,提出更正要求;当新闻记者或新闻机构对更正要求有异议时,可派遣重要发言人,如当事人或受害者本人接受采访,反映真实情况,争取更正机会;当新闻记者或新闻机构固执己见,拒不更正时,可用积极的方式在有关权威媒介上发表证明正面申明,表明立场,要求公正处理,必要时可借助法律手段,但要慎重采用。

(3) 消除危机处理中的谣言。谣言是毁坏企业形象,涣散企业组织的恶魔,企业在危机处理过程中,应注意预见谣言产生的可能性,一旦谣言产生要沉着应战,遇事不慌。危机事件中产生谣言的主要因素有:公众缺乏可靠的来自正常信息渠道的信息,人们得不到正常渠道的消息,就会向非正常渠道获取,就难免谣传纷起;公众缺乏完整的信息,信息不完整就会给人留下想象或捏造的空隙,从而产生谣言;危机形势紧迫,公众担忧和恐惧,感到形势无法控制对前景丧失信心,悲观失望,任由事态发展,也会产生各种谣言;传闻失实,小道消息流传,使公众对正常渠道的信息产生怀疑,这种怀疑使一些人信谣和传谣;从企业传出的信息有出入,不是统一口径,公众从企业听到不同的声音,自然会产生思想疑虑,这种疑虑是导致谣言产生和流传的基础。

企业消除谣言首先要消除产生谣言的气候和土壤。在企业危机处理中,要认真研究以上因素,仔细分析和观察事态的发展,保证信息渠道的通畅,积极沟通,这样,就能在一定程度上防止谣言的产生,一旦谣言产生,企业要以积极郑重的态度对付谣言。辟谣的对策包括:首先,要分析谣言传播的范围、造谣者的意图和背景、谣言的起因,以及谣言造成的影响。在分析的基础上寻求阻止谣言流传的最佳方案。其次,要选择恰当的媒介,及时提供全面的、确凿的事件真相,让事实讲话,让行动证明。动员一切可以动员的力量(包括企业员工和本地区的行政首脑、知名人士、舆论界权威和一切有社会影响的人），通过多种渠道，多层次的宣传，对付谣言的流传。最后，在企业内部广泛地开展谈心活动，进行各种形式的信息发布，让企业全体人员体会到企业辟谣的决心，加强企业的凝聚力。辟谣方案实施前，应召开基层人员座谈会，听取意见，保证辟谣工作的实施。

2. 危机处理中的内部沟通

真正做好危机管理工作，需要企业高度重视内部人力资源的利用与潜力挖掘，在内求团结的基础上才会使得员工为企业的转危为安贡献才智。这时，企业内部沟通发挥着巨大作用，对于危机中的企业来说是至关重要的事情，必须提到议事日程上来。通过沟通，员工可以详细了解危机状况，容易焕发出对企业处境的同情并增强责任感；通过沟通，员工会减少对企业的胡乱猜测，避免去做任何他们认为可能伤害到企业的事情，不会主动去传播有关企业的谣言；通过沟通，员工安心于本职工作，保持工作的积极态度，自觉地充当企业危机管理的宣传者，有助于说服顾客、供应商和其他公众产生同感。

（1）危机中如何与员工进行沟通。

① 尽快和员工沟通。对于危机中的内部沟通，很多危机管理专家都强调一个"快"字。在危机发生之后，员工们应该得到在通过其他途径了解危机情况之前获知危机真相的权利，让他们成为企业喜怒哀乐的分享者。企业应该就危机形势与所有员工开诚布公地进行沟通，让员工清楚地知道企业可以公开的信息，如果有可能，可以采纳员工对危机的建议。如果危机比较严重，发生员工伤亡损失事故，要尽快通知员工家属，做好慰问及善后处理工作，并争取把这些坏消息毫不隐瞒地告诉其他员工。

② 尽可能多地向员工传达有关信息。在危机中，员工希望知道尽可能多的危机情况，尤其是一些核心信息，谁也不希望被隐瞒。如果员工觉得自己能够以一种真实的不被操纵的方式了解整个情况，他们可能会更支持企业，但如果企业认为员工想要知道的是机密的事，要注意向员工解释为什么现在不能告诉他们。此时，企业可以根据需要细分员工，根据不同级别，采取不同的沟通方式，发布不同的核心信息。

③ 设身处地地为员工着想，确保所有的员工基本上能同时得知所有重要的信息。站在员工的立场上，用企业希望被对待的方式来对待员工，想一想如果企业是他们，那么他们想知道什么，企业有义务说明什么，会希望通过什么途径知道这些信息，时间间隔会是多长？此时，同时将消息传达给所有的员工可以使被传达的信息保持一致性，可以减少员工通过其他途径得知这些信息而出现信息偏差的机会，有利于企业沟通工作的开展。

④ 为员工提供更多的机会来表达个人意见。在危机中，员工需要有机会来提问题，探究问题的根源以及发泄不满。企业要通过诸如领导个别接见、部门或员工大会等途径给员工提供充分的提问机会，收集和了解员工的建议和意见，做好说明解释工作，让员工知道在出现新的信息和事情有所改变时，企业会及时与他们进行沟通，确保员工对于危机变化的情况都能及时了解，让员工随着企业的行动而行动。

（2）企业内部沟通的途径。在危机中，企业要考虑选择效果最好的沟通工具来传递信息，向员工告知事故真相和企业采取的措施，使员工同心协力，共渡难关。下面是一些企业可能会采用的沟通途径。

① 员工大会与部门会议。这是企业说明重要问题的惯用做法，也是最权威、最正式

的内部沟通方法之一。当企业员工人数比较少或者员工分散在许多地方,但不可以实现电视、电话会议时,所宣布的事会对企业产生很大冲击,需要一个人同时向所有人传达同一个信息时,员工大会这种形式是很实用的,通常效果也最好。要注意的是,应该留有大量的时间用于回答员工的问题,倾听他们的评论和建议。如果所宣布的事并不是很紧急或者企业太庞大以至于无法召开员工大会时,所传达的信息对某些部门的影响要超过对其他部门,部门层次的会议就是最合适和有效的了。在企业高层官员简要传达后,各部门的经理可以根据自己的领域进行发言,以表达他们对企业所采取行动的支持和信任,也要注意留出足够的时间来回答问题或听取员工的意见和评论。

② 企业简报、公告、公告牌或企业报纸。在危机中,企业简报、公告牌或企业报纸是强化关键信息和提醒员工有关企业的信息与行为的便利工具,可以承担起内部沟通的媒介作用,因此,其内容尽可能真实反映危机的真实情况以及危机管理的措施。只是由于企业报纸的出版周期会长一些,不利于危机的快速反应。一般来说,企业多采用企业简报、公告牌在企业内部随时发布信息,及时向员工通报企业的行动趋向。

③ 单独会见。单独会见是企业领导经常采用的内部沟通措施,可以很直接、随意地交流看法。当所传达的信息只会影响少数员工,并且需要他们理解企业决策以及对他们产生的特殊影响非常重要时,或者传达的信息特别敏感和重要时,单独会见是最有效的。

④ 电话与电话会议。电话作为便捷的沟通工具,在企业里应用最为广泛,危机管理中很多信息的传递都会涉及电话。当企业需要快速传达所要沟通的消息,并且不会因为这样做过于私人化而让员工反感时,可以考虑打电话。当只向很少的人传达信息,并且在传达的时候不需要同时联系多个员工时,电话是最有效的。而当处于危机中的几组员工都需要迅速知道信息而且希望能有机会提出问题并给予反馈时,电话会议也是一种有效的沟通方式。

⑤ 互联网。互联网是现代社会沟通的便捷手段,很多企业通过内部局域网的建设,构筑了企业的网上世界。企业可能采用电子邮件、网络寻呼与电子公告、公告牌等方式随时向员工发布最新的重要信息,提供最新的管理策略,以及寻求员工们的建议与支持。

⑥ 非正式传播渠道。员工在工作中形成的人际关系构成了企业内部非正式信息传播的交流网络,传播形式多表现为小道消息。这种小道消息往往传播速度快,不受时间、地点限制,容易使双方产生亲切感,能够立即得到信息反馈并可根据信息反馈及时调整谈话内容,能够获得正式传播达不到的效果。小道消息具有两面性,如能善加利用,通过员工在生活中形成的一定人际关系所构成的非正式传播交流网络进行传播,传递正式传播所无法传送或不愿传送的信息,可以达到理想的传播效果。

3. 危机处理中的新闻发布

(1) 新闻发布的基本规范。企业建立新闻发言人制度,重点要规范以下内容。

① 建立、健全的日常工作机制。主要是要成立固定的新闻发言工作小组,对有关新闻发布工作进行明确的分工。比如要确定由谁担任新闻发言人、谁接听记者日常来电、谁组织策划新闻发布会、谁起草新闻发布稿和准备应答内容等。

从事新闻发布的工作人员,尤其是新闻发言人,应该具备较高的职业素质。因为他们直接与记者打交道,任何一点失误就可能将对企业造成极大的影响。目前,大多数企业都是由传播部门担任新闻发布的工作,但是,由谁来担任新闻发言人一职,各企业的做法却是五花八门。有的企业由老总担任,有的由公关部部长或传播部部长担任,有的由媒介经理担任,有的则由长相较好的女职员担任,还有的请公关公司的人担任。

新闻发言人一职最好由企业内部熟悉公关传播工作的高层领导兼任,退而求其次,也应该由负责公关传播的部长级干部担任,绝不能交给企业其他人员或外部人士。因为担任新闻发言人的人员,如果本身在企业的职位不高,就接触不到企业经营的实质层面,对记者提出的诸如企业发展战略、营销策略等问题,不会有准确而且较深刻的认识,自然也就做不出有利于企业的回答。

② 建立规范的媒介记者档案。知己知彼,百战不殆。企业要在新闻发布活动中把握主动权,就应该事先对出席发布会的各个记者的特点做到心中有数。这就要求平时要建立起规范的记者档案。比如要对各主流媒体的记者的生日、籍贯、兴趣、爱好、特长等进行详细记录。包括哪些记者侧重行业发展的问题,哪些侧重经营管理模式问题,哪些关注企业文化建设问题,哪些提问的角度较偏刁钻等。企业只有事先建立起详细的记者档案,才能预测与会记者可能提出的问题,才能够做到有的放矢、有备无患。

③ 建立舆情跟踪分析机制。主要是平时应指定专人收集报纸、电视、网络上媒体和记者对企业报道的信息,对报道内容加以研判分析,为新闻发布和回答记者提问提供参考。比如记者所报道的内容对企业的经营工作有哪些看法?正面的有哪些?负面的有哪些?哪些对企业不利,需要澄清?哪些虽然对企业有利,但不宜炒热?哪些对企业有利的信息被忽视掉了?这些都需要经常性地跟踪和分析。否则,就难以掌握记者会问什么,也不知道怎么回答效果更好。

④ 建立新闻发布后的评估机制。在新闻发布会后,跟踪媒体对新闻发布会是如何报道的,反响如何,是否达到预期的效果。通过跟踪研究分析,总结经验教训,从中找出不足和问题,从而决定采取相应的补救措施。

(2) 正式发布新闻的方式。国务院新闻办公室前不久前编写了一套新闻教材,将新闻发布的形式分为主动发布和被动发布,正式发布和非正式发布。

主动发布新闻就是主动对外发布消息。比如企业发表澄清公告、企业领导人谈话等。被动发布新闻,主要指新闻发言人应询回答记者提问。

正式发布新闻就是通过一种正规的方式传达信息。主要方式如下:

① 新闻发布会。这是使用最多的一种新闻发布形式。新闻发布会具有隆重、高规格的特点,更重要的是记者可以在会上就自己感兴趣的问题和自认为最佳的角度进行采访,也可以促使企业与新闻媒体更加紧密和默契地联系与合作。如果危机引起了较大的关注,企业应该考虑召开新闻发布会。但是,是否应该组织新闻发布会,何时组织,如何组织,是一个很难做出而又非常重要的决策,企业需要考虑周全,这将直接关系着企业的命运。选择好新闻发布会召开的时间很重要。在危机中,如果新闻发布会开得太早,企业所能提供的可信信息就会很少,或者根本就提不出来,反而使宣传效果不佳;太晚则会丧失转化舆论的先机,面临谣言四起的尴尬局面,增加企业危机管理的难度。企业一般只有在调查得到了足够多的信息,充分了解了企业的处境与所采取的措施之后,才会主动召开新闻发布会,而在持续时间较长的危机中,可能还要召开多次新闻发布会。

当决定召开新闻发布会时,企业应考虑以下问题:一是新闻发布会要达到什么目的?二是除新闻发布会外,是否有别的替代方式?三是回答记者提问是有助于解决问题,还是会使问题更糟?四是在危机中,企业对公众负有什么责任?计划采取什么措施予以解决?五是在新闻发布会前发布一个事先准备好的声明,能否将复杂的事情简单化?需要特别强调的一点是,记者往往精于判断新闻的真实性,因此,企业发布的消息是否有新闻价值,要在新闻发布会之前必须予以确认,此新闻为什么要现在发布,效用如何,必须考虑清楚,除非企业能提供一个重要的、合乎时宜的声明,否则就不要轻易召开新闻发布会。

新闻发布会应避免与一些社会上重大的活动和纪念日相冲突,具体时间最好选在上午 10 点或下午 3 点为佳,这样既可以让危机管理小组成员在早上或中午再花些时间进一步对所要发布的消息进行精练处理,也方便记者到会,还可以给记者留出几个小时的时间来编辑加工的内容。一般的新闻发布会,正式发言时间不超过 1 小时,会留有时间让记者提问,发布会后,一般为记者准备自助工作餐,给记者提供交流和对企业领导人进行深入采访的机会。确定好具体时间后,企业要提前向记者发出书面邀请,最好在邀请函上附一回执,以便确认记者的身份,做好接待工作,同时也给记者留出充分的准备时间。

要注意新闻发布会举办地点的安排。一是会场选址。新闻发布会的选址应该与所要发布的新闻性质相融洽,同时,要考虑到交通是否便利、电话、传真等信息传递设备是否完备等因素。通常新闻发布会会选择在宾馆或新闻中心等地举行,主要是考虑到上述要求。二是会场布置。选定会址以后,还要注意会场环境布置,布置格调、室温、灯光等问题要考虑周全,要选经验丰富的设计人员来布置会场,使新闻发布会现场既能体现企业精神,又能让记者及其他来宾产生宾至如归的感觉。会场应在入口处设有记者签到处,引导记者以及参会的代表入席,会场座次安排要分清主次,特别是有贵宾到会的情况下。在每个记者席上准备有关资料,以供记者们深入细致地了解新闻发布会的全部内容。

新闻发布会工作人员选择。首先,要确定主持人和发言人。主持人的作用在于把握主题范围,掌握新闻发布会进程,调控会场气氛,担负着化解情绪、打破僵局等特殊任务。新闻发言人要面对记者的各种提问,头脑冷静,思维清晰,反应灵敏,措辞精确,代表企业发表权威性意见。许多时候,企业为了证实所发布的消息是准确的、全面的,特别是一些专业性技术问题,往往会通过一位内部专家或外部专家代表企业提供更专业和更详细的背景情况,解释事故发生的原因和解决问题的措施,协助媒体了解情况。其次,选择现场服务人员。现场服务人员要严格挑选,从外貌到自身的修养均要合格,体现出企业的风采与水平,并注意服务人员的性别比例,以便发挥"异性效益"。服务人员的主要工作有:安排与会者签到;引导与会者入座;准备好必要的视听设备;分发宣传材料和礼品;安排餐饮工作;安排一位摄影师专门拍摄会场情况,以备将来宣传之用。

② 记者招待会。记者招待会是一种更正式的、更大范围的发布新闻方式。一般用于发布企业经营方面的重大信息,除了发言人到场外,通常还会邀请有关领导干部、嘉宾出席。先由发言人做开场白,简单介绍被邀请来的回答记者问题的嘉宾身份和背景,然后由他们回答记者的提问。记者招待会上一般不先发布新闻。记者招待会的优点是,可以更正式地、更权威、更大影响地对外传播信息。

③ 举办冷餐会或酒会。这一形式可以单独使用,也可与新闻发布会或记者招待会合

并使用。通过这一形式,可以轻松地将有关想发布的信息传达出去。

④ 网上发布新闻和网上在线交流。这是一种全新的新闻发布形式。随着网络的影响越来越大,通过网上发布新闻、网上论坛和网上在线交流等形式,阐述企业经营和管理的做法越来越常见。

⑤ 接受专访或多家联合采访。采用这种形式是为了透露重要信息,扩大影响。一般挑选影响比较大的媒体。另外,企业实施一项重大决策前,为了营造声势,也会采用这一方式。

接受新闻媒体采访是危机中的企业领导和新闻发言人的必修课,因为记者总是渴望知道得更多,而企业领导和新闻发言人无疑是最佳采访对象,这时企业就要考虑如何面对新闻媒体的专访问题了。一般来说,当企业要给媒体提供特定的线索或消息时,最好是采用一对一的媒体专访,这也是与个别媒体联系的最好方法。不过,在记者的采访过程中,很容易遇到记者提出的一些难题。记者为了获得更多的新闻素材,往往会采用职业技巧来让被采访者自动地落入记者的圈套中,甚至是采用欺骗的手段,特别是对那些不能够给予媒体很好配合的企业,记者会竭尽全力地挖掘企业的新闻价值。此时,企业领导和新闻发言人就迫切需要提高个人能力,掌握应对记者的基本技巧了,这里结合中美史克公司新闻发言人杨伟强就《中国经济时报》记者的专访,谈谈应对建议。

第一,错误前提。记者故意以一个声明作为问题的开端,测试企业是否会更正这个声明。真正的问题也许跟这个前提毫无关系,但记者会用它来判断企业的反应。要是没有反应,记者就会据此推断企业对于这个前提的某些看法。

对策:如果该前提不正确,在回答问题之前应立即给出实际情况,进行纠正,绝对不要接受一个错误的前提。

记者:有人认为,国家药监局的政策有点仓促,中美史克是否承担了不该承担的损失?

杨伟强:药监局作为国家药品安全管理部门,肯定要对全国老百姓的健康负责。回到我刚才说的,这就是大我与小我的关系。我是相信药监局既想保护企业,也想保护老百姓的健康,一旦两者发生冲突时,政府自然要把12亿人口的利益放在第一位,小我要服从大我。

第二,假设情况。记者想要企业来谈论某些企业也许会回避的事情时,最常用的方式之一就是通过对某些可能发生或者根本不会发生的事提问,希望企业能够谈谈这件事,从而使企业透露某些具有新闻价值的信息。

对策:告诉记者企业不会就假设的情形发表看法,而且要管住自己不这么做。

记者:根据你个人以及企业所知道的专家意见,你认为康泰克到底有没有问题?

杨伟强:一个人或者几个人的看法不足为据,要想得出一个权威的结论,必须有一个专家群的统一意见。

第三,我听到一个谣言。有些记者为了对企业内部信息了解得更深入,也许会看一看企业对他们事先捏造的事情有何反应,从而在无意中从一个有趣的角度涉及关键主题。

对策:如果谣言不是真的,就应该立刻加以否定,还要注意给出企业合理的理由,最好随时准备好一些有利于企业申辩的材料,以便更有说服力地答复这些问题。

记者:PPA事件出来后,就有消费者给我们打电话说,他吃康泰克有副作用,康泰克早就应该被禁。对这一问题,你如何看待?

杨伟强:康泰克在中国销售了12年,之所以能在市场上发展这么多年,不是靠我们打广告就能做到的,靠的是这种药在大多数人那里是安全的,有疗效的。从销售开始,如果平均每次服用4~6粒,那么全中国就有8亿多人次服用过这种药,如果没有疗效,恐怕早就被扔到臭水沟里了,怎么会生存12年呢? 但药的副作用是客观存在的,有些人副作用可能会大些,有些人可能会小些。

第四,对竞争对手做出评论。很多时候,记者会要求企业对竞争对手进行评论,这些问题可能很自然地涉及竞争对手新的广告活动、企业领导或转移到新目标市场的决策,但是企业要知道这有可能会引起企业与同行之间的争执与竞争。

对策:把不谈论竞争对手作为企业的行为准则,尤其是在危机中,向记者说明企业的处境并争取其理解。需要注意的是,企业不可能完全了解竞争对手所做出的决策,而且任何企业也不会愿意让竞争对手来剖析自己,所以,企业最好不要对此抱有什么幻想。

记者:你们的竞争对手在PPA事件发生后,利用这一市场空隙,你怎么理解?

杨伟强:在事件发生以后,我们的一些竞争对手必然会利用这个机会多占些市场份额,也有和我们代理商接触的,这很容易理解。但在这个问题上,我们的代理商却始终和我们站在一起,这令我非常感动。

第五,固执的记者。有时候,有些记者为了获取独家新闻,会试图要挟企业提供他们正在寻找的信息,要是企业不愿配合,他们就会以报道不利的新闻或从其他地方查找信息来威胁,给企业造成压力。

对策:企业冷静地向记者表明记者可以做任何他们想做的事,但企业不会背离自己的原则和判断,同时简要地解释一下企业为什么不愿深入的原因。

记者:康泰克在中国感冒药市场上占的市场份额有多少?

杨伟强:说不清楚。你们知道,现在各种对市场份额的统计很难说是准确的。

记者:你们的产量有多少,是否可以透露一下全年的销售额?

杨伟强:这不可以说。药品是有季节性的,冬天和春天季节,一般是感冒高发季节,感冒药的市场需求就大,是感冒药销售的黄金季节,这段时间产量就会相对大一些,反过来,夏季的产量就小一些。

第六,对新闻媒体说"无可奉告"。很多经验表明,企业"无可奉告"只会显得企业本身不可信或者在试图逃避问题。

对策:在回答记者的提问时,尽可能不说"无可奉告",只要企业有所准备,就应该多披露一些内情。为了避免说些不利的事及无法直接回答被问的问题,可以采取多种方法予以转移话题,而不要总是说"无可奉告"。

记者:康泰克的停产给企业造成了多大的经济损失?

杨伟强:暂停使用康泰克确实给企业带来了经济损失,但是这里边有一个大我和小我的关系。从大我的角度来看,我们认为,政府做出这样的决定,是对消费者负责,是有道理的。

⑥ 传送新闻稿。新闻稿是一个由企业自己拟订的,用来宣布有关企业信息和官方立场的新闻报道,是用于"明确"危机情况的新闻信息。新闻稿可以是企业声明,可以是企业新闻,也可以根据情况和需要决定其具体形式。通常,新闻稿篇幅应短小精悍,当危机具有新闻价值时,企业可以及时分发给有关新闻媒体。实际上,许多企业都备有新闻稿,以便紧急情况下派发。大多数危机管理专家都认为,在危机中,新闻稿很难成为企业的唯一声明,但有助于说清事实真相,提供详细的背景信息,企业希望把同样的信息同时传递给多家媒体的时候,采用新闻稿是最有效的。企业一般做法是,把具有新闻性的信息,由专门人员写成新闻稿,以电子邮件等方式,传送给记者,请他们发表或在撰写新闻时参考。

(3) 非正式发布新闻的方式。非正式发布新闻的方式主要有以下几种方式。

① 公开场合交谈。一般来讲,企业高层领导应邀出席有关单位公共活动时,有可能被主办方邀请出席记者采访。在这种场合,发言人可以委婉地拒绝采访,但从宣传本企业工作或从与记者建立良好关系的角度出发,有时还是有必要与记者聊聊天。而且,如果企业的确有一些可以发布的信息,即使记者不提问,也会主动向记者透露消息或发表看法。

在公开场合与记者交谈时,应把握一个原则,就是对敏感问题不要轻易表态。因为你事先没有准备,对记者所提的情况很可能会把握不准。同时,在这种场合谈话很可能被其他事情打断,影响观点的表达,容易让记者断章取义。如果记者一定要求回答,可以坦诚地告诉他,自己不能肯定,或者给对方名片,约他们下次再谈。

② 背景吹风会。背景吹风会是一种非正式发布新闻的渠道。一般是企业遇到没有必要热炒,但又需要在一定范围内传播的问题时采取的新闻发布形式。这种形式气氛可以比较轻松,可邀请为数不多的,平时与企业关系良好的记者,在一个小会议室或发言人的办公室里,甚至在饭桌上举行。

吹风会的内容可以有两种情况:一是可以报道和不可以报道,有的内容由于时机不成熟等原因,不供即时报道,只供报道时作背景参考;二是可具名和不可具名报道,也就是说内容是可以报道的,但不能讲出消息来源。

③ 向个别记者提供重要信息。主要是选择一两家强势媒体的记者,向他们透露企业的重要信息。目的是让他们率先发布消息,吸引其他媒体进一步报道,起着"四两拨千斤"的作用。

④ 请记者吃饭、喝茶。通过以请记者吃饭、喝茶的形式,营造轻松的谈话氛围,既可增加彼此的友谊,又可传递或透露某些信息。

案例 1:"大奔"因何被砸

一、案例介绍

奔驰汽车公司是世界十大汽车公司之一。公司自 1883 年创立以来,始终执世界汽车业之牛耳。公司生产汽车有 160 多个车种,3700 多个型号,从一般的小轿车到 2150 吨的大型载重汽车,以及各种运输车、大轿车、多用途拖拉机、越野车等,真可谓琳琅满目,种类繁多。据美国一家公司对世界近万名消费者的抽样调查表明,奔驰汽车是仅次于可口可乐饮料的"世界十大名牌"中的第一车。可是,就是这样一个知名的大公司却出现了一件令人十分尴尬的危机事件。

2000 年 12 月 19 日,武汉森林野生动物园从北京宾士汽车销售中心购买了一台原装进口的奔驰 SLK230 型小轿车。但在该车买回来不到三个月的时间里,却"接二连三地出现问题"。武汉森林野生动物园只好不远千里将奔驰车从武汉运往北京修理。但回来之后,问题仍然不断出现。此后,奔驰代理商先后 4 次委派维修人员检查、维修,但每次维修过后不久,故障又会出现。

武汉森林野生动物园也曾将该事投诉到消费者协会,然而消协说,消协只受理个人消费者的投诉,不受理企业的投诉。最后,武汉森林野生动物园董事长王笙向奔驰经销部门和德国奔驰公司提出换车或退车要求,但均遭到拒绝。眼看一年的保修期即将过去,王笙决定:"如不能退车,本月 26 日将砸毁它。"

直到 2001 年 12 月 26 日奔驰公司仍然没有给予明确的答复,武汉森林野生动物园一怒之下,用一头老牛拖着崭新的奔驰 SLK230 轿车,在武汉森林野生动物园内,五名年轻力壮的员工,挥舞着木棒、铁锤砸向这辆奔驰轿车,价值近百万元的奔驰车被砸得面目全非。

事后,武汉森林野生动物园表示,这辆 SLK230 奔驰轿车的挡风玻璃、车灯、车身均遭到破坏,但机身并未损毁。武汉森林野生动物园有关负责人介绍说,只让奔驰车受"外伤"的原因是要保留好相关证据,他们不排除通过法律途径解决这一纠纷的可能。

2001 年 12 月 27 日晚,梅赛德斯—奔驰公司就"奔驰车被砸事件"发表公开声明,内容是这样的:"问题的原因已被查明是由于客户使用非指定的燃油所致。我们出于好意为客户提供清洗燃油系统的免费服务,这一免费服务将于 2002 年 1 月 31 日之前有效,不幸的是客户拒绝了这一善意的提议。我们对客户不接受我们对他的帮助而深表遗憾。我们重申梅赛德斯—奔驰始终竭尽全力为我们在中国的客户解决所有合乎情理的问题,正如我们在世界各地所做的那样。同时,我们对有关人士在这件事情上所采取的极端的、没有必要的行为深表遗憾。"

2002 年 1 月 7 日下午,遭遇奔驰汽车的质量问题而迟迟未得到解决的几名中国消费者,聚首武汉,宣布成立"奔驰车质量问题受害者联谊会"。2002 年 1 月 10 日,武汉森林野生动物园终于收到奔驰公司发来的传真声明,提了一些"前提条件",并要求武汉车主公开道歉。2002 年 1 月 10 日下午 3 时,武汉森林野生动物园董事长助理刘月玲代表武汉森林野生动物园及其他 5 位车主就奔驰车质量纠纷问题约见了部分北京的媒体。

2002 年 1 月 17 日,奔驰公司要求武汉森林野生动物园就所采取的不必要且侵害公司权益的"行为"出具一份公开道歉函,这份声明发至所有报道过此事的媒体。

2002 年 3 月 8 日,在武汉森林野生动物园内再次砸烂另一辆奔驰车。奔驰公司当时就表态,武汉森林野生动物园在砸车的当天,将其门票提高了 30 元,表明此事有炒作的嫌疑,并将此事向消协做了通报。另外,奔驰公司对武汉 3 月 8 日的事态进行说明,内容如下:

"我们梅赛德斯—奔驰的代表怀着真诚的意愿前往武汉,希望以积极、理性的对话方式解决这一问题,在此之前我们也曾多次做过类似的努力。为解决这一问题,我们向武汉森林野生动物园提出了非常慷慨的条件,但令人遗憾和震惊的是,今天,武汉森林野生动物园方面再次在公众场合下采取了与去年相同的举措。现在这一举措使得解决问题的过程更加艰辛。客户采取任何持续的极端行为,都无助于促成此类与其他问题的积极和建设性的解决方案。我们赞同全国人大湖北省代表熊同发先生在'两会'期间对于此类事件发表的观点,他表示'砸车事件,是一种典型的非理性行为'。我们再次强调,我们一贯严肃认真地对待所有客户所关心的问题,包括这一事件,并且我们诚恳地做出努力为他们提供服务。正如我们一直以来所做的,我们非常愿意为所有中国客户提供服务,以帮助他们愉快地长期享用他们的梅赛德斯—奔驰汽车。"

奔驰公司在获得道歉未果的情况下,进一步以外交恐吓的方式强调:"希望王先生的行为不会给正在进行国际化的中国造成不良影响。"

2002年3月12日,以奔驰车主乌根祥、蔡壮钦、黄冠、王签和王成庆等人发起组成的23人"奔驰汽车质量问题受害者联谊会"中的12人到北京维权,2002年3月13日在北京举行了记者招待会。

2002年3月13日,在武汉举行的武汉汽车消费维权研讨会上,武汉汽车行业协会副理事长说,奔驰车在中国销售,就应该能适应中国的燃油标准。如果认定该车使用的油质有问题,奔驰公司应负举证责任。该会还认为,奔驰公司在车辆被砸前的保修期间,保修服务不是高质量的,也是不及时的。奔驰公司在中国仅有22个维修点,对于中国这个庞大的市场而言,远远不够。武汉的车要运往北京去修理,对车主来说,享受的售后服务与购车的价格极不相称。该会还认为汽车是由上万个零件组成的高科技产品,又是大批量生产、销售,奔驰公司想制造或维护"零故障"的神话是不现实的。砸奔驰车事件对奔驰公司的形象伤害不小,如果奔驰公司不注意自己的品牌,没有优质的服务,那么中国的消费者就会联合起来抵制奔驰车,这对奔驰车是十分不利的。

2002年3月15日,梅赛德斯—奔驰(中国)有限公司和武汉森林野生动物园就"奔驰车被砸事件"进行了协商,并共同发表了联合新闻公告。至此,"奔驰车被砸事件"才稍有缓和。

(资料来源:鲍勇剑,陈百助.危机管理:当最坏的事情发生时.上海:复旦大学出版社,2003)

二、思考与讨论

1. 究竟是什么原因造成了这次危机事件?

2. 如果你是梅赛德斯—奔驰公司的中国主管,你将如何应对奔驰遇到的这一系列事件,使公司远离危机?

3. 如果你是梅赛德斯—奔驰公司的中国主管,你将如何避免此类事件的再次发生?

案例2:中美史克公司的PPA风波

一、案例介绍

2000年11月16日上午,天津市卫生局突然电传天津中美史克药业公司:鉴于国家药检部门在其生产的"康泰克"及"康得"两种抗感冒药品中检测到了可能使人产生过敏反应、心率失常等不适症状的 PPA 成分,要求该公司立即停售一切含有 PPA 成分的药物。紧接着,中国国家药品监督管理局负责人紧急召开媒体会议,并发布公告,告诫患者应立即停止服用所有含有 PPA 成分的药品制剂。意味着史克公司生产的康泰克和康得两大拳头产品必须立即退出市场,公司的经营业绩将急剧大幅度下滑。这场骤然而至的市场风暴,顿时将企业的决策管理层推向了危机的前台。于是,一系列围绕紧急应对 PPA 事件的危机决策及危机管理活动在中美史克公司迅速拉开了帷幕。

中美史克公司的高层管理者在接到传真及有关禁令后,立即意识到了这是一场事关企业大局的严重危机事件,不仅将直接关系到公司康泰克、康得两大品牌的生死存亡,而且也关系到公司声名显赫的公司形象,需要谨慎处理。于是,公司利用其强大的人力资源优势,迅速成立了由公司总经理杨伟强先生亲自挂帅,另由 9 位公司高层经理组成地危机应急中心,并由 10 余名其他工作人员协助负责其间的协调工作。随后又将应急中心细分为 4 个危机管理小组,各小组各司其职,分工合作。

一是危机管理领导小组。该小组为应对危机的中枢,负责统一领导、统一基调、统一口径、协调指挥,处理异常情况,避免出现混乱局面。一句话,该小组的基本工作即是对事件进行总体把握和宏观调控,并予以系统引导。

二是沟通小组。该小组将起到保障公司内、外部信息及时沟通的桥梁作用,做到对内外上下通达,保证信息畅通无阻。具体地讲,其职责就是负责收集外部各界对危机事件的各种信息反馈,然后将以最快速度传递给公司决策层——危机管理领导小组;同时,也将公司危机管理领导小组做出的相应决策有效地发布给公司的内、外各界。

三是市场小组。该小组负责督促公司内部的各级研究开发部门加快新产品的研发工作,努力缩短新一代产品的研制周期,以便用最快的速度将危机中涉及的"问题产品"更新换代,使企业尽快走出品牌危机的阴影,降低事件带来的损失、重塑企业的品牌形象。

四是生产小组。该小组负责企业内部生产管理的组织、协调工作,解决好"问题产品"——康泰克、康得的停产与中间产品的处理问题,同时还负有加强新一代产品产前筹备工作的职责。

事件发生后,史克公司的危机管理层迅速意识到:虽然这次危机是由国家药检机构下达的命令和发布的信息直接引起的,而且对权威部门的认定纵然有"争议"(如 PPA 的危害性究竟如何等),但企业也不宜立即持反对态度,冒与之不合作而受到严厉惩处的风险,更何况与之争论,胜算的可能性还不很确定;同时,公司作为国内感冒药药品行业的"领头羊",其康泰克、康得两大产品的市场占有率均很高,且又身为中外合资企业,若处理不当,会成为众矢之的,不但解决不了问题,反而有可能折损这 10 多年来苦心经营建立起来的公众形象,并且势必会波及企业其他产品的市场销路,使公司的经营业绩进一步下滑,受损面和受损额度都将进一步扩大,这或许将成为使公司陷入恶性循环的直接诱因。

因此,从公司方面来看,显然宜采取积极的配合态度,同时充分重视媒体的导向作用,根据事态的发展,妥善处理好这场突如其来的企业危机。

于是,危机管理领导小组明智地把本次事件的处理工作基调确定为积极配合、多方协调、谨慎从事。接着又在 11 月 16 日下午发布了危机处理的工作纲领。请注意这里的时间,颁发"工作纲领"与接到主管部门的电传之间只有半天之差!兵贵神速,"商场如战场"这一亘古不变的至理名言在这里再一次得到了最充分的体现。他们的具体措施是:①向政府及媒体表明立场——坚决执行政府法令,暂停康泰克和康得的生产和销售;②让经销商和客户,立即停止上述两种产品的销售;③取消相关合同的执行;④停止一系列有关两种产品的宣传和市场推广活动。

虽然这次危机事件涉及的层面较广,但总的来说,可分为尽快平息公司内部的负面反应和设法消弭外界的负面影响两大部分。就公司外部而言,涉及对政府、媒体、经销商、客户、消费者这五大公关对象的关系处理问题。这里,我们先来看看史克公司是怎样进行"安内"的。

就公司内部而言,主要是要解决好员工可能出现的焦躁不安情绪,稳定员工心态,避免出现内部自乱的局面。"攘外必先安内"这句历史名言,此时此刻终于体现出了它的真谛。危机面前,稳定压倒一切,一旦公司的内部稳定问题能得到处理,上下协力,众志成城,战略后方就能得到强有力的保障,解决外部危机才会有更大的回旋空间,也才能使公司处于一个较为有利的战略位置。

事件发生后不久,在公众舆论的感染下,中美史克的员工们也意识到了公司正面临着一次严峻的生存危机。危机面前,公司将会采取些什么样的举措?公司能够很快走出危机的阴影吗?会不会减薪裁员?自己又该怎么办?员工们在议论纷纷的同时,也表露出了忧虑浮躁的心态。

针对这一情况,应急中心立即采取行动,于17日中午召开全体员工大会。会上,总经理杨伟强先生开诚布公地向员工们通报了整个事件的来龙去脉,阐释了危机可能给公司造成的影响,宣布了公司在应对危机方面将采取的一系列措施,并郑重承诺公司不会因为本次危机而裁员,同时也勉励每一位员工与公司积极配合,风雨同舟,群策群力,共渡危机。随后,公司又把在大会上给员工们的承诺以《给全体员工的一封信》的书面形式予以公告。企业最高决策者一番推心置腹、坦诚相见的话语和其表现出来的刚毅果断的决心,以及处理危机的信心,深深地打动了每一位在场的员工,不少人为之热泪盈眶,以至于大会结束时,全体员工激情高唱《团结就是力量》这首铿锵有力的歌曲。歌声中或许含有几分悲壮,但更多地体现出了一种激昂奋进的精神,一种全体员工同心协力、团结奋进、共渡难关的决心和信心。潜在的内部危机迎刃而解,公司的第一步决策取得了立竿见影的效果。很显然,后顾之忧的顺利解决,使公司掌握了化解外部危机的主动权。

17日上午,公司危机应急中心电传公司在全国各地的50多位销售经理,要求他们立即返回天津公司总部,商讨相关事宜。在协调会上,危机应急中心在通报了危机演变的情况以及公司目前的处境之后,宣传了危机处理的基调和原则,安排了相应的工作,并特别强调:作为沟通公司和全国众多经销商及客户的最重要环节,销售部门在整个公司的危机处理过程中责任重大、任务艰巨,其工作开展的好坏程度将直接关系到公司其他危机应对措施的有效执行水平。

18日,50多位销售经理带着紧急任务和公司《给医院的信》《给客户的信》,回到各自的分部,并立即着手开展工作。于是,才使后续事态的发展没有出现经销商和客户纷纷要求退货的局面,同时也有力地维持了公司其他品牌药品的正常销售。

在当今时代，消费者就是上帝，这是公认的市场准则。没有上帝的认可，企业根本就没有生存的空间。消费者的利益，是危机处理中必须予以特别关注的事情。应急中心考虑到随着媒体的进一步报道，消费者们必然会出现惊恐不安的情形，这时他们最希望的，莫过于能得到有关方面发布的相关消息，因此公司必须在这时候给消费者传达出正面的消息，以正视听。于是，公司聘请人员在极短的时间内专门培训了数十名专业接线员，专职负责接听来自客户、消费者的咨询电话，并做出相应的准确且专业化的解答，以帮助对方消除疑虑。同时，要求专业接线员们必须做到解答准确、内容简练、语气温和，严禁模棱两可、态度专横的回答，更不允许表现出丝毫惊慌失措的情绪。

媒体的作用更是始终不能忽视的。在这个特殊的时刻，谁都知道声音的魅力和文字的威力，一丝一毫也怠慢不得。

在国家药检局的 PPA 禁令发布之后，由于国内媒体对 PPA 危机的内因信息并不太熟悉，从而导致媒体对 PPA 危害的舆论报道较为片面和夸张，而且随着时间的推移，许多媒体逐渐将注意力集中在了生产康泰克及康得的中美史克公司身上，这样几乎整个社会（当然也可以理解为市场——笔者注）都在密切关注着史克公司的反应。此时此刻，公司决策层充分意识到，如果自己还不赶快出面主动与媒体进行沟通，将会使局面变得越来越复杂，甚至越来越糟糕，这将为公司下一步的危机处理工作增添许多不必要的麻烦。但是，考虑到媒体的敏感性及炒作性等特点，危机领导小组认为，目前与媒体的见面，应通过各种渠道传递正确有力的相关信息，态度必须诚恳，目的就是做到与各家媒体和谐沟通，而不是现在就与媒体、政府争论孰是孰非。

11 月 17 日，国家药品监督管理局发布了《关于暂停使用和销售含苯丙醇胺的药品制剂的通知》。根据此项通知精神，暂停使用和销售的药品中就包括中美史克公司生产的复方盐酸苯丙醇胺缓释胶囊（康泰克）与复方氨本酚美沙芬片（康得）。获悉国家药监局的这一决定后，中美史克公司极为关注，本着对消费者健康负责的宗旨，公司正采取措施积极响应国家药监局的号召，停售康泰克、康得两大品牌药品。具体措施为：第一，自 11 月 16 日接到国家药监局通知起，全面暂停向销售渠道提供上述两种含有 PPA 的药品制剂。第二，为切实保障人民群众的用药健康，公司愿意全力配合国家药政部门开展有关后续工作。

11 月 17 日，公司召开第一次媒体恳谈会。

11 月 20 日下午，公司在北京再度举行与媒体的恳谈会。会上，公司有关领导就企业生产的康泰克与康得被列入国家药品监督管理局发布的暂停使用和销售的药品名单一事，回答了记者的提问。

恳谈会上，杨伟强代表企业明确地传递出了这样一个信息：希望社会能多给公司一些时间，以便把消费者先安定下来，并同时停止使用这些药品。至于手中以及店里的存药，等有一个肯定性的结论和计划后，企业再有序地进行处理。

另外，针对记者提出的有部分消费者通过天津史克公司公布的服务热线要求退货一事，杨总表示，希望媒体能尽力劝导消费者，暂时不要有退货的想法，等专家论证和国家药监局给出一个确切的结论后再做决定。

最后，杨伟强表示："尽管目前中美史克公司遇到了一些麻烦，但是，中美史克公司感谢中国人民十几年来对公司的厚爱和支持,中美史克公司不会停止在中国的投资,将一如既往地支持中国的发展。""无论怎样,维护广大群众的健康是中美史克公司自始至终坚持的原则,企业将在国家药品监督部门做出关于 PPA 的研究论证结果后为广大消费者提供一个满意的解决办法。"

毋庸置疑,11 月 20 日的媒体恳谈会基本上达到了企业的预期效果,随后的传媒报道也开始转向 PPA 的理性介绍方面。之后,杨伟强又陆续接受了不同媒体的采访。同时,危机应急中心也开始将美国关于 PPA 试验的资料给国家药品监督管理局,以协助其做出关于 PPA 问题的进一步裁决。

11 月 20 日,15 条消费者热线全面开通。

需要强调指出的是:为了妥善化解危机,尽快在事件过程中变不利为有利,在此前后,中美史克公司总经理杨伟强先生频频接受国内外知名媒体的采访,积极同媒体沟通,以争取公众的理解与同情,减少媒体与公司之间的矛盾情绪。

尽管在事件发展的过程中,媒体曾一度将矛头直接指向了中美史克公司,在某种程度上对扩大事态的发展起了推波助澜的负面作用,但是面对初始时不少媒体的肆意炒作甚至攻击,史克公司始终保持了应有的冷静,从来没有同媒体发生正面对抗,使竞争对手说三道四。相反,公司始终以一种诚恳的态度来对待一切。经过一番不懈的努力,史克公司终于赢得了大众的理解和同情,媒体对事态的介绍也逐渐转向了一种理智的态度,而对企业的发展则更表示出了一种正面的关注。最后,绝大多数媒体终于发出了"中美史克公司面对危机,管理正常,生产正常,销售正常,一切正常"的稳健之声。随着时间的推移,史克公司终于走出舆论的阴影,并给自己营造出了一个较为宽松的内外环境,从而使自己能够以更多的精力致力于新产品的研制和开发。

2001 年六七月间,北京美兰德信息公司对北京、上海等 20 座城市的感冒药市场进行了一次调查,结果表明:康泰克在全国享有 96% 的认知度,90% 的被调查者表示"会接受"或"可以接受"康泰克重回市场。这表明,强大的品牌知名度是中美史克开发新产品、"收复失地"的信心保证和资源优势,它也为该公司新康泰克的出台和上市奠定了有力的基础。

在 9 月 3 日举行的新康泰克上市新闻发布会上,中美史克公司宣布:全新的抗感冒药品"新康泰克"的研发已顺利完成并获检通过,即日起正式上市。下午 2 时 50 分,中美史克药业有限公司总经理杨伟强先生面带笑容,按动电钮,揭开了新康泰克的面纱。仅 9 月 3 日上市的第一天,新康泰华南市场就拿下了高达 37 万盒(每盒 10 粒装)的订单,为新康泰克的上市打响了第一炮。

至此,历经 292 天"PPA 磨难"的中美史克公司终于走出了危机的阴影,翻开了其经营史上开拓性的新篇章,昂首跨进了"新康泰克时代"。

(资料来源:陈迅,王澍文.危机决策.兰州:甘肃文艺出版社,2001)

二、思考与讨论

1. 中美史克公司成功地处理了 PPA 事件,它给了我们哪些启示?

2. 结合本案例谈谈在危机中应如何面对新闻媒体?

3. 中美史克公司在处理 PPA 事件过程中是否存在不足?请加以分析。

案例 3：凯美瑞"刹车门"事件

一、案例介绍

2009 年 4 月 21 日,中央电视台《新闻 30 分》报道:近期国家质检总局陆续接到一些广汽丰田凯美瑞轿车车主的投诉,反映该车存在刹车制动失灵问题。为此,央视记者采访了济南两位投诉凯美瑞的车主。一位是有着 10 年驾龄的老司机刘师傅,另一位是盛先生,两人都是在 2007 年 7 月至 10 月间购买的凯美瑞轿车。刘先生买车后一年内先后发生 5 起追尾事故;盛先生开了不到 3 个月,就出现了刹车失灵。经专业检验发现,上述两位车主出现事故的原因都是刹车制动失灵。

鉴于不少凯美瑞消费者先后向国家质检总局投诉,国家质检总局缺陷产品管理中心随机抽取调查了 200 位凯美瑞车主,发现问题主要集中在刹车失灵、变硬、卡滞、有异响等,其中超过 15% 的消费者因此发生过危险状况和交通事故。经初步论证,专家发现丰田凯美瑞轿车的刹车问题主要是由于真空助力泵内皮膜出现破裂所致。

央视报道称:广汽丰田已经知道凯美瑞汽车刹车系统存在问题,并于 2008 年 3 月对新出厂的汽车变更了真空助力器皮膜,但并没有按规定向有关主管部门报告,也没有告知消费者。一年后的 2009 年 3 月,广汽丰田向国家质检总局递交了拟举办为期 6 个月的市场技术服务活动的申请,主要内容是对发现制动系统出现问题的车主给予更换真空助力器服务活动,但回避了缺陷产品召回的提法。

凯美瑞汽车是 2006 年 5 月进入市场开始销售的,许多车主的 2 万千米或 5 年保修期已经要到期,一旦 6 个月的市场技术服务活动到期后,车主将需要自费更换真空助力器,而更换费用需 3000 多元。据测算,如果将 2006 年 5 月至 2008 年 3 月期间生产的 26 万辆凯美瑞汽车召回的话,大约需要 8 亿元人民币;在调查的 200 辆该车车主中,有 20% 已经更换了真空助力器,但有很多人还不知道有免费更换的说法。如果不采取召回措施的话,广汽丰田将至少节省 2 亿元人民币。

央视记者还采访了清华大学等部门的专家和国家质检总局的相关负责人,证实了凯美瑞汽车真空助力器内橡胶圈材料存在质量问题,并有隐瞒缺陷的行为。

央视主持人最后作了总结性陈述:"根据 2004 年质检总局等四部门发布的《缺陷汽车产品召回管理规定》,隐瞒缺陷、逃避召回,汽车制造商面临的最高处罚是 3 万元。区区 3 万元,和厂家召回要付出的数亿元相比,实在是微不足道。这就让汽车召回制度对企业约束作用高高举起却轻轻落下。而在数亿元和 3 万元对比的背后,被漠视的是汽车的安全性能,被轻视的是消费者的生命安全,而这恰恰是最不该被轻视的。"

随后,央视又在《朝闻天下》等栏目对凯美瑞汽车制动系统存在的问题作了连续报道。

2009 年 4 月 22 日,广汽丰田向国家质检总局提交了汽车召回申请,申请将 2006 年 5 月 15 日至 2008 年 3 月 3 日期间生产的所有批次汽车召回,免费更换真空助力器。该申请立即得到了国家质检总局批准。4 月 23 日,广汽丰田发布汽车召回的公开声明,宣布自 4 月 24 日起,对 26 万辆问题凯美瑞汽车实施主动召回。

同时,广汽丰田给新闻媒体发表了一封感谢信,全文如下:

尊敬的媒体朋友:

首先非常感谢一直以来对广汽丰田的关注和支持!

近两天来,我们接到了一些媒体朋友就凯美瑞刹车真空助力泵问题的询问,在此对大家的关心表示衷心的感谢!同时,也就相关问题和媒体朋友进行沟通。

凯美瑞刹车真空助力泵存在的问题主要体现在:在高温或频繁使用刹车的极端使用情况下,真空助力泵内部的配件可能产生变化,导致刹车踏板变硬、出现漏气异音、发动机故障灯亮等情况。出现这种情况时,要获得充分的制动力,就需要比以前更大的刹车踏板踩踏力。

针对以上问题,我们在3月2日向国家质检总局缺陷产品管理中心递交了申请市场技术服务活动的报告。之所以申请采用市场技术服务活动,而未采用召回的方式,是基于两点依据:一是不良发生时有异音产生,可预见到异常并能作出对策;二是最差状态时的制动力满足法定的制动力标准。3月3日,我们收到国家质检总局缺陷产品管理中心的邮件答复,"关于此问题我中心需要组织专家进行缺陷调查和判定,在结果确定之前,我中心不同意你们的技术服务活动。"在我们正在等待国家质检总局缺陷产品管理中心的最终结果过程中,4月21日,我们突然看到媒体针对此事的报道,也第一次通过报道了解到国家质检总局缺陷产品管理中心工作人员针对此事的表态,我们认为这应该代表了国家质检总局缺陷产品管理中心的意见。为尽快消除凯美瑞用户的不安和焦虑情绪,本着对广大消费者高度负责的态度,经丰田汽车公司同意,我们于4月22日向国家质检总局缺陷产品管理中心提出主动召回申请。

目前,我们已经做好了全面的准备,并组织全国所有的广汽丰田销售店竭尽所能,力争用最短的时间为用户免费更换真空助力泵。

再次感谢媒体朋友对此事的关注!

广汽丰田汽车有限公司

2009年4月22日

另据腾讯网报道:2009年5月19日早上6点10分,一辆黑色丰田凯美瑞轿车在正常行驶中,突然车辆失控,车头直接撞向左边水泥隔离带上;2009年5月22日下午5点多,车主张先生开着凯美瑞轿车在正常行驶中减速踩刹车,但刹车失灵;2009年8月4日下午2点多,一位匿名的大楚网网友发了一篇标题为"凯美瑞,请不要拿百姓生命开玩笑"的帖子。

我是广州丰田凯美瑞车主,也是汉口一家企业的高管,想请媒体来采访一下,看看这个凯美瑞车有多可怕,刹车系统非常差。今年4月13日上午10:10,我给长丰大道汇佳4S店打电话质问此事,一位姓刘的工作人员的答复竟然是:凯美瑞刹车慢是因为让后排乘客刹车时更舒服!我去4S店更换了刹车真空助力泵,搞笑的是,出4S店就跟门口一辆迎亲的车队追尾了,刹车不及撞上了人家马自达6的保险杠,因为没时间扯皮,支付了200元了事,一气之下,我又把车开回4S店,但是工作人员无计可施。甚至还让我去试驾体验他们的展示车,制动效果差不多,都比较差。后来,央视曝光凯美瑞"刹车门"事件之后，厂家被迫大规模召回问题车。我的车子也更换了助力泵，但是刹车系统并没有实质性的改观。

现在车子想退也退不了，非常苦恼，想请媒体来调查反映一下。顺便呼吁一下：凯美瑞，请不要拿百姓生命开玩笑，这要是撞到人了该怎么办啊？到那个时候就迟了啊……

媒体将凯美瑞汽车因制动系统存在问题而召回一事称为凯美瑞"刹车门"事件，不仅中央电视台对此进行了报道，其他媒体，包括搜狐、网易和新浪等主流门户网站也纷纷作了报道。一些专家、学者就丰田汽车价格和质量、国民对国产日系车的迷信、产品设计及其他方面的缺陷等发表了意见，网民更是热议不断，各抒己见。一位网民把丰田公司的广告语改为"车到山前没有路，丰田一脚没刹住"，吸引了众多眼球。

有人对广汽丰田发给媒体的感谢信提出不同观点，还有人撰文提出广汽丰田凯美瑞刹车召回事件存在四大谜团，即凯美瑞是否构成产品缺陷、广汽丰田是否故意隐瞒、问题凯美瑞是否达到国标、国家质检总局是否依法履行了职责。

广汽丰田凯美瑞"刹车门"事件由最初的企业与消费者关系冲突，逐步演变为企业危机事件，其中有许多问题值得反思和探讨。

（资料来源：郭文臣.管理沟通.北京：清华大学出版社，2010）

二、思考与讨论

1. 当第一个消费者反映该问题后，广汽丰田是如何处理的？当越来越多的消费者反映同一问题时，广汽丰田又是如何应对的？

2. 企业应如何倾听消费者的声音？如何处理与各类公众的关系？当问题升级后，企业又该如何应对？

3. 广汽丰田对"刹车门"事件应该采取的正确做法是什么？

案例 4：外包人员撂挑子了

一、案例介绍

还有不到一个小时，区域医疗中心的首席执行官王磊就要和医生们见面了。王磊已经对这次会议做了最坏的打算。现在，中心的麻醉师队伍已经濒临崩溃，外科和产科的医生们也十分恼火。

18 个月前，王磊决定将医疗中心的麻醉服务外包出去，和一家合同管理公司医师培养服务公司签订了外包合同。在当时看来，医师培养服务公司似乎是一个挺不错的选择，这家公司以为客户提供长期和临时的高水平麻醉师而享誉业内。除此以外，5 年前参与创立医师培养服务公司的李斌医生曾经在区域医疗中心服务多年，他在医疗中心的时候就很有名气，被誉为首屈一指的临床医师。王磊知道，他这位前同事的名声帮助刚刚成立的医师培养服务公司获得了许多医院客户。

不幸的是，李斌和他那些医生出身的合伙人实在是缺乏经营企业的经验，医师培养服务公司的资金不足，管理也一直不佳。王磊不清楚该服务公司是怎么熬过这 5 年的，不过他知道,这家公司与15家医疗机构签订了合同,为它们提供麻醉师,这在一定程度上缓解了他的担心。

两年前李斌开始接触王磊,他提出的卖点十分有吸引力。李斌说:"你看,每个人都知道麻醉师就像是区域医疗中心的旋转门,他们不断进进出出。这儿的外科和产科医生工作都挺愉快的,但我担保他们不喜欢总是在手术室里看到自己不认识的麻醉师。而这儿的麻醉师呢,他们也从来不知道在抢救一个新生婴儿的时候,站在他们身边与他们并肩作战的是谁。"王磊对李斌的说法非常赞同。众所周知,导致需要终身照料的医疗事故是所有医疗事故中代价最为昂贵的,而在许多个案中,产科和外科医生都是由于他人的疏忽而受到牵连。

李斌还说:"如果你签约我们公司,我们会全面处理麻醉师的管理、招聘、资质核查和排班,而且我们将负责自己的财务管理。我们派到这儿的每个医师都必须经过你们医院管理层和部门主管的审批,如果推荐的人选不被接受,我们会重新招聘,一切费用由我们承担。这样一来,区域医疗中心提供的医疗服务肯定是一流的。"

王磊被这个主意打动了,与医师培养服务公司签订了协议,授权它根据双方讨论的协议条款独家提供麻醉师管理服务。与其他类似的商业协议一样,医师培养服务公司与区域医疗中心签订合同,而麻醉师则是医师服务公司的独立缔约方。从法律上讲,麻醉师和医疗中心之间没有任何协议。这之后,医师培养服务公司招聘了5名麻醉师,与他们签订了合同,其中包括张克,麻醉师小组的主管。

第一年一切都很顺利。然而,到了第二年年初,医师培养服务公司开始拖延给张克他们发工资的时间,而且银行在3个月内好几次拒绝兑现他们的工资支票。关于医师培养服务公司的小道消息开始流传,说公司丢掉了几个重要的大客户,正濒临破产。此外,尽管医院刚刚与医师培养服务公司续签了一年的合同,但是张克他们与医师培养服务公司的关系却极其紧张。正是因为如此,虽然这些麻醉师与医师培养服务公司的合同3个月前就已经到期了,双方却还没有就新的合同进行谈判。不过,尽管没有合同,麻醉师们还在继续工作。

张克争论的重点是他的团队上一年完成了合约中某个既定的财务目标,理应得到30万元的奖金。医师培养服务公司对这个数字没有异议,但现在没有资金支付这笔款项。更糟糕的是,麻醉师们觉得医师服务公司正在今年的财务报表上做手脚,企图蒙骗他们这一年应得的15万元奖金。张克曾就此质问过医师培养服务公司,得到的回复是:麻醉师们的合同已经过期,所以公司没有义务向他们提供财务报表,在讨论签订新的合同之前,医师培养服务公司甚至连给他们发工资的义务也没有。

今天上午,麻醉师和公司之间本来就很紧张的关系恶化到了破裂的边缘。最近一次的工资支票又晚到几天,而且支票又被银行拒付。张克怒不可遏,要求与李斌见面,他对着电话冲李斌大声嚷道:"如果今天你不付我们现金,你就把你那辆560SL奔驰车的钥匙带来,还有你的劳力士金表,我统统都要。"

然后,张克像狂风暴雨一样冲进了王磊的办公室。"公司去年还欠我们30万元,"他怒气冲冲地说,"我们要求你取消医院和医师培养服务公司的合同,让我们自己处理财务和管理问题,要不然就由医院支付我们工资。如果你不解决这个问题,我和麻醉科的同事下星期就走人。要知道,外科医生也支持我们。如果我们走了,医疗中心将会没有外科。

而且我告诉你,不管谁告我,我都不在乎。"

王磊问张克,为什么合同过期这么长时间了麻醉师们还留在医院,张克勃然大怒:"你在说这是我们的错吗?我们留在这儿是为社区提供医疗服务,希望问题能够自行得到解决。现在看来,如果没有你的支持,问题不可能自行解决,所以我们要做几个月以前就应该做的事:离开这里!"

停顿了一会儿后,张克稍稍冷静了一点,不过他仍然拒绝改变原来的立场。离开王磊的办公室以前,他说道:"我不想把你夹在这件事中间,但是如果这种情况继续的话,我的同事就不能养活他们的家庭了。我想今天晚些时候和你,还有我们组的其他同事开个会,我想知道你打算怎么解决这个问题。"

王磊陷入了一个非常尴尬的境地。他知道,从法律的角度讲他没有权力干涉医师服务公司和麻醉师之间的合同问题,除非它违反了与医疗中心签订的合同,而到目前为止李斌还没有这么做。而且,现在医疗中心越来越依赖类似医师培养服务公司这种合同管理的形式,如果医疗中心站到某个医生的阵线,将来就可能很难再和医师培养服务公司这样的机构合作了。

不仅如此,医师服务公司和医疗中心签订的合同中还规定,如果医疗中心把公司的合约医生改签为医院自己的员工,就得向医师服务公司支付 12 万元的招聘费用罚款。李斌的律师还清楚地表示,如果医疗中心干预了在李斌看来是可以解决的劳资纠纷,医师培养服务公司就会起诉医疗中心。但是另外一方面,如果麻醉科的医生真的离开医院,即使其他科的医生不跟他们一起走,也将是公共关系的一场灾难。光是张克这一个组离开,手术室和产科就得关门。

由于医疗中心丢掉了一个很大的有偿医疗保健合同,同时也由于竞争越来越激烈,医疗中心病人的住院天数正在下滑。王磊觉得,如果再发生大批医护人员流失这种事,哪怕只有一天,也会严重危及医院将来的生存。

此外,王磊知道张克的作风一直强硬,他一直和当地媒体保持着联系。

45 分钟之后,麻醉师小组、两个外科医生和三个产科医生就要到王磊的办公室开会,王磊没有多少时间考虑他应该怎么做了。

(资料来源:魏江,严进.管理沟通:成功管理的基石.北京:机械工业出版社,2006)

二、思考与讨论

1. 王磊应该如何处理这个事件所带来的危机?这场危机对医院的管理有什么启示?
2. 王磊在处理几个医生开会的问题时应该采取怎么样的策略?
3. 如何处理与张克之间的冲突和矛盾?如何与张克进行沟通?
4. 这个问题对危机管理有什么启示?

实 训 项 目

公共关系危机沟通研讨

实训目的:提高公共关系危机沟通与处理能力。

实训课时：2学时。

实训地点：教室或模拟实训室。

实训背景：某高校连续几天陆续有同学因拉肚子到校医务室输液，当地媒体闻讯到该校采访，因沟通不畅，导致媒体报道夸大其词，造成不良影响。学生对学校意见较大，家长及学校上级相关管理部门纷纷致电询问。针对此情境，该校应如何进行危机公共关系，澄清事实，化解危机，重塑形象。

实训步骤：

(1) 指导教师将本班同学分为4～5组，每组指定一个组长。

(2) 各组分别认真分析讨论学校面临的危机的原因是什么？

(3) 在此基础上制定出各组认为能化解此次危机的沟通方案。

(4) 由各组选出代表轮流展示自己的方案，组内其他同学补充。

(5) 各组对本次实训进行总结，指导教师进行点评。

实训成果：选择有典型性的方案提交讨论，方案可以是较佳的方案，也可以是存在不足的方案。

拓展阅读：危机传播公式

与媒体打交道需要一定的技巧。福莱灵克咨询公司发明了一个简单的与媒体合作的公式：

$$(3W+4R)8F=V1 \quad 或 \quad V2$$

用这个公式既可以评价危机中沟通的成果，也可以用来分析与记者沟通的效果。

公式中3W是指在任何一场危机中，沟通者需要尽快知道的三件事：第一，我们知道了什么（What did we know）；第二，我们什么时候知道的（When did we know about it）；第三，我们对此做了什么（What did we do about it）。媒体提问和企业反应之间间隔的时间，将决定这个反应是成功还是失败。如果一个企业对于它面临的危机认识太晚，或是反应太慢，那它就处在一个滑坡上，掌控全局会变得很困难；如果不能迅速地完成3W，它将会无力回天。对于企业来说，信息真空是最大的敌人，因为总有人会去填充它，而且往往是负面的信息。

公式中4R是指企业在收集了正确的信息以后，给自己在这场危机中的态度定位：遗憾（Regret）、改革（Reform）、赔偿（Restitution），还是恢复（Recovery）。与危机打交道，一个企业要善于表达遗憾，保证解决措施到位，防止未来发生相同事件，并且提供赔偿，这一定位要保持到安全摆脱这次危机之后。

8F是沟通时应该遵循的8大原则。

(1) 事实（Fact）：向公众说明事实的真相。

(2) 第一（First）：在其他方面做出反应前率先对问题做出反应。

(3) 迅速（Fast）：处理危机一定要果断迅速。

(4) 坦率（Frank）：沟通情况时不要躲躲闪闪。

(5) 感觉（Feeling）：与公众分享你的感受。

（6）论坛（Forum）：在公司内部建立一个最可靠、最准确的信息来源，获取尽可能全面的信息。

（7）灵活性（Flexibility）：对外沟通的内容不是一成不变的，应关注事态的变化。

（8）反馈（Feedback）：企业对外界有关危机的信息要做出及时反馈。

如果 3W、4R 和 8F 做得正确，企业在危机中会成为 V1，即"勇于承担责任者（Victim）"。公众会认为企业很负责任，从而会对企业从轻发落。反之，企业很可能会被当作 V2，也就是"恶棍（Villain）"。公众会认为企业的行为和言辞避重就轻、不负责任，这容易导致员工意志消沉、股东抗议、消费者投诉等不良后果。

下面几个问题可以帮助企业判断自己与媒体的危机沟通是否达到了要求。

（1）在危机发生的最初几天后，媒体报道还在继续吗？

（2）消极报道的新闻数量是增加了还是减少了？

（3）记者是否不再向企业探询看法或信息，而报道其他方面的新闻？

（4）企业对自己与所接触的新闻媒体的关系该如何评判——热忱而专业还是对立而不信任？

（5）企业的核心信息是否都被媒体采用了？

（资料来源：http：//www.zgsyjj.com/zz/ykshow.asp？id＝900&tid＝302，2012-04-19）

课 后 练 习

1. 通过网络、报刊等媒体，收集整理一个企业危机管理案例，并分析该企业在危机处理过程中传播沟通的成功做法。

2. 某商场近年来公共关系危机出现的几率明显增加，为了保证公共关系系统的良性运转，总经理专门外聘了公共关系专家对企业公共关系人员进行了培训，在培训课上，专家着重强调了危机管理过程中的沟通协调要点和技巧，你作为一名学员，听了之后认为应该掌握哪些内容？

3. 一消费者在食用当地一家颇有影响的食品企业所生产的食品时，发现食品中有异物，于是，他与该企业进行了交涉。企业接待人员同意研究后给予答复，但此后便没了下文。无奈之下，消费者把有异物的食品拿到当地一家颇有影响的报社，该报社遂派记者到企业进行现场采访。记者们在企业拍摄到许多违反国家食品生产规定的生产画面。企业负责人发现后强行索要记者所拍资料，未果后，将记者扣留，记者报案后，在公安人员解救下得以安全返回。事后，该报以系列报道的形式，将消费者反映的问题以及记者在企业中所拍摄的材料、经历公之于众，企业经营一时陷入困境。请问：该企业经营陷入困境的原因是什么？如果你是该企业的负责人，你将如何处理此事？

4. 不同危机管理阶段的沟通策略有何不同？

5. 企业危机中信息传播的困境有哪些？

任务 ⑪ 冲突管理

> 解决冲突靠两件事：在决策过程中相互尊重；在执行过程中相互信任。
>
> ——[美]阿迪济斯

> 喜怒哀乐之未发，谓之中；发而皆中节，谓之和。中也者，天下之大本也；和也者，天下之达道也。致中和，天地位焉，万物育焉。
>
> ——《礼记·中庸》

任务目标

- 了解冲突的类型和原因；
- 理解冲突的过程及其管理；
- 会解决组织内群体间的冲突。

沟通故事导入

打　架

两个穷人一道赶路，边走边聊。

其中一个人说："老兄，咱俩这么穷，要是能拾到一笔钱该多好啊。喂，你说，要真拾到钱，咱俩该怎么办？"

另一个人说："怎么办，那还用说，见面分一半呗，咱俩一人一半。"

"不对，"第一个人说，"钱这东西，谁拾到就是谁的，凭什么我要分你一半呢？"

"嘿，咱俩一块儿出门赶路，拾到钱，你还要独吞不成？真是个守财奴，不够朋友。不够朋友的人其实就是衣冠禽兽。"另外一个越说越激动。

"你说什么？衣冠禽兽？你再说一遍！"

"说就说，我怕你呀，衣冠禽兽！"话音未落，两人就扭打在了一块儿，你一拳我一脚，不可开交。

这时从对面走过来一个人，见状便上前拉架。二人竟不肯住手，口中也还在叫骂。劝架的好不容易弄明原因，不由得哈哈大笑，说："我还当真拾到钱了呢，还没拾到就打得鼻青脸肿呀？"

两人这才回过神来，打了半天，其实没拾到钱呀，耽误了赶路不说，衣服也弄脏弄破了，鼻青脸肿还疼得不得了，自己也觉得好笑起来。

（资料来源：苏照林.生存智慧——人力资源开发微型故事.北京：中国石化出版社，2004）

一、冲突的概念

1. 冲突的含义

冲突的含义很广,它既包括人们内心的动机斗争,比如要对一件事情进行抉择;也包括外在的实际斗争,比如争吵、打架、战争等。从组织行为学角度来讲,冲突是两个或两个以上的社会单元在目标上互不相容或互相排斥,从而产生心理上或行为上的矛盾。冲突是一种过程。这种过程始于一方感觉到另一方对自己关心的事情产生消极影响或将要产生消极影响。冲突必须是双方感知到的,是否存在冲突是一个知觉问题。如果人们没有意识到冲突,则常常会认为冲突不存在。

2. 冲突的类型

(1) 群体内部的冲突。群体内部冲突不仅仅包含个体自身冲突和个体之间冲突的简单总和,群体内部冲突强调整个群体,也强调各个成员。因此,群体内部冲突经常影响群体的过程和成果。此外,群体内部的工作和社交过程影响群体内部冲突的起因和解决。

(2) 群体之间的冲突。群体之间冲突强调在两个或者更多群体中的冲突。群体之间冲突有利有弊。一方面,冲突的存在对组织带来消极的影响;另一方面,群体之间的竞争往往能刺激群体更好地工作。比如,与其他群体的冲突会使本群体内变得更团结,产生一种忠于群体的意识,群体内的团结性很快增长,与之相关的是从众压力和压制个人间冲突。每个群体主要关心任务目标,成员们更愿意服从管理者的指挥。负面影响就是群体之间会产生一种敌对情绪,每个群体将其他团体看作"敌人",对其他群体的看法产生歪曲,导致不正确的成见。随着群体间相互交往和沟通的减少,这种歪曲和成见被固定下来。这种敌对、误解和沟通的减少日益严重,冲突的紧张程度逐步升级。

(3) 组织层次的冲突。组织层次的冲突一般有:一是纵向冲突。纵向冲突指的是组织内部各等级之间的任何冲突,上下级之间的冲突就是一个例子。纵向冲突通常因为上级试图控制下级和下级倾向抵制而产生。下级抵制是因为他们感到这种控制会限制个人自由。纵向冲突也可能由于沟通不足,利益冲突(目标性冲突),对信息和价值缺乏一致的观点(认识性冲突)而引起。二是横向冲突。横向冲突指的是在一个组织内同一层次的部门或员工之间的冲突。横向冲突的基本起因在于大多数组织中存在的追求局部优势的压力。每个部门可能通过追求部门目标来实现最优化,而这些目标可能在部门之间不相容,导致目标性冲突;部门之间员工的看法不同也可能导致冲突,横向冲突的可能性随着下列情况增大:①各部门职能的相互依赖提高;②部门之间的缓冲减少;③部门之间对共同资源的依赖增大。三是直线职能冲突。大多数组织都设有帮助直线管理部门的职能部门。直线管理人员通常负责生产本企业产品的一部分或全部过程,而职能管理人员则起着需要技术知识的顾问作用。直线职能关系较易引发冲突,职能部门的员工往往有较高的教育程度,来自不同的环境,一般比直线部门的员工年轻。不同的个人特点、不同的价值观之间极易造成冲突。直线管理人员可能觉得,是职能管理人员侵入了他们合法权利的范围。

3. 冲突的二重性理论

在传统意义上,冲突对组织是不利的,必须加以克服。从 20 世纪 40 年代开始,人们对冲突的认识有所变化,即组织中的冲突是不可避免的,所以应该接纳它。此外,还发现冲突有时能给组织带来好处。直到今天,这种观点发展成为冲突的二重性理论。

今天的冲突理论认为,冲突具有正面和反面、建设性和破坏性两种性质;没有冲突的组织将表现得呆滞,对环境变化适应慢和缺乏创新精神,因而绩效也不是最好的;而存在一定水平的冲突,可以促进组织变革,使组织充满活力,因而绩效水平可以大大提高。基于这种认识,管理者的任务不再是防止和消除冲突,而是管理好冲突,减少其不利影响,充分发挥其积极的一面。

两种不同性质的冲突的比较如表 11-1 所示。

表 11-1　两种不同性质的冲突的比较表

建设性冲突	破坏性冲突
双方对实现共同的目标的关心	双方对赢得自己观点胜利十分关心
乐于了解对方的观点、意见	不愿听对方的观点、意见
大家以争论问题为中心	由问题的争论转为人身攻击
互相交换情报不断增加	互相交换情报不断减少

二、冲突的原因

1. 员工个体冲突的成因

(1) 双趋型冲突。该冲突各方本身对员工自身是有利的。比如,由于员工工作业绩突出,公司准备对该员工进行奖励,让员工选择是去旅游,还是去培训。这种冲突不论选择哪一种结果对员工都是有利的。

(2) 双避型冲突。与双趋型冲突正好相反,冲突各方本身对员工自身是不利的。比如,由于员工工作成绩不佳,公司让员工选择降薪,还是辞职。

(3) 趋避型冲突。该冲突各方本身有可能对员工自身有利,也有可能对员工自身不利。比如员工重新选择工作,有可能选择到比现单位更好的地方,也有可能新的单位不如现在的好。

2. 员工之间冲突的成因

(1) 基于信息的冲突。信息不共享是造成基于信息冲突的主要原因。首先信息不共享可能会使员工产生不公平感。相同职务、相同级别的两位员工,由于管理者的偏爱或其他原因,使他们在工作中获得的信息量有所差异,获得信息量小的员工就有不公平的感觉,如果这种情况发展下去,甚至会产生对另外一位员工或上级的敌对情绪。

(2) 基于价值观的冲突。由于每位员工的生长环境、教育程度、社会阅历等不同,价值观有所差异也是正常的。价值观本身之间不会产生冲突,但价值观经常会体现在员工的工作态度、工作行为中,员工的不同态度和行为有可能会产生冲突。

(3) 基于认识的冲突。对相同事物的不同理解也会产生冲突,比如同样是软件开发,由于对技术路线的认识不同,在开发过程中自然就会产生冲突。每位员工对相同事物有着不同理解是很正常的,这就需要企业的决策人员进行决策,让大家统一认识、统一行动,来实现企业的经营目标。

(4) 基于本位的冲突。基于本位的冲突源于管理者的本位意识,管理者在考虑问题时从自身发展和自身利益出发,往往会形成这种冲突。比如,有些管理者担心下属会超过自己,而不愿向下属授权;有些管理者为了表现自己的管理才干,干涉下属或其他部门的工作,这些都是本位意识的具体表现。

3. 组织冲突的成因

(1) 资源的稀缺性。资源总是有限的,任何组织在资源的分配上,几乎都不可能做到"有求必应"。美国一著名公司的财务副总裁说过,在他的工作中棘手的问题是如何分割一块"馅饼"以避免某些贪得无厌者吃得过饱。当两个或两个以上的主体同时依赖于组织的稀缺资源时,双方之间极有可能因为如何分配资源而发生冲突。

(2) 信息沟通上的障碍。信息沟通贯穿于组织活动的全过程。彼此之间存在差异,而又相互依赖的主体之间,如果能够顺利地进行信息交流、相互理解,那么相互冲突的机会就会少得多。但是由于听、说技艺欠佳,或控制和使用信息不当等,沟通出现障碍,产生了很多的误解,无形之中增加了冲突产生的可能性。

(3) 任务的不确定性。组织中各部门活动范围或权限有时会模糊不清,各部门及相关人员彼此之间往往会因任务由谁负责,责任由谁承担而发生"扯皮",或是争着插手。任务的不确定性是组织内部冲突产生的原因之一。

(4) 特定的事件。冲突的产生往往与特定的事件有关,这一特定的事件通常被称为"导火线"。引发冲突的导火线可能是一件微不足道的琐事,也可能仅仅是一句话,但它反映了冲突双方在长期的相互作用过程中积累下来被忽视的紧张或者敌意猛烈爆发。

(5) 其他动因。引起组织内部冲突的原因是非常多样的。其他如不同的时间观念、组织成员之间地位或资格的差异,管理风格,外部环境的变化,不同的个人群体忠诚对象的差别都可能是引起组织冲突的因素。管理人员在着手处理冲突时,应了解冲突是何种原因造成的,然后采取适当的措施才能有效地处理好冲突。

三、冲突的分析

1. 冲突的过程

冲突的产生和爆发有一个渐进的过程,并不是一下就产生冲突的。大致说来冲突可以分为五个阶段。在冲突的不同阶段必须采取不同的处理方法,才能达到处理冲突的效果。

(1) 潜伏阶段。潜伏阶段是冲突的萌芽期,这时候冲突还属于次要矛盾,员工对冲突的存在还没有觉醒。在这个阶段,冲突产生的温床已经存在,随着环境的变化,潜伏的冲突可能会消失,也可以被激化。

(2) 被认识阶段。在这个阶段,员工已经感觉到了冲突的存在,但是这时员工还没有意识到冲突的重要性,冲突还没有对员工造成实际的危害。如果这时员工及时采取措施,可以将未来可能爆发的冲突缓和下去。

（3）被感觉阶段。在这个阶段,冲突已经为员工造成了情绪上的影响。员工可能会对不公的待遇感到气愤,也可能对需要进行的选择感到困惑。不同的员工对冲突的感觉是不同的,这与当事人的个性、价值观等因素有关。

（4）处理阶段。员工需要对冲突做出处理,处理的方式是多种多样的。比如逃避、妥协、合作等。对于不同的冲突有不同的处理方式,即便是同样的冲突,不同的员工采取的措施也不尽相同。对冲突的处理,集中体现了员工的处世方式和处世能力,也体现了员工的价值体系和对自己的认识。

（5）结局阶段。冲突的处理总会有结果。不同的处理方式会产生不同的结果。结果有可能是有利于当事人的,也可能不利于当事人。当冲突被彻底解决时,该结果的作用将会持续下去。但很多情况下,冲突并没有被彻底解决,该结果只是阶段性的结果。有时甚至处理了一个冲突,又会带来其他几个冲突。

2. 冲突的结果

冲突的结果不外有益和有害两种。冲突的结果与组织的干预有关。组织的干预策略会使冲突的结果表现出四种可能性:①冲突的成功——失败结果。②冲突的扩展——和解结果。冲突的结果对双方均有利,但不能满足全部利益要求。③冲突的成功—— 成功结果。即冲突导致双方建设性的合作。④冲突的失败——失败结果。前三种情况是在组织的有效干预下可能产生的结果,后者则是无效干预或无干预情况下容易导致的结果。冲突水平如图 11-1 所示。

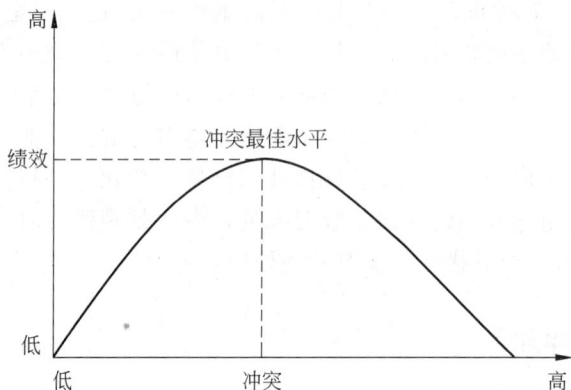

图 11-1　冲突水平

3. 冲突调节

（1）冲突的预防。建立完善、科学的规章制度,明确工作职责,建立清晰可辨的目标体系,防治因制度疏漏、职责不清、目标不明等因素引起有害冲突;增强群体之间、个人之间以及个人与群体之间的信息和意见的沟通,减少误解和分歧;实行民主管理模式,使组织内信息畅通,让员工畅所欲言;采用人性化管理,使员工不断感受集体的温暖,形成良好的人际关系等。

（2）冲突的利用。在国内主要是指冲突的激发,一方面,可以通过教育和组织文化培养使得员工和管理者看到冲突的建设方面,在思想上对冲突有一个重新认识;另一方面,可以借鉴国外的经验,例如可以参考迪斯尼公司鼓励无规则限定和可以随意打断的大型会议,皇家荷兰壳牌集团、通用电气引入"吹毛求疵者",IBM 公司建立鼓励人们提出不同意见的正式系统等的经验,这些公司的措施对于打破公司内部"一团和气",激发内部员工的创造性和理性竞争具有极大的作用。

四、冲突的解决方法

1. 解决员工冲突的一般方法

(1)协商法。这是一种常见的解决冲突的方法,也是最好的解决方法。当冲突双方势均力敌,并且理由合理时,适合采用此种方法。具体做法是:管理者分别了解冲突双方的意见、观点和理由,然后组织一次三方会谈,让冲突双方充分地了解对方的想法,通过有效地沟通,最终达成一致。

(2)上级仲裁法。当冲突双方敌视情况严重,并且冲突的一方明显不合情理,这时应采用上级仲裁法,由上级直接进行仲裁比较合适。

(3)拖延法。双方的冲突不是十分严重,并且是基于认识的冲突,这些冲突如果对工作没有太大的影响,采取拖延法效果较好。随着时间的推移和环境的变化,冲突可能会自然而然地消失。

(4)和平共处法。对于价值观或宗教信仰的冲突,易采用和平共处法。冲突双方求同存异,学会承认和接受对方的价值观和信仰,这样才能共同发展。

(5)转移目标法。当员工自身产生冲突时,采取转移目标法更为有效。比如让员工将注意力集中在某个兴趣点上,淡忘那些不愉快的事情等。

(6)教育法。如果员工是因为一些不切实际的想法而产生自身冲突时,管理者可以帮助员工认清自身的现实情况,教育员工用正确的方法来看待问题、认识问题。从而帮助员工缓解冲突。

2. 托马斯的冲突处理策略

(1)竞争。只满足自己利益,为达到目标而无视他人的利益。是一种"我赢你输"的策略。在实力相差很大或应付危机时往往有效。

(2)协作。尽可能满足双方的利益。通过沟通合作解决冲突,以找到双方可以接受的方案。

(3)妥协。实际是一种交易,通过讨价还价、彼此让步努力使双方的目标在现有条件下获益最大。前提是都有解决冲突的愿望和保持一种灵活态度。

(4)回避。试图置身冲突之外,无视不一致存在或保持中立。当双方依赖程度较低时,回避可以减少冲突,当解决冲突时机不成熟时,可以采取这一策略。

(5)迁就。放弃自己的利益要求或屈从对方的意愿。避免在非原则问题上纠缠或实力过于悬殊,通过让步顺从使牺牲和损失最小化。

我们每个人都具有使用所有五种处理冲突方法的能力。任何人处理冲突的风格都不能被看做是单一的、固定的。应权衡彼此之间的得失。

3. 组织冲突的解决方法

(1) 职权法。职权法就是运用职权控制来解决冲突的方法。当组织发生冲突时,管理者可以运用自己的职权来对冲突进行裁决,从而解决冲突。典型的例子是,当各部门在争夺公司有限的资源时,往往由总经理最后决定资源的分配。

(2) 隔离法。垂直管理体系实际上就是隔离法的具体应用。当一个部门需要其他部门合作时,通常不是直接去向该部门提出请求,而是向自己的直接上级进行汇报,由自己的上级向对方的上级进行协调,由对方的上级向该部门进行安排。这种隔离的方式减少了部门之间的冲突。但缺点也是显而易见的,它不适合现代企业快速反应的需要,并且缺少团队的主动协作精神。

(3) 缓冲法。缓冲法具体可分为以储备作缓冲、以联络员作缓冲、以调解部门作缓冲三种形式:一是以储备作缓冲。在两个关联部门之间进行一些储备,从而减少部门间的冲突。比如,行政部门负责公司办公用品的采购,如果行政部门对物品有所储备,当其他部门需要领取办公用品时可以及时领到,自然就会减少他们之间发生的冲突。二是以联络员作缓冲。各部门的部门经理往往充当联络员的角色,负责处理本部门和其他部门的协作和协调问题。当然,也可以设置经理助理的职务,让经理助理充当联络员的角色。三是以调解部门作缓冲。对于比较大的企业,有专门的协调部门负责对部门间的冲突进行协调。实际上,各企业的办公例会往往就是一个临时的调解部门。在办公例会上,由于公司决策层和冲突的相关代表都在场,所以较容易解决部门间的冲突。

案例 1:爱通公司

一、案例介绍

明娟不再和阿苏说话了。自从明娟第一天到爱通公司上班,她就注意到了阿苏,阿苏总是表现得冷漠疏远。开始,她认为阿苏是憎恨她的工商管理硕士学位,她在公司的快速提升,或者是她的雄心壮志。但是,明娟有决心同办公室里的每一位同事都处好关系,因此她邀请她出去吃午饭,一有可能就表扬她的工作,甚至还同她的儿子保持联络。

但随着中西部地区营销主管的任命,所有这一切都结束了。明娟一直盯着这个职位,并认为自己有很大的可能得到这个职位。她同与她同一级别的另外三位管理人员竞争这个职位。阿苏不在竞争者之列,因为她没有研究生文凭,但是阿苏的意见被认为在高层有很大的影响力。明娟的资历比其他的竞争者要浅,但是她的部门现在已成为公司的核心部门,而且高层管理多次对她进行褒奖。她相信,若阿苏好好推荐的话,她能得到这个职位。

但马德最后得到了提升去了陕西,明娟十分失望。她未能得到提升就够糟的了,使她无法忍受的是选中的竟然是马德。她和阿苏曾戏称马德为:"讨厌先生",因为她们都受不了马德的狂妄自大。明娟觉得马德的中选对自己来说是一个侮辱,这使她对自己的整个职业生涯进行了反思。传言证实了她的猜测:阿苏对决策的做出施加了重大影响。她决定同阿苏的接触降低到最低限度。

办公室里的关系冷了下来,持续了一个多月,阿苏也很快放弃了试图同明娟修复关系的行动,她们之间开始互不交流,仅用不署名的小便条进行交流。最后,她们的顶头上司威恩无法再忍受这种冷战气氛,把她们两人召集到一起开了一个会。"我要待在这儿,直到你们重新成为朋友为止。"威恩说道,"至少我要知道你们究竟有什么别扭。"

明娟开始不承认,她否认她同阿苏之间的关系有任何变化。后来她看到威恩是严肃认真、誓不罢休的,只得说道:"阿苏似乎更喜欢和马德打交道。"阿苏惊讶地张大了嘴,吭哧了半天,却什么也说不出来。

威恩告诉明娟:"部分是由于阿苏的功劳,马德被安全地踢走了,而且以后你们谁也不用再想法对付他了。但如果你是对那个提升感到不满的话,你应该知道阿苏说了许多你的好话,并指出如果我们把你埋没到中西部去,这个部门会变得有多糟。加上分红的话,你的收入仍然与马德一样多。如果你在这儿的工作继续很出色的话,你就可以去负责一个比中西部地区好得多的地方。"

明娟感到十分尴尬,她抬头向阿苏看去,阿苏耸了耸肩,说道:"你想不想来点咖啡?"在喝咖啡的时候,明娟向阿苏诉说了在过去这个月里她是怎么想的,并为自己的不公正态度向阿苏道歉。阿苏向明娟解释了她所认为的疏远冷漠实际上是某种敬畏:她看到她的优秀和效率,结果她非常小心翼翼,惟恐哪儿阻碍到她了。

第二天,办公室又恢复了正常。但是一项新的惯例建立起来了:明娟和阿苏在每天的十点钟一起去喝杯咖啡休息一下。她们的友好状态使她们周围工作的同事们从高度紧张中松弛下来了。

(资料来源:徐二明.中国人民大学工商管理 MBA 案例:组织行为卷.北京:人民大学出版社,1999)

二、思考与讨论

1. 明娟和阿苏之间产生矛盾的原因是什么?
2. 威恩作为公司领导解决矛盾的方法是否可行?
3. 本案例对如何处理人际关系有何启发?

案例 2:关于裁员计划的冲突

一、案例介绍

袁斌是某机械设备有限公司的总经理。该公司上半年出现亏损,年底又要还清一大笔银行贷款,在实行了两个月的节约计划失败后,总经理袁斌向各部门经理和各厂长发出了紧急备忘录。备忘录要求各部门各工厂严格控制经费支出,裁减 10% 的员工,裁员名单在一周内交总经理。并且规定全公司下半年一律不招新员工,现有员工暂停加薪。

该公司阀门厂的厂长方明看到备忘录后,急忙找到总经理询问:"这份备忘录不适用于我们厂吧?"总经理回答,"你们也包括在内。如果我把你们厂排除在外,那么别的单位也都想被作为特殊情况处理,正像上两个月发生的事情一样,公司的计划如何实现?我这次要采取强制性行动,以确保缩减开支计划的成功。"方明辩解道:"可是我们厂完成的销售额超过预期的 5%,利润也达到指标。我们的合同订货量很大,需要增加销售人员和扩大生产能力,只有这样才能进一步为公司增加收入。为了公司的利益,我们厂应免予裁员。哪个单位亏损就让哪个单位裁员,这才公平。"

袁斌则说:"我知道你过去的成绩不错。但是,你要知道每一位厂长或经理都会对我讲同样的话,做同样的保证。现在,每个单位必须为公司的目标贡献一份力量,不管有多大的痛苦! 况且,虽然阀门厂效益较好,但你要认识到,这是和公司其他单位提供资源及密切的协作分不开的。"

"无论你怎么讲,你的裁员指标会毁了阀门厂。所以,我不想解雇任何人。你要裁人就从我开始吧!"方明说完,气冲冲地走了。袁斌心想:"这正是我要做的。"但是,当他开始考虑如何向董事会解释这一做法的理由时,他又开始有点为此感到犯难了。假如你是该公司的一名常务董事,你对上述冲突过程有相当清楚的了解,你不想让方厂长因此而离开公司,但又要推动公司裁员计划的落实。试问在这样的情况下,你如何分析和处理方厂长与袁总经理的冲突?

（资料来源：http://www.iliyu.com/news/801747.html,2009-11-10）

二、思考与讨论

1. 您认为方明和袁斌的冲突是什么原因造成的?
2. 方明和袁斌对冲突的处理采取怎样的策略? 有何优缺点?
3. 如果袁斌既不想让方明离开公司,又要推动公司裁员计划的实施,你有什么好的建议?

案例 3：混凝土预制件公司

一、案例介绍

混凝土预制件公司是普雷梅克斯公司的一家子公司,位于华盛顿特区,其主要产品是建筑石板。该厂有 150 名非技术生产工人;20 名金属制造技工;15 名一线主管和 20 名管理和办公人员。

混凝土预制件公司的经理十分注重公司的效益,因而聘请了精通组织行为学的管理顾问皮特·汤普森准备进行一项全面的调查研究。在初步的调查中,汤普森先生将仔细评估公司的三个极不相同的工作岗位。他选择进行评估个体是迈克·菲利普斯(生产工人)、卡罗尔·汉特(销售调度员)和盖瑞·赖利(公司的销售主管)。

(1) 迈克·菲利普斯原来一直在托科姆水泥厂工作。1999 年普雷梅克斯公司买下了托科姆水泥厂,迈克·菲利普斯也被调到华盛顿来工作了。他负责操作装载机,这是一种传统的附加装置,用于将石板从传送带搬至铁架上,以备热压机进行处理。有两个因素表明这项工作并不尽如人意:一是环境噪声极大,因为该工作十分靠近冲压设备;二是工作十分单调,因为生产线以永恒不变的速度进行工作。

迈克每天的工作始于早上 7:00 整。他几乎不加任何耽搁就站到了生产线上。因为装配工前一天晚上就完成了车间的安装、修理及预防性维修的工作。这一工作十分简单明确,当水泥板被压制好后,迈克把它们从传送带上取下来,放置到特制的钢架上。他通过转动叉铲把水泥板放到与传送带倒行的铁架上。听起来这一程序很简单,但实际上需要相当的技术。迈克需要按照不同石板的大小和重量调整他的操作。

迈克还担当着生产线上的控制调整工作。如果生产线上出现延误,他负责纠正这种活动,这些延误主要是由于叉车驾驶员没能及时搬运铁架造成的。另外,设备故障、装卸工腾空铁架的速度过慢,叉车驾驶员有时的"急脾气",以及这项工作中任何一处的缺勤,都会造成这种延误。除此之外,批量生产时质量管理太差,石板模具的偏差,以及由于设备问题导致的石板冲压太差,这些原因也会导致迈克的工作受到耽搁。迈克面对的另一个越来越多的问题是故意毁坏行为——一些员工常常往原料系统中扔入异料,这导致了模具的断裂或变形,并且几乎总是使很多工人(包括迈克在内)要加班工作。迈克估计,每天因耽搁而损失了至少一个小时的时间。当工作量加大时,故意毁坏行为也倾向于增加,因而耽搁的时间也更长。

工作满意度。迈克称自己对薪水"还算满意",这可能与他的薪水计算方式有关。他拿基本工资额加小组奖金。小组奖金是每位主管对员工的绩效等级进行评价的结果,因而迈克小组中的 10～12 名员工各自拿的奖金是不同的。迈克一直是最高奖金的得主之一。钱对于迈克来说已不再像过去那样具有诱惑价值了,但它依然是衡量成功的重要指标。他告诉皮特·汤普森:"工作的价值是由公司对我所做的工作付多少钱决定的。"

迈克所在的工作小组也是令他满意的一部分原因。他的经验和技术水平使他在工作小组中处于相对较高的地位。这种地位弥补了一些工作方面的不利因素,如晋升或个人发展机会的局限性,工作条件不好,以及从事高度重复性工作而产生的受挫感。

当问及迈克的工作中令他不满的事时,他提出了三点:首先,他很少有机会和叉车驾驶员进行言语沟通。他认为这可能是由于这些驾驶员不包括在奖金系统中造成的。第二个挫折是"新工人今天来明天走"。由于缺乏持久性使他们之间很难发展和谐的合作关系。第三,迈克最大的抱怨是公司的经营哲学。"这个地方与我曾经工作过的其他地方一样,并不关心帮助人们干好工作。除了能够使某些人提高利润和效益,我们的工作似乎没有更多的意义。"

与上级的接触。迈克与"上级"的接触仅局限于他与直接主管的接触。好在他们之间的关系是相当积极的。迈克认为他的主管"十分客观"并且"善于接受变化"。他常常给迈克提供机会参与改进石板处理方法的工作。比如,铁架系统的重新设计以及同时使用一对装载机是迈克提出的两项建议,现已投入使用。

对于其他高级管理人员,迈克除了见面打招呼之外几乎无任何接触。经理们常常巡视车间却很少与生产工人交谈。迈克认为这种距离导致了很多问题:几乎没有工人对经理感兴趣,这或许也是由于公司经理频繁变更的结果。生产工人普遍认为,混凝土预制件公司只不过是普雷梅克斯的一家附属小厂,其主要的管理人员常常离职,经理"对这儿的具体工作不感兴趣,因此我们对他也不感兴趣。"

与同事的接触。高离职率导致生产工人分为两类群体:"新来者"和"老员工"。在休息时间、午餐时间和下班之后,各自群体的成员倾向于分别活动。在迈克的同伴群体中,他的能力和水平是普遍公认的,但偶尔一些小组中的年轻工人也会对他的技术水平提出质疑,"这令我很恼火"。"老员工"常常对于有关个人和工作的事情征询迈克的建议。有趣的是,皮特·汤普森发现生产工人与装配工、机修工、叉车驾驶员之间的社交沟通极少。

(2)卡罗尔·汉特于 1997 年进入混凝土预制件公司,最初她是一名销售职员,近两年来她负责西雅图地区主要城市的调度工作。作为高级销售调度员,她还管理着手下的三名职员。

卡罗尔的工作于早上 8:00 整开始。此时她要确保前一天所有分派来的订货单均已办理,了解当天可用的卡车和吊车数量,并负责检查故障。她还需要接收定购单并给它们标价,检查盘货报告表,并追加等候时间、附加的货车运费以及信誉等要求。当然,信誉要求常常是由财务部门考虑的,仅偶尔由销售部门负责。10 点钟左右,第一班出发的司机返回进行第二趟装载,当他们去装货场地的路上经过调度室时会得到新的订货单。

整个一天的工作都持续这种模式。直到下午 3:00 左右,卡罗尔将一天中的所有事务汇总起来报给销售主管检查。此时,第二天的订货单也到了,卡罗尔还需要把运货单送至装货码头以备第二天一早使用。此外,她还要处理顾客的每一细小抱怨,并将各种情况通禀销售主管。一般情况下,卡罗尔每天去一两趟装货码头检查延误情况以及司机的抱怨。有时她发现会有八九辆车停在那里空闲没事,她认为这是由于铲车发生故障或生产领域分配不协调而导致的。

工作满意度。卡罗尔说"当每件事都运作顺利时",她还是喜欢这份工作的。遗憾的是,这种情况并不十分常见。她需要永无止境地面对有关装货和运输方面的问题。当然,这也增加了每日活动的挑战性,当她成功地解决了一个难题时,会颇有"满足感"。

卡罗尔的工作使她拥有很大程度的自由度和责任感。她的决策很少受到上级的质疑。对于工作令她满意的方面,她指出是自主、责任和成就。消极的一面是,当有人指责她偏护某些司机时,她感到灰心失望和不满。这些司机都是承包者,经常指责她把"轻松的活"分配给他们中间的某些人。卡罗尔提到,另外的消极方面是工作压力过大和缺乏奖励。有时这一工作的压力非常大,她觉得自己是在"连轴转"。她的上级对她的工作业绩缺乏口头赞赏也令人感到失望。她还认为公司在"剥削"她,因为给她的薪金比聘用一名干同样工作的男性职员所付的工资要少。

与上级的接触。由于"个性差异",使得卡罗尔与她的直接上司——销售主管盖瑞·赖利的沟通受到阻碍。卡罗尔觉得这名主管"更喜欢说而不是听",这使她怀疑她所提出的一些建议是否引起了足够的重视。卡罗尔与管理层中的其他成员的接触相当有限。她认为这可能是由于她所干的是"人们总认为男人干的活"导致的。

与同事的接触。卡罗尔与同事的所有社会接触均是在工作中进行的。她从不认为应该在工作之外的时间里与同事进行交往活动。她说:"我与这里的人很不相同。"卡罗尔的下属则描述她为"严厉、自负、以自我为中心"。

(3)盖瑞·赖利于 1995 年进入混凝土预制件公司,他最初是一名勤奋的销售员,1999 年成为销售主管。

盖瑞的工作包括形形色色不同的活动。他的大部分时间用于阅读和寄发信件,处理电话查询,会见客户、上级主管和下属人员。盖瑞从来不做工作计划,而且工作压力也使他无暇反省深思。他一天的其他活动还包括授权其他的销售代表去"拜访"客户,向销售代表传达贸易信息、客户质疑、推销程序以及生产和运输困难的信息。盖瑞还负责对销售部门的所有活动进行监督和协调。

盖瑞一天中的大量时间用于处理即时事件,如进行日产分析、亲自拜访主要客户等。他还要传达销售代表反馈回来的信息,如石板质量、信誉、颜色范围、竞争活动、新的加工技术等信息。他试图把他们产品的一切可得的细节信息都收集起来。

工作满意度。前任销售主管被认为是抵制变革、高度专制的人。"中层管理层不参与公司的运作;这里有技术,但使用率不高。"自从盖瑞当上销售主管之后,非常愿意在销售部尝试部门重组与更新的挑战。盖瑞认为自己在销售部门中创设了一种气氛,使得他的员工有机会发展自己的知识和技能,从而为部门的成功做出贡献。这一改进是盖瑞满意感的持续源泉。

盖端的目标是彻底清除部门中的任何社交障碍,但他拿不准自己应该控制多少,授权多少。盖瑞的不满在于他常常被上级主管批评为缺乏决策能力与过于随和。他承认自己的风格与大多数其他管理者很不相同。他指出:"从历史角度来看,这里一直是个极为专制的公司。"盖瑞对自己能力的评估与其他高层主管的评价有很大出入,其他高级主管常常对他作为管理者的能力存有疑问,但现任经理除外。

与上级的接触。盖瑞与他的直接上级主管,公司经理的沟通良好,这是该经理的参与式管理风格的直接结果,这种风格与过去普雷梅克斯董事会认命的经理所采用的高度专制风格截然不同。盖瑞能够与经理讨论他的许多困难和想法,经理也常常征询他的看法。这种双向的相互作用使盖瑞得到了许多过去的销售主管得不到的信息,他觉得这些信息对他的决策极有价值。

与同事的接触。盖端受到他的同事的普遍喜爱,但也有人怀疑他的动机不纯。他与现任经理的密切接触引起了一些人的反感,尤其是生产和工程部门的人员。这两个部门目前正在进行组织改革,盖瑞承认自己的建议起到了一些作用。他认为自己可能因而得到"走狗"的名声。由于组织变革的进行,盖瑞发现他在同事中的地位也在改变。

（资料来源：http://course.tju.edu.cn/glx/glx/dzjc/chapter8.htm,2009-12-01）

二、思考与讨论

1. 哪些因素分别激励着迈克·菲利普斯、卡罗尔·汉特和盖瑞·赖利的工作?
2. 混凝土预制件公司存在哪些冲突? 卡罗尔·汉特和盖瑞·赖利之间存在的问题应如何解决?
3. 应采取哪些有效措施改变公司的现状?

案例 4：鸿景酒店

一、案例介绍

鸿景酒店是一家典型的家庭式企业。董事长洪祥式是一位从金门南下文莱的白手起家的华人,吃苦耐劳,奋斗数十年的岁月后开创和经营鸿景酒店。虽然是一座拥有150间客房的四星级酒店,经过两三年的经营,公司业务逐渐步上轨道,业绩蒸蒸日上。公司一般员工都是来自邻国的东盟国家,40%以上的员工来自菲律宾,30%来自马来西亚,8%来自新加坡或印度,当地国民则只占总员工的2%。

最近,董事长洪祥式对饭店中的两位员工感到头痛:一位是MIS部门经理兼其女儿之助理盈盈,另一位则是前台经理马君。盈盈是董事长好友之女儿,一位刚从大专毕业迈入社会,胸怀大志,满怀信心,立志要学以致用,要为社会做出贡献和闯一番事业成就的少女。凭着家人的支持,盈盈谋求到了她生平的第一份工作。从秘书职位干起,不计劳苦,努力学习。她持着认真工作的态度,品格良好,深获董事长的信任。短短的半年内,董事长即指派这位年轻的少女负责和管理饭店的资讯系统。

另外一位是具有多年饭店服务经营的前台经理马君。他在饭店未开始营业前加入鸿景酒店,并参与营业前的所有策划。马君在过去三年里对饭店的事务极为主动,尤其对资讯系统很感兴趣。一向以来,马君与前任MIS经理关系良好,并协助MIS经理负责饭店整个资讯系统。饭店上下员工,若有遇到任何问题,都前来向他请教。马君也不计较地给予协助。马君很和善,常和员工聚用餐,谈笑风生,气氛融洽,深获员工们的喜爱。每逢喜庆佳节,旅游旺季,他竭尽能力招兵买马,由于服务生不足,马君屡屡游说其下属,加班给予协助。根据这些年来的耕耘,付出的心血和表现的绩效,所以他觉得MIS经理一职乃非他莫属。马君万万没意料到,董事长竟然如此看重年纪轻轻的盈盈,让她承担责任重大的MIS经理之职位。

现在,马君眼看自己的目标已被别人夺取了,自己这几年默默付出的心血功亏一篑,心有一万个不甘和不服。于是,他绞尽脑汁,想尽办法,联合员工作弄盈盈。在董事长面前,装得若无其事,背地里则不理睬盈盈,甚至借故教训盈盈。另外,马君也故意在系统上做手脚,使盈盈被传呼机传到几乎每个晚上不得安宁,每天面对系统故障停滞的问题等。导致财务报告无法如期完成和前台作业流程困扰,比如客房无法及时办理登记和退房等。其实,马君潜意识里向公司示威,常常特意让盈盈摸索了几个小时后,他才假情假意出来帮忙,然后毫不费力地把问题给解决了。这表明了"没有我是不行的"。

盈盈也知晓整个事件是马君设下的计谋,为了不中其计,惟有忍气吞声,继续干活。盈盈具有资讯管理的大专背景,理直气壮,不愿意向马君请教、沟通和妥协。最后,在忍无可忍的情况下愤而离职不干了。

董事长面临失去一位信任的员工,却又无法炒马君,因为他还有其利用价值;至于在挽留人才盈盈这方面大伤脑筋。他在想问题出在哪里呢?为何如此不知所措呢?

（资料来源:李秀娟.组织行为学:先知而后行,行必有所为.北京:清华大学出版社,2008）

二、思考与讨论

1. 请分析一下,在本案例中冲突的根源是什么?
2. 盈盈和马君对冲突的处理采取了怎样的策略?这有何优点和缺点?
3. 分析在这种情形下适用的冲突管理方法是什么?每种方法成效如何?
4. 请分析董事长怎样才能使冲突管理更有效?

案例 5：达娃之争

一、案例介绍

杭州娃哈哈集团有限公司创建于 1987 年，目前为中国最大的食品饮料生产企业，全球第五大饮料生产企业，仅次于可口可乐、百事可乐、吉百利、柯特这 4 家跨国公司。到 2007 年为止，娃哈哈在资产规模、产量、销售收入、利润、利税等指标上已连续 10 年位居中国饮料行业首位。

1996 年，娃哈哈与达能公司、香港百富勤公司共同出资建立 5 家公司，生产以"娃哈哈"为商标的包括纯净水、八宝粥等在内的产品，娃哈哈持股 49%。

亚洲金融风暴之后，百富勤将股权卖给达能，达能跃升到 51% 的控股地位。当时，达能提出将"娃哈哈"商标权转让给与其合资的公司，国家商标局对此未予核准；双方于 1999 年再次签订《商标使用许可合同》。正是这一条款，引发了 2007 年 4 月达能强行收购娃哈哈股权的风波。达娃双方争论的焦点之一集中在，娃哈哈对合资公司的出资到底是商标转让费还是商标许可使用费。

2007 年 4 月，娃哈哈集团董事长宗庆后曾在面对媒体时将达娃合资企业的发展分为三个阶段。

第一阶段，经营权争夺阶段。合资初期，作为总经理的宗庆后如果使用资金超过 10 000 元，需要它的财务总监同意。开始打开市场以后，宗庆后要增加生产线的投资，达能不同意。宗庆后推出"非常可乐"的时候，达能同样不同意。后来娃哈哈自己决定投资以后，都有了 40%～50% 的收益，证明其市场判断是正确的。在这个阶段娃哈哈把经营权、控制权抓过来了。达能感觉钱赚得比较多、回报比较高，也就没什么意见了，但是它也感觉到娃哈哈这个公司是很难被控制的。

第二阶段，达能开始收购了娃哈哈很多竞争对手的企业，包括乐百氏等，但效益都不好。当达能把乐百氏收购时，宗庆后提出了异议，因为达能收购的是娃哈哈的竞争对手，而作为合资一方的达能掌握着娃哈哈的商业机密，所以给娃哈哈带来了危害。宗庆后提出了异议以后，达能未予理睬。这时候娃哈哈响应国家号召，对口支援、扶贫投资，达能都不愿意。娃哈哈的员工持股会就决定自己投资建立了非合资企业。达能对于娃哈哈在自己建立的非合资公司使用娃哈哈的商标表示极力反对，认为娃哈哈的商标已属于合资公司，非合资公司无权使用。但宗庆后认为，商标转让未被国家商标局批准，商标只是许可合资公司使用，但所有权还是娃哈哈。最终达能收购的乐百氏在市场竞争中失败了。

第三阶段，达能投资其他企业的项目收益很不好，所以回过头来想收购娃哈哈与其的非合资公司，而且价格很低。关于商标许可，他们同意修改商标许可条款，将许可权还给娃哈哈，但要求非合资公司的产品要通过合资公司的销售公司销售。宗庆后表示同意，但表示要有合理公平的定价。达能提出来要按照合资公司平均利润率定价，宗庆后认为，双方是在瓶装水产品有一部分合资，但非合资公司生产的是新产品，利润比较好，达能不应该以占便宜的态度要求娃哈哈把利润补贴给他，这个事也没有谈成。所以宗庆后就提出两个意见："第一个,你限制我们的发展,你收购我的竞争对手,给我们的合作带来了损害,你要么把我们的限制条款去掉,要么就是修改限制条款。第二个,如果你愿意加限制条款,那就是要从汇源、益力、蒙牛、正广和、光明全部撤资。"后来达能同意加限制条款,但他们提出把乐百氏、正广和、深圳益力并给娃哈哈,而拒绝从汇源等企业撤资。宗庆后认为乐百氏、正广和、深圳益力效益都不好,不愿意并购。于是双方没有达成共识。

自 2007 年 5 月达能正式启动对娃哈哈的法律诉讼以来,双方进行了数十起国内外官司战。而双方的谈判,之前就一直在断断续续地进行了。

2007 年 12 月 7 日,杭州市仲裁委裁决,"娃哈哈"商标归属娃哈哈,娃哈哈商标无须再注入达能控股的娃哈哈合资企业,达能落败。

同年 12 月 21 日,达娃发表联合声明,同意结束对抗,由中国商务部主持双方北京谈判。由于娃哈哈不接受达能提出的"分享非合资公司 50% 的利润"这一谈判底线,所以和谈不了了之。

2008 年 4 月 15 日,娃哈哈集团董事长宗庆后对外宣称娃哈哈将与达能彻底分手。同年 8 月份,达娃之争陷入胶着,娃哈哈对外宣称,达娃合作 12 年来,达能已累计分得红利超过 35 亿元,这还不包括 2007 年的分红,并指责达能挑起双方矛盾,影响公司的经营和利益。

2009 年 5 月 21 日,杭州市中级人民法院作出终审裁定,驳回达能关于撤销杭州仲裁委员会裁决书的申请,达能表示,《商标转让协议》只是《合资合同》的从属协议,《商标转让协议》的终止并不能解除《合资合同》中规定的娃哈哈集团商标出资义务,"将向更高级别的中国司法机关提出申诉"。

2009 年 9 月 30 日,达能和娃哈哈集团联合宣布,双方已于当日达成友好和解方案,达能同意将其在达能一娃哈哈合资公司中的 51% 的股权出售给中方合资伙伴。和解协议执行完毕后,双方将终止与双方之间纠纷有关的所有法律程序。

此次的和解来得出乎意料。据娃哈哈的公告称,在中法两国政府的支持下,达娃双方最终解决争端,"本着相互尊重的精神,携手再度努力,在近期开展了富有成效的谈判,并最终达成了这一友好和解方案"。

(资料来源:http://finance.sina.com.cn/chanjing/b/20070408/17483482198.shtml,2007-04-16)

二、思考与讨论

1. 案例中,达娃双方既有组织内的冲突,也有组织之间的冲突,你觉得这些冲突具体体现在哪些方面?产生这些冲突的原因是什么?

2. 案例中冲突的解决涉及了哪些冲突解决模式和方法?它们是怎么被应用的?

实 训 项 目

冲突处理风格问卷

虽然我们中的大多数人都有因地制宜改变自己对冲突的态度的能力,但每个人都有自己处理冲突的习惯风格。此问卷能够帮助你认识自己处理问题的基本风格。你也许能够改变自己的基本风格以适应某种冲突环境;但是你的基本风格表明你最可能采取的行为和最经常采用的冲突处理方式。

当你与他人意见不一致时,你经常采用下列哪种方式?(经常/有时/很少)

1. 我会进一步了解我们之间的不一致,而不是立刻改变自己的看法或强加给他人我的看法。

2. 我坦诚地表明自己的不同意见,并欢迎就有关这一方面的进一步的讨论。

3. 我寻求一种双方共同满意的解决办法。

4. 我要确保自己的意见被倾听,而不能让别人不听我的意见就下结论。当然,我也会认真听取别人的意见。

5. 我采用折中办法,而没有必要非去寻求完全满意的解决办法。

6. 我承认自己错了一半而不去深究我们的差异。

7. 我总是迁就别人。

8. 我希望自己只说出了真正想说的一部分。

9. 我完全放弃自己的看法,而不是改变别人的意见。

10. 我把有关这一问题的所有矛盾搁置在一旁暂不考虑。

11. 我很快就会同意别人的观点而不去争论。

12. 一旦对方对某一争论感情用事,我很快就会放弃。

13. 我试图战胜其他人。

14. 我要不惜一切代价取得成功。

15. 对于一项好的建议,我从不退缩。

16. 我更愿意取胜,而不是进行妥协。

评价:

给你所选择的"经常"打 5 分;"有时"打 3 分;"很少"打 1 分。然后计算每组总分,分组方式如下。

A 组:项目 13～16;B 组:项目 9～12;C 组项目 5～8;D 组:项目 1～4。

对每组进行分析。任何一组得分在 17 分或以上的属于高程度;得分在 12～16 分之间属于较高;得分在 8～11 分之间属于较低;得分在 7 分或以下属于低程度。

A、B、C 和 D 组分别代表不同的冲突解决策略。

A——强迫/支配型:我赢,你输。

B——和解型:我输,你赢。

C——妥协型:双方都有所赢,有所输。

D——合作型:我赢,你也赢。

(资料来源:郁阳刚.组织学行为学——理论·实务·案例.北京:清华大学出版社,2010)

拓展阅读:冲突的沟通策略——整合性谈判

费希尔和乌瑞在他们 1981 年的著作《达成一致》一书中,指出每个人都是谈判者。无论什么时候与其他人发生冲突,我们都需要进行谈判。谈判技巧对于个人层次、团体层次和组织层次的冲突问题的处理都是必需的。既然经理人员往往利用超过 20% 的时间来处理冲突问题,那么,对他们来说,学习有效谈判的技巧是绝对必要的。有时,他们需要与上级、下属或同僚们进行谈判,但更多的时候,他们必须介入下属彼此之间的冲突。

整合性谈判是解决冲突问题的重要途径。总体而言,整合性谈判优于分配性谈判。为什么? 因为前者能建立起长期的关系,并能促使将来的合作。它使双方有所联结,并且使他们在谈判完毕时都有胜利的感觉。然而,分配性谈判中总有一方是输家,它趋于在必须一同工作的人们之间树立敌意、扩大分歧。

那么在组织中,我们为什么没有看到更多的整合性谈判呢? 因为要使整合性谈判成功,必须有一定的必要条件。

1. 把人和问题分开

如果谈判双方把注意力集中于实质性冲突而不是情感冲突,那么冲突问题更容易得到处理。但遗憾的是,比较典型的情形是,情感是与有益于问题的具体标的紧密相连的。因此,在处理具体实质问题之前,人和问题必须相分离并分别处理。换言之,冲突双方必须共同合作而不是相互对抗,以有效处理共同的问题。聚焦于问题,而不是另一方,这样有助于维持双方的关系。霍克和威尔建议人际冲突的双方,"只有把人与问题区分开,才有可能使双方长期理智的实质目标占有主导地位,减少因为短期目标而造成的冲突"。

2. 着眼于利益,而不是立场

所谓立场,就是在谈判中所提的要求或者想法,而利益是隐藏在要求背后的动机。利益驱动着人们提出各种要求,并坚持各种立场。简而言之,立场是决定的结果,而利益是决定的原因。由此可见,要取得立场上的一致,极容易使谈判陷入僵局(费希尔和尤瑞)。

费希尔和尤瑞这一命题的提出,可以用来克服在谈判中过分强调自己的立场,因为冲突管理的目标是满足双方的利益。立场,实质上是一方为获得一定利益的特定的解决方法,而获得某种利益可以有多种可行方法。如果谈判双方一开始就以坚持自己立场为目的,那么,极容易忽略了满足双方需要的创造性选择方案。

3. 寻找互相得益的可行方案

谈判者似乎很少注意到为了双方获利而寻找并形成选择方案。当双方处于紧张的冲突阶段时,双方很难提出双方都能接受的创造性处理方案。只要双方共同努力,即使各方的利益互不相干,仍然有使双方互相得益的方案存在。

在大多数谈判中,有四大障碍阻碍提出充分的选择:①不成熟的判断,即对自己以及对手的利益、冲突问题等过早地做出结论和不恰当的判断。②只寻求单一答案。有时,谈判者会认为谈判最终就是要取得一个一致的意见,所以,不需要有更多的选择方案。这样,不可能获得共同利益的方案。③"轻而易举"地假定,即谈判各方都把谈判看成是二选一的选择——要么是我得到,要么是你得到。也就是说,把谈判看做是"零和"或"固定和"博弈。如果是这样,就没有必要提出更多的选择方案。④以为解决问题"不关自己的事"。对于谈判者来说,似乎满足了对方的利益就是对己方的不忠。于是,为了达到心理平衡,一方谈判者会从心理上产生偏差。

4. 坚持使用客观标准

费希尔和尤瑞发现,无论采用多么巧妙的技巧,谈判双方都面临着某种利益冲突却是不争的事实,特别是在有些谈判中,不可能出现"双赢"的局面。这时,如果双方仍然以自己的意愿为基础来解决冲突,只能导致无休止的争论。费希尔认为,解决问题的办法在于以独立于双方意志以外的东西为基础,即以客观标准为基础。这是原则性谈判的第四项基本原则。

为了有效地管理冲突,谈判者必须坚持基于客观标准评价的结果。如果谈判者为了有效地处理冲突而开始寻找客观标准,那么双方谈判原则的重点就从谈判地位转到不同的选择标准。"一旦标准达成一致,就没有必要对问题做进一步的谈判,因为解决条件已经暗含在客观标准之中。"

(资料来源:魏江,严进.管理沟通:成功管理的基石.北京:机械工业出版社,2006)

课 后 练 习

1. 人们对冲突曾有哪些不同的看法?冲突有哪些类型?试说明冲突的完整过程。

2. 请结合你的工作经历或其他实例,说明应如何防止破坏性冲突,而在适当的时候激发适度的建设性冲突?

3. 分别举例说明你在何种场合下,会选择回避、缓和、压制、妥协或者正视的冲突处理方式。

4. 我们经常发现,对于同一问题和现象,不同人的看法是不一样的,不同部门的看法差异更大。如何理解这种现象?说明这种现象和冲突沟通的关系。

5. 在管理工作中,如何合理有效地利用冲突的优点、避免冲突的缺点?

参 考 文 献

1. 冯光明.管理沟通.北京：经济管理出版社,2012

2. 宋剑涛,罗德友.管理沟通.成都：西南财经大学出版社,2011

3. 丁宁.管理沟通.北京：北京交通大学出版社,2011

4. 王浩白.商务沟通.杭州：杭州大学出版社,2011

5. 谢红霞.沟通技巧.北京：中国人民大学出版社,2011

6. 武洪明,许湘岳.职业沟通教程.北京：人民出版社,2011

7. 彭于寿.商务沟通.北京：北京大学出版社,2011

8. 张秋筠.商务沟通技巧.北京：对外经济贸易大学出版社,2010

9. 梁辉.有效沟通实务.北京：中国人民大学出版社,2010

10. 郭文臣.管理沟通.北京：清华大学出版社,2010

11. 谢玉华,李亚伯.管理沟通.大连：东北财经大学出版社,2010

12. 沈远平,沈宏宇.管理沟通：基于案例分析的学习.广州：暨南大学出版社,2009

13. 张喜春,刘康声,盛暑寒.人际交流艺术.北京：清华大学出版社,北京交通大学出版社,2009

14. 梁玉萍,丰存斌.沟通与协调的技巧和艺术.北京：中国人事出版社,2009

15. 康青,蔡惠伟.管理沟通教程.上海：立信会计出版社,2009

16. 惠亚爱.沟通技巧.北京：人民邮电出版社,2008

17. 王淑红,王志超.如何高效筛选简历.人力资源管理,2008(12)

18. 李国昊,白光林.招聘面试十大技巧.商场现代化,2008(07)下旬刊

19. 王建民.管理沟通实务.北京：中国人民大学出版社,2008

20. 莫林虎.商务交流.北京：中国人民大学出版社,2008

21. 徐丽君,明卫红.秘书沟通技能训练.北京：科学出版社,2008

22. 明卫红.沟通技能训练.北京：机械工业出版社,2008

23. 周璇璇.实用社交口才.北京：北京大学出版社,2008

24. 黄琳.有效沟通.北京：中国华侨出版社,2008

25. 吕书梅.管理沟通技能.大连：东北财经大学出版社,2008

26. 陈秀泉.实用情境口才——口才与沟通训练.北京：科学出版社,2007

27. 刘维娅.口才与演讲教程.武汉：华中师范大学出版社,2007

28. 许玲.人际沟通与交流.北京：清华大学出版社,2007

29. 魏江,严进.管理沟通：成功管理的基石.北京：机械工业出版社,2006

30. 李钢英.企业招聘过程中的面试技巧.沿海企业与科技,2006(11)

31. 黄漫宇.商务沟通.北京：机械工业出版社,2006

32. 周彬琳.实用口才艺术.大连：东北财经大学出版社,2006

33. 李晓.沟通技巧.北京：航空工业出版社,2006

34. 李元授等.口才训练.武汉：华中科技大学出版社,2006

35. 杨海清.现代商务礼仪.北京：科学出版社,2006

36. 马志强.语言交际艺术.北京：中国社会科学出版社,2006

37. 杨洁,孙玉娟.管理学.北京：中国社会科学出版社,2006

38. 张韬,施春华,尹凤芝.沟通与演讲.北京：清华大学出版社,2005

39. 王建民.管理沟通理论与实务.北京：中国人民大学出版社,2005

40. 位尊权.组织好一场有效的面试.中国人力资源开发,2004(03)

41. 柳青,蓝天.有效沟通技巧.北京：中国社会科学出版社,2003

42. 李杰群.非语言交际概论.北京：北京大学出版社,2003

43. 胡宇辰.组织行为学.北京：经济管理出版社,2002

44. 潘肖珏.公关语言艺术.上海：同济大学出版社,1991

45. 李元授,白丁.口才训练.武汉：华中理工大学出版社,1999